资助项目：
浙江省哲学社会科学领军人才培育重大课题（21QNYC11ZD）

基于复杂数据的综合评价方法及应用

曾守桢　著

中国财经出版传媒集团
中国财政经济出版社

图书在版编目（CIP）数据

基于复杂数据的综合评价方法及应用 / 曾守桢著
. -- 北京：中国财政经济出版社，2022. 11
ISBN 978 - 7 - 5223 - 1740 - 3

Ⅰ. ①基…　Ⅱ. ①曾…　Ⅲ. ①综合评价－研究　Ⅳ.
①F224. 12

中国版本图书馆 CIP 数据核字（2022）第 200334 号

责任编辑：樊　闽　　　　责任印制：张　健
封面设计：卜建辰　　　　责任校对：徐艳丽

基于复杂数据的综合评价方法及应用
JIYU FUZA SHUJU DE ZONGHE PINGJIA FANGFA JI YINGYONG

中国财政经济出版社 出版

URL：http：//www. cfeph. cn
E - mail：cfeph@ cfeph. cn

社址：北京市海淀区阜成路甲 28 号　邮政编码：100142
营销中心电话：010 - 88191522
天猫网店：中国财政经济出版社旗舰店
网址：https：//zgczjjcbs. tmall. com
北京鑫海金澳胶印有限公司印刷　各地新华书店经销
成品尺寸：170mm × 240mm　16 开　21. 75 印张　345 000 字
2022 年 12 月第 1 版　2022 年 12 月北京第 1 次印刷
定价：98. 00 元
ISBN 978 - 7 - 5223 - 1740 - 3
（图书出现印装问题，本社负责调换，电话：010 - 88190548）
本社质量投诉电话：010 - 88190744
打击盗版举报热线：010 - 88191661　QQ：2242791300

目　　录

| 第一章 |
绪　　论

第一节　研究背景

综合评价理论与方法是统计学、管理学、经济学等多学科的交叉研究领域，包括多元统计分析方法、多指标综合评价方法、模糊评价方法等。目前，综合评价理论与方法已在经济、管理、军事等诸多领域得到广泛的应用，被用于解决风险投资评估、经济效益评价、精准扶贫政策效果评价、海洋经济高质量发展评价、应急管理能力评价、作战系统效能评估等社会经济管理问题[1]。

综合评价理论不断演化、拓展，吸引了众多学者对其进行深入研究。邱东教授是国内最早系统研究多指标综合评价理论与方法的学者，其 1991 年在中国统计出版社出版的《多指标综合评价方法的系统分析》[2]，第一次系统地阐述了多指标综合评价的基本理论问题及方法体系，标志着我国多指标综合评价理论体系框架的形成，为后续综合评价理论体系的进一步拓展、演化，提供了重要的参考价值和指导意义。

随后，国内学界进一步对综合评价方法进行改进与拓展，并在各类实践评价中引入新思想新方法，学者人数之多、学科背景之多元都是空前的。如胡永宏、贺思辉于 2000 年出版的《综合评价方法》是统计界最早以教材形式出现的介绍评价方法的著作之一。苏为华教授团队的《多指标综合评价理论与方法研究》和《综合评价技术的集成与扩展问题研究》等系列著作，总结了2000年前学界的主要研究成果，并较为全面系统地讨论了综合评价中的相关理论与方法，特别对综合评价权数构造方法、功效系数法的改进思路（如指数型功效系数法、对数型功效系数法、修正指数型功效系数法）、评价指标体系设计与筛选方法创新等问题提出了一系列新方法、新观点[3-4]。东北大学郭亚军教授团队的著作《综合评价理论、方法及应用》，主要从管理学视角对动态综合评价、群组综合评价的理论与方法等内容进行系统的研究[5]。另外，来自运筹优化、系统科学、决策预测等学科领域的学者，更多从多目标或多属性决策的角度进行综合评价方法的创新及应用研究，其成果主要集中于评价信息表达类型、信息集成算子、权重方法、评价组织形式等方面，在国际知名期刊上发表了大量的高水平文章，组建了多个高水平研究团队，成果形式也越来越偏向于管理与决策科学、计算机与信息科学[6-11]。表1-1列出了2001—2010年国内有关综合评价理论与方法的著作。

表1-1　　2001—2010年国内有关综合评价的著作

年份	作者	书名	出版社
2001	苏为华	多指标综合评价理论与方法研究	中国物价出版社
2002	郭亚军	综合评价理论、方法及应用	科学出版社
2003	秦寿康	综合评价原理与应用	电子工业出版社
2005	苏为华	综合评价学	中国市场出版社
	杜栋，庞庆华	现代综合评价方法与案例精选	清华大学出版
	王硕，张礼兵，金菊良	系统预测与综合评价方法	合肥工业大学出版社
2006	叶义成，柯丽华，黄德育	系统综合评价技术及其应用	冶金工业出版社
	苏为华，陈骥，朱发仓	综合评价技术的集成与扩展问题研究	中国统计出版社
	郭亚军	综合评价理论、方法及应用	科学出版社
2007	陈国宏，李美娟，陈衍泰	组合评价及其计算机集成系统研究	清华大学出版社
	郝海，踪家峰	系统分析与评价方法	经济科学出版社
	金菊良，魏一鸣	复杂系统智能评价方法与应用	科学出版社
2008	杜栋，庞庆华，吴炎	现代综合评价方法与案例精选	清华大学出版社

续表

年份	作者	书名	出版社
2009	迟国泰，王卫	基于科学发展观的综合评价理论、方法与应用	科学出版社
2010	何逢标	综合评价方法的 MATLAB 实现	中国社会科学出版社
	邱均平，文庭孝	评价学 理论·方法·实践	科学出版社

注：表中信息来源于知网检索结果整理，可能因出版社上传或书名关键词原因导致遗漏。

综合评价的新思想、新观点在不断迭代更新，各种新方法层出不穷，近年来愈有复杂之势。在传统的综合评价过程中，大多数评价要素（如评价指标值、评价指标权数、评价结果等）都是以精确数（点值）的形式呈现。相应地，综合评价模型与方法也大多是基于这种“精确数”的统计数据而设计的。但是，随着科学技术的进步和社会的发展，评价环境和要素越来越复杂，评价参与者基于知识结构、判断水平和个人偏好等因素做出的评价很大程度上具有不确定性或模糊性。另外，由于模糊不确定现象普遍存在于客观世界和现实生活中，评价对象本身的模糊性使人们所接触到的大量信息都是模糊和不确定的，致使我们并非总是能以“0～1”这种二值逻辑的形式表现评价对象，如高收入与低收入之间并没有截然明确的界限，老年与非老年之间同样没有明确的界线。

1965 年，Zadeh[12,13] 提出了模糊集理论（Fuzzy Set，FS），将取值仅为 1 或 0 的特征函数扩展为可在闭区间［0,1］中任意取值的隶属函数，这对于我们在解决实际综合评价问题具有重要意义。因为在很多情况下，评价对象的某一方面价值水平的高低本身就是模糊的。例如，城市现代化水平评价中，何为现代化城市？人均 GDP 达到多少才叫现代化？生活环境处于何种状态才叫现代化？显然，这些概念都难以被精确定义，都具有一定的模糊不确定性。借助模糊数学的多指标综合评价方法就为我们描述模糊现象提供了有效的方法和工具，可更有效地解决这些实际评价问题。正因如此，基于模糊集的综合评价方法也得到了广大研究者的关注，模糊集也逐渐在现代社会的各个领域得到广泛的应用。

表 1－2 和表 1－3 分别列出了 2010—2020 年期间国内出版的以“精确数（点值）”的传统综合评价理论与方法的著作和基于“模糊数”的模糊综合评价理论与方法的著作。

表 1-2　　2010—2020 年国内关于精确数的综合评价理论与方法研究的著作

年份	作者	书名	出版社
2012	刘剑锋	城市基础设施水平综合评价的理论与方法研究	中国建筑工业出版社
	郭亚军	综合评价理论方法与拓展	科学出版社
	王成山，罗凤章	配电系统综合评价理论与方法	科学出版社
2013	陈正伟	综合评价技术及应用	西南财经大学出版社
2014	柯昌波	重庆市人居环境可持续发展综合评价研究	西南交通大学出版社
	张军	城市交通系统可持续发展综合评价	西南交通大学出版社
	刘卫东	统计综合评价研究	电子科技大学出版社
2015	张影，李胜朋，谭建国等	预测与评价	天津大学出版社
	张明倩	创新综合评价指标的质量评估	上海人民出版社
2016	刘畅	我国出版集团竞争力综合评价体系研究	浙江大学出版社
2017	武建章，董俊婕，周一萍	“两美”浙江综合评价指标体系及提升策略	经济科学出版社
2018	苏为华，张崇辉，曾守桢，陈骥	子群评价的理论、方法与应用研究	科学出版社
	孙利荣	动态综合评价方法的研究	浙江工商大学出版社
2019	易平涛，李伟伟，郭亚军	综合评价理论、方法及应用	经济管理出版社
	孙欣，宋马林	长江经济带生态文明建设综合评价研究	经济科学出版社

表 1-3　　2010—2020 年国内基于模糊集的综合评价理论与方法研究的著作

年份	作者	书名	出版社
2010	马建琴，张振伟	农业水资源优化配置模糊集分析决策模型研究	黄河水利出版社
	胡启洲，张卫华	区间数理论的研究及其应用	科学出版社
	卫贵武	基于模糊信息的多属性决策理论与方法	中国经济出版社

续表

年份	作者	书名	出版社
2010	张全	复杂多准则决策应用实务	辽宁科学技术出版社
2011	朱传军	基于模糊测度与模糊积分的房地产评价方法与应用	科学出版社
2012	李登峰	直觉模糊集决策与对策分析方法	国防工业出版社
	李远远	基于粗糙集的综合评价方法研究	广西师范大学出版社
2014	汪明武，金菊良，周玉良	集对分析耦合方法与应用	科学出版社
2015	王万军，晏燕	不确定信息处理的集对分析研究与应用	兰州大学出版社
2016	廖虎昌	复杂模糊多属性决策理论与方法	科学出版社
2017	张向波，赵中凯	管理决策模型与方法	国防工业出版社
2018	陈骥，苏为华，张佳楠	区间值综合评价问题研究	中国统计出版社
2019	谭吉玉，刘高常，朱传喜	模糊信息条件下的多属性决策方法及应用	经济科学出版社

注：（1）表中信息来源于知网检索结果整理，可能因出版社上传或书名关键词原因导致遗漏；（2）区间数可视为模糊数的一种特殊形式。

由于评价环境愈发复杂，评价者受自身专业背景、经验以及时间紧迫等因素的影响，对待评对象做出的评判越发具有不确定性和模糊性。因此，对于评价者而言，需要寻找适用性更高、表达能力更强的模糊工具对评价对象做出综合判断。考虑到传统模糊集中的隶属度（μ）仅能描述事物的支持和反对两种情形，无法体现出中立的情况，Atanassov[14]提出了直觉模糊集（Intuitionistic FS，IFS）的概念，通过隶属度（μ）、非隶属度（ν）和犹豫度（π）三方面刻画模糊性特征，可同时反映支持、反对和中立三种情形。但是随着评价环境越发复杂，在实际评价过程中 IFS 的关于隶属度和非隶属度的约束条件（$0\leq\mu+\nu\leq1$）往往难以得到满足。于是，Yager[15]提出了毕达哥拉斯模糊集（Pythagorean FS，PFS），其对隶属度（μ）和非隶属度（ν）的约束条件进行拓展，即满足：$0\leq\mu^2+\nu^2\leq1$。相较于 IFS，PFS 表达模糊信息的能力被进一步加强，表达的信息范围区域也被进一步拓宽。然而，随着人们模糊意识的不断加强，PFS 表达模糊信息的能力仍受限制，因此作为 IFS 和 PFS 的拓展，Senapati 和 Yager[16]于 2019 年提出了允许隶属度与非隶属度的平方和超过 1，而其立方和不超过 1 的 Fermatean 模糊集（Fermatean FS，FFS）。FFS 能容纳更大范围的评价信息，表达模糊信息的范围更广泛，因此在评价过程中更加灵活，能够更加全面细腻地刻画不确定性和模糊性。此外，由于人类思维的复杂性和个人素质的差异，评价主体对于同一问题往往有不同的看法，并且常常难以达成一致。例如，就某一元素属于某一集合的隶属度，有专家给出 0.6，有的给出 0.7，还有给出 0.8，评价专家之间各执己见，难以说服彼此。上述 IFS、PFS 和 FFS 都无法应对这种复杂情形。为此，Torra 等[17]提出犹豫模糊集（Hesitant FS，HFS），该模糊集允许隶属度可以是几个可能的值，从而很好地解决了实际决策过程中专家的犹豫不决以及多个专家很难达成一致意见的问题。

此外，在很多实际的评价活动中，如在某问卷调查的多项选择问题中，被调查对象需要在正确、不正确和不确定三项中至少选择一项。由于知识背景、对问题的认知等因素，此时被调查人往往会在正确与不正确两个选项中犹豫，可能会同时选择两项，导致最终的统计结果为“选择正确的比例是 0.6，选择不确定的比例是 0.5，选择不正确的比例为 0.4”，三者比例之和大于 1[18]。显然，上述模糊集都无法描述此类情形下的评价信息。为此，Smarandache[19]提出了一种新的模糊集，称为中智集（Neutrosophic Set，NS）。中智集理论是在直觉模糊集基础上增加了独立的不确定度，由肯定度、不确定度和否定度 3 个单元组成，是模糊集和直觉模糊集的一种有效推广。中智集的这三个隶属度函数是相互独立的，因此可以利用中智集来处理比以前的模糊集更多的、不同的模糊事件。由于中智集的每个隶属度函数都是非标准区间的非标准子集，因而在实际问题的应用中不利于计算。为此，在中智集的基础上，Wang 等[20]提出了单值中智集（Single - valued Neutrosophic Set，SVNS），其肯定度、不确定度和否定度均为［0，1］内的标准实数。单值中智集的提出，不仅弥补了中智集在数学运算规则方面的不足，还提升了模糊信息表达形式的多样性和灵活性。

我们认为，根据指标评价信息的表现形式分类，可将综合评价模式分为以精确值为主的传统综合评价，以传统模糊数（FS）为评价对象的模糊综合评价，及以直觉模糊集（IFS）、毕达哥拉斯模糊集（PFS）、Fermatean 模糊集（FFS）、犹豫模糊集（HFS）和单值中智集（SVNS）等为评价信息的复杂模糊综合评价。图 1－1 展示了这三种综合评价模式与评价信息之间的关系。

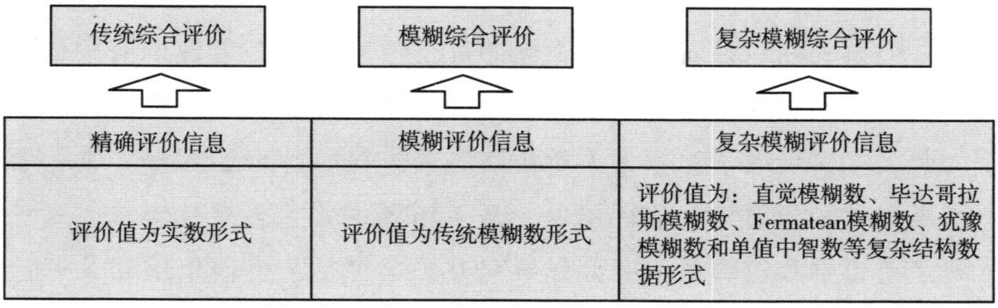

图 1－1　评价信息与综合评价

目前，基于直觉模糊集（IFS）、毕达哥拉斯模糊集（PFS）、Fermatean 模糊集（FFS）、犹豫模糊集（HFS）和单值中智集（SVNS）等复杂模糊综合评价理论和方法的研究已经引起国内外学者的广泛关注，并在信息测度、集成技术、评价决策方法等的研究取得了一些成果[21-28]。然而，目前国内外以这类复杂模糊信息的结构特征为基础的综合评价理论和方法研究较为缺乏，基于此，本书将致力于复杂模糊数据类型的综合评价理论与方法的系统研究，希望为综合评价研究贡献一份微薄之力。

第二节　研究意义

本书主要对基于复杂模糊集，包括直觉模糊集（IFS）、毕达哥拉斯模糊集（PFS）、Fermatean 模糊集（FFS）、犹豫模糊集（HFS）和单值中智集（SVNS）等的综合评价理论方法及其应用进行系统研究，既丰富了传统的模糊综合评价理论体系，也为解决复杂的综合评价问题提供了一种有效的理论支撑和技术支持，不仅具有十分重要的理论意义，而且具有一定的实际应用价值。

一、理论意义

就目前综合评价理论与方法的研究现状而言，现有综合评价问题大多使用传统模糊集和传统语言术语集等数据形式，对表达范围更广、表达能力更强的 IFS、PFS 和 SVNS 等复杂模糊集的研究还有待进一步完善。此外，来自其他学科领域的分析方法本身在不断地发展，引入到综合评价过程中时，必须关注这种发展。但遗憾的是，当前不少综合评价应用的成果并没有及时更新相应的思想，依然采用已经被学界认为不太合适的方法技术。为此，本书引入了大量相关学科的研究方法，综合运用经济学、管理学、模糊数学和运筹学等学科知识，基于运筹优化、多指标集成、统计分析、观点动力学和仿真数值实验等研究方法，对复杂模糊集的相关理论进行系统梳理，提出了一系列基于数据结构特征的综合评价方法，既拓展了基于复杂性数据的综合评价方法的适用性，也为今后该问题的深度探讨提供了一些有益的参考。

二、现实意义

随着综合评价环境的愈发复杂，评价决策参与者在评价过程中面临诸多不确定性和模糊性因素，考虑到评价者自身背景、经验等方面的局限性以及评价时间的紧迫性，往往无法对评价对象给出精确的数值进行测度评估。而 IFS、PFS、FFS 和 SVNS 等复杂模糊集的提出恰好解决了评价者无法给出精确评估值的困境。其中，IFS、PFS 和 FFS 集的隶属度、非隶属度和犹豫度三个维度信息能够更加全面细致地刻画评价对象的模糊性以及评价者的犹豫度特征，而 SVNS 中的不确定隶属度函数不仅能表示不确定，还可以表示不一致、不可靠、不明确和未知等模糊信息，这就使 SVNS 处理不确定信息的能力进一步加强。这些复杂模糊集的使用极大解放了评价主体面对不确定问题的束缚，丰富了指标评价值的表现形式，为处理实际问题中的不确定信息提供便利。为了体现这些复杂模糊集在实际应用中的有效性，本书在阐述理论体系时，辅以大量社会经济与管理领域的实际案例，与现有研究相比，既保证了方法的理论性，又兼具实际应用价值。研究成果可为相关机构、企业、政府提供评价与决策的理论支撑，有利于提高评价质量、降低决策风险。

第三节 研究目标、研究思路与研究方法

一、研究目标

综合评价方法的发展随着其源学科发展而不断发展，变得日益复杂，评价问题本身的模糊性使得评价数据的表达形式也渐变复杂。基于此，本书针对复杂模糊信息的综合评价问题，力求突出理论方法的基础性（通用性）与实践可操作性结合，对以复杂数据表现形式的指标同度量（无量纲）化处理、集成要素赋权、要素的加权合成、专家群体信任和群组评价技术等进行系统研究，并对实践中已经或可能存在的各类误区进行讨论，探索更为适用、有效的复杂模糊综合评价方法，同时也为企业、政府管理部门及相关机构提供了一些综合评价与决策分析的新方法和新思路。

二、研究思路

本书的研究思路大致可分为以下几个方面：

（1）基于大量复杂模糊信息的实际综合评价问题进行针对性分析，进而提炼出具有科学价值的研究问题。

（2）针对提出的研究问题，结合研究背景，确定具体的研究内容、研究思路和研究方法。

（3）根据研究内容，对复杂模糊集的综合评价理论的相关研究文献进行总结和梳理，发现存在的不足之处，从而为后续的研究工作奠定基础。

（4）基于复杂模糊评价数据的结构特征和基础理论，提出一系列基于复杂模糊信息的综合评价方法，包括信息集成方法、模糊测度方法、社会网络信任测度方法和群组综合评价技术等，提出复杂模糊评价问题研究的一般框架和结构模型，进而形成本书研究的基本理论框架。

（5）总结本书所做的主要工作，指出目前研究中尚存在的局限和不足之处，并对未来将要进一步开展的研究工作进行展望。

三、研究方法

本书针对复杂模糊环境下的综合评价问题，综合运用统计学、经济学、管理学、模糊数学以及运筹学等学科知识，注重理论和应用研究相结合，具体方法涉及以下几个方面：

（1）文献检索法。通过文献检索法对复杂模糊信息的综合评价（决策）相关文献、存在的问题以及发展趋势进行详细梳理。分析现有的研究成果以及存在的不足，从而为本书研究提供了重要突破点。

（2）比较借鉴与理论创新相结合。本书提出的复杂模糊集的信息集成算子及其信息测度、评价方法、信任共识交互模型等都需要借鉴国内外现有相关研究成果，针对其不足及盲点，就一些关键问题对现有的信息集成方法、模糊测度和共识达成机制等加以改进和创新，进而提出解决复杂模糊信息的综合评价理论和方法。

（3）案例分析和仿真模拟实验法。根据具体评价需求设计算法程序和构建评价模型，通过案例分析、数值模拟、仿真实验等方法，进而验证研究所提方法的科学性和合理性。

（4）系统优化方法。将线性优化、非线性优化以及其他优化算法模型用于研究复杂模糊信息综合评价问题中，主要应用于指标权重计算、共识信任交互和关联测度等方面。

第四节　主要研究内容

一、基于直觉模糊信息的综合评价方法及应用

（1）针对指标属性具有相互关联影响的直觉模糊评价问题，从指标的相互关联测度角度，提出了两种新的直觉模糊集成方法，即直觉模糊 Zhenyuan 平均（IF Zhenyuan Arithmetic average，IFZA）算子和直觉模糊 Zhenyuan 几何（IF Zhenyuan Geometric average，IFZG）算子，其有效改进了现有集成方法

的缺陷（如直觉模糊奇异积分算子），可全面度量指标属性之间的各种复杂关联性影响。(2) 在深入分析现有得分函数的缺陷后，提出了一种新的直觉模糊数得分函数，并研究了其相关定理和性质，在此基础上构建了直觉模糊数的大小比较体系，该体系可以克服现有得分函数、现有精确函数等方法在直觉模糊数大小排序上的不足。基于新的直觉模糊得分函数，提出了一种基于改进的 VIKOR 直觉模糊综合评价方法，不仅可以计算出每个备选方案与正负理想方案的距离，而且可以有效避免传统方法中的“除零”缺陷。在此基础上，将改进的 VIKOR 方法与直觉模糊 TOPSIS 相结合，提出了基于相对贴近度的方案排序方法，最后通过算例与对比分析验证了所提方法的正确性和有效性。(3) 针对现有交互式群评价方法的局限性，提出了一种改进的直觉模糊判断矩阵的交互式群评价方法，利用专家个体判断偏好一致性水平与群体综合偏好的相似性程度，并根据不同的专家占优情况，提出了交互过程中专家的权重构造与修正方法，并基于个体直觉判断矩阵和群判断矩阵之间的一致性程度，提出了专家意见修正反馈方法。

二、基于毕达哥拉斯模糊信息的综合评价方法及应用

(1) 从有序加权平均视角出发，首先定义了毕达哥拉斯模糊有序加权距离（PF Ordered Weighted Distance，PFOWD）测度，在此基础上提出了毕达哥拉斯模糊混合加权距离（PF Hybrid Weighted Distance，PFHWD）测度，其不仅能体现每个数据的自身重要性程度，而且还突出了该数据所在位置的重要程度。进而提出了一种基于 PFHWD 测度的毕达哥拉斯模糊 TOPSIS 多指标综合评价方法，其核心是利用 PFHWD 度量备选方案与正负理想解的距离，从而得到方案的贴近度，并根据其大小对方案进行排序与择优。(2) 提出了融合专家“评价值”和“熟悉程度”的 PFS 信息集成模型，改进了现有置信加权集成方法的缺陷，能有效地将专家“熟悉程度”信息融入最终评估结果中，并研究了该方法在博士论文评审中的应用。(3) 结合社会网络分析技术，构建了 PFS 环境下的专家信任传播机制，提出了基于信任水平的专家权重确定机制。为有效集成专家的评价信息与置信水平，提出了基于置信的 PFS 混合集成方法，构建了一个完整的基于社会网络分析技术的毕

达哥拉斯模糊多指标综合评价模型。最后，研究了该方法在无人地面配送车（Unmanned Ground Delivery Vehicles，UGDV）评估中的应用。

三、基于 Fermatean 模糊信息的综合评价方法及应用

（1）提出了一种基于 Fermatean 模糊层次分析法和 Dombi 加权分块 Muirhead 平均算子的综合评价方法。该方法首先根据 Fermatean 模糊层次分析法确认指标的权重，在此基础上利用 Dombi 加权分块 Muirhead 对评价信息集成，从而可以有效捕捉并处理指标间复杂的相互关联关系，提升了评价结果的科学合理性。（2）提出了一种基于 Fermatean 模糊综合加权距离和 TOPSIS 的综合评价方法，该方法能同时兼顾参数本身的重要程度及评价主体的态度特征，且能根据实际需求调整参数值，进而实现评价过程的灵活性，并通过绿色低碳港口的评价问题验证了方法的有效性。（3）基于评价主体非完全理性情形，提出了一种基于后悔理论 - TODIM 多指标综合评价方法，不仅能反映出主体损失规避的风险态度和后悔规避的心理活动对结果的影响，还避免了由于参考点选择不当而出现的决策失误。同时提出了基于极差最大法的指标综合权重方法，有效解决了主客观简单加权求和产生的权重信息波动对决策结果的影响。最后研究了该评价方法在众包物流平台评估中的应用。

四、基于犹豫模糊信息的综合评价方法及应用

（1）考虑到指标属性之间不独立，提出了两种犹豫模糊信息新的集成方法和运算规则，讨论了这些算子的优良性质，并将其应用于项目投资决策问题中，通过与现有方法的比较分析验证了该方法的科学性与有效性。（2）为克服传统的集成规则计算量和复杂度高的缺点，提出了一种新的犹豫模糊集成规则，可以有效地降低传统方法的计算复杂度，从而可以有效减少集成结果中的数值个数。进一步，通过 t 检验证实了新方法与传统方法的集成结果没有显著差异，进而通过仿真实验验证了该方法的可行性和有效性。（3）在有序加权距离测度的基础上提出了组合加权的犹豫模糊加权距离（Hesitancy Fuzzy Integrated Weighted Average distance，HFIWAD）测度，

进而提出了一种基于 HFIWAD 测度的犹豫模糊 TOPSIS 多指标综合评价方法（HFIWAD - TOPSIS），其核心是利用 HFIWAD 度量备选方案与正负理想解的距离，从而得到方案的贴近度，并根据其大小对方案进行排序与择优。最后通过航空公司的服务满意度评价案例验证了方法的有效性。

五、基于区间型复杂模糊信息的综合评价方法及应用

由于客观事物的复杂性和不确定性，使评价专家很难精准地给出隶属度和非隶属度的大小，往往比较容易给出隶属度和非隶属度的大致区间，从而得到了一系列区间型复杂模糊集，如区间直觉模糊集（Interval - Valued IFS，IVIFS）、区间毕达哥拉斯模糊（Interval - Valued PFS，IVPFS）和区间 Fermatean 模糊集（Interval - Valued FFS，IVFFS）。本书对以上三类区间型复杂模糊的集成方法、信息测度及其应用等方面进行研究，主要内容有：（1）针对指标属性间存在相互关联影响的 IVIFS 综合评价问题，基于 Zhenyuan 积分，提出区间值直觉模糊 Zhenyuan 平均算子和区间值直觉模糊 Zhenyuan 几何算子。所提出的算子充分考虑了不同属性组合的重要性，可有效解决属性间具有相互作用或依赖关系的评价问题，并通过实例验证了所提出方法的有效性和适用性。（2）通过分析现有 IVPFS 的大小比较规则的缺陷，提出了两种新的比较函数，并与传统得分函数与精确函数相结合，构建了较为完整的区间毕达哥拉斯模糊数的大小排序体系。在此基础上，本书进一步提出了两种 IVPFS 新置信集成方法，不仅考虑了专家对各项指标的掌握程度，而且综合了算术加权与几何加权方法的特点，使集成结果更具有一致性，最终得出的结论也更可靠和合理。最后通过“双一流”高校的人才投入产出绩效评估案例验证了方法的有效性。（3）考虑到专家信任模糊不确定性，构造基于语言变量形式的信任表达形式，并通过构建信任传播机制构建出完整的信任网络，进而提出了基于信任度的专家权重求解模型。结合 Frank 算子的灵活性和鲁棒性，提出区间 Fermatean 模糊 Frank 加权平均（Interval - Valued Fermatean Fuzzy Frank Weighted Arithmetic，IVFFFWA）算子和区间 Fermatean 模糊 Frank 几何加权（Interval - Valued Fermatean Frank Fuzzy Weighted Geometric，IVFFFWG）两种集成新方法。设计了群组评价专家的个性化反馈机

制，提出了信任共识交互模型，弥补了意见反馈阶段信任关系无法真正体现的缺陷，进而提高了群组共识度。最后提出了基于 IVFFS 的信任网络群组综合评价方法，并通过对大学生统计设计能力的评估问题验证了该方法的有效性。

六、基于单值中智信息的综合评价方法及应用

（1）针对现有单值中智集相关系数的取值均在区间［0,1］，无法描述 SVNS 之间的负相关关系的缺点，基于 Pearson 相关系数思想，提出了一种新 SVNS 相关系数，其取值位于区间［-1,1］，可全面描述 SVNS 的正负相关关系。研究了 SVNS 之间的加权相关系数，并在此基础上构建了一种新的基于 SVN 相关系数的 TOPSIS 方法。最后研究了此方法在信息技术软件公司评价中的应用，并通过与现有方法比较分析验证了其科学性与有效性。（2）提出了单值中智环境下基于 BWM 方法的指标主观权重确定方法和基于单值中智熵的指标客观权重计算方法，将两者结合进而得到了指标的主客观组合权重，在此基础上提出了一种基于组合权重和 EDAS 的 SVN 多指标综合评价模型，并通过对能源企业创新能力的实例比较分析，验证了该模型的可靠性与实用性。（3）提出了单值中智有序加权相似度和单值中智混合加权相似度（SVN Hybrid Weighted Similarity，SVNHWS），在此基础上提出了一种基于熵权和 SVNHWS 的单值中智综合评价方法，其核心是利用熵原理计算评价指标的权重，并根据 SVNHWS 度量备选方案与正负理想解的距离，从而得到方案的贴近度，并根据其大小对方案进行排序与择优。最后研究了所提方法在网络广告投放媒体评价中的应用。

第五节　研究工作创新性与特色说明

一、研究工作创新性

针对现有研究的不足和薄弱之处，本书对基于复杂模糊信息的综合评价

理论方法及应用进行了深入探讨和研究，主要开展了以下几方面的创新性工作：

（1）完善了复杂模糊集的基础理论研究。本书针对直觉模糊集（IFS）、毕达哥拉斯模糊集（PFS）、Fermatean 模糊集（FFS）、犹豫模糊集（HFS）和单值中智集（SVNS）的基础理论研究的不足，提出了一系列的新的复杂模糊集得分函数、大小比较体系、运算规则等基础理论知识，从而完善了复杂模糊基础理论。具体而言，提出了一种改进的直觉模糊集得分函数，进而改进了现有得分方法的计算不足；提出了单值中智集的一种改进相似性测度方法，其取值大小介于区间 [-1,1]，从而可度量变量之间的正负相关关系，弥补了现有方法只能描述其正相关关系的缺陷；通过定义区间毕达哥拉斯模糊集的隶属度不确定性函数和犹豫度不确定性函数，与得分函数和精确函数相结合，首次提出一种新的适用于区间毕达哥拉斯环境的比较准则。这些基础理论的完善为后续的信息集成与综合评价方法及其应用奠定了良好的基础。

（2）提出了复杂模糊信息的若干集成方法。鉴于现有复杂模糊集成方法研究存在的不足，本书提出了复杂模糊集一系列集成新方法，如基于 Zhenyuan 积分的直觉模糊和区间直觉模糊集成方法、基于置信加权的毕达哥拉斯模糊信息集成方法、Fermatean 模糊 Dombi 加权分块 Muirhead 平均集成方法和犹豫模糊广义 Shapley Choquet 积分集成方法等。这些集成有效解决了指标具有相互关联影响、指标具有优先级别关系、专家置信度的有效融入等基本问题，从而提高了集成结果的科学合理性。

（3）完善了复杂模糊集的信息测度理论研究。本书提出了几类复杂模糊集的距离测度和相关系数等信息测度理论。考虑到有序加权平均距离测度的不足，本书提出了几类复杂模糊集的混合加权距离测度和组合加权距离测度，如毕达哥拉斯模糊混合加权距离测度、犹豫模糊组合加权距离测度和 Fermatean 模糊组合加权距离测度等，并与现有的距离测度方法进行了深入的比较分析，进而验证了本研究所提出的距离测度方法的优越性。首次从有序加权角度研究了单值中智集的相似性测度，提出了单值中智集的有序加权相似度和单值中智混合加权的相似度，其不仅能体现每个数据的自身重要性程度，而且还突出了该数据所在位置的重要程度。

（4）提出了基于复杂模糊信息的若干综合评价方法。本书基于复杂模糊数据的结构特征，提出了一系列具有原创性的综合评价方法。首次提出了基于混合加权距离和组合距离的TOPSIS综合评价方法，改进了传统TOPSIS方法中基于加权平均距离的不足；考虑评价主体间的网络信任关系，构建了毕达哥拉斯模糊集信任网络及区间Fermatean模糊信任共识交互模型；首次提出了基于BWM的单值中智评价问题中指标权重的确定方法，并将经典的EDAS方法拓展到单值中智环境中，提出了一种基于组合权重的单值中智EDAS评价方法。

（5）拓展了综合评价方法的应用领域。本书将提出的系列综合评价新方法应用于解决不同场景下的复杂综合评价问题，如投资风险评估、上市公司的资本结构评价、学生统计分析设计能力评估、中国企业制造业数字化水平及无人地面配送车评估等，并通过实际算例和比较分析等验证了所提方法的科学性和有效性。这些具有实际应用价值的研究成果，可为政府、企业等有关机构提升评价结果的科学性、合理性和有效性提供有力的数值分析和方法支持，这对于提高评价质量、降低决策风险具有非常重要的实际意义。因此，本书提出的基于复杂信息的综合评价方法，不仅丰富和扩展了复杂环境下的综合评价理论基础研究，而且拓展了综合评价方法的应用领域。

二、研究的主要特色

（1）研究内容的系统性。本书通过对综合评价前沿方法的系统梳理，从系统性角度出发，对复杂信息的综合评价理论和方法进行了创新和拓展，研究内容涵盖已有方法的改进和新方法的提出、理论研究与应用研究各个部分，这些内容的有机融合，形成了一个完整的基于复杂模糊信息的综合评价理论方法体系。

（2）研究成果的实用性。本书从理论研究的应用性考虑，在综合评价理论和方法的研究中，注重模型建立的简洁合理、模型的运算效率，评价决策时间成本、评价需求导向等要求，为复杂综合评价方法的实际应用奠定了良好的基础。特别是对综合评价技术实际使用过程中经常遇到的问题，本书通过系列应用举例进行了详细说明，有利于综合评价技术在社会经济各领域的进一步应用。

本章主要参考文献

［1］苏为华，张崇辉．综合评价基本理论与前沿问题研究［M］．北京：科学出版社，2021.

［2］邱东．多指标综合评价方法的系统分析［M］．北京：中国统计出版社，1991.

［3］苏为华．多指标综合评价理论与方法研究［M］．北京：中国物价出版社，2001.

［4］苏为华，陈骥，朱发仓．综合评价技术的集成与扩展问题研究［M］．北京：中国统计出版社，2007.

［5］郭亚军．综合评价理论、方法及应用［M］．北京：科学出版社，2002.

［6］秦寿康．综合评价原理与应用［M］．北京：电子工业出版社，2003.

［7］邱东，杨仲山．当代国民经济统计学主流［M］．大连：东北财经大学出版社，2004.

［8］彭勇行．系统评价理论与方法［M］．北京：中国经济出版社，1995.

［9］陈骥，苏为华，张佳楠．区间数综合评价问题研究［M］．北京：中国统计出版社，2018.

［10］孙利荣．基于函数型数据的综合评价方法研究［D］．杭州：浙江工商大学，2012.

［11］苏为华．我国多指标综合评价技术与应用研究的回顾与认识［J］．统计研究，2012，29（2）：98－107.

［12］Zadeh L A. Fuzzy sets［J］. *Information and Control*, 1965, 8 (3): 338－356.

［13］Zadeh L A. The concept of a linguistic variable and its application to approximate reasoning［J］. *Information Sciences*, 1974, 8 (3): 199－249.

［14］Atanassov K T. Intuitionistic fuzzy sets［J］. *Fuzzy Sets and Systems*, 1986, 20 (1): 87－96.

［15］Yager R R. Pythagorean membership grades in multicriteria decision making［J］. *Fuzzy Systems IEEE Transactions on*, 2014, 22 (4): 958－965.

［16］Senapati T, Yager R R. Fermatean fuzzy sets. Journal of Ambient Intelligence and Humanized Computing, 2020, 11 (2): 663－674.

［17］Torra V. Hesitant fuzzy sets［J］. *International Journal of Intelligent Systems*, 2010,

25 (6): 529 – 539.

[18] 彭娟娟，田超．社交网络环境下基于单值中智信息的大规模群决策方法［J］. 系统科学与数学，2022，42 (4): 935 – 952.

[19] Smarandache, F. *A unifying field in Logics: Neutrosophic Logic* [M]. American Research Press, 1999.

[20] Wang H, Smarandache F, Zhang Y, et al. Single valued neutrosophic sets [J]. *Multispace and Multistrcucture*, 2010, 4: 410 – 413.

[21] Mu Z M, Zeng S Z, Wang P Y. Novel approach to multi – attribute group decision – making based on interval – valued Pythagorean fuzzy power Maclaurin symmetric mean operator [J]. *Computers & Industrial Engineering*, 2021, 155: 107049.

[22] 陈六新，罗南方．基于前景理论的勾股模糊多属性决策［J］. 系统工程理论与实践，2020，40 (3): 726 – 735.

[23] Tian X L, Xu Z S, Gu J. How to select a promising enterprise for venture capitalists with prospect theory under intuitionistic fuzzy circumstance? [J]. *Applied Soft Computing*, 2018, 67: 756 – 763.

[24] Qin J D, Liu X W, Pedrycz W. An extended TODIM multi – criteria group decision making method for green supplier selection in interval type – 2 fuzzy environment [J]. *European Journal of Operational Research*, 2017, 258 (2): 626 – 638.

[25] Liang D C, Wang M W, Xu Z S. Heterogeneous multi – attribute nonadditivity fusion for behavior three – way decisions in interval type – 2 fuzzy environment [J]. *Information Sciences*, 2019, 496: 242 – 263.

[26] Ye J. Single valued neutrosophic cross – entropy for multicriteria decision making problems [J]. *Applied Mathematical Modelling*, 2014, 38 (3): 1170 – 1175.

[27] Zeng S Z, Chen J P, Li X S. A hybrid method for Pythagorean fuzzy multiple – criteria decision making [J]. *International Journal of Information Technology & Decision Making*, 2016, 15 (2): 403 – 422.

[28] Peng X, Dai J. Approaches to single – valued neutrosophic MADM based on MABAC, TOPSIS and new similarity measure with score function [J]. *Neural Computing & Applications*, 2018, 29 (10): 939 – 954.

| 第二章 |

基于直觉模糊信息的综合评价方法与应用研究

由于社会经济环境的复杂性和不确定性，人们在对事物的认知过程中，往往存在着不同程度的犹豫或表现出一定程度的知识缺乏，从而使认知结果表现为肯定、否定或介于肯定与否定之间的犹豫性。例如，在各种选举投票事件中，除了支持与反对两个方面还经常有弃权情况发生。而 Zadeh[1] 提出的传统模糊集理论因其不能完整地表达所研究问题的全部信息而受到越来越多的制约和挑战。Atanassov[2] 对传统的模糊集进行了拓展，提出了直觉模糊集（Intuitionistic fuzzy set，IFS）的概念。由于直觉模糊集同时考虑了隶属度、非隶属度和犹豫度这三个方面的信息，可以同时表述支持、反对、中立三种状态，克服了传统模糊集二分法的局限，把“非此非彼”性也包含在内，因此它能够更细腻地描述和刻画客观事物的模糊性本质。

本章首先简单介绍直觉模糊集的概念、主要运算规则与方法。在此基础上，针对现有的直觉模糊集成方法薄弱之处，提出了两种新的直觉模糊集成方法，其可有效处理指标具有相互关联的综合评价问题。针对现有直觉模糊数大小排序方法的不足，提出了一种直觉模糊得分函数用于比较直觉模糊大小，并在此提出了一种改进的 VIKOR（VlseKriterijumska Optimizacija I Kompromisno Resenje）直觉模糊综合评价方法。最后对基于直觉模糊的交互式群体评价方法进行了研究，研究了共识度的测量方法、专家意见反馈修正和权重调节机制等方法。

第一节 直觉模糊集基础理论

首先介绍传统模糊集的概念，其核心思想是把将取值仅为 1 或 0 的特征函数扩展为可在［0，1］区间中任意取值的隶属函数，其定义如下：

定义 2.1[1] 设 $X=\{x_1,x_2,\cdots,x_n\}$ 是一个非空集合，则称

$$A=\{\langle x,\mu_A(x)\rangle \mid x\in X\} \tag{2-1}$$

为模糊集，其中 $\mu_A(x)$ 为 X 中元素 x 属于 A 的隶属度，即 $\mu_A:X\rightarrow[0,1]$，且 $0\leqslant\mu_A(x)\leqslant1$，$\forall x\in X$。

很多情况下，被评价对象或事物某一方面价值水平的高低，本身就是模糊难以精确度量的。例如，城市现代化水平评价中，何为现代化城市？人均 GDP 达到多少才叫现代化？生活环境处于何种状态才叫现代化？显然，这些都是模糊的概念，借助模糊集方法可有效描述和测度这类不确定信息。然而，模糊集的隶属函数值仅仅是区间［0，1］的单一取值，利用单一标度（隶属度或者非隶属度）表示模糊现象的两个对立面，无法表达其中立状态（也就是既不支持也不反对）。为此，Atanassov[2] 把“单模糊”推广到“双模糊”，进而提出了直觉模糊集（IFS）的概念。直觉模糊集描述的不仅是元素的隶属度和非隶属度，同时也引入了犹豫度。与传统模糊集相比，直觉模糊集更符合评价者对被评估对象表现出肯定、否定和犹豫的思维习惯，在处理模糊不确定问题方面更具灵活性。直觉模糊集定义如下：

定义 2.2[2] 设 $X=\{x_1,x_2,\cdots,x_n\}$ 是一个非空集合，则称

$$A=\{\langle x,\mu_A(x),v_A(x)\rangle \mid x\in X\} \tag{2-2}$$

为直觉模糊集，其中 $\mu_A(x)$ 和 $v_A(x)$ 分别为 X 中元素 x 属于 A 的隶属度和非隶属度，即 μ_A：$X\rightarrow[0,1]$，$v_A:X\rightarrow[0,1]$，且 $0\leqslant\mu_A(x)+v_A(x)\leqslant1$，$\forall x\in X$。此外，

$$\pi_A(x)=1-\mu_A(x)-v_A(x),\forall x\in X \tag{2-3}$$

表示 X 中元素 x 属于 A 的犹豫度或不确定度。特别地，若 $\pi_A(x)=0$，$\forall x\in X$，则 A 退化为 Zadeh 的模糊集。

为了方便起见，我们称 $\alpha=(\mu_\alpha,v_\alpha)$ 为直觉模糊数[3,4]（或可写成三参

数形式 $\alpha=(\mu_\alpha,v_\alpha,\pi_\alpha))$，其中 $\mu_\alpha\in[0,1]$, $v_\alpha\in[0,1]$, $\mu_\alpha+v_\alpha\leqslant1$。

定义 2.3[3]　设 $\alpha_1=(\mu_{\alpha_1},v_{\alpha_1})$ 和 $\alpha_2=(\mu_{\alpha_2},v_{\alpha_2})$ 为任意两个直觉模糊数，那么：

（1）当 $\mu_{\alpha_1}\geqslant\mu_{\alpha_2}$ 且 $v_{\alpha_1}<v_{\alpha_2}$，则 $\alpha_1>\alpha_2$；

（2）当 $\mu_{\alpha_1}<\mu_{\alpha_2}$ 且 $v_{\alpha_1}\geqslant v_{\alpha_2}$，则 $\alpha_1<\alpha_2$；

（3）当 $\mu_{\alpha_1}=\mu_{\alpha_2}$ 且 $v_{\alpha_1}=v_{\alpha_2}$，则 $\alpha_1=\alpha_2$。

对于任一直觉模糊数 $\alpha=(\mu_\alpha,v_\alpha)$，可通过得分函数 S 对其进行评估[5]：

$$S(\alpha)=\mu_\alpha-v_\alpha \tag{2-4}$$

其中 $S(\alpha)$ 为 α 的得分值，$S(\alpha)\in[-1,1]$。由式（2-4）可知：直觉模糊数 α 的得分大小与其隶属度 μ_α 和非隶属度 v_α 的差值相关，即 μ_α 和 v_α 的差值越大，则 α 的得分值越大，从而直觉模糊数 α 越大。

Hong 和 Choi[6]定义了一种精确函数：

$$H(\alpha)=\mu_\alpha+v_\alpha \tag{2-5}$$

其中 $\alpha=(\mu_\alpha,v_\alpha)$ 为直觉模糊数，H 为 α 的精确函数，$H(\alpha)$ 为 α 的精确度且 $H(\alpha)\in[0,1]$。$H(\alpha)$ 值越大，则直觉模糊数 α 的精确度越高。

基于直觉模糊数的得分函数 S 与精确函数 H，文献［4］介绍了一种直觉模糊数的大小比较方法：

定义 2.4[4]　设 $\alpha_1=(\mu_{\alpha_1},v_{\alpha_1})$ 和 $\alpha_2=(\mu_{\alpha_2},v_{\alpha_2})$ 为任意两个直觉模糊数，$S(\alpha_1)=\mu_{\alpha_1}-v_{\alpha_1}$ 和 $S(\alpha_2)=\mu_{\alpha_2}-v_{\alpha_2}$ 分别为 α_1 和 α_2 的得分值，$H(\alpha_1)=\mu_{\alpha_1}+v_{\alpha_1}$ 和 $H(\alpha_2)=\mu_{\alpha_2}+v_{\alpha_2}$ 分别为 α_1 和 α_2 的精确度，则：

（1）若 $S(\alpha_1)<S(\alpha_2)$，则 $\alpha_1<\alpha_2$；

（2）若 $S(\alpha_1)=S(\alpha_2)$，则

- 若 $H(\alpha_1)<H(\alpha_2)$，则 $\alpha_1<\alpha_2$；
- 若 $H(\alpha_1)>H(\alpha_2)$，则 $\alpha_1>\alpha_2$；
- 若 $H(\alpha_1)=H(\alpha_2)$，则 $\alpha_1=\alpha_2$。

徐泽水教授[4]给出了直觉模糊数的如下运算法则：

定义 2.5[4]　设 $\alpha=(\mu_\alpha,v_\alpha)$、$\alpha_2=(\mu_{\alpha_2},v_{\alpha_2})$ 和 $\alpha_2=(\mu_{\alpha_2},v_{\alpha_2})$ 为任意三个直觉模糊数，$\lambda>0$，则直觉模糊数的主要运算规则可定义为：

（1）$\alpha_1\oplus\alpha_2=(\mu_{\alpha_1}+\mu_{\alpha_2}-\mu_{\alpha_1}\mu_{\alpha_2},v_{\alpha_1}v_{\alpha_2})$；

（2）$\alpha_1\otimes\alpha_2=(\mu_{\alpha_1}\mu_{\alpha_2},v_{\alpha_1}+v_{\alpha_2}-v_{\alpha_1}v_{\alpha_2})$；

（3）$\lambda\alpha=(1-(1-\mu_{\alpha})^{\lambda},v_{\alpha}{}^{\lambda})$。

（4）$\alpha^{\lambda}=(\mu_{\alpha}^{\lambda},1-(1-v_{\alpha})^{\lambda})$。

定理 2.1[4] 设 $\alpha=(\mu_{\alpha},v_{\alpha})$，$\alpha_1=(\mu_{\alpha_1},v_{\alpha_1})$ 和 $\alpha_2=(\mu_{\alpha_2},v_{\alpha_2})$ 为任意三个直觉模糊数，λ，λ_1，$\lambda_2>0$，则有

（1）$\alpha_1\oplus\alpha_2=\alpha_2\oplus\alpha_1$；

（2）$\alpha_1\otimes\alpha_2=\alpha_2\otimes\alpha_1$；

（3）$\lambda(\alpha_1\oplus\alpha_2)=\lambda\alpha_2\oplus\lambda\alpha_1$；

（4）$(\alpha_1\otimes\alpha_2)^{\lambda}=(\alpha_2)^{\lambda}\otimes(\alpha_1)^{\lambda}$；

（5）$\lambda_1\alpha\oplus\lambda_2\alpha=(\lambda_1+\lambda_2)\alpha$；

（6）$\alpha^{\lambda_1}\otimes\alpha^{\lambda_2}=\alpha^{(\lambda_1+\lambda_2)}$。

下面介绍两种常用的直觉模糊集成算子，即直觉模糊加权平均（Intuitionistic fuzzy weighted averaging，IFWA）算子和直觉模糊加权几何（Intuitionistic fuzzy weighted geometric，IFWG）算子。

定义 2.6[4] 设 $\alpha_j=(\mu_j,v_j)(j=1,2,\cdots,n)$ 为一组直觉模糊数，且设 IFWA：$\Omega^n\to\Omega$，若

$$IFWA(\alpha_1,\alpha_2,\cdots,\alpha_n)=\sum_{j=1}^{n}w_j\alpha_j=\left(1-\prod_{j=1}^{n}(1-\mu_j)^{w_j},\prod_{j=1}^{n}v_j^{w_j}\right)\quad(2-6)$$

则称 IFWA 为直觉模糊加权平均算子，其中 $w=(w_1,w_2,\cdots,w_n)^T$ 为 $\alpha_j=(\mu_j,v_j)(j=1,2,\cdots,n)$ 权重向量，满足 $w_j\in[0,1]$，$\sum_{j=1}^{n}w_j=1$。

IFWA 算子的特点是根据权重对每个直觉模糊数加权后进行集结。容易验证，由 IFWA 方法得到的集结值仍然是直觉模糊数，从而避免了信息的丢失，且 IFWA 算子具有幂等性、有界性和单调性等优良性质，这些性质也为 IFWA 集成算子在评价与决策问题中的应用提供了强有力的理论保证。

定义 2.7[4] 设 $\alpha_j=(\mu_j,v_j)(j=1,2,\cdots,n)$ 为一组直觉模糊数，且设 IFWG：$\Omega^n\to\Omega$，若

$$IFWG(\alpha_1,\alpha_2,\cdots,\alpha_n)=\alpha_1^{w_1}\otimes\alpha_2^{w_2}\otimes\cdots\alpha_n^{w_n}=\left(\prod_{j=1}^{n}\mu_{\alpha_j}^{w_j},1-\prod_{j=1}^{n}(1-v_{\alpha_j})^{w_j}\right)\quad(2-7)$$

则称 IFWG 为直觉模糊加权几何算子，其中 $w=(w_1,w_2,\cdots,w_n)^T$ 为 $\alpha_j=(\mu_j,$

v_j)($j=1,2,\cdots,n$) 权向量，满足 $w_j \in [0,1]$，$\sum_{j=1}^{n} w_j = 1$。

容易验证，由 IFWG 算子得到的集成值仍然是直觉模糊数，从而避免了信息的丢失。可以证明，与 IFWA 算子相似，IFWG 具有有界性、幂等性、单调性等优良性质。

第二节　指标具有相互关联的直觉模糊综合评价方法

针对指标属性间存在相互关联影响的直觉模糊多指标综合评价问题，本节提出两种新的直觉模糊信息集成方法，即直觉模糊 Zhenyuan 平均（Intuitionistic fuzzy Zhenyuan averaging，IFZA）算子和直觉模糊 Zhenyuan 几何（Intuitionistic fuzzy Zhenyuan geometric，IFZG）算子，这两种集成方法充分考虑了指标间的相互关联关系，可有效解决指标间具有相互作用或依赖关系的评价问题。此外，本节讨论了所提出集成算子的性质，并通过仿真实验验证所提方法的有效性和优越性。

一、研究背景

自 Atanassov[2] 于 1986 年提出直觉模糊集（IFS）以来，一系列直觉模糊集成算子相继被提出[4,7-15]，如 Xu[4]，Xu 和 Yager[16] 基于传统的算术平均和几何集成方法，提出了一系列直觉模糊集成技术，包括 IFWA 算子、直觉模糊混合集成（Intuitionistic fuzzy hybrid averaging，IFHA）算子以及直觉模糊有序加权平均（Intuitionistic fuzzy ordered weighted averaging，IFOWA）算子等。Zhao 等[8] 将 IFWA，IFHA 和 IFOWA 算子一般化，提出了更为广义的 IFWA，IFHA 和 IFOWA 算子。Zeng 和 Su[9] 提出了直觉模糊有序加权距离（Intuitionistic fuzzy ordered weighted distance，IFOWD）集成算子。为解决各种复杂的直觉模糊评价问题，一些学者进而提出不同类别的直觉模糊集成方法，如 Xia 等[18] 基于三角 T 模和范数，提出了基于三角 T

模直觉模糊加权平均（Archimedean T - conorm and T - norm based intuitionistic fuzzy weighted averaging，ATS - IFWA）和三角 T 模直觉模糊加权几何（Archimedean T - conorm and T - norm based intuitionistic fuzzy weighted geometricg，ATS - IFWG）算子。同时为处理多指标综合评价问题中指标属性的优先序关系，Yu 和 Xu[19] 提出一种优先直觉模糊集成（Priority intuitionistic fuzzy averaging，PIFA）算子。

上述直觉模糊集成算子大多适用于评价指标独立不相关的情况，即这些算子是线性和可加性的，其特征是独立性公理。然而，在多数实际的多指标综合评价问题中，指标之间相互独立的情形比较少见，指标间往往存在某种关联性和相互影响关系。基于此，Sugeno[20] 提出模糊测度和模糊积分的概念，用于处理评价决策问题中变量间存在相互关联的集成问题[21-24]。作为模糊积分的一个特例，Choquet 积分已经被广泛应用于直觉模糊评价问题[25-31]。Xu[26]，Tan 和 Chen[32] 定义一系列直觉模糊 Choquet 积分集成算子，如直觉模糊关联平均（Intuitionistic fuzzy correlated averaging，IFCA）算子和直觉模糊关联几何（Intuitionistic fuzzy correlated geometric，IFCG）算子。此外，对于区间直觉模糊数，Tan[33]，Meng 和 Zhang[28]，Meng 等[30] 提出了一些 Choquet 积分拓展集成算子以解决多指标模糊综合评价问题。

上述基于 Choquet 积分的直觉模糊集成算子和拓展方法虽然均考虑了指标属性间的关联关系，但是其都不能对所有指标间的关联性进行测度分析，只能度量部分指标间的关联度，进而会引起结果偏差。为了改进 Choquet 积分的这种缺陷，本研究提出两种新的直觉模糊信息集成方法，即直觉模糊 Zhenyuan 平均（IFZA）算子和直觉模糊 Zhenyuan 几何（IFZG）算子，这两种直觉模糊新集成算子的优势在于能够反映全部指标间的关联关系。

二、模糊测度和 Zhenyuan 积分

定义 2.8 设 Y 上的一个模糊测度是一个函数集 η：$P(Y)\to[0,1]$，η：$P(Y)\to[0,1]$，且满足：

（1）$\eta(Y)=1$，$\eta(\phi)=0$；

（2）若 $M\subseteq N$，则 $\eta(M)\leqslant\eta(N)$；

（3）对所有 M，$N\subseteq Y$，$M\cap N=\phi$，则 $\eta(M\cup N)=\eta(M)+\eta(N)+\rho\eta(M)\eta(N)$，其中 $\rho\in(-1,\infty)$。

特别地，若 $\rho=0$，则 M 和 N 是相互独立的；若 $\rho>0$，则 $\eta(M)+\eta(N)>\eta(M\cup N)$，表示 M 和 N 具有相互辅助的作用；如果 $-1<\rho<0$，则 $\eta(M\cup N)>\eta(M)+\eta(N)$，表示 M 和 N 具有相互削弱的作用。

Choquet 积分作为一种应用最为广泛的模糊积分，已应用于具有相互关联的模糊评价与决策问题[24,26,34-38]。Grabisch[23] 提出如下离散 Choquet 积分的概念：

定义 2.9　设 g 为 Y 上一正值函数，η 为 Y 上的一个模糊测度，则对于 η 和 g 的离散 Choquet 积分定义如下：

$$C_\eta(g(y_{(1)}),g(y_{(2)}),\cdots,g(y_{(n)}))=\sum_{i=1}^{n}g(y_{(i)})(\eta(B_{(i)})-\eta(B_{(i+1)}))\tag{2-8}$$

其中（·）为 Y 上的一个置换，即 $g(y_{(1)})\leqslant g(y_{(2)})\leqslant\cdots\leqslant g(y_{(n)})$，$B_{(i)}=\{y_{(i)},\cdots,y_{(n)}\}$，且 $B_{(n+1)}=\varnothing$。

Xu[26] 将 Choquet 积分引入直觉模糊多指标综合问题中，提出了两个直觉模糊 Choquet 积分算子：

定义 2.10　设 η 为 Y 上的一个模糊测度，$\beta(y_j)=(u_\beta(y_j),v_\beta(y_j))(j=1,2,3\cdots,n)$ 为一组直觉模糊数，则称

$$\begin{aligned}(\overline{C}_1)\int\beta d\eta&=IFCA(\beta(y_1),\cdots,\beta(y_n))\\&=\oplus_{j=1}^{n}\beta(y_{\omega(j)})(\eta(B_{\omega(j)})-\eta(B_{\omega(j-1)}))\end{aligned}\tag{2-9}$$

为直觉模糊关联平均（IFCA）算子，其中 $(\omega(1),\omega(2),\cdots,\omega(n))$ 为 $(1,2,3,\cdots,n)$ 的一个置换，使 $\beta(y_{\omega(1)})\geqslant\beta(y_{\omega(2)})\geqslant\cdots\geqslant\beta(y_{\omega(n)})$，且对 $j\geqslant1$，$B_{\omega(j)}=\{y_{\omega(k)\mid k\leqslant j}\}$，$B_{\omega(0)}=\varnothing$。

定义 2.11　设 η 为 Y 上的一个模糊测度，$\beta(y_j)=(u_\beta(y_j),v_\beta(y_j))(j=1,2,3\cdots,n)$ 为一组直觉模糊数，则称：

$$(\overline{C}_2)\int\beta d\eta=IFCG(\beta(y_1),\cdots,\beta(y_n))=\otimes_{j=1}^{n}\beta(y_{\omega(j)})^{(\eta(B_{\omega(j)})-\eta(B_{\omega(j-1)}))}\tag{2-10}$$

为直觉模糊关联几何（IFCG）算子，其中 $(\omega(1),\omega(2),\cdots,\omega(n))$ 为（1，

2,3,…,n) 的一个置换，使$\beta(y_{\omega(1)}) \geqslant \beta(y_{\omega(2)}) \geqslant \cdots \geqslant \beta(y_{\omega(n)})$，且对 $j \geqslant 1$，$B_{\omega(j)} = \{y_{\omega(k)|k \leqslant j}\}$，$B_{\omega(0)} = \varnothing$。

众多学者对 IFCA 和 IFCG 两个集成算子进行了拓展研究，并在此基础上提出了一系列的直觉模糊拓展集成方法，如广义区间值直觉模糊几何聚合算子[33]，算术区间值直觉模糊广义 λ - Shapley Choquet 算子[28]，二元直觉模糊关联平均算子[27]等。然而，现有直觉模糊 Choquet 积分算子及其拓展方法只能反映 $B_{\omega(j)}$ 和 $B_{\omega(j+1)}$ 两个相邻指标间的关联特性，而不能反映其他指标间的关联性。例如设一组直觉模糊数 $\beta(y_i) = (u_\beta(y_i), v_\beta(y_i))(i = 1,2,3)$，$\beta(y_1) > \beta(y_2) > \beta(y_3), B_{\omega(0)} = \varnothing$，$B_{\omega(1)} = \{y_1\}, B_{\omega(2)} = \{y_1, y_3\}, B_{\omega(3)} = \{y_1, y_2, y_3\}$，基于定义 2.10，可得

$$
\begin{aligned}
&IFCA(\beta(y_1), \beta(y_2), \beta(y_3)) \\
&= \beta(y_1)\eta(\{y_1\}) \oplus \beta(y_3)(\eta(\{y_1, y_3\}) - \eta(\{y_1\})) \oplus \beta(y_2)(\eta(\{y_1, y_2, y_3\}) - \eta(\{y_1, y_3\})) \\
&= \eta(\{y_1\})(\beta(y_1) - \beta(y_3)) \oplus \eta(\{y_1, y_3\})(\beta(y_3) - \beta(y_2)) \oplus \eta(\{y_1, y_2, y_3\})\beta(y_2)
\end{aligned}
$$

从上述集成过程可知，IFCA 积分算子仅考虑了指标 $\{y_1\}$，$\{y_1, y_3\}$，$\{y_1, y_2, y_3\}$ 等组合之间的关联性，明显忽略了其他指标间的关联性。具体而言，在实际应用中可能还需考虑 $\{y_1, y_2\}$，$\{y_2, y_3\}$ 等之间的关联关系。

为了改进传统 Choquet 积分算子的不足，Wang 等[39]提出了一个新的非线性积分，即 Zhenyuan 模糊积分，它可以有效地解释属性间所有可能的相互关联性。目前该积分已广泛应用于模式识别、信息融合等领域[40-43]。

设 ε 为非空集合 Y 的子集的一个 σ - 代数，我们称 $(Y; E)$ 为可测空间，并称 ε 上的集合是可测量的，则 Zhenyuan 模糊积分定义如下：

定义 2.12 给定一个函数集，满足 $\eta(\varnothing) = 0$，集合 $B \in E$，函数 $g: Y \to [0, +\infty)$，则 B 上关于 η 的 g 积分用 $(W)\int_{(B)} g d\eta$，定义如下：

$$
(W)\int_{(B)} f d\eta = \sup\left\{ \sum_{j=1}^{k} \lambda_j \eta(E_j) \mid g \geqslant \sum_{j=1}^{k} \lambda_j \chi_{E_j}, k \geqslant 0, E_j \in E \cap B, \lambda_j \geqslant 0, j = 1,2,3,\cdots,k \right\} \quad (2-11)
$$

其中 $E \cap B = \{E \cap B \mid E \subseteq E\}$，$\chi$表示特征函数。

一般当集合 $Y=\{y_1,y_2,\cdots,y_n\}$ 有限时，式（2－11）定义的积分退化成如下形式：

$$(W)\int_{(B)} gd\eta = \max\left\{\sum_{j=1}^{2^n-1}\lambda_j\eta(E_j\cap B)\mid g=\sum_{j=1}^{2^n-1}\lambda_j\chi_{E_j\cap B},\lambda_j\geqslant 0\right\} \quad (2-12)$$

其中 $E_j=\left\{y_i\left|\frac{j}{2^i}-\left[\frac{j}{2^i}\right]\geqslant\frac{1}{2},\ 1\leqslant i\leqslant n\right.\right\}\in Y$，$j=1,2,\cdots,2^n-1$。为了方便，以下我们采用方程（2－12）中的 Zhenyuan 积分表现形式。

例 2－1 说明了 Choquet 积分与 Zhenyuan 积分在信息集成过程中的主要区别。

【例 2－1】 假设有三个从事某种产品生产的工人，记为 y_1、y_2 和 y_3。若单独工作，则他们每天的产出分别为 5 个、6 个和 8 个单位的产品。他们也可以相互合作一起工作，但是他们的联合产出不是单独工作时个人产出的简单总和，而是如表 2－1 所示。此外，假设 y_1 工作 10 天，y_2 工作 15 天，y_3 工作 8 天。

表 2－1　　不同组合的总产出

集合	总产出	集合	总产出
$\varnothing$	0	$\{y_1,y_2\}$	14
$\{y_1\}$	5	$\{y_1,y_3\}$	7
$\{y_2\}$	6	$\{y_2,y_3\}$	16
$\{y_3\}$	8	$\{y_1,y_2,y_3\}$	18

工人的日总产出可看成是定义在 $Y=\{y_1,y_2,y_3\}$ 幂集上的非负测度函数 η，且 $\eta(\varnothing)=0$（表示不工作将得不到任何产出）。从表 2－1 可以看出，$\eta(\{y_1,y_2\})>\eta(\{y_1\})+\eta(\{y_2\})$，意味着工人 y_1 和 y_2 是一个良好的合作组合，提高了工作效率。而 $\eta(\{y_1,y_3\})<\eta(\{y_1\})+\eta(\{y_3\})$ 表示 y_1 和 y_3 合作的结果将降低产出。假设管理者可根据需要任意安排工作组合，即工人可以单独或分组合作工作，下面计算工人的最大产出。

首先，利用传统 Choquet 积分方法来计算总产出（TP）。为此在集合 $\{y_1,y_2,y_3\}$ 上定义工作时长函数 g，则其值分别为 $g(y_1)=10$，$g(y_2)=15$ 和 $g(y_3)=8$。因此

$$
\begin{aligned}
TP &= C_{\eta}(g(y_{(1)}),g(y_{(2)}),g(y_{(3)}))\\
&= \sum_{i=1}^{3} g(y_{(i)})[\eta(B_{(i)}) - \eta(B_{(i+1)})]\\
&= 8(\eta(\{y_1,y_2,y_3\}) - \eta(\{y_1,y_2\}) + 10(\eta(\{y_1,y_2\})\\
&\quad - \eta(\{y_2\})) + 15\eta(\{y_2\})\\
&= 198
\end{aligned}
$$

可得最大总产出是198。

其次，采用 Zhenyuan 积分对总产出重新计算，即

$$
\begin{aligned}
TP' = \max\{&\lambda_1\eta(\{y_1\}) + \lambda_2\eta(\{y_2\}) + \lambda_3\eta(\{y_1,y_2\}) + \lambda_4\eta(\{y_3\})\\
&+ \lambda_5\eta(\{y_1,y_3\}) + \lambda_6\eta(\{y_2,y_3\}) + \lambda_7\eta(\{y_1,y_2,y_3\})\}
\end{aligned}
$$

$$
s.t.\begin{cases} k_1 + k_3 + k_5 + k_7 = 10,\\ k_2 + k_2 + k_6 + k_7 = 15,\\ k_4 + k_5 + k_6 + k_7 = 8. \end{cases} \tag{2-13}
$$

求解此方程，得到最大总产出是236，比基于 Choquet 积分计算的结果要大。

事实上，方程（2－13）可以转换成如下线性规划问题：

$$
TP = \max\{5k_1 + 6k_2 + 14k_3 + 8k_4 + 7k_5 + 16k_6 + 18k_7\}
$$

$$
s.t.\begin{cases} k_1 + k_3 + k_5 + k_7 = 10,\\ k_2 + k_2 + k_6 + k_7 = 15,\\ k_4 + k_5 + k_6 + k_7 = 8. \end{cases} \tag{2-14}
$$

其中 k_i，$i = (1,2,\cdots,2^n - 1)$，表示工人工作时间的不同组合。通过求解方程（2－14），得到最大总收益也是236，与基于式（2－13）的 Zhenyuan 积分求解的结果相同，比基于 Choquet 积分计算的投资总收益结果大。其原因是 Choquet 积分在集成过程中没有全面反映出指标之间的关联度，从而导致对方案做出过低的评价，得出不合理的决策结果。而 Zhenyuan 积分充分地反映不同指标间的相互关联性，因此比 Choquet 积分更适合用来处理具有关联信息的评价与决策问题。

下面将 Zhenyuan 积分拓展到直觉模糊环境中，进而提出两种直觉模糊信息新集成方法。

三、直觉模糊 Zhenyuan 积分集成方法

本节将基于 Zhenyuan 积分提出两种直觉模糊新集成算子。

定义 2.13　设 $\beta(y_i)=(u_\beta(y_i),v_\beta(y_i))(i=1,2,3,\cdots,n)$ 是一组直觉模糊数，η 是定义在属性集 Y 上的模糊测度，满足 $\eta(\varnothing)=0$，则直觉模糊 Zhenyuan 平均（IFZA）算子定义如下：

$$(W)\int\beta d\eta = IFZA(\beta(y_1),\cdots,\beta(y_n))$$

$$= \max\{\oplus_{j=1}^{2^n-1}\lambda_j\eta(E_j)\mid\beta(y_i)=\oplus_{j=1}^{2^n-1}\lambda_j\chi_{E_j}\} \tag{2-15}$$

其中 $\lambda_j=(t_{\lambda_j},f_{\lambda_j})$ 是一个直觉模糊数，χ 表示特征函数，满足 $E_j=\left\{y_i\left|\frac{j}{2^i}-\left[\frac{j}{2^i}\right]\geqslant\frac{1}{2},1\leqslant i\leqslant n\right.\right\}\subseteq Y$，$j=1,2,\cdots,2^n-1$。

下面举例说明 IFZA 算子的集成步骤。

【例 2-2】 设 $Y=\{y_1,y_2,y_3\}$，$\beta(y_1)=(0.4,0.6)$，$\beta(y_2)=(0.6,0.1)$ 和 $\beta(y_3)=(0.2,0.5)$ 是三个直觉模糊数，且 $\eta(\{y_1\})=\eta(\{y_2\})=0.5$，$\eta(\{y_3\})=0.3$，$\eta(\{y_1,y_2\})=0.8$，$\eta(\{y_1,y_3\})=0.7$，$\eta(\{y_2,y_3\})=0.7$，$\eta(\{y_1,y_2,y_3\})=1$。

根据定义 2.13，可将 $IFZA(\beta(y_1),\beta(y_2),\beta(y_3))$ 转换成如下线性规划问题：

$$\begin{cases}\max\{\oplus_{j=1}^{7}\lambda_j\eta(E_j)\}\\ s.t.\ \lambda_1\oplus\lambda_3\oplus\lambda_5\oplus\lambda_7=\beta(y_1),\\ \qquad\lambda_2\oplus\lambda_3\oplus\lambda_6\oplus\lambda_7=\beta(y_2),\\ \qquad\lambda_4\oplus\lambda_5\oplus\lambda_7\oplus\lambda_7=\beta(y_3).\end{cases} \tag{2-16}$$

其中 $\lambda_j=(t_{\lambda_j},f_{\lambda_j})$ 是一直觉模糊数，且 $E_j=\left\{y_i\left|\frac{j}{2^i}-\left[\frac{j}{2^i}\right]\geqslant\frac{1}{2},\ 1\leqslant i\leqslant3\right.\right\}\subseteq Y$，$j=1，2，\cdots，7$。

根据直觉模糊的运算法及 IFZA 定义，方程（2-16）可等价为如下的最优化问题：

$$
\begin{cases}
\max\left\{1-\prod_{j=1}^{7}(1-t_{\lambda_j})^{\eta(E_j)}-\prod_{j=1}^{7}(f_{\lambda_j})^{\eta(E_j)}\right\}\\
s.t.\ (1-t_{\lambda_1})(1-t_{\lambda_3})(1-t_{\lambda_5})(1-t_{\lambda_7})=1-u_\beta(y_1),\\
\quad (1-t_{\lambda_2})(1-t_{\lambda_3})(1-t_{\lambda_6})(1-t_{\lambda_7})=1-u_\beta(y_2),\\
\quad (1-t_{\lambda_4})(1-t_{\lambda_5})(1-t_{\lambda_6})(1-t_{\lambda_7})=1-u_\beta(y_3),\\
\quad f_{\lambda_1}f_{\lambda_3}f_{\lambda_5}f_{\lambda_7}=v_\beta(y_1),\\
\quad f_{\lambda_2}f_{\lambda_3}f_{\lambda_6}f_{\lambda_7}=v_\beta(y_2),\\
\quad f_{\lambda_4}f_{\lambda_5}f_{\lambda_6}f_{\lambda_7}=v_\beta(y_3),\\
\quad 0<t_{\lambda_j}+f_{\lambda_j}<1, j=1,2,\cdots,7.
\end{cases}
\tag{2-17}
$$

因对任意的实数 $xy>0$，x，$y\in R$，有

$$\min\{x+y\}=\min\{x\}+\min\{y\},$$

从而式（2－17）的目标函数可进行如下转化，

$$
\begin{aligned}
&\max\left\{1-\prod_{j=1}^{7}(1-t_{\lambda_j})^{\eta(E_j)}-\prod_{j=1}^{7}(1-f_{\lambda_j})^{\eta(E_j)}\right\}\\
&=1-\min\left\{\prod_{j=1}^{7}(1-t_{\lambda_j})^{\eta(E_j)}+\prod_{j=1}^{7}(1-f_{\lambda_j})^{\eta(E_j)}\right\}\\
&=1-\min\left\{\prod_{j=1}^{7}(1-t_{\lambda_j})^{\eta(E_j)}\right\}-\min\left\{\prod_{j=1}^{7}(1-f_{\lambda_j})^{\eta(E_j)}\right\}
\end{aligned}
$$

进一步，因 $\ln\left(\prod_{j=1}^{7}(1-t_{\lambda_j})^{\eta(E_j)}\right)$ 和 $\prod_{j=1}^{7}(1-t_{\lambda_j})^{\eta(E_j)}$ 有相同的最小值 t_{λ_j}，记 $u_j=\ln(1-t_{\lambda_j})$，$v_j=\ln(f_{\lambda_j})$，则式（2－17）可等价为如下线性规划问题：

$$
\begin{cases}
\min\left\{\sum_{j=1}^{7}\eta(E_j)(u_j+v_j)\right\}\\
s.t.\ u_1+u_3+u_5+u_7=\ln(1-u_\beta(y_1)),\\
\quad u_2+u_3+u_6+u_7=\ln(1-u_\beta(y_2)),\\
\quad u_4+u_5+u_6+u_7=\ln(1-u_\beta(y_3)),\\
\quad v_1+v_3+v_5+v_7=\ln(v_\beta(y_1)),\\
\quad v_2+v_3+v_6+v_7=\ln(v_\beta(y_2)),\\
\quad v_4+v_5+v_6+v_7=\ln(v_\beta(y_3)),\\
\quad u_j-v_j>0, u_j<0, j=1,2,\cdots,7.
\end{cases}
\tag{2-18}
$$

通过将 $\beta(y_i)$ 和 $\eta(E_j)$ 的值代入式（2－18），有

$$IFZA(\beta(y_1),\beta(y_2),\beta(y_3)) = \left(1 - e^{\sum_{j=1}^{7} u_j\eta(E_j)}, e^{\sum_{j=1}^{7} v_j\eta(E_j)}\right) = (0.54, 0.2)$$

下面定理说明了现有的 IFWA 算子[19]是 IFZA 方法的一个特例。

定理 2.2　设 η 是定义在集合 Y 上的一个模糊测度，对任意的 M，$N\subseteq Y$ 和 $M\cap N=\varnothing$，若 $\eta(Y)=1$ 且 $\eta(M\cup N)=\eta(M)+\eta(N)$，则 IFZA 退化为 IFWA 算子。

证明：根据模糊测度的性质，对任意的 $E_j\subseteq Y$，有 $\eta(E_j) = \sum_{y_i\in E_j}\eta(\{y_i\})$。根据直觉模糊数的运算法则，可得 $\oplus_{i=1}^{n}(\lambda\beta(y_i))=\lambda(\oplus_{i=1}^{n}\beta(y_i))$，从而有

$$\begin{aligned}
&IFZA(\beta(y_1),\cdots,\beta(y_n))\\
&=\max\{\oplus_{j=1}^{2^n-1}\lambda_j\eta(E_j)\mid\beta(y_i)=\oplus_{j=1}^{2^n-1}\lambda_j\chi_{E_j}\}\\
&=\max\{\oplus_{i=1}^{n}(\oplus_{j=1}^{2^n-1}\lambda_j\chi_{E_j})\eta(y_i)\mid\beta(y_i)=\oplus_{j=1}^{2^n-1}\lambda_j\chi_{E_j}\}\\
&=\max\{\oplus_{i=1}^{n}\beta(y_i)\eta(y_i)\}=\oplus_{i=1}^{n}\beta(y_i)\eta(y_i)\\
&=IFWA(\beta(y_1),\cdots,\beta(y_n))
\end{aligned}$$

定理证毕。

根据定理 2.2，容易得出 IFZA 算子具有如下一些重要性质。

定理 2.3　设 $\alpha(y_i)=(u_\alpha(y_i),v_\alpha(y_i))$，$\beta(y_i)=(u_\beta(y_i),v_\beta(y_i))$（$i=1,2,\cdots,n$）是集合 Y 上的两组直觉模糊数，η 是定义在集合 Y 上的一个模糊测度，若对任意的 i（$i=1,2,\cdots,n$），有 $\alpha(y_i)\leqslant\beta(y_i)$，即 $u_\alpha(y_i)\leqslant u_\beta(y_i)$ 和 $v_\alpha(y_i)\geqslant v_\beta(y_i)$，则有：

$$IFZA(\alpha(y_1),\alpha(y_2),\cdots,\alpha(y_n))\leqslant IFZA(\beta(y_1),\beta(y_2),\cdots,\beta(y_n))$$

定理 2.4　设 $\beta(y_i)=(u_\beta(y_i),v_\beta(y_i))$（$i=1,2,\cdots,n$）是 Y 集上一组直觉模糊数，η 是定义在集合 Y 上的一个模糊测度，若（$\hat{\beta}(y_1),\hat{\beta}(y_2),\cdots,\hat{\beta}(y_n)$）是 $\beta(y_1),\cdots,\beta(y_n)$ 的任一转置，则有：

$$IFZA(\beta(y_1),\beta(y_2),\cdots,\beta(y_n))=IFZA(\hat{\beta}(y_1),\hat{\beta}(y_2),\cdots,\hat{\beta}(y_n))$$

定理 2.5　设 $\beta(y_i)=(u_\beta(y_i),v_\beta(y_i))$（$i=1,2,\cdots,n$）是 Y 集上一组直觉模糊数且有 $l>0$，则：

$$IFZA(l\beta(y_1),l\beta(y_2),\cdots,l\beta(y_n))=lIFZA(\beta(y_1),\beta(y_2),\cdots,\beta(y_n))$$

证明： 根据直觉模糊数的运算规则，对任意的 i（$i=1,2,\cdots,n$）和 $l>0$，有 $l[\oplus_{i=1}^{n}\beta(y_i)]=\oplus_{i=1}^{n}l\beta(y_i)$，因此：

$$IFZA(l\beta(y_1),l\beta(y_2),\cdots,l\beta(y_n))$$
$$=\max\{\oplus_{j=1}^{2^n-1}\lambda_j\eta(E_j)\mid l\beta(y_i)=\oplus_{j=1}^{2^n-1}\lambda_j\chi_{E_j}\}$$
$$=\max\left\{\oplus_{j=1}^{2^n-1}\lambda_j\eta(E_j)\mid \beta(y_i)=\oplus_{j=1}^{2^n-1}\frac{1}{l}\lambda_j\chi_{E_j}\right\}$$

设 $k_j=\lambda_j/l$，可得

$$IFZA(l\beta(y_1),l\beta(y_2),\cdots,l\beta(y_n))$$
$$=\max\{\oplus_{j=1}^{2^n-1}lk_j\eta(E_j)\mid \beta(y_i)=\oplus_{j=1}^{2^n-1}k_j\chi_{E_j}\}$$
$$=l\max\{\oplus_{j=1}^{2^n-1}k_j\eta(E_j)\mid \beta(y_i)=\oplus_{j=1}^{2^n-1}k_j\chi_{E_j}\}$$
$$=lIFZA(\beta(y_1),\beta(y_2),\cdots,\beta(y_n))$$

证毕。

定理 2.6 设 $\beta(y_i)=(u_\beta(y_i),v_\beta(y_i))(i=1,2,\cdots,n)$ 是 Y 集上一组直觉模糊数，η 是定义在集合 Y 上的一个模糊测度，则 IFZA 算子集成得到的结果仍为直觉模糊数，且

$$IFZA(\beta(y_1),\beta(y_2),...,\beta(y_n))$$

$$=\begin{cases}\max\left\{\left(1-\prod_{j=1}^{2^n-1}(1-t_{\lambda_j})^{\eta(E_j)},\prod_{j=1}^{2^n-1}f_{\lambda_j}^{\eta(E_j)}\right)\right\}\\ s.t.\ \beta(y_i)=\left(1-\prod_{j=1}^{2^n-1}(1-t_{\lambda_j})^{\chi_{E_j}},\prod_{j=1}^{2^n-1}f_{\lambda_j}^{\chi_{E_j}}\right)\end{cases}$$

其中 $E_j=\left\{y_i\left|\frac{j}{2^i}-\left[\frac{j}{2^i}\right]\geqslant\frac{1}{2},\ 1\leqslant i\leqslant n\right.\right\}\subseteq Y,j=1,2,\cdots,2^n-1,\lambda_j=(t_{\lambda_j},f_{\lambda_j})$ 是一个直觉模糊数。

定义 2.14 设 $\beta(y_i)=(u_\beta(y_i),v_\beta(y_i))(i=1,2,3,\cdots,n)$ 是一组直觉模糊数，η 是定义在指标集 Y 上的模糊测度，满足 $\eta(\varnothing)=0$，则直觉模糊 Zhenyuan 几何（IFZG）算子定义如下：

$$(W')\int\beta d\eta=IFZG(\beta(y_1),\cdots,\beta(y_n))$$
$$=\max\{\otimes_{j=1}^{2^n-1}\lambda_j^{\eta(E_j)}\mid\beta(y_i)=\otimes_{j=1}^{2^n-1}\lambda_j^{\chi_{E_j}}\}\qquad(2-19)$$

其中，$\lambda_j=(t_{\lambda_j},f_{\lambda_j})$ 是一个直觉模糊数，χ 表示特征函数，满足 $E_j=\left\{y_i \middle| \frac{j}{2^i}-\left[\frac{j}{2^i}\right]\geqslant\frac{1}{2},\ 1\leqslant i\leqslant n\right\}\subseteq Y,\ j=1,2,\cdots,2^n-1$。

定理 2.7 设 η 是定义在集合 Y 上的一个模糊测度，对任意的 M，$N\subseteq Y$ 和 $M\cap N=\varnothing$，若 $\eta(Y)=1$ 且 $\eta(M\cup N)=\eta(M)+\eta(N)$，则 IFZG 算子退化为 IFWG 算子。

证明：根据模糊测度的性质，对任意的 $E_j\subseteq Y$，有 $\eta(E_j)=\sum_{y_i\in E_j}\eta(\{y_i\})$，进而根据直觉模糊数的运算法则，有

$$
\begin{aligned}
& IFZG(\beta(y_1),\cdots,\beta(y_n)) \\
&=\max\{\otimes_{j=1}^{2n-1}\lambda_j^{\eta(E_j)} \mid \beta(y_i)=\otimes_{j=1}^{2^n-1}\lambda_j^{\chi_{E_j}}\} \\
&=\max\{\otimes_{i=1}^{n}[\otimes_{j=1}^{2n-1}\lambda_j^{\chi_{E_j}}]^{\eta(y_i)} \mid \beta(y_i)=\otimes_{j=1}^{2n-1}\lambda_j^{\chi_{E_j}}\} \\
&=\max\{\otimes_{i=1}^{n}\beta(y_i)^{\eta(y_i)}\} \\
&=\otimes_{i=1}^{n}\beta(y_i)^{\eta(y_i)} \\
&=IFWG(\beta(y_1),\cdots,\beta(y_n))
\end{aligned}
$$

定理证毕。

定理 2.8 设 $\alpha(y_i)=(u_\alpha(y_i),v_\alpha(y_i))$，$\beta(y_i)=(u_\beta(y_i),v_\beta(y_i))(i=1,2,\cdots,n)$ 是集合 Y 上的两组直觉模糊数，η 是定义在集合 Y 上的一个模糊测度，若对任意的 $i(i=1,2,\cdots,n)$，有 $\alpha(y_i)\leqslant\beta(y_i)$，即 $u_\alpha(y_i)\leqslant u_\beta(y_i)$ 和 $v_\alpha(y_i)\geqslant v_\beta(y_i)$，则有：

$$IFZG(\alpha(y_1),\alpha(y_2),\cdots,\alpha(y_n))\leqslant IFZG(\beta(y_1),\beta(y_2),\cdots,\beta(y_n))$$

定理 2.9 设 $\beta(y_i)=(u_\beta(y_i),v_\beta(y_i))(i=1,2,\cdots,n)$ 是 Y 集上一组直觉模糊数，η 是定义在集合 Y 上的一个模糊测度，若 $(\hat{\beta}(y_1),\hat{\beta}(y_2),\cdots,\hat{\beta}(y_n))$ 是 $(\beta(y_1),\cdots,\beta(y_n))$ 的任一转置，则有：

$$IFZG(\beta(y_1),\beta(y_2),\cdots,\beta(y_n))=IFZG(\hat{\beta}(y_1),\hat{\beta}(y_2),\cdots,\hat{\beta}(y_n))$$

定理 2.10 设 $\beta(y_i)=(u_\beta(y_i),v_\beta(y_i))(i=1,2,\cdots,n)$ 是 Y 集上一组直觉模糊数，η 是定义在集合 Y 上的一个模糊测度，若 $l>0$，则有：

$$
\begin{aligned}
& IFZG((\beta(y_1))^l,(\beta(y_2))^l,\cdots,(\beta(y_n))^l) \\
&=[IFZG(\beta(y_1),\beta(y_2),\cdots,\beta(y_n))]^l
\end{aligned}
$$

定理 2.11 设 $\beta(y_i)=(u_\beta(y_i),v_\beta(y_i))(i=1,2,\cdots,n)$ 是 Y 集上一组直觉模糊数，η 是定义在集合 Y 上的一个模糊测度，则 IFZG 算子集成得到的结果仍为直觉模糊数，且有：

$$IFZA(\beta(y_1),\beta(y_2),\cdots,\beta(y_n))$$

$$=\begin{cases}\max\left\{\left(\prod_{j=1}^{2^n-1}t_{\lambda_j}^{\eta(E_j)},1-\prod_{j=1}^{2^n-1}(1-f_{\lambda_j})^{\eta(E_j)}\right)\right\}\\ s.t.\quad \beta(y_i)=\left(\prod_{j=1}^{2^n-1}t_{\lambda_j}^{\chi_{E_j}},1-\prod_{j=1}^{2^n-1}(1-f_{\lambda_j})^{\chi_{E_j}}\right)\end{cases}$$

其中 $E_j=\left\{y_i\left|\frac{j}{2^i}-\left[\frac{j}{2^i}\right]\geqslant\frac{1}{2},1\leqslant i\leqslant n\right.\right\}\subseteq Y,j=1,2,\cdots,2^n-1,\lambda_j=(t_{\lambda_j},f_{\lambda_j})$ 是一个直觉模糊数。

四、应用分析

本节将进一步研究直觉模糊 Zhenyuan 积分算子在信息集成与评价问题中的应用，并与直觉模糊 Choquet 积分方法进行对比分析，通过数值模拟验证其有效性。

【例 2-3】 近年来中国经济的高速发展和人民生活水平的提高，旅游市场火爆，对宾馆住宿的要求也逐渐提高。为了提升行业竞争力，某旅游公司拟对某旅游城市的 10 家接待宾馆（$A=\{A_1,A_2,\cdots,A_{10}\}$）进行综合考察评估。假设其邀请的评价专家根据以下 4 个主要指标来评估这 10 家接待宾馆：价格（c_1）、服务水平（c_2）、硬件设施（c_3）和区域位置（c_4）。根据待评估对象的实际情况，评价专家一致认为 4 个指标的重要程度不一，且设指标间的模糊测度如下：

$\eta(c_1)=0.2,\eta(c_2)=0.4,\eta(c_3)=0.30,\eta(c_4)=0.50,$

$\eta(c_1,c_2)=0.60,\eta(c_1,c_3)=\eta(c_1,c_4)=0.5,$

$\eta(c_2,c_3)=\eta(c_2,c_4)=0.7,\eta(c_3,c_4)=0.45,$

$\eta(c_1,c_2,c_3)=0.75,\eta(c_1,c_2,c_4)=0.75,$

$\eta(c_1,c_3,c_4)=0.78,\eta(c_2,c_3,c_4)=0.85,$

$\eta(c_1,c_2,c_3,c_4)=1,\eta(\varnothing)=0.$

评估专家对10家宾馆的各项指标依次进行打分评价，进而得到直觉模糊评价矩阵，如表2-2所示。

表2-2　　直觉模糊评价矩阵

待评方案	评价指标			
	c_1	c_2	c_3	c_4
A_1	(0.21,0.71)	(0.59,0.26)	(0.20,0.41)	(0.36,0.05)
A_2	(0.24,0.12)	(0.04,0.75)	(0.53,0.09)	(0.49,0.19)
A_3	(0.26,0.61)	(0.24,0.44)	(0.11,0.14)	(0.12,0.21)
A_4	(0.32,0.12)	(0.44,0.02)	(0.19,0.50)	(0.15,0.19)
A_5	(0.22,0.11)	(0.33,0.42)	(0.16,0.05)	(0.04,0.64)
A_6	(0.11,0.06)	(0.27,0.20)	(0.01,0.87)	(0.28,0.54)
A_7	(0.40,0.45)	(0.38,0.22)	(0.25,0.67)	(0.54,0.45)
A_8	(0.19,0.14)	(0.33,0.67)	(0.08,0.63)	(0.12,0.49)
A_9	(0.70,0.09)	(0.77,0.17)	(0.02,0.12)	(0.27,0.21)
A_{10}	(0.35,0.15)	(0.59,0.15)	(0.03,0.61)	(0.42,0.21)

目前有很多不同类型的直觉模糊Choquet集成算子，但是这些算子集成原理与过程步骤相似，因而本例选出两类代表性的直觉模糊Choquet集成方法，即IFCA和IFCG算子[26]，与新提出的IFZA和IFZG算子进行对比分析，以证明其有效性和优越性。

首先计算各待评对象的直觉模糊得分函数S和精度函数H，进而对待评方案进行排序，表2-3列出了四种不同集成算子得到的方案排序情况。

表2-3　　不同集成的方案排序

集成方法	方案排序
IFCA	$A_9>A_1>A_4>A_{10}>A_2>A_7>A_5>A_6>A_3>A_8$
IFZA	$A_9>A_1>A_{10}>A_2>A_4>A_7>A_5>A_3>A_6>A_8$
IFCG	$A_9>A_4>A_1>A_7>A_{10}>A_2>A_3>A_5>A_8>A_6$
IFZG	$A_9>A_4>A_1>A_7>A_{10}>A_3>A_2>A_5>A_8>A_6$

显然，在IFCA和IFZA算子（或IFCG和IFZG算子）下，大多数方案排序是相似的，且最优方案都相同。为了进一步证明本节新提出的IFZA和IFZG算子的有效性，下面采用均匀分布随机生成系列直觉模糊评价值，再根据不同集成方法进行综合集成分析。重复上述实验1000次，并采用统计

方法来确定这两类集成算子得出的排名最佳和次最佳方案一致率，结果如表 2 -4 所示。

表 2 -4　　最佳和次佳方案的一致性率

集成方法	一致性率(%)
IFCA 和 IFZA	92.2
IFCG 和 IFZG	91.3

从表 2 -4 可以看出，两类集成算子的最小平均一致性率（考虑到最佳和次优替代方案）均高于90%，说明在考虑两个最佳方案的情况下，这两类算子的性能非常相似。鉴于 IFZA 和 IFZG 算子能够在不同类型评价数据扰动下识别相同的最优选方案，因而可将这两个算子视为解决指标间相互关联的多指标综合评价问题的合适工具。

此外，在某些实际评价问题中，由于指标间的相互关联性，指标之间的模糊测度变化也会影响每个方案的集成结果，同时将导致方案的优先顺序发生变化。为了证明所提出的集成算子在处理指标间的关联性方面的优越性，下面采用一些特殊的数据类型进行比较分析。设方案 A_j 在指标 c_i 下的评价值记为直觉模糊数 γ_{ij}，其中 γ_{ij} 由均匀分布随机产生，且满足 $S(\gamma_{i1})>S(\gamma_{i2})>S(\gamma_{i3})>\cdots>S(\gamma_{in})$，具体如表 2 -5 所示。

表 2 -5　　直觉模糊评价矩阵

	c_1	c_2	c_3	c_4
A_1	(0.71,0.21)	(0.59,0.26)	(0.41,0.20)	(0.36,0.18)
A_2	(0.62,0.20)	(0.32,0.45)	(0.20,0.53)	(0.18,0.63)
A_3	(0.61,0.26)	(0.44,0.24)	(0.14,0.11)	(0.12,0.32)
A_4	(0.44,0.02)	(0.50,0.19)	(0.31,0.17)	(0.15,0.19)
A_5	(0.64,0.01)	(0.52,0.20)	(0.15,0.05)	(0.38,0.50)
A_6	(0.87,0.11)	(0.47,0.20)	(0.06,0.11)	(0.28,0.54)
A_7	(0.67,0.25)	(0.52,0.22)	(0.54,0.38)	(0.45,0.40)
A_8	(0.81,0.13)	(0.62,0.31)	(0.33,0.67)	(0.12,0.49)
A_9	(0.77,0.17)	(0.71,0.19)	(0.43,0.21)	(0.20,0.70)
A_{10}	(0.61,0.03)	(0.59,0.15)	(0.42,0.21)	(0.15,0.35)

设指标集间的重要性测度关系如下：

$\eta_2=\eta(c_2)\in\{0.1,0.3,0.5,0.7\}$，$\eta_3=\eta(c_3)\in\{0.1,0.3,0.5,0.7\}$，

$\eta_4=\eta(c_4)\in\{0.1,0.3,0.5,0.7\}$，$\eta(\varnothing)=0$，$\eta(c_1,c_2,c_3,c_4)=1$，

$\eta(c_1)=0.2$，$\eta(c_1,c_2)=0.50$，$\eta(c_1,c_3)=0.40$，$\eta(c_1,c_4)=0.5$，

$\eta(c_2,c_3)=\eta(c_2,c_4)=0.6$，$\eta(c_3,c_4)=0.45$，$\eta(c_1,c_2,c_3)=0.75$，

$\eta(c_1,c_2,c_4)=0.7$，$\eta(c_1,c_3,c_4)=0.68$，$\eta(c_2,c_3,c_4)=0.8$.

利用 IFZA，IFZG，IFCA 和 IFCG 四个集成算子对直觉模糊矩阵的每一行的直觉模糊数 $\gamma_{ij}(j=1,2,\cdots,n)$ 进行集成，进而可以得到每个待评方案的综合评价值，并以此进行排序。对 η_2、η_3 和 η_4 的所有可能组合重复此操作，得到的结果如表 2-6 所示。

表 2-6　　不同模糊测度下的方案排序

算子	(η_2,η_3,η_4)	方案排序
IFCA	(0.1,0.1,0.1)	$A_5>A_{10}>A_1>A_9>A_6>A_4>A_7>A_8>A_3>A_2$
	(0.1,0.7,0.3)	$A_5>A_{10}>A_1>A_9>A_6>A_4>A_7>A_8>A_3>A_2$
	(0.3,0.3,0.3)	$A_5>A_{10}>A_1>A_9>A_6>A_4>A_7>A_8>A_3>A_2$
	(0.3,0.5,0.7)	$A_5>A_{10}>A_1>A_9>A_6>A_4>A_7>A_8>A_3>A_2$
	(0.7,0.5,0.7)	$A_5>A_{10}>A_1>A_9>A_6>A_4>A_7>A_8>A_3>A_2$
IFZA	(0.1,0.1,0.1)	$A_5>A_{10}>A_1>A_9>A_6>A_7>A_4>A_8>A_3>A_2$
	(0.1,0.7,0.3)	$A_9>A_1>A_{10}>A_7>A_5>A_6>A_4>A_8>A_3>A_2$
	(0.3,0.3,0.3)	$A_5>A_1>A_{10}>A_9>A_6>A_7>A_4>A_8>A_3>A_2$
	(0.3,0.5,0.7)	$A_5>A_1>A_7>A_9>A_{10}>A_6>A_4>A_8>A_3>A_2$
	(0.7,0.5,0.7)	$A_5>A_{10}>A_7>A_1>A_9>A_6>A_8>A_4>A_3>A_2$
IFCG	(0.1,0.1,0.1)	$A_1>A_7>A_{10}>A_4>A_5>A_9>A_3>A_6>A_8>A_2$
	(0.1,0.7,0.3)	$A_1>A_7>A_{10}>A_4>A_5>A_9>A_3>A_6>A_8>A_2$
	(0.3,0.3,0.3)	$A_1>A_7>A_{10}>A_4>A_5>A_9>A_3>A_6>A_8>A_2$
	(0.3,0.5,0.7)	$A_1>A_7>A_{10}>A_4>A_5>A_9>A_3>A_6>A_8>A_2$
	(0.7,0.5,0.7)	$A_1>A_7>A_{10}>A_4>A_5>A_9>A_3>A_6>A_8>A_2$

续表

算子	(η_2,η_3,η_4)	方案排序
IFZG	(0.1,0.1,0.1)	$A_1>A_7>A_{10}>A_5>A_9>A_4>A_6>A_8>A_3>A_2$
	(0.1,0.7,0.3)	$A_1>A_7>A_4>A_{10}>A_3>A_9>A_5>A_2>A_8>A_6$
	(0.3,0.3,0.3)	$A_1>A_7>A_{10}>A_4>A_5>A_9>A_3>A_6>A_8>A_2$
	(0.3,0.5,0.7)	$A_1>A_7>A_4>A_{10}>A_3>A_5>A_2>A_9>A_8>A_6$
	(0.7,0.5,0.7)	$A_1>A_7>A_4>A_{10}>A_3>A_5>A_9>A_2>A_6>A_8$

从表2-6可以看出，利用IFZA和IFZG算子得出的方案排序随某些指标集的模糊测度关系的不同而改变，体现了两个集成算子在模糊测度方面的敏感性。相反，基于IFCA和IFCG算子的结果表明，即使某些指标间的模糊测度发生变化，方案的排序仍然没有发生变化。显然，IFCA和IFCG算子不能全面反映指标间关联性的变化。事实上，随着指标子集重要性的变化，相应的方案排序在一定程度上也应该发生改变，尤其是当指标间关联性发生相对重大变化的情况下。显然，IFCA和IFCG集成算子并不能完全体现指标间关联的变化，进而导致信息丢失，由此产生的方案排序缺乏稳健性。而本节提出的IFZA和IFZG集成算子则能更全面、更精确地反映指标间的整体关联性。

五、小结

本节主要研究指标间相互关联的多指标直觉模糊问题。根据指标间的相互关联影响特征，提出了两种新的基于Zhenyuan积分的两种新直觉模糊集成方法，其可有效测量指标间的相关关系，并分析了其数理特征和运算法则，数值模拟验证了新集成方法能全面反映指标间关联测度影响，并证明了它们集成结果的有效性和优越性。应用案例分析证明，与基于传统的Choquet积分的算子相比，所提出的IFZA和IFZG算子对模糊测度的变化更为敏感，且可有效地识别出评价数据扰动和指标关联影响变化下的最佳方案。

第三节　基于改进得分函数的直觉模糊 VIKOR 综合评价方法

本节在深入分析直觉模糊数现有得分函数的缺陷后，首先提出了一种新的直觉模糊数得分函数，其可以克服现有得分函数、精度函数等方法在直觉模糊数大小排序上的不足，并研究了其相关定理和性质。其次，基于新的直觉模糊得分函数，提出了一种基于改进的 VIKOR 直觉模糊综合评价方法，其不仅可以计算出每个备选方案与正负理想方案的距离，而且可以有效避免传统方法中“除零”缺陷。在此基础上，利用直觉模糊 TOPSIS 方法对备选方案进行排序。相对贴近度越小，备选方案越好。最后利用算例与对比分析验证了所提方法的正确性和有效性。

一、现有直觉模糊排序方法

直觉模糊数（IFV）的排序方法吸引了广大研究者的研究兴趣，如吴冲等[54]提出了一种综合考虑隶属度、非隶属度以及犹豫度的新的得分函数，在此基础上提出了一种基于直觉模糊熵权法的综合评价。Chen 和 Tan[5]根据隶属度和非隶属度之间的偏差，提出了直觉模糊的得分函数。此外，文献［55－62］基于不同角度提出了多种类型的直觉模糊得分函数。为改进得分函数在区分直觉模糊数大小排序的不足，文献［6］和文献［63－66］分别提出利用精度函数和贴近度等方法来确定直觉模糊数的大小排序体系。

下面首先介绍现有基于直觉模糊得分函数的排序方法。现有直觉模糊数的得分函数计算方法一般可以分为两类，一类只考虑隶属度和非隶属度的方法[5,55－61]，另一类则是综合考虑了隶属度、非隶属度和犹豫度[62]。

设 $d=\langle a,b\rangle$ 为一个 IFV，其得分函数的计算方法如下：

（1）Chen 和 Tan 的得分函数 S_{CT}[5]：

$$S_{CT}(d)=a-b, \tag{2-20}$$

其中 $S_{CT}(d)\in[-1,1]$，且 $S_{CT}(d)$ 的值越大，d 越大。

（2） Kharal 的得分函数 S_{K1}[55]：

$$S_{K1}(d) = a - b \times \pi_d, \tag{2-21}$$

其中 $S_{K1}(d) \in [0,1]$，$S_{K1}(d)$ 的值越大，d 越大。

（3） Kharal 的得分函数 S_{K2}[55]：

$$S_{K2}(d) = a - \frac{(b + \pi_d)}{2}, \tag{2-22}$$

其中 $S_{K2}(d) \in [0,1]$，$S_{K2}(d)$ 的值越大，d 越大。

（4） Kharal 的得分函数 S_{K3} (d)[55]：

$$S_{K3}(d) = \frac{(a + b)}{2} - \pi_d, \tag{2-23}$$

其中 $S_{K3}(d) \in [0,1]$，$S_{K3}(d)$ 的值越大，d 越大。

（5） Lin，Yuan 和 Xia 的得分函数 S_{LYX}[56]：

$$S_{LYX}(d) = \frac{1}{2}a + \frac{3}{2}(1 - \pi_d) - 1, \tag{2-24}$$

其中 $S_{LYX}(d) \in [-1, 0.5]$，$S_{LYX}(d)$ 的值越大，d 越大。

（6） 李凡等的得分函数 S_{LYX}[57]：

$$S_{LHW}(d) = 2a + b - 1, \tag{2-25}$$

其中 S_{LHW} (d) $\in [0,1]$，$S_{LHW}(d)$ 的值越大，d 越大。

（7） Liu 和 Wang 的得分函数 S_{LW}[58]：

$$S_{LW}(d) = a + a(1 - a - b), \tag{2-26}$$

其中 $S_{LW}(d) \in [0,1]$，$S_{LW}(d)$ 的值越大，d 越大。

（8） Wang，Zhang 和 Liu 的得分函数 S_{WZL}[59]：

$$S_{WZL}(d) = \frac{3a - b - 1}{2}, \tag{2-27}$$

其中，$S_{WZL}(d) \in [-1,1]$，$S_{WZL}(d)$ 的值越大，d 的得分值越大。

（9） Wang 和 Li 的得分函数 S_{WL}[60]：

$$S_{wl}(d) = \begin{cases} a - b + H_{WL}(d) \times \pi_d & if \quad a > b \\ a - b - H_{wl}(d) \times \pi_d & if \quad a < b, \\ 0 & if \quad a = b \end{cases} \tag{2-28}$$

其中，$H_{WL}(d) = \dfrac{H_{WL}(a,b) + H_{WL}(b,a)}{2}$，且有

$$H_{WL}(a,b)=\begin{cases}(1-a)\log_2\dfrac{2(1-a)}{2-a-b} & if\quad a=0\\ a\times\log_2\dfrac{2a}{a+b} & if\quad a=1\\ a\times\log_2\dfrac{2a}{a+b}+(1-a)\log_2\dfrac{2(1-a)}{2-a-b} & if\quad 0<a<1\end{cases},$$

$H_{WL}(d)$ 为隶属度 a 与非隶属度 b 的交叉熵，$H_{WL}(d)\in[0,1]$ 且 $S_{WL}(d)\in[-1,1]$。$S_{WL}(d)$ 的值越大，d 越大。

（10）Ye 的评分函数 S_Y[62]：

$$S_Y(d)=a-b+\mu\pi_d, \tag{2-29}$$

其中 $S_Y(d)\in[-1,1]$ 且 $\mu\in[-1,1]$。若 $\mu>0$，则 $\mu\pi_d$ 的值为正；若 $\mu<0$，则 $\mu\pi_d$ 的值为负；若 $\mu=0$，则评分 $S_Y(d)=a-b$ 与 Chen 和 Tan[5] 提出的评分函数 S_{CT} 相同。

此外，设对于任意 n 个直觉模糊数 $d_i=\langle a_i,b_i\rangle$，Ye[62] 提出了一种融入犹豫度的直觉模糊得分函数 $S_{WLZ}(d_i)$：

$$S_{WLZ}(d_i)=a_i-b_i+(a_i-b_i+v_1(d_i)+v_2(d_i))\pi d_i, \tag{2-30}$$

其中，

$$\begin{cases}v_1(d_i)=\begin{cases}(a_i-b_i-\bar{x})^{\alpha} & if\quad a_i-b_i\geqslant\bar{x}\\ -\lambda\,(\bar{x}-(a_i-b_i))^{\alpha} & if\quad a_i-b_i<\bar{x}\end{cases}\\ v_2(d_i)=\begin{cases}(a_i+b_i-\bar{y})^{\alpha} & if\quad a_i+b_i\geqslant\bar{y}\\ -\lambda\,(\bar{y}-(a_i+b_i))^{\alpha} & if\quad a_i+b_i<\bar{y}\end{cases}\end{cases}。$$

$\bar{x}=\sum_{i=1}^{n}\frac{1}{n}(a_i-b_i)$，$\bar{y}=\sum_{i=1}^{n}\frac{1}{n}(a_i+b_i)$，则 $S_{WLZ}(d_i)$ 的值越大，d_i 越大，其中 $1\leqslant i\leqslant m$。

为了更好地区分直觉模糊数的大小，一些学者相继提出了基于直觉模糊精确函数[6,63]和贴进度[64-66]的比较方法，主要有：

（1）Hong 和 Choi 的精度函数 N_{HC}[6]：

$$N_{HC}(d)=a+b, \tag{2-31}$$

其中 $N_{HC}(d)\in[0,2]$，$N_{HC}(d)$ 的值越大，d 越大。

（2）Ye 的精度函数 N_Y[63]：

$$N_Y(d)=a(1+\pi_d)-\pi_d^{\ 2}, \tag{2-32}$$

其中 $N_Y(d) \in [-1,1]$。$N_Y(d)$ 的值越大，d 越大。

（3）Guo 的贴进度方法 M_G[64]：

$$M_G(d) = \left(1 - \frac{1}{2}\pi_d\right)\left(1 + \frac{1}{2}\pi_d\right), \tag{2-33}$$

其中 $M_G(d) \in [0,1]$，$M_G(d)$ 的值越大，d 越大。

（4）Szmidt 和 Kacprzyk 的 IFVSSs 的排序测度方法 M_{SK}[65]：

$$M_{SK}(d) = \frac{1}{2}(1 + \pi_d) \times l_{IFS}(d_{ideal}, d), \tag{2-34}$$

其中 $l_{IFS}(d_{ideal}, d)$ 是正理想值 $d_{ideal} = \langle 1,0 \rangle$ 和 IFV$d = \langle a,b \rangle$ 之间的距离，即 $l_{IFS}(d_{ideal}, d) = 0.5(|1-a| + |0-b| + |0-\pi d|)$，则有 $M_{SK}(d) \in [0,1]$。$M_{SK}(d)$ 的值越大，d 越大。

（5）Zhang 和 Xu 的排序测度方法 M_{ZX}[66]：

$$M_{ZX}(d) = \frac{1-b}{2-a-b}, \tag{2-35}$$

其中 $M_{ZX}(d) \in [0,1]$，$M_{ZX}(d)$ 的值越大，d 越大。

然而，基于上述得分函数[5,55-62]，精度函数[6,63]和贴进度[64-66]等方法的直觉模糊排序方法都存在缺点，在某些情况下不能完全区分 IFV 的大小，或得到不合理的排序结果。

【例 2-4】 对于直觉模糊数 $d_1 = \langle 0.50, 0 \rangle$ 和 $d_2 = \langle 0.50, 0.50 \rangle$，则其排序应该是“$d_1 > d_2$”，因为根据定义 2.3，若 $a_1 \geqslant a_2$ 且 $b_1 < b_2$，则 $d_1 > d_2$。然而，从表 2-7 的结果可以看出，基于得分函数[55-57]和精度函数[6,63]对 d_1 和 d_2 的排序结果是不合理的。

【例 2-5】 设 $d_1 = \langle 0, 0.10 \rangle$ 和 $d_2 = \langle 0, 0.20 \rangle$，则根据定义 2.3，排序应该是“$d_1 > d_2$”。但从表 2-7 可以看出，得分函数 S_{K2}[55]、S_{K3}[55]、S_{LYX}[56]、S_{LHW}[57]、S_{LW}[58]和精度函数 N_{HC}[6]、N_Y[63]以及测度方法 M_{SK}[65]，对 d_1 和 d_2 的排序是不合理的。

【例 2-6】[62] 设 $d_1 = \langle 0.20, 0.10 \rangle$ 和 $d_2 = \langle 0.30, 0.40 \rangle$，则根据文献[62]，$d_1$和 d_2之间的排序应该是“$d_1 > d_2$”。然而根据表 2-7 结果可以看出，得分函数 S_{K1}[55]、S_{K2}[55]、S_{K3}[55]、S_{LYX}[56]、S_{LHW}[57]、S_{LW}[58]和精度函数 N_{HC}[6]、N_Y[63]以及贴进度方法 M_G[64]，对 d_1和 d_2间的排序是不合理的。

【例 2－7】[62] 设 $d_1 = \langle 0.68, 0.12\rangle$ 和 $d_2 = \langle 0.60, 0.04\rangle$，根据文献［62］的方法，$d_1$ 和 d_2 之间的排序应该是“$d_1 > d_2$”。但是从表 2－7 可以看出，得分函数 S_{CT}[5]，S_{LW}[58]，S_Y[61]，S_{WZL}[62]和测度方法 M_{SK}[65]，对上述 d_1 和 d_2间的排序是不合理的。

【例 2－8】 设有直觉模糊数 $d_1 = \langle 0.50, 0.50\rangle$，$d_2 = \langle 0.40, 0.40\rangle$，$d_3 = \langle 0.30, 0.30\rangle$，$d_3 = \langle 0.20, 0.20\rangle$ 和 $d_5 = \langle 0.10, 0.10\rangle$，从表 2－8 中可以看出，得分函数 S_{WLZ}[62]不能区分 d_1 和 d_3 的大小；得分函数 S_{CT}[5]和贴进度 M_{ZX}[66]不能区分 $d_1 \sim d_5$；得分函数 S_Y[61]和贴进度 M_{SK}[65]对 $d_1 \sim d_5$ 的大小排序不合理。

通过以上分析可知，现有直觉模糊数的大小比较方法都存在部分不足，如文献［5］及文献［55－61］所提出的得分函数并没有考虑直觉模糊犹豫度，即没有考虑弃权或中立元素的影响，因而往往得到与实际不相符的结果。而 Ye[62]等提出的得分函数虽然考虑到了犹豫度，但所设计的直觉模糊得分函数中包含多个待定的未知参数，因此难以应用于实践。基于此，我们提出一个新的直觉模糊得分函数，以改进现有方法的不足。

二、新直觉模糊得分函数

在本节中，我们提出一个新的直觉模糊得分函数 S_{ZCK}，其既考虑了直觉模糊数的犹豫度，还考虑了其隶属度和非隶属度之间的差异，可克服现有直觉模糊排序方法的不足。

定义 2.15　设 $d = \langle a, b\rangle$ 为 IFV，其中，$a \in [0,1]$，$b \in [0,1]$ 且 $0 \leqslant a + b \leqslant 1$。设 π_d 为 d 的犹豫度，其中 $\pi_d \in [0,1]$。则 d 的新得分函数 $S_{ZCK}(d)$ 定义如下：

$$
\begin{aligned}
S_{ZCK}(d) &= a - b - (1 - a - b) \times \frac{\log_2(2 - a - b)}{100} \\
&= a - b - \pi_d \times \frac{\log_2(1 + (1 - a - b))}{100} \\
&= a - b - \pi_d \times \frac{\log_2(1 + \pi_d)}{100}
\end{aligned}
\tag{2-36}
$$

其中 $S_{ZCK}(d) \in [-1, 1]$。$S_{CK}(d)$ 的值越大，d 越大。

在公式（2－36）中，$d=\langle a,b\rangle$ 的得分值$S_{ZCK}(d)$ 由两部分组成，即"$a-b$"和"$\pi_d \times \frac{\log_2(1+\pi_d)}{100}$"，且"$a-b$"的值越大，得分值 $S_{ZCK}(d)$ 越大，"$\pi_d \times \frac{\log_2(1+\pi_d)}{100}$"的值越小，$d$ 的得分值 $S_{ZCK}(d)$ 越大。

考虑两个不同的 IFV$d_1=\langle a_1,b_1\rangle$ 和 $d_2=\langle a_2,b_2\rangle$。设有 $a_1-b_1=a_2-b_2$，则 $\pi_{d_1}>\pi_{d_2}$，根据公式（2－36），有 d_2 的得分值 $S_{ZCK}(d_1)$ 比 d_2 的 $S_{ZCK}(d_2)$ 得分值小，即 $S_{ZCK}(d_1)<S_{ZCK}(d_2)$；当 $\pi_{d_1}<\pi_{d_2}$，有 $S_{ZCK}(d_1)>S_{ZCK}(d_2)$。

下面，我们研究得分函数S_{ZCK}的一些重要性质。

性质 2.1 设有直觉模糊数 $d=\langle a,b\rangle$，则 $S_{ZCK}(d)\in[-1,1]$。

证明： 若 $d=\langle 1,0\rangle$，则根据公式（2－36），我们可以得到：

$$S_{CK}(d)=1-0-(1-1-0)\times\frac{\log_2(2-1-0)}{100}=1$$

若 $d=\langle 0,1\rangle$，则有：

$$S_{CK}(d)=0-1-(1-0-1)\times\frac{\log_2(2-1-0)}{100}=-1$$

因此可以得出 $S_{CK}(d)\in[-1,1]$。

定理 2.12 设 $d_1=\langle a_1,b_1\rangle$ 和 $d_2=\langle a_2,b_2\rangle$ 为 2 个直觉模糊数，若 $d_1\neq d_2$ 则 $S_{ZCK}(d_1)\neq S_{ZCK}(d_2)$。

证明： 若 d_1 大于 d_2 即 $d_1>d_2$，那么我们可以得到 $a_1\geqslant a_2$ 且 $b_1<b_2$。由公式（2－36），我们可以得到：

$$\begin{aligned}
&S_{ZCK}(d_1)-S_{ZCK}(d_2)\\
&=\left(a_1-b_1-(1-a_1-b_1)\times\frac{\log_2(2-a_1-b_1)}{100}\right)\\
&\quad-\left(a_2-b_2-(1-a_2-b_2)\times\frac{\log_2(2-a_2-b_2)}{100}\right)\\
&=\left(a_1-b_1-(1-a_1-b_1)\times\frac{\log_2(2-a_1-b_1)}{100}\right)\\
&\quad-a_2+b_2+(1-a_2-b_2)\times\frac{\log_2(2-a_2-b_2)}{100}\\
&=((a_1-a_2)+(b_2-b_1)+0.01\times[(1-a_2-b_2)\times\log_2(2-a_2-b_2)-\\
&\quad(1-a_1-b_1)\times\log_2(2-a_1-b_1)]
\end{aligned}$$

因为 $a_1 \geqslant a_2$ 且 $b_1 < b_2$，可以得出：

$0.01 \times [(1-a_2-b_2) \times \log_2(2-a_2-b_2) - (1-a_1-b_1) - (1-a_1-b_1) \times \log_2(2-a_1-b_1)] \neq 0$。

因此，我们可以得出 $S_{ZCK}(d_1) - S_{ZCK}(d_2) \neq 0$，则 $S_{ZCK}(d_1) \neq S_{ZCK}(d_2)$。

另外，若 $d_1 < d_2$，则 $a_1 \leqslant a_2$ 且 $b_1 > b_2$。因为 $a_1 \leqslant a_2$ 且 $b_1 > b_2$，所以 $0.01 \times [(1-a_2-b_2) \times \log_2(2-a_2-b_2) - (1-a_1-b_1) - (1-a_1-b_1) \times \log_2(2-a_1-b_1) \times \log_2(2-a_1-b_1)] \neq 0$。因此，可以得出 $S_{ZCK}(d_1) - S_{ZCK}(d_2) \neq 0$，则 $S_{ZCK}(d_1) \neq S_{ZCK}(d_2)$。

因此，若 $d_1 \neq d_2$，则 $S_{ZCK}(d_1) \neq S_{ZCK}(d_2)$。

定理 2.13　设 $d_1 = \langle a_1, b_1 \rangle$ 和 $d_2 = \langle a_2, b_2 \rangle$，若 $d_1 > d_2$，则 $S_{ZCK}(d_1) > S_{ZCK}(d_2)$。

证明： 若 d_1 大于 d_2，即 $d_1 > d_2$，则有 $a_1 \geqslant a_2$ 和 $b_1 < b_2$。基于公式（2-36），可以得到：

$$
\begin{aligned}
& S_{ZCK}(d_1) - S_{ZCK}(d_2) \\
&= \left(a_1 - b_1 - (1-a_1-b_1) \times \frac{\log_2(2-a_1-b_1)}{100}\right) \\
&\quad - \left(a_2 - b_2 - (1-a_2-b_2) \times \frac{\log_2(2-a_2-b_2)}{100}\right) \\
&= \left(a_1 - b_1 - (1-a_1-b_1) \times \frac{\log_2(2-a_1-b_1)}{100}\right) \\
&\quad - a_2 + b_2 + (1-a_2-b_2) \times \frac{\log_2(2-a_2-b_2)}{100} \\
&= ((a_1-a_2) + (b_1-b_2) + 0.01 \times [(1-a_2-b_2) \times \log_2(2-a_2-b_2) - \\
&\quad (1-a_1-b_1) \times \log_2(2-a_1-b_1)]
\end{aligned}
$$

因为 $a_1 > a_2$ 且 $b_1 < b_2$，可以推出（$a_1 - a_2$）$\geqslant 0$ 且（$b_1 - b_2$）> 0。

因此，若 $(1-a_1-b_1) \leqslant (1-a_2-b_2)$，则 $(2-a_1-b_1) \leqslant (2-a_2-b_2)$，则：

$\log_2(2-a_1-b_2) \leqslant \log_2(2-a_2-b_2)$ 且 $0.01 \times [\log_2(2-a_2-b_2) - \log_2(2-a_1-b_1)] \geqslant 0$，

同时可以推出

$(a_1-a_2) + (b_2-b_1) + 0.01 \times [(1-a_2-b_2) \times \log_2(2-a_2-b_2) - (1-a_1-b_1) \times \log_2(2-a_1-b_1)] > 0$

所以得到 $S_{ZCK}(d_1)-S_{ZCK}(d_2)>0$。

另一种情况下，当 $(1-a_1-b_1)>(1-a_2-b_2)$，可类似证明

$$(a_1-a_2)+(b_2-b_1)+0.01\times[(1-a_2-b_2)\times\log_2(2-a_2-b_2)-(1-a_1-b_1)\times\log_2(2-a_1-b_1)]>0$$

即有：$S_{CK}(d_1)-S_{CK}(d_2)>0$，则 $S_{CK}(d_1)>S_{CK}(d_2)$。

综上可证得，若 $d_1>d_2$，则 $S_{ZCK}(d_1)>S_{ZCK}(d_2)$。

表 2－7 列出了不同的得分函数、精度函数以及贴进度下的直觉模糊数的大小比较结果。从表 2－7 的计算结果可以看到，本书所提出的直觉模糊得分函数 S_{ZCK} 可以克服现有得分函数、精度函数和贴进度方法的缺陷。

表 2－7　　　　不同方法的直觉模糊数排序结果

排序方法	例 2－4	例 2－5	例 2－6	例 2－7
	$d_1=\langle 0.5,0\rangle$ $d_2=\langle 0.5,0.5\rangle$	$d_1=\langle 0,0.1\rangle$ $d_2=\langle 0,0.2\rangle$	$d_1=\langle 0.2,0.1\rangle$ $d_2=\langle 0.3,0.4\rangle$	$d_1=\langle 0.68,0.12\rangle$ $d_2=\langle 0.60,0.04\rangle$
S_{CT}[5]	$d_1>d_2$	$d_1>d_2$	$d_1>d_2$	$d_1=d_2$
S_{K_1}[55]	$d_1=d_2$	$d_1>d_2$	$d_1<d_2$	$d_1>d_2$
S_{K_2}[55]	$d_1=d_2$	$d_1=d_2$	$d_1<d_2$	$d_1>d_2$
S_{K_3}[55]	$d_1<d_2$	$d_1<d_2$	$d_1<d_2$	$d_1>d_2$
S_{LYX}[56]	$d_1<d_2$	$d_1<d_2$	$d_1<d_2$	$d_1>d_2$
S_{LHW}[57]	$d_1<d_2$	$d_1<d_2$	$d_1<d_2$	$d_1>d_2$
S_{LW}[58]	$d_1>d_2$	$d_1=d_2$	$d_1<d_2$	$d_1=d_2$
S_{WZL}[59]	$d_1>d_2$	$d_1>d_2$	$d_1=d_2$	$d_1<d_2$
S_{WL}[60]	$d_1>d_2$	$d_1>d_2$	$d_1>d_2$	$d_1<d_2$
S_Y[62] ($\mu=0.5$)	$d_1>d_2$	$d_1>d_2$	$d_1>d_2$	$d_1<d_2$
S_{WLZ}[62]	$d_1>d_2$	$d_1>d_2$	$d_1>d_2$	$d_1>d_2$
N_{HC}[6]	$d_1<d_2$	$d_1<d_2$	$d_1<d_2$	$d_1>d_2$
N_Y[63]	$d_1=d_2$	$d_1<d_2$	$d_1<d_2$	$d_1>d_2$
M_G[64]	$d_1>d_2$	$d_1>d_2$	$d_1<d_2$	$d_1>d_2$
M_{SK}[65]	$d_1>d_2$	$d_1<d_2$	$d_1>d_2$	$d_1<d_2$
M_{ZX}[66]	$d_1>d_2$	$d_1>d_2$	$d_1>d_2$	$d_1>d_2$
S_{ZCK}	$d_1>d_2$	$d_1>d_2$	$d_1>d_2$	$d_1>d_2$

注：“　　”表示排序不合理。

表 2－8 列举了在 $d_1=\langle 0.50,0.50\rangle$，$d_2=\langle 0.40,0.40\rangle$，$d_3=\langle 0.30,0.30\rangle$，$d_4=\langle 0.20,0.20\rangle$，$d_5=\langle 0.10,0.10\rangle$ 这 5 个特殊直觉模糊数在不同得分函数、精度函数和贴进度方法下的排序比较结果。从表 2－8 可以看出，得分函数 S_{WLZ}[62] 的缺点是不能区分 d_1 和 d_3；得分函数 S_{CT}[55] 和测度方法 M_{ZX}[66] 均不能正确区分 d_1，d_2，d_3，d_4 和 d_5 的排序；得分函数 S_Y[61] 和测度方法 M_{SK}[65] 均存在对 d_1，d_2，d_3，d_4 和 d_5 的排序不合理的缺点。表 2－8 中的计算结果进一步验证了本节提出的得分函数S_{ZCK}可有效解决现有方法存在的缺陷。

表 2－8　　　　　　　　　　直觉模糊数排序结果

排序方法	排序结果
S_{CT}[10]	$d_1=d_2=d_3=d_4=d_5$
S_{K_1}[18]	$d_1>d_2>d_3>d_4>d_5$
S_{K_2}[18]	$d_1>d_2>d_3>d_4>d_5$
S_{K_3}[18]	$d_1>d_2>d_3>d_4>d_5$
S_{LYX}[20]	$d_1>d_2>d_3>d_4>d_5$
S_{LHW}[21]	$d_1>d_2>d_3>d_4>d_5$
S_{LW}[23]	$d_1>d_2>d_3>d_4>d_5$
S_{WZL}[40]	$d_1>d_2>d_3>d_4>d_5$
S_{WL}[41]	$d_1>d_2>d_3>d_4>d_5$
S_{WLZ}[42]	$d_2>d_1=d_3>d_4>d_5$
S_Y[46]（当 $\mu=0.5$）	$d_1<d_2<d_3<d_4<d_5$
N_{HC}[14]	$d_1>d_2>d_3>d_4>d_5$
N_Y[47]	$d_1>d_2>d_3>d_4>d_5$
M_G[13]	$d_1>d_2>d_3>d_4>d_5$
M_{SK}[35]	$d_1<d_2<d_3<d_4<d_5$
M_{ZX}[50]	$d_1=d_2=d_3=d_4=d_5$
提出的得分函数 S_{ZCK}	$d_1>d_2>d_3>d_4>d_5$

注："　　" 表示得到的排序不合理。

三、基于新得分函数的直觉模糊 VIKOR 综合评价方法

本节我们提出一种基于新得分函数和改进的 VIKOR 的直觉模糊综合评价方法。

VIKOR 是多准则妥协解排序方法的简称，是 Opricovic 在 1998 年提出的一种科学的基于理想解的多准则决策方法[69]，其基本原理是通过计算各个方案到正负理想解的距离，比较方案到正理想解的接近程度对方案进行优劣排序。与其他方法相比，VIKOR 方法的优点是能够解决有冲突的准则问题，综合考虑群体和个体的妥协关系，从一组排序方案中确定方案的折衷方案，帮助决策者做出最后的决定。目前，VIKOR 方法已广泛应用于直觉模糊环境下的综合评价与决策问题，如 Zeng 和 Chen[70] 提出了一种基于诱导有序加权距离的直觉模糊 VIKOR 综合评价方法，并应用于解决金融投资决策问题。周清华等[71] 提出基于直觉模糊集和 VIKOR 的组合方法来解决低碳供应商选择问题。汪汝根等[72] 提出了一种基于新的直觉模糊距离测度和 VIKOR 的多属性决策方法。Chang[73] 指出了传统 VIKOR 方法存在的不足，即在计算群体效用值和个体遗憾值等过程中往往出现分母为 0 的情形，导致结果出现误差。

基于本研究提出的直觉模糊新得分函数，下面我们提出一种改进的直觉模糊 VIKOR 综合评价方法。

假设一个直觉模糊多指标综合问题包括 m 个备选方案和 n 个评价指标。令 $X=\{x_1,x_2,\cdots,x_m\}$ 表示方案集，$C=\{c_1,c_2,\cdots,c_n\}$ 表示指标属性集，指标的权重向量为 $\omega=(\omega_1,\ \omega_2,\ \cdots,\ \omega_n)^T$ 满足 $\sum_{i=1}^{n}\omega_i=1$ 和 $\omega_i\in[0,1]$。方案 $x_i(i=1,2,\cdots,m)$ 在指标属性 $c_j(j=1,2,\cdots,n)$ 下的评估值为直觉模糊数 $d_{ij}=(\mu_{ij},\nu_{ij})$，$\mu_{ij}$，$\nu_{ij}\in[0,1]$ 且 $0\leqslant\mu_{ij}+\nu_{ij}\leqslant 1$。基于以上信息，基于新得分函数的直觉模糊 VIKOR 综合评价方法主要步骤如下：

步骤 1 构造直觉模糊综合评价矩阵 $D=(d_{ij})_{m\times n}$：

$$D=(d_{ij})_{m\times n}=\begin{array}{c} \\ x_1 \\ x_2 \\ \vdots \\ x_m \end{array}\begin{array}{c} \begin{array}{cccc} c_1 & c_2 & \cdots & c_n \end{array} \\ \begin{bmatrix} d_{11} & d_{12} & \cdots & d_{1n} \\ d_{21} & d_{22} & \cdots & d_{2n} \\ \vdots & \vdots & \ddots & \vdots \\ d_{m1} & d_{m2} & \cdots & d_{mn} \end{bmatrix} \end{array}$$

矩阵中的元素 $d_{ij}=\langle\mu_{ij},v_{ij}\rangle$（$i=1,\cdots,m;j=1,\cdots,n$）是一直觉模糊数，为专家给出的方案 $x_i\in X$ 关于指标属性 $c_j\in C$ 下的评估值。

步骤 2　计算评价方案的直觉模糊正理想解 $F^+=\{f_1^+,f_2^+,\cdots,f_n^+\}$ 和负理想解 $F^-=\{f_1^-,f_2^-,\cdots,f_n^-\}$，其中

$$f_j^+=\begin{cases}\langle\max\limits_i(\mu_{ij}),\min\limits_i(v_{ij})\rangle=\langle\mu_j^+,v_j^+\rangle, c_j\text{为正指标}\\ \langle\min\limits_i(\mu_{ij}),\max\limits_i(v_{ij})\rangle=\langle\mu_j^+,v_j^+\rangle, c_j\text{为负指标}\end{cases},\tag{2-37}$$

$$f_j^-=\begin{cases}\langle\min\limits_i(\mu_{ij}),\max\limits_i(v_{ij})\rangle=\langle\mu_j^-,v_j^-\rangle, c_j\text{为正指标}\\ \langle\max\limits_i(\mu_{ij}),\min\limits_i(v_{ij})\rangle=\langle\mu_j^-,v_j^-\rangle, c_j\text{为负指标}\end{cases},\tag{2-38}$$

且有 $\mu_j^+\in[0,1]$，$v_j^+\in[0,1]$，$\mu_j^-\in[0,1]$，$v_j^-\in[0,1]$，$0\leqslant\mu_j^++v_j^+\leqslant 1$，$0\leqslant\mu_j^-+v_j^-\leqslant 1$ 且 $1\leqslant j\leqslant n$。

步骤 3　根据直觉模糊新得分函数公式（2 - 36），计算直觉模糊评价矩阵 $D=(d_{ij})_{m\times n}$的得分矩阵 $E=(e_{ij})_{m\times n}$：

$$E=(e_{ij})_{m\times n}=\begin{array}{c} \\ x_1 \\ x_2 \\ \vdots \\ x_m \end{array}\begin{array}{c} \begin{array}{cccc} c_1 & c_2 & \cdots & c_n \end{array} \\ \begin{bmatrix} e_{11} & e_{12} & \cdots & e_{1n} \\ e_{21} & e_{22} & \cdots & e_{2n} \\ \vdots & \vdots & \ddots & \vdots \\ e_{m1} & e_{m2} & \cdots & e_{mn} \end{bmatrix} \end{array}\tag{2-39}$$

其中 e_{ij}为评价值 d_{ij}的得分，$e_{ij}\in[-1,1]$，$1\leqslant i\leqslant m$ 且 $1\leqslant j\leqslant n$。

同时，分别求出直觉模糊正理想解 $F^+=\{f_1^+,f_2^+,\cdots,f_n^+\}$ 和负理想解 $F^-=\{f_1^-,f_2^-,\cdots,f_n^-\}$ 的对应的得分向量 P^*和向量 P^-：

$$P^*=[P_1^*\quad P_2^*\quad\cdots\quad P_n^*],\tag{2-40}$$

$$P^- = [P_1^* \quad P_2^* \quad \cdots \quad P_n^*]。\tag{2-41}$$

步骤 4 计算备选方案 x_i 的正理想效用值 NQ_i，正理想遗憾值 NR_i，负理想效用值 NS_i 和负理想遗憾值 NT_i：

$$NQ_i = \sum_{j=1}^{n} w_j \times h_{ij}^*,\tag{2-42}$$

$$NR_i = \max_j(w_j \times h_{ij}^*),\tag{2-43}$$

$$NS_i = \sum_{i=1}^{n} w_j \times h_{ij}^-,\tag{2-44}$$

$$NT_i = \min_j(w_j \times h_{ij}^-)。\tag{2-45}$$

其中

$$h_{ij}^* = \begin{cases} \dfrac{p_j^* - e_{ij}}{p_j^* - p_j^-}, & if \quad p_j^* \neq p_j^- \\ 0, & if \quad p_j^* = p_j^- \end{cases},\tag{2-46}$$

$$h_{ij}^- = \begin{cases} \dfrac{e_{ij} - p_j^-}{p_j^* - p_j^-}, & if \quad p_j^* \neq p_j^- \\ 0, & if \quad p_j^* = p_j^- \end{cases}。\tag{2-47}$$

$h_{ij}^*, h_{ij}^- \in [0,1]$ 且 $1 \leqslant j \leqslant m$。需要注意的是，当 $p_j^* = p_j^-$ 时，传统的 VIKOR 方法[68]和改进的 VIKOR 方法[3]都有“除零问题”的缺点，即公式（2-46）和公式（2-47）中出现分母为 0。为了克服此缺陷，当 $p_j^* = p_j^-$ 时，本书设 $h_{ij}^* = 0$ 和 $h_{ij}^- = 0$。

步骤 5 分别计算备选方案 x_i 的标准化最接近理想群体效用值 NU_i，标准化最接近理想个体遗憾值 NV_i，标准化最坏群体效用值 NY_i 和标准化最坏个体遗憾值 NZ_i：

$$NU_i = \begin{cases} \dfrac{NQ_i - NQ^-}{NQ^* - NQ^-}, & if \quad NQ^* \neq NQ^- \\ 0, & if \quad NQ^* = NQ^- \end{cases},\tag{2-48}$$

$$NV_i = \begin{cases} \dfrac{NR_i - NR^-}{R^* - R^-}, & if \quad NR^* \neq NR^- \\ 0, & if \quad NR^* = NR^- \end{cases},\tag{2-49}$$

$$NY_i = \begin{cases} \dfrac{NS_i - NS^-}{NS^* - NS^-}, & if \quad NS^* \neq NS^- \\ 0, & if \quad NS^* = NS^- \end{cases}, \tag{2-50}$$

$$NZ_i = \begin{cases} \dfrac{NT_i - NT^-}{NT^* - NT^-}, & if \quad NT^* \neq NT^- \\ 1, & if \quad NT^* = NT^- \end{cases}, \tag{2-51}$$

其中，$1 \leqslant i \leqslant m$ 且满足

$$NQ^* = \max_i(NQ_i), NQ^- = \min_i(NQ_i), NR^* = \max_i(NR_i), NR^- = \min_i(NR_i),$$

$$NS^* = \max_i(NS_i), NS^- = \min_i(NS_i), NT^* = \max_i(NT_i), NT^- = \min_i(NT_i)。$$

步骤 6　计算备选方案x_i的相对贴近度 DRC_i，如下所示：

$$DRC_i = \frac{CI_i^*}{CI_i^* + CI_i^-}, \tag{2-52}$$

其中

$$CI_i^* = \gamma \times NU_i + (1-\gamma) \times NV_i, \tag{2-53}$$

$$CI_i^- = \gamma \times NY_i + (1-\gamma) \times NZ_i。 \tag{2-54}$$

且 γ 为“多数准则”策略的权重，（$1-\gamma$）为“个体遗憾”，$\gamma \in [0, 1]$。不失一般性，本文设 γ 为 0.5。相对贴近度 DRC_i 越小，备选方案 x_i（$1 \leqslant i \leqslant m$）的优先顺序越好。

综上分析，基于新得分函数的改进直觉模糊 VIKOR 方法，其优点一是采用了新的直觉模糊得分函数，可以有效解决现有排序方法的不足；二是采用了改进的 VIKOR 方法，该方法不仅计算出了距离每个备选方案最近的理想评分值，而且计算出了距离每个备选方案最远的最差评分值。同时改进后的 VIKOR 方法克服了传统 VIKOR 方法中的“除零问题”的缺点。

四、应用与比较分析

首先通过一个实例说明我们所提 VIKOR 综合评价方法的应用步骤。

【例 2－9】 自 2020 年 9 月 22 日，习近平总书记提出“双碳”目标（“碳达峰”“碳中和”）以来，中国社会各界对其关注的热度一直居高不下，

“双碳”目标的提出对我国绿色经济的发展和生态文明的建设起到至关重要的作用，它是我国今后数十年经济发展的主基调之一。截至 2021 年 9 月 22 日，“双碳”目标已提出一周年，中国作为绿色低碳发展的引领者，举办了绿色低碳发展战略发布暨产业合作签约峰会，旨在聚焦“双碳”目标，全面推进新兴产业的转型与升级，探索绿色低碳高质量发展之路。能源企业作为碳排放的主体，是“双碳”目标实现的重点关注对象，而综合评估能源企业对绿色低碳发展的贡献度则有利于企业更好地促进“双碳”目标的实现。现设某一地方政府为响应国家的绿色低碳政策，考察能源企业在“双碳”目标提出后的行动力、贡献度以及技术创新性，准备对五家能源企业 x_1，x_2，x_3，x_4 和 x_5 进行综合评估，以筛选出绿色低碳发展贡献力度最大的企业。根据《中国能源企业低碳发展贡献力研究报告》，可将评价指标体系分为以下四个维度：企业的碳源减排和碳汇吸收贡献 C_1、企业碳中和行动方案贡献 C_2、企业碳金融贡献 C_3 及企业减排技术贡献 C_4，它们都是效益性指标。假定相应的指标权重为 $\omega=(0.25,\ 0.40,\ 0.20,\ 0.15)^T$，专家对备选方案的评价矩阵 $D=(d_{ij})_{5\times4}$ 如下：

$$
\begin{array}{c} \\ D=(d_{ij})_{5\times4}= \end{array}
\begin{array}{c} \\ x_1 \\ x_2 \\ x_3 \\ x_4 \\ x_5 \end{array}
\begin{array}{cccc} C_1 & C_2 & C_3 & C_4 \\ \hline \end{array}
$$

$$
D=(d_{ij})_{5\times4}=\begin{matrix} x_1 \\ x_2 \\ x_3 \\ x_4 \\ x_5 \end{matrix}\overset{\begin{matrix} C_1 & \qquad C_2 & \qquad C_3 & \qquad C_4 \end{matrix}}{\begin{bmatrix} \langle 0.6,0.3\rangle & \langle 0.5,0.2\rangle & \langle 0.2,0.5\rangle & \langle 0.1,0.6\rangle \\ \langle 0.8,0.2\rangle & \langle 0.8,0.1\rangle & \langle 0.6,0.1\rangle & \langle 0.3,0.6\rangle \\ \langle 0.6,0.3\rangle & \langle 0.4,0.3\rangle & \langle 0.4,0.2\rangle & \langle 0.5,0.2\rangle \\ \langle 0.9,0.1\rangle & \langle 0.5,0.2\rangle & \langle 0.2,0.3\rangle & \langle 0.1,0.5\rangle \\ \langle 0.7,0.1\rangle & \langle 0.3,0.2\rangle & \langle 0.6,0.2\rangle & \langle 0.4,0.2\rangle \end{bmatrix}}
$$

根据直觉模糊评价矩阵，首先计算出直觉模糊正理想方案 F^* 和直觉模糊负理想方案向量 F^-：

$$F^*=[\langle 0.9,0.1\rangle\quad \langle 0.8,0.1\rangle\quad \langle 0.6,0.1\rangle\quad \langle 0.5,0.2\rangle],$$

$$F^-=[\langle 0.6,0.3\rangle\quad \langle 0.3,0.3\rangle\quad \langle 0.2,0.5\rangle\quad \langle 0.1,0.6\rangle]。$$

根据式（2 - 51），分别计算备选方案 $x_i(i=1,2,3,4,5)$ 的正理想效用值 NQ_i 和正理想遗憾值 NR_i，负理想效用值 NS_i 和负理想遗憾值 NT_i，结果如表 2 - 9 所示。

表 2-9　　候选方案的正负理想效用值和遗憾值

	NQ_i	NR_i	NS_i	NT_i
x_1	0.8286	0.2500	0.1714	0
x_2	0.1750	0.100	0.8250	0.0750
x_3	0.6678	0.3426	0.3322	0
x_4	0.5105	0.2286	0.4895	0.0186
x_5	0.4875	0.3436	0.5125	0.0564

根据表 2-9 的结果，分别计算备选方案 $x_i(i=1,2,3,4,5)$ 的标准化正理想群体效用值 NU_i，标准化正理想群体遗憾值 NV_i，标准化负理想群体效用值 NY_i 和标准化负理想群体遗憾值 NZ_i，结果如表 2-10 所示。

表 2-10　　备选方案的标准化正负理想群体效用值和遗憾值

	NQ_i	NR_i	NS_i	NT_i
x_1	1	0.6158	0	0
x_2	0	0	1	1
x_3	0.7540	0.9959	0.2460	0
x_4	0.5133	0.5279	0.4867	0.2480
x_5	0.4781	1	0.7520	0.7520

最后根据式（2-54），分别计算备选方案 $x_i(i=1,2,3,4,5)$ 的相对贴近度：

$DRC_1=1, DRC_2=0, DRC_3=0.8767, DRC_4=0.5863, DRC_5=0.5371$,

因为 $DRC_2<DRC_5<DRC_4<DRC_3<DRC_1$，则备选方案的优选排序为：$x_2>x_5>x_4>x_3>x_1$。

表 2-11 显示了例 2-9 的备选方案在不同评价方法的偏好顺序的比较。由表 2-11 可以看出，Wu 和 Chen 的方法[67] $\left(W_q=1, W'_q=\frac{2}{3}, W''_q=\frac{1}{3}, W_a=1, W'_a=\frac{2}{3}\text{且 } W''_a=\frac{1}{3}\right)$，Chen 等的方法[68]和本书提出的综合评价方法得到了相同的备选方案偏好顺序，即：$x_2>x_5>x_4>x_3>x_1$。

表 2-11　　备选方案排序

方法	偏好顺序
Wu 和 Chen 方法[32]	$x_2 > x_5 > x_4 > x_3 > x_1$
Chen 等方法[68]	$x_2 > x_5 > x_4 > x_3 > x_1$
本文方法	$x_2 > x_5 > x_4 > x_3 > x_1$

【例 2-10】[68]假设某公司的一个委员会想从基于 A_1，A_2，A_3 和 A_4 4 个指标的 5 个备选方案 x_1，x_2，x_3，x_4 和 x_5 中选择一名项目经理。4 个指标属性 A_1，A_2，A_3 和 A_4 分别表示“自信”“个性”“过去经验”和“项目管理精通度”，它们均为效益性指标，其权重向量为：$W=[0.10,0.20,0.30,0.40]$。假设公司委员会对 5 个候选人的评价矩阵 $D=(\tilde{d}_{ij})_{5\times4}$为：

$$
D=(\tilde{d}_{ij})_{5\times4}=\begin{array}{c}\\ x_1\\ x_2\\ x_3\\ x_4\\ x_5\end{array}\begin{array}{c}\begin{array}{cccc}A_1 & A_2 & A_3 & A_4\end{array}\\ \begin{bmatrix}\langle 0.4,0.5\rangle & \langle 0.3,0.6\rangle & \langle 0.4,0.4\rangle & \langle 0.5,0.3\rangle\\ \langle 0.4,0.4\rangle & \langle 0.5,0.4\rangle & \langle 0.3,0.5\rangle & \langle 0.3,0.4\rangle\\ \langle 0.4,0.6\rangle & \langle 0.5,0.5\rangle & \langle 0.4,0.6\rangle & \langle 0.4,0.6\rangle\\ \langle 0.3,0.4\rangle & \langle 0.2,0.6\rangle & \langle 0.1,0.9\rangle & \langle 0.4,0.4\rangle\\ \langle 0.5,0.4\rangle & \langle 0.3,0.6\rangle & \langle 0.3,0.5\rangle & \langle 0.47,0.5\rangle\end{bmatrix}\end{array}
$$

根据直觉模糊评价矩阵，首先计算出直觉模糊正理想方案F^*和直觉模糊负理想方案向量 F^-：

$F^*=[\langle 0.5,0.4\rangle\ \ \langle 0.5,0.4\rangle\ \ \langle 0.4,0.4\rangle\ \ \langle 0.5,0.3\rangle]$，

$F^-=[\langle 0.3,0.6\rangle\ \ \langle 0.2,0.6\rangle\ \ \langle 0.1,0.9\rangle\ \ \langle 0.3,0.6\rangle]$。

根据式（2-42）至式（2-51），分别计算备选方案 $x_i(i=1,2,3,4,5)$ 的正理想效用值 NQ_i，正理想遗憾值 NR_i，负理想效用值 NS_i 和负理想遗憾值 NT_i，结果如表 2-12 所示。

表 2-12　　候选方案的正负理想效用值和遗憾值

	NQ_i	NR_i	NS_i	NT_i
x_1	0.2099	0.1599	0.7901	0.0401
x_2	0.3408	0.2407	0.6592	0.0749
x_3	0.5096	0.3198	0.4904	0.0250

续表

	NQ_i	NR_i	NS_i	NT_i
x_4	0.7104	0.3000	0.2896	0
x_5	0.4187	0.1837	0.5813	0.0401

根据表 2－12 的结果，分别计算备选方案 $x_i(i=1,2,3,4,5)$ 的标准化正理想群体效用值 NU_i，标准化正理想群体遗憾值 NV_i，标准化负理想群体效用值 NY_i 和标准化负理想群体遗憾值 NS_i，结果如表 2－13 所示。

表 2－13　　备选方案的标准化正负理想群体效用值和遗憾值

	NU_i	NV_i	NY_i	NZ_i
x_1	0	0	1	0.5354
x_2	0.2616	0.5053	0.7385	1
x_3	0.5988	1.0000	0.4012	0.3338
x_4	1	0.8762	0	0
x_5	0.4171	0.1488	0.5828	0.5354

最后根据式（2－54），分别计算备选方案方案 $x_i(i=1,2,3,4,5)$ 的相对贴近度：$DRC_1=0$，$DRC_2=0.3062$，$DRC_3=0.6850$，$DRC_4=1$，$DRC_5=0.3365$。因为 $DRC_1<DRC_2<DRC_5<DRC_3<DRC_4$，备选方案的偏好顺序为：$x_1>x_2>x_5>x_3>x_4$。

表 2－14 给出了例 2－10 中各方案在不同方法的偏好顺序比较。由表 2－14 可以看出，Chen 等的方法[68]和本书提出的方法得到了相同顺序，即 $x_1>x_2>x_5>x_3>x_4$，而 Wu 和 Chen 的方法[67]的缺点是在这种情况下存在“除零问题”，无法得到备选方案的偏好顺序。

表 2－14　　备选方案排序

方法	偏好顺序
Wu 和 Chen 方法[67]	N/A
Chen 等方法[68]	$x_1>x_2>x_5>x_3>x_4$
本文方法	$x_1>x_2>x_5>x_3>x_4$

注：“N/A”表示由于存在“除零问题”，无法获得备选方案的偏好顺序。

【例 2－11】 假设有某企业打算基于 5 个评价指标 A_1，A_2，A_3，A_4 和 A_5，

从 5 个备选方案 x_1，x_2，x_3，x_4 和 x_5 中选出最好的潜在的全球供应商，假设 A_1，A_2，A_3，A_4 和 A_5 分别表示“产品性能”“服务性能”“风险因素”“产品质量”和“工厂管理”，它们均为效益性指标，其对应的权向量 $W=[0.20,0.15,0.20,0.20,0.25]$。假设专家给出的直觉模糊评价矩阵为：

$$D=(d_{ij})_{5\times5}$$

$$= \begin{matrix} x_1 \\ x_2 \\ x_3 \\ x_4 \\ x_5 \end{matrix} \overset{\begin{matrix} A_1 & \quad\quad A_2 & \quad\quad A_3 & \quad\quad A_4 & \quad\quad A_5 \end{matrix}}{\begin{bmatrix} \langle 0.54,0.03\rangle & \langle 0.56,0.04\rangle & \langle 0.44,0.07\rangle & \langle 0.54,0.06\rangle & \langle 0.55,0.05\rangle \\ \langle 0.69,0.24\rangle & \langle 0.72,0.28\rangle & \langle 0.64,0.35\rangle & \langle 0.70,0.30\rangle & \langle 0.71,0.29\rangle \\ \langle 0.11,0.13\rangle & \langle 0.10,0.17\rangle & \langle 0.41,0.42\rangle & \langle 0.56,0.28\rangle & \langle 0.31,0.25\rangle \\ \langle 0.46,0.04\rangle & \langle 0.30,0.13\rangle & \langle 0.12,0.11\rangle & \langle 0.49,0.14\rangle & \langle 0.65,0.16\rangle \\ \langle 0.64,0.13\rangle & \langle 0.51,0.41\rangle & \langle 0.42,0.12\rangle & \langle 0.65,0.29\rangle & \langle 0.07,0.06\rangle \end{bmatrix}}。$$

根据以上信息，我们可以计算得出方案在不同方法下的排序情况，如表 2－15 所示。可以发现，Wu 和 Chen 的方法[67]和本书提出的方法得到了相同的备选方案优先顺序，$x_1>x_2>x_4>x_5>x_3$，而 Chen 等的方法[68]获得的备选方案偏好顺序为“$x_1=x_2>x_4>x_5>x_3$”，它的缺点是不能区分x_1和x_2的偏好顺序。

表 2－15　　备选方案的顺序

方法	偏好顺序
Wu 和 Chen 方法[67]	$x_1>x_2>x_4>x_5>x_3$
Chen 等方法[68]	$x_1=x_2>x_4>x_5>x_3$
本文方法	$x_1>x_2>x_4>x_5>x_3$

从以上例题结果分析可以得出，本书所提出的基于新得分函数和改进的 VIKOR 直觉模糊综合评价方法可以克服现有方法的缺点，进而得出更为科学合理的决策结果。

五、小结

结合新的直觉模糊得分函数，本书提出了一种改进的直觉模糊 VIKOR 综合评价方法。该方法首先计算每个指标的正负理想值，在此基础上，利用提出的新的得分函数来计算相应的直觉模糊得分矩阵，进而计算每个选项的正理想效用值、正理想遗憾值、负效用值和负遗憾值。最后，基于TOPSIS方法的概念计算各方案的相对贴近度。相对贴近度越小，备选方案的偏好顺序越好。案例实证与对比结果表明，该方法可以有效克服现有直觉模糊综合评价方法的缺陷，为直觉模糊环境下的评价与决策提供了极具价值的方法参考。

第四节　基于直觉模糊判断矩阵的交互式群评价方法

由于评价问题的复杂性，要求评价者直接给出方案或指标的排序结果往往是困难的，但是专家对于两个指标或方案的优劣很容易进行判断，所以优先偏好关系矩阵，又称为判断矩阵，是描述专家对方案或指标偏好信息的一个非常有效的工具，且在实际问题中得到了广泛使用。截至目前，判断矩阵已由传统的互反判断矩阵发展到模糊互补判断矩阵、区间数判断矩阵、三角模糊数判断矩阵、语言判断矩阵，并取得了较丰富的成果[79]。但是基于直觉模糊信息的判断矩阵研究还较少，尚有不少工作需要进一步研究。本节将对具有直觉模糊信息的判断矩阵进行研究，提出了基于直觉模糊相似度的交互式评价方法，并研究交互过程中专家权重修正方法。

一、直觉模糊判断矩阵

判断矩阵是专家表达偏好信息的一种常用且有效的方式。在评价过程中，评价者一般需要对某一方案集 $Y=\{Y_1,Y_2,\cdots,Y_n\}$ 中的方案进行两两比较，并把比较信息用判断矩阵形式来表示。下面首先介绍直觉模糊判断矩阵。

定义 2.16[80]　设直觉模糊矩阵 $R=(r_{ij})_{n\times n}$，其中 $(r_{ij})=(\mu_{ij},\nu_{ij},\pi_{ij})$ 是直觉模糊数，μ_{ij}表示决策者对方案 Y_i 和 Y_j 进行比较时偏爱 Y_i 的程度，而 ν_{ij}表示评价个体偏爱 Y_j 的程度，π_{ij}表示犹豫度或者不确定性。若有

$0\leqslant\mu_{ij}+\nu_{ij}\leqslant 1,\mu_{ji}=\nu_{ij},\nu_{ji}=\mu_{ij},$

$$\mu_{ii}=\nu_{ii}=0.5,\pi_{ii}=0,(i,j=1,2,\cdots,n) \tag{2-55}$$

则称 R 为直觉模糊判断矩阵。

对某一直觉模糊群体评价问题，设 $Y=\{Y_1,Y_2,\cdots,Y_n\}$ 为方案集，$E=\{e_1,e_2,\cdots,e_m\}$ 是专家集，其权重向量为 $\lambda=(\lambda_1,\lambda_2,\cdots,\lambda_m)$，$\lambda_k\geqslant 0$ 且 $\sum_{k=1}^{m}\lambda_k=1$。假设评价者 $e_k\in E(k=1,2,\cdots,m)$ 对 Y 中的评价方案进行两两比较，并构造直觉模糊判断矩阵 $R^{(k)}=(r_{ij}^{(k)})_{n\times n}(k=1,2,\cdots,m)$，其中 $r_{ij}^{(k)}=(\mu_{ij}^{(k)},\nu_{ij}^{(k)},\pi_{ij}^{(k)})$ 是直觉模糊值，$\mu_{ij}^{(k)}$ 表示专家对 Y_i 和 Y_j 进行比较时，偏爱 Y_i 的强度；$\nu_{ij}^{(k)}$ 表示专家对 Y_i 和 Y_j 进行比较时，偏爱 Y_j 的强度；$\pi_{ij}^{(k)}$ 表示专家对 Y_i 和 Y_j 的偏爱的犹豫度，满足

$$\mu_{ij}^{(k)},\nu_{ij}^{(k)}\in[0,1],\mu_{ij}^{(k)}+\nu_{ij}^{(k)}\leqslant 1,\mu_{ij}^{(k)}=\nu_{ji}^{(k)},\mu_{ji}^{(k)}=\nu_{ij}^{(k)},$$
$$\mu_{ii}^{(k)}=\nu_{ii}^{(k)}=0.5,\pi_{ij}^{(k)}=1-\mu_{ij}^{(k)}-\nu_{ij}^{(k)},\text{其中 } i,j=1,2,\cdots,n \tag{2-56}$$

则易证下面结论：

定理 2.14[81]　设 $R^{(k)}=(r_{ij}^{(k)})_{n\times n}$ $(k=1,2,\cdots,m)$ 为专家 $e_k(k=1,2,\cdots,m)$ 给出的直觉判断矩阵，则 $R^{(k)}=(r_{ij}^{(k)})_{n\times n}(k=1,2,\cdots,m)$ 的集成矩阵 $R=(r_{ij})_{n\times n}$ 也是直觉判断矩阵，其中：

$$r_{ij}=(\mu_{ij},\nu_{ij},\pi_{ij}),\mu_{ij}=\sum_{k=1}^{m}\lambda_k\mu_{ij}^{(k)},\nu_{ij}=\sum_{k=1}^{m}\lambda_k\nu_{ij}^{(k)},$$
$$\pi_{ij}=\sum_{k=1}^{m}\lambda_k\pi_{ij}^{(k)},\ \mu_{ii}=\nu_{ii}=0.5,\ \pi_{ii}=0(i,j=1,2,\cdots,n) \tag{2-57}$$

关于直觉模糊判断矩阵更详细的描述，可参考文献［3］。

二、基于直觉模糊判断矩阵的交互式评价机理

在群评价过程中，由于各专家的地位、背景、经验和知识等均存在一定的差异，同时可能还存在决策者多方利益的冲突，因此，仅仅通过将专家个人偏好信息集结为群体意见，难以获得群体满意方案。为了较好地解决这一问题，运用交互式群体评价方法，引入群体协商机制，通过各专家在决策过程不断修正评价信息以最终达成群体意见的一致，从而得到群体满意方案。

交互式群体评价的一般步骤如下：第一，专家个体对各备选方案进行评价，然后将个人评价意见进行集结得到方案的群体意见；第二，对专家个体

与群体意见的一致性进行判断，若通过，则计算方案得分并排序；若不通过，则需要识别需要重新调整评价意见的专家，并需要根据其偏好满意程度重新调整给出评价信息，同时也可根据需要对评价专家的权重进行调整，以快速达成共识；第三，利用集结方法将调整后的个人偏好信息重新集结，得到新的各方案群体偏好意见并进行排序。上述交互式群体评价过程可以通过图 2－1 表示。

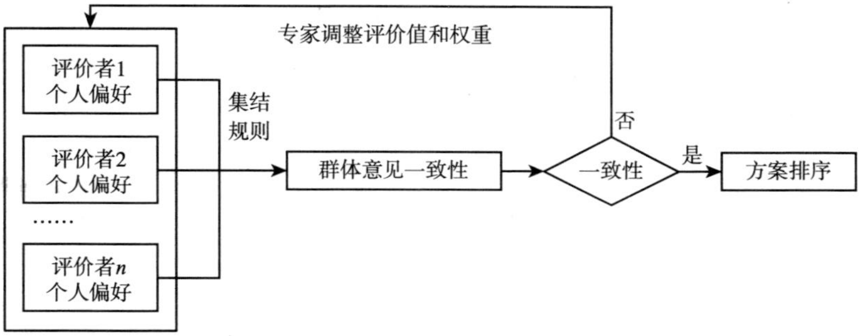

图 2－1　交互式群体评价流程

基于以上交互式群体评价的原理和流程，下面研究基于直觉模糊偏好信息的交互式评价问题。

定义 2.17[81]　设 $R^{(k)}=(r_{ij}^{(k)})_{n\times n}$（$k=1,2,\cdots,m$）为专家 e_k（$k=1,2,\cdots,m$）给出的直觉判断矩阵，且矩阵 $R=(r_{ij})_{n\times n}$ 为 $R^{(k)}=(r_{ij}^{(k)})_{n\times n}$ 集成的直觉判断矩阵，则称

$$s(R^{(k)},R)=\frac{1}{n^2}\sum_{i=1}^{n}\sum_{j=1}^{n}s(r_{ij}^{(k)},r_{ij}) \tag{2-58}$$

为 $R^{(k)}$ 和 R 的相似度，其中 $s(r_{ij}^{(k)},r_{ij})$ 是直觉模糊数 $r_{ij}^{(k)}$ 和 r_{ij} 的相似度，计算方法如下：

$$s(r_{ij}^{(k)},r_{ij})=\begin{cases}0.5, & r_{ij}^{(k)}=r_{ij}=(r_{ij})^c\\ \dfrac{d(r_{ij}^{(k)},r_{ij})}{d(r_{ij}^{(k)},r_{ij})+(r_{ij}^{(k)},(r_{ij})^c)}, & \text{其他}\end{cases} \tag{2-59}$$

其中，$(r_{ij})^c=(\nu_{ij},\mu_{ij},\pi_{ij})$ 是 r_{ij} 的补，且

$$d(r_{ij}^{(k)},r_{ij})=\frac{1}{2}(|\mu_{ij}^{(k)}-\mu_{ij}|+|v_{ij}^{(k)}-v_{ij}|+|\pi_{ij}^{(k)}-\pi_{ij}|) \tag{2-60}$$

容易证明，$s(R^{(k)},R)$ 具有以下性质：

（1）$0\leqslant s(R^{(k)},R)\leqslant 1$；

（2）$s(R^{(k)},R)=s(R,R^{(k)})=s(R^{c},(R^{(k)})^{c})$；

（3）$s(R^{(k)},R^{c})=s((R^{(k)})^{c},R)$；

（4）$s(R^{(k)},R)=1$，当且仅当 $R^{(k)}$ 和 R 相等；

（5）$s(R^{(k)},R)=0$ 当且仅当 $R^{(k)}$ 和 R 完全不相似。

定义 2.18[82]　设 $R^{(k)}=(r_{ij}^{(k)})_{n\times n}$（$k=1,2,\cdots,m$）为专家 e_k（$k=1,2,\cdots,m$）给出的直觉判断矩阵，$R=(r_{ij})_{n\times n}$ 为 $R^{(k)}=(r_{ij}^{(k)})_{n\times n}$ 集成的直觉判断矩阵，若：

$$s(R^{(k)},R)>\alpha \tag{2-61}$$

则称 $R^{(k)}$ 和 R 具有可接受性，其中 α 为可接受一致性的阈值。在应用中，可根据实际情况由专家事先确定，一般可取 $\alpha=0.5$。

在评价过程中，若 $s(R^{(k)},R)<\alpha$，则专家 e_k 的意见需要重新评估，尤其是直觉判断矩阵 $R^{(k)}$ 中相似度较低的评价值，直至 $R^{(k)}$ 和 R 具有可接受的一致性。

一般地，相似度 $s(R^{(k)},R)$ 反映了个体直觉判断矩阵 $R^{(k)}$ 和群判断矩阵 R 之间的一致性程度，同时反映了评价值的决策水平。在很多实际的情况下，评价者往往对喜好或者厌恶的评估对象提供过高或者过低的直觉偏好数据，从而导致其个体直觉判断矩阵与群判断矩阵之间的一致性程度偏低，在反馈调整过程中，可以考虑赋予这些评价者较低的权重；反之，应该赋予该专家个体越大的权重。结合参考文献［83，84］，本书给出下面三种专家权重修正方法。

定义一个关于 $s(R^{(k)},R)$ 的函数：

$$y=f(s(R^{(k)},R)), \tag{2-62}$$

基于式（2-62），我们给出确定专家权重修正的一个简洁公式：

$$\lambda_k=\frac{f(s(R^{(k)},R))}{\sum_{k=1}^{m}f(s(R^{(k)},R))},k=1,2,\cdots,m \tag{2-63}$$

下面分三种情况进行讨论：

情形 1　若强调大多数评价者的意见，即多数人意见占优，则具有较高

的相似度 $s(R^{(k)},R)$ 的专家 e_k 应该赋予较大的权重，此时，$y=f(s(R^{(k)},R))$ 应该是相似度 $s(R^{(k)},R)$ 的增函数。例如，若

$$f(s(R^{(k)},R))=s(R^{(k)},R) \tag{2-64}$$

则专家权重修正公式为：

$$\lambda_k=\frac{s(R^{(k)},R)}{\sum_{k=1}^{m}s(R^{(k)},R)},k=1,2,\cdots,m \tag{2-65}$$

情形 2　若强调少数人的意见，则具有较高的相似度 $s(R^{(k)},R)$ 的专家 e_k 应该赋予较小的权重，此时，$y=f(s(R^{(k)},R))$ 应该是相似度 $s(R^{(k)},R)$ 的减函数。例如，若

$$f(s(R^{(k)},R))=1/\mathrm{s}(R^{(k)},R) \tag{2-66}$$

则此时专家权重修正公式为：

$$\lambda_k=\frac{1/\mathrm{s}(R^{(k)},R)}{\sum_{k=1}^{m}1/\mathrm{s}(R^{(k)},R)},\ k=1,2,\cdots,m \tag{2-67}$$

情形 3　若既要强调大多数决策者的意见又要强调少数决策者的意见，则可以利用下式确定专家的权重：

$$\lambda_k=\gamma\frac{f_1(s(R^{(k)},R))}{\sum_{k=1}^{m}f_1(s(R^{(k)},R))}+(1-\gamma)\frac{f_2(s(R^{(k)},R))}{\sum_{k=1}^{m}f_2(s(R^{(k)},R))} \tag{2-68}$$

其中 γ 为调节系数（可由专家直接给出），且 $\gamma\in[0,1]$。$f_1(s(R^{(k)},R))$ 和 $f_2(s(R^{(k)},R))$ 分别是相似度 $s(R^{(k)},R)$ 的递增函数和递减函数。例如，若 $f_1(s(R^{(k)},R))$ 和 $f_2(s(R^{(k)},R))$ 分别是式（2-65）和式（2-66），则式（2-68）可改写为：

$$\lambda_k=\gamma\frac{s(R^{(k)},R)}{\sum_{k=1}^{m}s(R^{(k)},R)}+(1-\gamma)\frac{1/s(R^{(k)},R)}{\sum_{k=1}^{m}1/s(R^{(k)},R)} \tag{2-69}$$

若 γ 接近 1，表示越倾向于多数人的意见；若 γ 接近 0，则表示越倾向于少数人的意见。特别地，若 $\gamma=1$，则式（2-69）退化成式（2-65）；若 $\gamma=0$，则式（2-69）退化成式（2-66），因此情形 1 和情形 2 均为情形 3 的特例。

基于以上分析，我们下面提出一种基于直觉判断矩阵的交互式群评价方

法，具体步骤如下：

步骤 1 考虑评价信息以直觉模糊判断矩阵形式给出的群评价问题，Y，E 和 λ 如前节所定义，专家 e_k（$k=1,2,\cdots,m$）利用直觉模糊数对方案集 Y 中的方案进行两两比较，并分别构造直觉判断矩阵 $R^{(k)}=(r_{ij}^{(k)})_{n\times n}$。假设专家 $e_k(k=1,2,\cdots,m)$ 的权重完全未知。此时，所有专家都赋予完全相等的初始权重，即

$$\lambda=(1/m,1/m,\cdots,1/m) \tag{2-70}$$

步骤 2 利用直觉模糊加权算子（IFWA）把所有的直觉判断矩阵 $R^{(k)}=(r_{ij}^{(k)})_{n\times n}(k=1,2,\cdots,m)$ 集成为群判断矩阵 $R=(r_{ij})_{n\times n}$：

$$r_{ij}=IFWA(r_{ij}^{(1)},r_{ij}^{(2)},\cdots,r_{ij}^{(t)})=\sum_{k=1}^{t}\lambda_j r_{ij}^{(k)} \tag{2-71}$$

步骤 3 利用式（2-58）计算直觉判断矩阵 $R^{(k)}$ 和群判断矩阵 R 的相似度 s（$R^{(k)}$，R）。

步骤 4 假设决策者事先给出可接受相似度的阈值为 α_0，若 $s(R^{(k)},R)>\alpha_0$，则转入步骤 5；否则利用式（2-65）、式（2-66）或式（2-68）重新计算专家 $e_k(k=1,2,\cdots,m)$ 的权重，并且把个体直觉判断矩阵 $R^{(k)}$ 连同群直觉判断矩阵 R 反馈给 e_k，同时告知 e_k 在 $R^{(k)}$ 中哪些元素具有较低的相似度，并要求他（她）对它们重新评估。重复该过程，直至 $R^{(k)}$ 和 R 都具有可接受的相似度，为方便起见，还用 $R^{(k)}$ 表示重新评估的直觉判断矩阵，转入步骤 2。

步骤 5 计算方案 x_i 的群偏好值 $r_i=(r_{i1},r_{i2},\cdots,r_{in})$ 与直觉理想解 $\alpha^*=(\alpha_1^*,\alpha_2^*,\cdots,\alpha_n^*)$ 之间的相似度：

$$s(r_i,\alpha^*)=\frac{1}{n}\sum_{j=1}^{n}s(r_{ij},\alpha_j^*)=\frac{1}{n}\sum_{j=1}^{n}\frac{d(r_{ij},(\alpha_j^*)^c)}{d(r_{ij},\alpha_j^*)+d(r_{ij},(\alpha_j^*)^c)} \tag{2-72}$$

这里 $\alpha_j^*=(1,0)(j=1,2,\cdots,n)$ 是最大的 n 个直觉模糊数。

步骤 6 利用 $s(r_i,\alpha^*)(i=1,2,\cdots,n)$ 对方案 $x_i(i=1,2,\cdots,n)$ 进行排序。显然，$s(r_i,\alpha^*)$ 越大，表示表示 x_i 与理想解越接近，也就是说方案 x_i 越好。

三、案例应用分析

【例 2－12】[3]某一制造公司为其装配过程中的最关键部位在全球范围内寻找最好的供应商。现有 5 个供应商 x_i（$i=1,2,\cdots,5$）可供选择，制造公司在评估这些供应商时，把他们的产品价格作为一项主要的评估指标。由来自各战略决策领域的 4 位专家（决策者）$e_k(k=1,2,3,4)$ 组成的专家组在产品价格指标下利用直觉模糊数分别对 5 个供应商 x_i（$i=1,2,\cdots,5$）进行两两比较，并构造如下直觉判断矩阵 $R^{(k)}=(r_{ij}^{(k)})_{n\times n}(k=1,2,3,4)$ （见表 2－16 至表 2－19）。

表 2－16　　直觉模糊判断矩阵 $R^{(1)}$

	x_1	x_2	x_3	x_4	x_5
x_1	(0.5,0.5)	(0.5,0.3)	(0.2,0.6)	(0.4,0.4)	(0.5,0.4)
x_2	(0.3,0.5)	(0.5,0.5)	(0.3,0.4)	(0.6,0.2)	(0.7,0.2)
x_3	(0.6,0.2)	(0.4,0.3)	(0.5,0.5)	(0.5,0.3)	(0.6,0.3)
x_4	(0.4,0.4)	(0.2,0.6)	(0.3,0.5)	(0.5,0.5)	(0.2,0.5)
x_5	(0.4,0.5)	(0.2,0.7)	(0.3,0.6)	(0.5,0.2)	(0.5,0.5)

表 2－17　　直觉模糊判断矩阵 $R^{(2)}$

	x_1	x_2	x_3	x_4	x_5
x_1	(0.5,0.5)	(0.3,0.4)	(0.4,0.4)	(0.6,0.3)	(0.5,0.3)
x_2	(0.4,0.3)	(0.5,0.5)	(0.4,0.4)	(0.5,0.3)	(0.6,0.4)
x_3	(0.4,0.4)	(0.4,0.4)	(0.5,0.5)	(0.5,0.3)	(0.6,0.3)
x_4	(0.3,0.6)	(0.3,0.5)	(0.3,0.5)	(0.5,0.5)	(0.5,0.3)
x_5	(0.3,0.5)	(0.4,0.6)	(0.3,0.6)	(0.3,0.5)	(0.5,0.5)

表 2－18　　直觉模糊判断矩阵 $R^{(3)}$

	x_1	x_2	x_3	x_4	x_5
x_1	(0.5,0.5)	(0.5,0.4)	(0.7,0.2)	(0.4,0.5)	(0.2,0.6)
x_2	(0.4,0.5)	(0.5,0.5)	(0.9,0.1)	(0.3,0.6)	(0.2,0.7)
x_3	(0.2,0.7)	(0.1,0.9)	(0.5,0.5)	(0.5,0.3)	(0.4,0.4)

续表

	x_1	x_2	x_3	x_4	x_5
x_4	(0.5,0.4)	(0.6,0.3)	(0.3,0.5)	(0.5,0.5)	(0.2,0.8)
x_5	(0.6,0.2)	(0.7,0.2)	(0.4,0.4)	(0.8,0.2)	(0.5,0.5)

表 2-19　　直觉模糊判断矩阵 $R^{(4)}$

	x_1	x_2	x_3	x_4	x_5
x_1	(0.5,0.5)	(0.4,0.3)	(0.2,0.5)	(0.6,0.2)	(0.4,0.5)
x_2	(0.3,0.4)	(0.5,0.5)	(0.4,0.4)	(0.6,0.2)	(0.5,0.3)
x_3	(0.5,0.2)	(0.4,0.4)	(0.5,0.5)	(0.5,0.3)	(0.6,0.1)
x_4	(0.2,0.6)	(0.2,0.6)	(0.3,0.5)	(0.5,0.5)	(0.4,0.6)
x_5	(0.5,0.4)	(0.3,0.5)	(0.1,0.6)	(0.6,0.4)	(0.5,0.5)

试确定最佳供应商。下面给出具体的求解步骤：

步骤 1　设专家 $e_k(k=1,2,3,4)$ 的初始权重向量为 $\lambda=(0.25,0.25,0.25,0.25)$，并且假定专家提供的可接受的相似度的阈值为 $\alpha_0=0.5$。

步骤 2　利用直觉模糊加权算子 IFWA 把所有的专家个体直觉判断矩阵集成为群直觉判断矩阵 $R=(r_{ij})_{5\times5}$，如表 2-20 所示。

表 2-20　　群直觉模糊判断矩阵 R

	x_1	x_2	x_3	x_4	x_5
x_1	(0.5,0.5)	(0.43,0.35)	(0.42,0.39)	(0.51,0.33)	(0,41,0.44)
x_2	(0.35,0.43)	(0.5,0.5)	(0.60,0.28)	(0.51,0.29)	(0.53,0.36)
x_3	(0.39,0.42)	(0.28,0.60)	(0.5,0.5)	(0.5,0.3)	(0.56,0.24)
x_4	(0.33,0.51)	(0.29,0.51)	(0.3.0.5)	(0.5,0.5)	(0.34,0.52)
x_5	(0.44,0.41)	(0.36,0.53)	(0.24,0.56)	(0.52,0.34)	(0.5,0.5)

步骤 3　利用式（2-59）计算 $r_{ij}^{(k)}$ 和 r_{ij}之间的相似度 $s(r_{ij}^{(k)},r_{ij})$（$i,l=1,2,\cdots,5;k=1,2,3,4$）：

$s(r_{11}^{(1)},r_{11})=s(r_{22}^{(1)},r_{22})=s(r_{33}^{(1)},r_{33})=s(r_{44}^{(1)},r_{44})=s(r_{55}^{(1)},r_{55})=0.5$,

$s(r_{12}^{(1)},r_{12})=s(r_{21}^{(1)},r_{21})=0.68, s(r_{13}^{(1)},r_{13})=s(r_{31}^{(1)},r_{31})=0.46$,

$s(r_{14}^{(1)},r_{14})=s(r_{41}^{(1)},r_{41})=0.5, s(r_{15}^{(1)},r_{15})=s(r_{51}^{(1)},r_{51})=0.40$,

$s(r_{23}^{(1)},r_{23})=s(r_{32}^{(1)},r_{32})=0.40, s(r_{24}^{(1)},r_{24})=s(r_{42}^{(1)},r_{42})=0.78$,

$s(r_{25}^{(1)},r_{25})=s(r_{52}^{(1)},r_{52})=0.67,s(r_{34}^{(1)},r_{34})=s(r_{43}^{(1)},r_{43})=0.5,$

$s(r_{35}^{(1)},r_{35})=s(r_{53}^{(1)},r_{53})=0.78,s(r_{45}^{(1)},r_{45})=s(r_{54}^{(1)},r_{54})=0.67,$

$s(r_{12}^{(2)},r_{12})=s(r_{21}^{(2)},r_{21})=0.38,s(r_{13}^{(2)},r_{13})=s(r_{31}^{(2)},r_{31})=0.5,$

$s(r_{14}^{(2)},r_{14})=s(r_{41}^{(2)},r_{41})=0.75,s(r_{15}^{(2)},r_{15})=s(r_{51}^{(2)},r_{51})=0.44,$

$s(r_{23}^{(2)},r_{23})=s(r_{32}^{(2)},r_{32})=0.5,s(r_{24}^{(2)},r_{24})=s(r_{42}^{(2)},r_{42})=0.95,$

$s(r_{25}^{(2)},r_{25})=s(r_{52}^{(2)},r_{52})=0.69,s(r_{34}^{(2)},r_{34})=s(r_{43}^{(2)},r_{43})=0.5,$

$s(r_{35}^{(2)},r_{35})=s(r_{53}^{(2)},r_{53})=0.78,s(r_{45}^{(2)},r_{45})=s(r_{54}^{(2)},r_{54})=0.21,$

$s(r_{12}^{(3)},r_{12})=s(r_{21}^{(3)},r_{21})=0.56,s(r_{13}^{(3)},r_{13})=s(r_{31}^{(3)},r_{31})=0.53,$

$s(r_{14}^{(3)},r_{14})=s(r_{41}^{(3)},r_{41})=0.29,s(r_{15}^{(3)},r_{15})=s(r_{51}^{(3)},r_{51})=0.53,$

$s(r_{23}^{(3)},r_{23})=s(r_{32}^{(3)},r_{32})=0.67,s(r_{24}^{(3)},r_{24})=s(r_{42}^{(3)},r_{42})=0.24,$

$s(r_{25}^{(3)},r_{25})=s(r_{52}^{(3)},r_{52})=0.33,s(r_{34}^{(3)},r_{34})=s(r_{43}^{(3)},r_{43})=0.5,$

$s(r_{35}^{(3)},r_{35})=s(r_{53}^{(3)},r_{53})=0.5,s(r_{45}^{(3)},r_{45})=s(r_{54}^{(3)},r_{54})=0.62,$

$s(r_{12}^{(4)},r_{12})=s(r_{21}^{(4)},r_{21})=0.62,s(r_{13}^{(4)},r_{13})=s(r_{31}^{(4)},r_{31})=0.77,$

$s(r_{14}^{(4)},r_{14})=s(r_{41}^{(4)},r_{41})=0.70,s(r_{15}^{(4)},r_{15})=s(r_{51}^{(4)},r_{51})=0.60,$

$s(r_{23}^{(4)},r_{23})=s(r_{32}^{(4)},r_{32})=0.5,s(r_{24}^{(4)},r_{24})=s(r_{42}^{(4)},r_{42})=0.78,$

$s(r_{25}^{(4)},r_{25})=s(r_{52}^{(4)},r_{52})=0.72,s(r_{34}^{(4)},r_{34})=s(r_{43}^{(4)},r_{43})=0.5,$

$s(r_{35}^{(4)},r_{35})=s(r_{53}^{(4)},r_{53})=0.77,s(r_{45}^{(4)},r_{45})=s(r_{54}^{(4)},r_{54})=0.65$。

然后利用式（2－58），把上述相似度 $s(r_{ij}^{(k)},r_{ij})$（$i,l=1,2,\cdots,5;k=1,2,3,4$）进行集成，从而分别得到相似度 $s(R^{(k)},R)(k=1,2,3,4)$：

$s(R^{(1)},R)=0.57,s(R^{(2)},R)=0.56,$

$s(R^{(3)},R)=0.48,s(R^{(4)},R)=0.63$。

步骤4　由于 $s(R^{(3)},R)<\alpha_0$，则需要重新计算专家的权重，这里假设我们利用式（2－65）修正专家的权重，结果如下：

$\lambda=(0.25,0.25,0.22,0.28)$

且把直觉判断矩阵 $R^{(3)}$ 连同群直觉判断矩阵 R 反馈给专家 e_3，并建议对方重新修改 $R^{(3)}$ 中的元素，特别是哪些相似度低于 α_0 的元素，如 $r_{14}^{(3)}$，$r_{41}^{(3)}$，$r_{24}^{(3)}$，$r_{42}^{(3)}$，$r_{25}^{(3)}$。假设 e_3 提供的重新评估的直觉判断矩阵如表 2－21 所示（为了方便起见，仍然记为 $R^{(3)}$）。

表 2-21　　修正直觉模糊判断矩阵 $\boldsymbol{R}^{(3)}$

	x_1	x_2	x_3	x_4	x_5
x_1	(0.5,0.5)	(0.5,0.4)	(0.6,0.3)	(0.7,0.3)	(0.2,0.6)
x_2	(0.4,0.5)	(0.5,0.5)	(0.9,0.1)	(0.5,0.4)	(0.6,0.3)
x_3	(0.3,0.6)	(0.1,0.9)	(0.5,0.5)	(0.5,0.3)	(0.4,0.4)
x_4	(0.3,0.7)	(0.4,0.5)	(0.3,0.5)	(0.5,0.5)	(0.2,0.8)
x_5	(0.6,0.2)	(0.3,0.6)	(0.4,0.4)	(0.8,0.2)	(0.5,0.5)

步骤 5　利用直觉模糊加权算子 IFWA 将 $R^{(1)}$，$R^{(2)}$，$R^{(4)}$ 及重新评估的 $R^{(3)}$ 进行集成，从而得到群直觉判断矩阵 $R=(r_{ij})_{5\times5}$，如表 2-22 所示。

表 2-22　　群直觉模糊判断矩阵 $\boldsymbol{R}$

	x_1	x_2	x_3	x_4	x_5
x_1	(0.5,0.5)	(0.43,0.34)	(0.36,0.44)	(0.58,0.29)	(0,42,0.43)
x_2	(0.34,0.43)	(0.5,0.5)	(0.58,0.29)	(0.55,0.26)	(0.6,0.29)
x_3	(0.44,0.36)	(0.29,0.58)	(0.5,0.5)	(0.59,0.27)	(0.57,0.23)
x_4	(0.29,0.58)	(0.26,0.55)	(0.27. 0.59)	(0.5,0.5)	(0.35,0.51)
x_5	(0.43,0.42)	(0.29,0.60)	(0.23,0.57)	(0.51,0.35)	(0.5,0.5)

然后由式（2-58）和式（2-59），计算相似度：

$s(R^{(1)},R)=0.62, s(R^{(2)},R)=0.58,$

$s(R^{(3)},R)=0.60, s(R^{(4)},R)=0.65$。

由于 $s(R^{(k)},R)>\alpha_0(k=1,2,3,4)$，则 $R^{(k)}(k=1,2,3,4)$ 和 R 具有可接受的相似度，因而转入步骤 6。

步骤 6　利用式（2-59）计算偏好向量 r_i 和直觉模糊理想解 α^* 之间的相似度 $s(r_i,\alpha^*)(i=1,2,\cdots,5)$：

$s(r_1,\alpha^*)=0.53, s(r_2,\alpha^*)=0.57, s(r_3,\alpha^*)=0.54,$

$s(r_4,\alpha^*)=0.41, s(r_5,\alpha^*)=0.46$。

步骤 7　由于 $s(r_2,\alpha^*)>s(r_3,\alpha^*)>s(r_1,\alpha^*)>s(r_5,\alpha^*)>s(r_4,\alpha^*)$，因此 $x_2>x_3>x_1>x_5>x_4$，从而得到最佳供应商为 x_2。

从以上例题可以看出，在本文提出的群体交互式评价方法中，专家的修正权重可以由直觉模糊判断矩阵自动产生，相似度 $s(R^{(k)},R)$ 越大，则专家

e_k 的权重越大。同时我们还可以看出，修正后的权重和判断矩阵能提高个体与群体之间的相似度程度，有利于达到一致性。此外，我们提出的基于相似度的新的排序方案，该方法简单而有效。

如果我们利用 IFWA 算子把群直觉判断矩阵 R 中第 i 行的所有评价信息集成为方案 $x_i(i=1,2,\cdots,5)$ 优于所有方案的直觉综合偏好值 $\tilde{r}_i(i=1,2,\cdots,5)$：

$\tilde{r}_1=(0.464,0.393)$，$\tilde{r}_2=(0.522,0.342)$，$\tilde{r}_3=(0.488,0.365)$，

$\tilde{r}_4=(0.341,0.545)$，$\tilde{r}_5=(0.402,0.479)$。

为了对方案排序，需要对上述直觉模糊数进行比较，目前有人提出了很多直觉模糊数的排序方法，如 Chen 等[84]，Hong 等[85]，Liu 等[86]和 Szmidt 等[87]。在上述方法中，Szmidt 和 Kacprzyk[87]提出的方法不仅考虑了隶属度和非隶属度，还考虑了犹豫度，是一种比较科学的方法，受到广大研究学者的关注。我们可以把该方法表述如下：对直觉模糊数 $\tilde{r}_i(i=1,2,\cdots,5)$，其得分函数为

$$S_{IFV}(\tilde{r}_i)=0.5(1+\pi_i)d(\tilde{r}_i,\alpha_i^*) \tag{2-73}$$

上式中 π_i 是直觉模糊数 $\tilde{r}_i$ 中的犹豫度，$\alpha_i^*=(1,0)$ 直觉模糊理想解，$d(\tilde{r}_i,\alpha_i^*)$ 表示两者之间的距离。Szmidt 和 Kacprzyk[87]指出，$S_{IFV}(\tilde{r}_i)$ 越大，表示 x_i 越好。

利用式（2-73）计算上述直觉偏好值 $\tilde{r}_i(i=1,2,\cdots,5)$ 的得分函数，有

$S_{IFV}(\tilde{r}_1)=0.307$，$S_{IFV}(\tilde{r}_2)=0.271$，$S_{IFV}(\tilde{r}_3)=0.293$，

$S_{IFV}(\tilde{r}_4)=0.367$，$S_{IFV}(\tilde{r}_5)=0.335$，

根据 $S_{IFV}(\tilde{r}_i)$ $(i=1,2,\cdots,5)$ 进行排序，得到 $x_2>x_3>x_1>x_5>x_4$。

因此，最佳供应商也是 x_2，与我们提出的排序方法得到同样的结果，从而进一步验证了之前我们提出的方法的有效性和实用性。

四、小结

本节首先对直觉模糊判断矩阵进行介绍，提出了基于直觉模糊判断矩阵的交互式群评价原理和流程。其次基于个体直觉判断矩阵 $R^{(k)}$ 和群判断矩阵

R 之间的一致性程度，给出交互式群评价过程中专家权重的修正方法，弥补了目前已有相关研究缺少考虑专家权重修正问题的局限，最后提出了基于直觉模糊相似度的方案新排序方法，并通过案例分析说明本书模型与算法的有效性。

第五节　本章小结

直觉模糊综合评价是不确定模糊综合评价领域研究的一个热点，虽在评价理论方法和应用等方面取得了很多成果，但仍存在不少问题有待解决。本章结合当前直觉模糊信息的综合评价理论和方法应用领域所面临的主要问题，进行深入研究，提出了直觉模糊新的集成算子和评价方法，并研究了其在实际问题中的应用。本章的主要内容如下：（1）针对指标具有相互关联影响的情形，从指标的相互关联测度角度，基于两种新的直觉模糊集成算子，即直觉模糊 Zhenyuan 平均（IFZA）算子和直觉模糊 Zhenyuan 几何（IFZG）算子，其有效地改进了现有集成方法（如直觉模糊奇异积分算子）的缺陷，能全面度量指标属性之间的关联性测度。（2）在深入分析直觉模糊数现有得分函数的缺陷后，提出了一种新的直觉模糊数得分函数，其能够克服现有得分函数、精度函数等方法在直觉模糊数大小排序上的不足，并研究了其相关定理和性质。（3）基于新的直觉模糊得分函数，提出了一种基于改进的 VIKOR 直觉模糊综合评价方法，其不仅可以计算出每个备选方案与正负理想方案的距离，而且还可以有效地避免传统方法中"除零"的缺陷。在此基础上，利用直觉模糊 TOPSIS 方法对备选方案进行排序，相对贴近度越小，备选方案越好。最后利用算例与对比分析验证了所提方法的正确性和有效性。（4）提出了基于直觉模糊判断矩阵的交互式群评价方法。基于个体直觉判断矩阵 $R^{(k)}$ 和群判断矩阵 R 之间的一致性程度，给出交互式群评价过程中专家权重的修正方法，弥补了目前已有相关研究缺少考虑专家权重修正问题的局限。在此基础上提出了一种基于直觉模糊相似度的方案新排序方法，并通过案例分析说明本书模型与算法的有效性。

本章对直觉模糊环境下的信息集成与综合评价方法和应用进行了研究，

虽取得了一些有价值的研究成果，但是仍存在局限性，许多方面还有待进一步完善，如与多元统计方法相结合是直觉模糊综合评价理论研究的一个重点内容。因为 IFS 是现代统计方法需要处理的复杂性数据中的一类，如何利用多元统计方法挖掘和建模这些复杂数据中的信息，解决直觉模糊数据的统计建模与分析，是数据形式与结构复杂化背景之下现代统计方法研究的重要方向之一。

本章主要参考文献

[1] Zadeh L A. Fuzzy sets [J]. Information and Control, 1965, 8 (3): 338 -353.

[2] Atanassov K. Intuitionistic fuzzy sets [J]. *Fuzzy Sets and Systems*, 1986, 20 (1): 87 -96.

[3] 徐泽水. 直觉模糊信息集成理论及应用 [M]. 北京：科学出版社，2007.

[4] Xu Z S. Intuitionistic fuzzy aggregation operators [J]. *IEEE Transactions on Fuzzy Systems*, 2007, 15 (6): 1179 -1187.

[5] Chen S M, Tan J M. Handling multi - criteria fuzzy decision making problems based on vague set theory [J]. *Fuzzy Sets and Systems*, 1994, 67 (2): 163 -172.

[6] Hong D H, Choi C H. Multi - criteria fuzzy decision - making problems based on vague set theory [J]. *Fuzzy Sets and Systems*, 2000, 114: 103 -113.

[7] Wei G W. Some induced geometric aggregation operators with intuitionistic fuzzy information and their application to group decision making [J]. *Applied Soft Computing*, 2010, 10 (2): 423 -431.

[8] Zhao H, Xu Z S, Ni M F, Liu S S. Generalized aggregation operators for intuitionistic-fuzzy sets [J]. *International Journal of Intelligent Systems*, 2010, 25 (1): 1 -30.

[9] Zeng S Z, Su W H. Intuitionistic fuzzy ordered weighted distance operator [J]. *Knowledge - Based Systems*, 2011, 24 (8): 1224 -1232.

[10] Xu Y J, Wang H M. The induced generalized aggregation operators for intuitionistic fuzzy sets and their application in group decision making [J]. *Applied Soft Computing*, 2012, 12 (3): 1168 -1179.

[11] Jamkhaneh B E, Nadarajah S. A new generalized intuitionistic fuzzy set [J]. *Hacettepe Journal of Mathematicsand Statistics*, 2015, 44 (6): 1537 -1551.

[12] Yao O Y, Pedrycz W. A new model for intuitionistic fuzzy multi - attributes decision

making [J]. *European Journal of Operational Research*, 2016, 249 (2): 677 –682.

[13] Sirbiladze G. New fuzzy aggregation operators based on the finite Choquet integral: application in the MADM problem [J]. *International Journal of Information Technology & Decision Making*, 2016 (15): 517 –552.

[14] Zeng S Z, Mu Z M, Baležentis T. A novel aggregation method for Pythagorean fuzzy multiple attribute group decision making [J]. *International Journal of Intelligent Systems*, 2018, 33 (3): 573 –585.

[15] Zeng S Z, Xiao Y. A method based on topsis and distance measures for hesitant fuzzy multiple attribute decision making [J]. *Technological and Economic Development of Economy*, 2018, 24 (3): 969 –983.

[16] Xu Z S, Yager R R. Some geometric aggregation operatorsbased on intuitionistic fuzzy sets [J]. *International Journal of General Systems*, 2006, 35 (4): 417 –433.

[17] Zeng S Z, Su W H, Sun L R. A method based on similarity measures for interactive group decision – making with intuitionistic fuzzy preference relations [J]. *Applied Mathematical Modelling*, 2013, 37 (10 – 11): 6909 – 6917.

[18] Xia M M, Xu Z S, Zhu B. Some issues on intuitionistic fuzzy aggregation operators based on Archimedean t – conorm and t – norm [J]. *Knowledge – Based Systems*, 2012 (31): 78 –88.

[19] Yu X H, Xu Z S. Prioritized intuitionistic fuzzy aggregation operators [J]. *Information Fusion*, 2013, 14 (1): 108 –116.

[20] Sugeno M. Theory of fuzzy integrals and its applications [D]. *Doctorial thesis*, *Institute of Technology*, Tokyo, 1974.

[21] Wang Z Y, Leung K S, George J K. Applyingfuzzy measures and nonlinear integrals in data mining [J]. *Fuzzy Sets and Systems*, 2005, 156 (3): 371 – 380.

[22] Grabisch M. Fuzzy integral in multicriteria decision making [J]. *Fuzzy Sets and Systems*, 1995, 69 (3): 279 –298.

[23] Grabisch M. The application of fuzzy integrals in multi – criteria decision making [J]. *European Journal of Operational Research*, 1996, 89 (3): 445 –456.

[24] Grabisch M, Labreuche C. A decade of application of the Choquet and Sugeno integrals in multi – criteria decision aid [J]. *Annals of Operations Research*, 2010, 175 (3): 247 –286.

[25] Labreuche C, Grabisch M. The Choquet integral for the aggregation of interval scales in multicriteria decision making [J]. *Fuzzy Sets and Systems*, 2003, 137 (1): 11 –26.

[26] Xu Z S. Choquet integrals of weighted intuitionistic fuzzy information [J]. *Information Sciences*, 2010, 180 (5): 726 – 736.

[27] Yang W, Chen Z P. New aggregation operators based on the Choquet integral and 2 – tuple linguistic information [J]. *Expert Systems with Applications*, 2012, 39 (3): 2662 – 2668.

[28] Meng F Y, Zhang Q. Approaches to multiple – criteria group decision making based on interval – valued intuitionistic fuzzy Choquet integral with respect tothe generalized λ – Shapley index [J]. *Knowledge – Based Systems*, 2013, 37: 237 – 249.

[29] Llamazares B. Constructing Choquet integral – based operators that generalize weighted means and OWA operators [J]. *Inforfmation Fusion*, 2015, 23: 131 – 138.

[30] Meng F, Zhang Q, Zhan J. The interval – valued intuitionistic fuzzy geometric Choquet aggregation operator based on the generalized index and 2 – additive measure [J]. *Technological & Economic Development of Economy*, 2015, 21 (4): 186 – 215.

[31] Mu Z M, Zeng S Z, Liu Q B. Some interval – valued intuitionistic fuzzy Zhenyuan aggregation operators and their application to multi – attribute decision making [J]. *International Journal of Uncertainty Fuzziness and Knowledge – Based Systems*, 2018, 26 (4): 633 – 653.

[32] Tan C Q, Chen X H. Intuitionistic fuzzy Choquet integral operator for multi – criteria decision making [J]. *Expert Systems with Applications*, 2010, 37 (1): 149 – 157.

[33] Tan C Q. A multi – criteria interval – valued intuitionistic fuzzy group decision making with Choquet integral – based TOPSIS [J]. *Expert Systems with Applications*, 2011, 38 (4): 3023 – 3033.

[34] Qin J D, Liu X W. Study on interval intuitionistic fuzzy multi – attribute group decision making method based on Choquet integral [J]. *Procedia Computer Science*, 2013 (17): 465 – 472.

[35] Timonin M. Robust optimization of the Choquet integral [J]. *Fuzzy Sets and Systems*, 2013, 213: 27 – 46.

[36] Wu J Z, Chen F, Nie C P, Zhang Q. Intuitionistic fuzzy – valued Choquet integral and its application in multicriteria decision making [J]. *Information Sciences*, 2013, 222: 509 – 527.

[37] Krishnan A R, Kasim M M, Bakar E M. A short survey on the usage of Choquet integral and its associated fuzzy measure in multiple attribute analysis [J]. *Procedia Computer Science*, 2015, 59: 427 – 434.

[38] Sirbiladze G, Badagadze O. Intuitionistic fuzzy probabilistic aggregation operators based on the Choquet integral: application in multicriteria decision making [J]. *International*

Journal of Information Technology & Decision Making, 2017, 16 (1): 245 – 279.

[39] Wang Z Y, Leung K S, Wong M L, Fang J. A new type of nonlinear integrals and the computational algorithm [J]. *Fuzzy Sets and Systems*, 2000, 112 (2): 223 – 231.

[40] 王熙照. 模糊测度和模糊积分及在分类技术中的应用 [M]. 北京: 科学出版社, 2008.

[41] Hu J W, Hu Y C, Bein, H C. Constructing a corporate social responsibility fund using fuzzy multiple criteriadecision making [J]. *International Journal of Fuzzy Systems*, 2011, 13 (3): 195 – 205.

[42] Wang X Z, Zhang S F, Zhai, J H. A nonlinear integral defined on partition and its application to decision trees [J]. *Soft Computing*, 2007, 11 (4): 317 – 321.

[43] 曾守桢, 穆志民. 基于 Zhenyuan 积分的直觉模糊多属性决策方法 [J]. 控制与决策, 2018, 33 (3): 542 – 548.

[44] Yager R R. On ordered weighted averaging aggregation operators in multicriteria decision making [J]. *IEEE Transactions on Systems, Man and Cybernetics B*, 1988, 18: 183 – 190.

[45] 戚筱雯, 梁昌勇, 曹清玮, 丁勇. 区间直觉模糊多属性群决策自收敛算法 [J]. 系统工程与电子技术, 2011, 33 (1): 110 – 114.

[46] 王坚强, 张忠. 基于直觉模糊数的信息不完全的多准则规划方法 [J]. 控制与决策, 2008, 23 (10): 1145 – 1148.

[47] Zeng S Z, Chen S M, Fan K Y. Interval – valued intuitionistic fuzzy multiple attribute decision making based on nonlinear programming methodology and TOPSIS method [J]. *Information Sciences*, 2020, 506: 424 – 442.

[48] 王坚强, 李婧婧. 基于记分函数的直觉随机多准则决策方法 [J]. 控制与决策, 2010, 25 (9): 1297 – 1306.

[49] 张晓文, 赵普, 纪爱兵. 基于直觉模糊集的世界一流学科建设成效评价 [J]. 运筹与管理, 2021, 30 (6), 205 – 210.

[50] 周清华, 史雅敏. 直觉模糊集 TOPSIS 法的老年代步车设计评价 [J]. 系统科学学报, 2020, 28 (3): 112 – 115.

[51] 范荣华. 基于直觉模糊数的物流配送中心选址的评价方法 [J]. 统计与决策, 2016 (23): 33 – 36.

[52] Zeng S Z, Zhou J M, Zhang C H, Merigó J M. Intuitionistic fuzzy social network hybrid MCDM model for an assessment of digital reforms of manufacturing industry in China [J]. *Technological Forecasting & Social Change*, 2022, 176, 121435.

[53] 周波, 邹凯. 基于直觉模糊的数字城市建设绩效评价研究 [J]. 科技管理研

究，2015，35（13）：39－42＋51.

［54］吴冲，刘千，万翔宇．基于改进得分函数的直觉模糊多属性决策方法［J］．统计与信息论坛，2014，29（1）：3－8.

［55］Kharal A. Homeopathic drug selection using intuitionistic fuzzy sets［J］. *Homeopathy*, 2009, 98（1）：35－39.

［56］Lin L, Yuan X H, Xia Z Q. Multicriteria fuzzy decision－making method based on intuitionistic fuzzy sets［J］. *Journal of Computer and System Sciences*, 2007, 73（1）：84－88.

［57］李凡，卢安，蔡立晶．基于 Vague 集的多目标模糊决策方法［J］．华中科技大学学报：自然科学版，2001，29（7）：1－3.

［58］Liu H W, Wang G J. Multi－criteria decision－making methods based on intuitionistic fuzzy sets［J］. *European Journal of Operational Research*, 2007, 179（1）：220－233.

［59］Wang J, Zhang J, Liu S Y. A new score function for fuzzy MCDM based on vague set theory［J］. *International Journal of Computational Cognition*, 2006, 4（1）：44－48.

［60］Wang J Q, Li J J. Multi－criteria fuzzy decision－making method based on cross entropy and score functions［J］. *Expert Systems with Applications*, 2011, 38（1）：1032－1038.

［61］Wang J Q, Li K J, Zhang H Y. Interval－valued intuitionistic fuzzy multi－criteria decision making approach based on prospect score function［J］. *Knowledge－Based Systems*, 2012, 27：119－125.

［62］Ye J. Improved method of multicriteria fuzzy decision making based on vague sets［J］. *Computer Aided Design*, 2007, 39（2）：164－169.

［63］Ye J. Using an improved measure function of vague sets for multicriteria fuzzy decision making［J］. *Expert Systems with Applications*, 2010, 37（6）：4706－4709.

［64］Guo K. Amount of information and attitudinal－based method for ranking Atanassov's intuitionistic fuzzy values［J］. *IEEE Transactions on Fuzzy Systems*, 2014, 22（1）：177－188.

［65］Szmidt E, Kacprzyk J. Amount ofinformation and its reliability in the ranking of Atanassov's intuitionistic fuzzy alternatives, in：Recent Advances in Decision Making（Edited by E. Rakus－Andersson, R. R. Yager, N. Ichalkaranje and L. C. Jain）, Springer, Berlin Heidelberg, Germany, 2009：7－19.

［66］Zhang X, Xu Z. A new method for ranking intuitionistic fuzzy values and its application in multi－attribute decision making［J］. *Fuzzy Optimization and Decision Making*, 2012, 11（2）：135－146.

［67］Wu M C, Chen T Y. The ELECTRE multicriteria analysis approach based on Atanassov's intuitionistic fuzzy sets［J］. *Expert Systems with Applications*, 2011, 38（10）：

12318 – 12327.

[68] Chen S M, Cheng S H, Lan T C. Multicriteria decision making based on the TOPSIS method and similarity measures between intuitionisticfuzzy values [J]. *Information Sciences*, 2016, 367 – 368: 279 – 295.

[69] Opricovic S. Multicriteria Optimization of Civil Engineering Systems [J]. *Faculty of Civil Engineering, Belgrade*, 1998, 2 (1): 5 – 21.

[70] Zeng S Z, Chen S. Extended VIKOR method based on induced aggregation operators for intuitionistic fuzzy financial decision making [J]. *Economic Computation and Economic Cybernetics Studies and Research Issue*, 2015, 49 (4): 289 – 303.

[71] 周清华，王琦．基于直觉模糊集和 VIKOR 的低碳供应商选择方法研究 [J]. 科技管理研究，2017，37 (10)：233 – 237.

[72] 汪汝根，李为民，罗骁，等．基于新距离测度的直觉模糊 VIKOR 多属性决策方法 [J]. 系统工程与电子技术，2019，41 (11)：2524 – 2532.

[73] Chang C L. A modified VIKOR method for multiple criteria analysis [J]. *Environmental Monitoring and Assessment*, 2010, 168 (1 – 4): 339 – 344.

[74] Liu P, Zhang X. Approach to multi – attributes decision making with intuitionistic linguistic information based on Dempster – Shafer evidence theory [J]. *IEEE Access*, 2018, 6 (1): 52969 – 52981.

[75] Zeng S Z, Chen S M, Kuo L W. Multiattribute decision making based on novel score function of intuitionistic fuzzy values and modified VIKOR method [J]. *Information Sciences*, 2019 (488): 76 – 92.

[76] Wang W Z, Liu X W. Intuitionistic fuzzy information aggregation using Einstein operations [J]. *IEEE Transactions on Fuzzy Systems*, 2012, 20 (5): 923 – 938.

[77] Deschrijver G, Cornelis C. Onthe representation of intuitionistic fuzzy t – norms and t – conorms [J]. *IEEE Transactions on Fuzzy Systems*, 2004, 12 (4): 45 – 61.

[78] 余德建．两类扩展模糊信息集成算子及其在财务评价中的应用 [D]. 南京：东南大学，2012.

[79] 夏梅梅．模糊决策信息集成方式及测度研究 [D]. 南京：东南大学博士，2012.

[80] Z. S. Xu. Intuitionistic preference relations and their application in group decision making [J]. *Information Sciences*, 2007, 177 (3): 2363 – 2379.

[81] Z. S. Xu, R. R. Yager. Intuitionistic and interval – valued intutionistic fuzzy preference relations and their measures of similarity for the evaluationof agreement within a group [J].

Fuzzy Optimization and Decision Making, 2009, 8 (2): 123 - 139.

[82] Z. S. Xu. Group decision making based on multiple types of linguistic preference relations [J]. *Information Sciences*, 2008, 178 (8): 452 - 467.

[83] 丁勇. 语言型多属性群决策方法及其应用研究 [D]. 合肥: 合肥工业大学, 2011.

[84] S. M. Chen, J. M. Tan. Handling multi - criteria fuzzy decision making problems based on vague set theory [J]. *Fuzzy Sets and Systems*, 1994, 67 (2): 163 - 172.

[85] D. H. Hong, C. H. Choi. Multi - criteria fuzzy decision - making problems based on vague set theory [J]. *Fuzzy Sets and Systems*, 2000 (114): 103 - 113.

[86] H. W. Liu, G. J. Wang. Multi - attribute decision making methods based on intuitionistic fuzzy sets [J]. *European Journal of Operational Research*, 2007, 179 (7): 220 - 233.

[87] E. Szmidt, J. Kacprzyk. A new approach to ranking alternatives expressed via intuitionistic fuzzy sets, in: D. Ruan et al. (Eds.), Computational Intelligence in Decision and Control, World Scientific, Singapore, 2008: 265 - 270.

| 第三章 |

基于毕达哥拉斯模糊信息的综合评价方法及应用

由于直觉模糊集（IFS）[1]的隶属度和非隶属度之和必须满足小于等于1的条件，因此在一些实际应用过程中受到很多制约。如在评价过程中，专家给出的评价信息中隶属度和非隶属度之和很可能大于1，这种情况下直觉模糊集失效。为此，Yager对IFS的约束条件拓宽，提出了毕达哥拉斯模糊集（Pythagorean fuzzy set，PFS）[2]，其允许隶属度和非隶属度之和大于1，而其平方和小于等于1。因此，PFS比传统模糊集和IFS具有更强的描述模糊现象的能力，目前已被广泛应用于解决各类综合评价问题，并在理论研究和应用研究方面取得了较为丰富的成果。然而，现有关于PFS的信息集成、信息测度和评价方法等的研究仍然存在一些不足。为此，本章拟对PFS的集成方法和综合评价方法等进行深入研究，以弥补现有研究的缺陷，进而丰富模糊综合评价理论方法并拓展其应用领域。

第一节　毕达哥拉斯模糊集基础理论

定义3.1[2]　给定论域X上的毕达哥拉斯模糊集P为：

$$P=\{\langle x,\mu_P(x),\nu_P(x)\rangle \mid x\in X\} \tag{3-1}$$

其中$\mu_P(x):X\to[0,1]$和$\nu_P(x):X\to[0,1]$分别代表P的隶属函数和非隶属函数，且$\forall x\in X$有$0\leqslant\mu_P^2(x)+\nu_P^2(x)\leqslant 1$，$x$属于$P$的犹豫度为$\pi_P(x)=$

$\sqrt{1-\mu_P^2(x)-\nu_P^2(x)}$。为了计算方便，我们称 $\alpha=\langle\mu_\alpha,\nu_\alpha\rangle$ 为毕达哥拉斯模糊数（PFN）[3,4]。

定义 3.2[4] 设 $\alpha=\langle\mu_\alpha,\nu_\alpha\rangle$，$\alpha_i=\langle\mu_{\alpha_i},\nu_{\alpha_i}\rangle(i=1,2)$ 为毕达哥拉斯模糊数，定义：

（1）$\alpha_1\oplus\alpha_2=\langle\sqrt{\mu_{\alpha_1}^2+\mu_{\alpha_2}^2-\mu_{\alpha_1}^2\mu_{\alpha_2}^2},\nu_{\alpha_1}\nu_{\alpha_2}\rangle$；

（2）$\alpha_1\otimes\alpha_2=\langle\mu_{\alpha_1}\mu_{\alpha_2},\sqrt{\nu_{\alpha_1}^2+\nu_{\alpha_2}^2-\nu_{\alpha_1}^2\nu_{\alpha_2}^2}\rangle$；

（3）$\lambda\alpha=\langle\sqrt{1-(1-\mu_\alpha^2)^\lambda},\nu_\alpha^\lambda\rangle$；

（4）$\alpha^\lambda=\langle\mu_\alpha^\lambda,\sqrt{1-(1-\nu_\alpha^2)^\lambda}\rangle$。

关于毕达哥拉斯模糊数更多的运算规则，可参见本章文献［4－5］。

定义 3.3[2] 设 $\alpha_1=\langle\mu_{\alpha_1},v_{\alpha_1}\rangle$ 和 $\alpha_2=\langle\mu_{\alpha_2},v_{\alpha_2}\rangle$ 为任意两个 PFN，定义 $s(\alpha)=\mu_\alpha^2-v_\alpha^2$ 为 PFN 的得分函数，$h(\alpha)=\mu_\alpha^2+v_\alpha^2$ 为 PFN 的精确函数，则：

（1）若 $s(\alpha_1)<s(\alpha_2)$，则 $\alpha_1<\alpha_2$；

（2）若 $s(\alpha_1)=s(\alpha_2)$，则

- 若 $h(\alpha_1)<h(\alpha_2)$，则 $\alpha_1<\alpha_2$；
- 若 $h(\alpha_1)>h(\alpha_2)$，则 $\alpha_1>\alpha_2$。

为了有效融合毕达哥拉斯模糊信息，Yager 提出了毕达哥拉斯模糊加权平均（PFWA）和毕达哥拉斯模糊几何平均（PFGA）算子[2]。

定义 3.4[2] 令 $A=\{\alpha_1,\alpha_2,\cdots,\alpha_n\}$ 为一组 PFN，其中 $\alpha_i=\langle\mu_{\alpha_i},v_{\alpha_i}\rangle$。$w=(w_1,w_2,\cdots,w_n)^T$ 为 n 维的权重向量，$0\leqslant w_j\leqslant1$ 且 $\sum_{j=1}^n w_j=1$。那么 PFWA 和 PFGA 算子定义如下：

$$PFWA(\alpha_1,\alpha_2,\cdots,\alpha_n)=\sum_{i=1}^n w_i\alpha_i=\left\langle\sqrt{1-\prod_{i=1}^n(1-(\mu_{\alpha_i})^2)^{w_j}},\prod_{j=1}^n(v_{\alpha_i})^{w_j}\right\rangle \tag{3-2}$$

$$PFGA(\alpha_1,\alpha_2,\cdots,\alpha_n)==\prod_{i=1}^n\alpha_i^{w_i}=\left\langle\prod_{i=1}^n\mu_{\alpha_i},\sqrt{1-\prod_{i=1}^n(1-v_{\alpha_i})^{w_i}}\right\rangle \tag{3-3}$$

定义 3.5[5] 设 $\alpha_1=\langle\mu_{\alpha_1},v_{\alpha_1}\rangle$ 和 $\alpha_2=\langle\mu_{\alpha_2},v_{\alpha_2}\rangle$ 为两个 PFN，则称

$$d_{PFD}(\alpha_1,\alpha_2)=\frac{1}{2}(|\mu_{\alpha_1}^2-\mu_{\alpha_2}^2|+|v_{\alpha_1}^2-v_{\alpha_2}^2|+|\pi_{\alpha_1}^2-\pi_{\alpha_2}^2|) \tag{3-4}$$

为 α_1 和 α_2 的距离测度。

第二节　基于混合加权距离测度的毕达哥拉斯模糊综合评价方法

距离测度是最常用的信息测度工具之一，主要用于反映变量或指标之间的差异程度或相似性，目前已在模糊识别、医疗诊断、聚类分析、图像处理和决策分析等多个领域得到广泛的应用[6]。常见的距离测度主要是基于加权平均视角而构建的，如加权平均汉明距离、加权平均欧氏距离等。此外，基于有序加权视角的距离测度方法也引起了广大学者的兴趣。基于 Yanger 提出的有序加权平均（OWA）算子[7]，Xu 和 Chen[6] 提出了有序加权距离（OWD）测度，并研究了一种基于 OWD 的群体共识达成法，该方法的特点是专家可以根据实际问题的需要设置与 OWD 相关联的权重，进而增强或者削弱极端差异值在集成结果中的影响，从而能较快地达成共识并得到较理想的结果。Merigó 和 Gil – Lafuente[8] 在 OWA 的基础上提出了有序加权平均距离测度，研究了其优良的特性和特殊形式，并将其应用于金融投资方案的决策中。诸多学者进一步对 OWD 方法进行拓展，并将其应用于不同的评价与决策问题中，如 Xu 和 Xia[9] 将 OWD 方法应用于犹豫模糊情形中，提出了犹豫模糊 OWD（HFOWD）测度。Merigó 和 Casanovas[10] 将 OWA 与诱导变量相结合，提出了基于诱导变量的有序加权测度方法，并研究了该测度方法在群体评价中的应用。Zeng 和 Su[11] 则提出了基于直觉模糊 OWD（IFOWD）测度的金融投资方案评估方法。Zeng 等[12] 研究了基于概率的 OWD 方法及其在区间多属性决策中的应用。Liu 等[13] 研究了基于二维区间信息的混合 OWD 测度并将之应用于医疗故障风险评价与分析。Zhou 等[14] 从连续性方面研究了 OWD 测度。更多关于有序加权测度的理论和应用研究可见本章文献［15 –20］。

由于在描述模糊不确定信息方面的优势，PFS 理论和应用等研究得到了广大学者的关注。如 Zhang 和 Xu[4] 提出了毕达哥拉斯模糊运算规则，并给出了基于毕达哥拉斯模糊信息的 TOPSIS 方法；刘卫锋等[21] 提出了一系列毕达哥拉斯模糊环境下的拟加权平均和拟加权几何集成方法；Zeng 等[22] 从平均加权和有序加权视角研究了毕达哥拉斯模糊距离测度方法及其在多属性决策中的应用。Peng 和 Yang[23-24]分别研究了基于 Choquet 积分和基于区间值的毕达哥拉斯模糊集及其应用。Gou 等[25]从连续性角度研究了毕达哥拉斯模糊集的特征及其应用。Zhang[26-27]从相似度等方面对毕达哥拉斯模糊集进行了深入研究。

虽然 PFS 的理论和应用研究成果日趋丰富，但目前尚未从有序加权视角研究毕达哥拉斯模糊距离测度方法，同时基于毕达哥拉斯距离测度的评价方法也有待进一步完善。为此，本章将从有序加权视角研究毕达哥拉斯模糊距离测度及综合评价方法。首先，提出毕达哥拉斯模糊有序加权距离（PFOWD）测度，并给出了相应权重确认方法；其次，在 PFOWD 的基础上，提出了毕达哥拉斯模糊混合加权距离（PFHWD）测度，研究了其优点及其特殊形式；最后，提出了一种基于 PFHWD - TOPSIS 的毕达哥拉斯模糊多指标评价方法，并通过案例应用说明其可行性和有效性。

一、预备知识

基于 OWA 方法[7]的集成思路，Xu 和 Chen[6]提出了有序加权距离（OWD）测度，定义如下：

定义 3.6 对于实数集 $A=\{\alpha_1,\alpha_2,\cdots,\alpha_n\}$ 和 $B=\{\beta_1,\beta_2,\cdots,\beta_n\}$，记 α_i 与 β_i 之间的距离为 $d(\alpha_i,\beta_i)=|\alpha_i-\beta_i|$，则

$$OWD(A,B)=\left(\sum_{i=1}^{n}w_i\,(d(\alpha_{\sigma(i)},\beta_{\sigma(i)}))^{\lambda}\right)^{1/\lambda} \tag{3-5}$$

称为集 A 与 B 的有序加权距离（OWD）测度，其中，$\lambda>0$，$w=(w_1,w_2,\cdots,w_n)^T$ 是与 OWD 相关联的权重向量，满足 $w_i\in[0,1]$，$\sum_{j=1}^{n}w_j=1$，$(\sigma(1),\sigma(2),\cdots,\sigma(n))$ 为 $(1,2,\cdots,n)$ 的一个置换，使 $d(\alpha_{\sigma(i-1)},\beta_{\sigma(i-1)})\geqslant d(\alpha_{\sigma(i)},\beta_{\sigma(i)})$。

特别地，当 $\lambda=1$ 和 $\lambda=2$ 时，OWD 测度分别称为有序加权平均（OWAD）[8]测度和有序加权欧式距离（OWED）测度：

$$OWAD(A,B)=\sum_{i=1}^{n}w_i d(\alpha_{\sigma(i)},\beta_{\sigma(i)}) \tag{3-6}$$

$$OWED(A,B)=\sqrt{\sum_{j=1}^{n}w_j\left(d(\alpha_{\sigma(j)},\beta_{\sigma(j)})\right)^2} \tag{3-7}$$

OWD 测度的特点在于它能通过分配或高或低的权重进而增强或者缓解或大或小的差异在集成结果中的影响。然而，上述有序距离测度只适用于所给信息为实数值时的情形，下面研究基于毕达哥拉斯模糊信息的有序加权距离测度。

二、毕达哥拉斯模糊混合加权距离（PFHWD）测度

在毕达哥拉斯模糊数距离的基础上，我们首先定义毕达哥拉斯模糊集之间的加权距离。

定义 3.7 $A=(\alpha_1,\alpha_2,\cdots,\alpha_n)$ 和 $B=(\beta_1,\beta_2,\cdots,\beta_n)$ 是定义在集 $X=\{x_1,x_2,\cdots,x_n\}$ 上的毕达哥拉斯模糊集，则

$$PFWD(A,B)=\left(\sum_{i=1}^{n}w_i\left(d_{PFD}(\alpha_i,\beta_i)\right)^{\lambda}\right)^{1/\lambda} \tag{3-8}$$

称为毕达哥拉斯模糊集 A 和 B 的加权距离（PFWD）测度，$w=(w_1,w_2,\cdots,w_n)^T$ 为 $x_i(i=1,2,\cdots,n)$ 的权重向量，满足 $w_j\in[0,1]$ 且 $\sum_{i=1}^{n}w_i=1$。

显然，PFWD 测度仅考虑待集成指标的重要性，没有体现出其所在位置的重要。为此，我们提出毕达哥拉斯模糊有序加权距离（PFOWD）测度，定义如下：

定义 3.8 设 $A=(\alpha_1,\alpha_2,\cdots,\alpha_n)$ 和 $B=(\beta_1,\beta_2,\cdots,\beta_n)$ 为定义在 $X=\{x_1,x_2,\cdots,x_n\}$ 上的 PFS，则

$$PFOWD(A,B)=\left(\sum_{i=1}^{n}w_i\left(d_{PFD}(\alpha_{\sigma(i)},\beta_{\sigma(i)})\right)^{\lambda}\right)^{1/\lambda} \tag{3-9}$$

为毕达哥拉斯模糊集 A 和 B 的有序加权距离（PFOWD），其中 $w=(w_1,w_2,\cdots,w_n)^T$ 为与 PFOWD 测度相关联的权向量，满足 $w_j\in[0,1]$，$\sum_{j=1}^{n}w_j=1$。$(\sigma(1),\sigma(2),\cdots,\sigma(n))$ 是 $(1,2,\cdots,n)$ 的一个置换，使 $\forall j\in[1,n]$，满足 $d_{PFD}(\alpha_{\sigma(j-1)},\beta_{\sigma(j-1)})\geqslant d_{PFD}(\alpha_{\sigma(j)},\beta_{\sigma(j)})$，其中 $d_{PFD}(\alpha_j,\beta_j)$ 为 α_j 与 β_j 的距离。特别地，当 $\lambda=1$ 和 $\lambda=2$ 时，PFOWD 测度分别称为毕达哥拉斯模糊有

序加权汉明距离（PFOWHD）测度和毕达哥拉斯模糊有序加权欧氏距离（PFOWED）测度。

PFOWD 测度相关联权重的确认方法是一个非常关键的问题，从定义 3.8 可以看出，PFOWD 与 OWA 算子和 OWD 测度一样，其实质都是一种有序加权方法，因此关于 OWA 算子和 OWD 测度的权重求解方法同样适用于 PFOWD 测度，如最小二乘法和正态分布法[28]。根据 PFOWD 的特性，下面我们另外给出一种 PFOWD 的权重确定方法。设：

$$\dot{d}_{PFD}(\alpha_{\sigma(i)},\beta_{\sigma(i)}) = \frac{1}{n}\sum_{j=1}^{n} d_{PFD}(\alpha_{\sigma(i)},\beta_{\sigma(i)}) \tag{3-10}$$

$$\ddot{d}(\alpha_{\sigma(i)},\beta_{\sigma(i)}) = \left| d_{PFD}(\alpha_{\sigma(i)},\beta_{\sigma(i)}) - \dot{d}_{PFD}(\alpha_{\sigma(i)},\beta_{\sigma(i)}) \right| \tag{3-11}$$

并设

$$w_j = \frac{1-\ddot{d}(\alpha_{\sigma(i)},\beta_{\sigma(i)})}{\sum_{j=1}^{n}(1-\ddot{d}(\alpha_{\sigma(i)},\beta_{\sigma(i)}))} \tag{3-12}$$

则由上式得到的权重满足 $w_j \in [0,1]$，$\sum_{j=1}^{n} w_j = 1$，且 $d_{PFD}(\alpha_{\sigma(i)},\beta_{\sigma(i)})$ 越靠近 $\dot{d}_{PFD}(\alpha_{\sigma(i)},\beta_{\sigma(i)})$，则相应的权重越大。

容易证明 PFOWD 算子具有一般集成算子的数学特征，如单调性、有界性、幂等性和交换性等。

由定义 3.7 和定义 3.8 可以看出，PFWD 测度与 PFOWD 测度的本质区别在权重向量的作用机制，前者中的权重侧重于反映评价者对指标属性重要程度的判断，而后者则强调待集成数据的序权重。两者均仅考虑了权重分配的某一方面，都有一定的片面性。为克服上述缺点，下面提出毕达哥拉斯模糊混合加权距离（PFHWD）测度，定义如下：

定义 3.9　$A=(\alpha_1,\alpha_2,\cdots,\alpha_n)$ 和 $B=(\beta_1,\beta_2,\cdots,\beta_n)$ 是定义在 $X=\{x_1, x_2,\cdots,x_n\}$ 上的 PFS，若

$$PFHWD(A,B) = \left(\sum_{i=1}^{n} wj\dot{d}_{PFD}(\alpha_{\sigma(i)},\beta_{\sigma(i)})\right)^{1/\lambda} \tag{3-13}$$

则 PFHWD 称为 A 和 B 的混合加权距离，其中，$\dot{d}_{PFD}(\alpha_{\sigma(j)},\beta_{\sigma(j)})$ 是加权距离 $\dot{d}_{PFD}(\alpha_j,\beta_j)$（此时 $\dot{d}_{PFD}(\alpha_j,\beta_j)=n\omega_j(d_{PFD}(\alpha_j,\beta_j))^{\lambda}$）第 j 大的元素，$w=$

$(w_1,w_2,\cdots,w_n)^T$ 是与 PFHWD 相关联的权向量，$w=(w_1,w_2,\cdots,w_n)^T$ 是 d_{PFD} (α_j,β_j) 的权重，满足 $w_j\in[0,1]$ 和 $\sum_{j=1}^{n} w_j=1$，n 为平衡系数。

特别地，当 $\lambda=1$ 和 $\lambda=2$ 时，对应的 PFHWD 测度分别称为毕达哥拉斯模糊混合加权汉明距离（PFHWHD）测度和毕达哥拉斯模糊混合加权欧氏距离（PFHWED）测度。可以证明 PFWD 和 PFOWD 都是 PFHWD 的特例。

定理 3.1 PFWD 是 PFHWD 测度的一个特例。

证明： 令 $w=(1/n,1/n,\cdots,1/n)^T$ 和 $\lambda=1$，则

$$
\begin{aligned}
PFHWD(A,B) &= \left(\sum_{j=1}^{n} w_j\dot{d}_{PFD}(\alpha_{\sigma(j)},\beta_{\sigma(j)})\right)^{1/\lambda}\\
&= \left(\frac{1}{n}\sum_{j=1}^{n}\dot{d}_{PFD}(\alpha_j,\beta_j)\right)^{1/\lambda}\\
&= \left(\frac{1}{n}\sum_{j=1}^{n} n\omega_j(d_{PFD}(\alpha_j,\beta_j)\right)^{1/\lambda}\\
&= \left(\sum_{j=1}^{n}\omega_j(d_{PFD}(\alpha_j,\beta_j))^{\lambda}\right)^{1/\lambda}\\
&= PFWD(\tilde{A},\tilde{B})
\end{aligned}
$$

定理证毕。

定理 3.2 PFOWD 是 PFHWD 测度的一个特例。

证明： 令 $w=(1/n,1/n,\cdots,1/n)^T$，则

$$
\dot{d}_{PFD}(\alpha_{\sigma(j)},\beta_{\sigma(j)})=nwj\,(d_{PFD}(\alpha_{\sigma_{(j)}},\beta_{\sigma(j)}))^{\lambda}=(d_{PFD}(\alpha_{\sigma_{(j)}},\beta_{\sigma(j)}))^{\lambda}
$$

定理证毕。

由定理 3.1 和定理 3.2 可知，PFHWD 测度融合了 PFWD 和 PFOWD 测度的优点，不仅能考虑每个集成数据的自身重要性程度，而且还体现了该数据所在位置的重要性程度。

三、基于 PFHWD – TOPSIS 的多指标综合评价方法

设一个毕达哥拉斯模糊多指标综合评价问题，包括 m 个备选方案和 n 个

评价属性。令 $X=\{x_1,x_2,\cdots,x_m\}$ 表示方案集，$C=\{c_1,c_2,\cdots,c_n\}$ 表示指标属性集，指标的权重向量为 $w=(w_1,w_2,\cdots,w_n)^T$ 满足 $\sum_{i=1}^{n}w_i=1$ 和 $w_i\in[0,1]$。方案 $x_i(i=1,2,\cdots,m)$ 在指标 $c_j(j=1,2,\cdots,n)$ 下的评估值为 $\mathrm{PFN}c_j(x_i)=\langle\mu_{ij},\nu_{ij}\rangle$，从而得到毕达哥拉斯模糊指标评价信息的矩阵形式 $R=(c_j(x_i))_{m\times n}$：

$$R=\begin{array}{c}\\ x_1\\ x_2\\ \vdots\\ x_m\end{array}\begin{array}{c}\begin{array}{cccc}c_1 & c_2 & \cdots & c_n\end{array}\\ \begin{pmatrix}\langle\mu_{11},\nu_{11}\rangle & \langle\mu_{12},\nu_{12}\rangle & \cdots & \langle\mu_{1n},\nu_{1n}\rangle\\ \langle\mu_{21},\nu_{21}\rangle & \langle\mu_{22},\nu_{22}\rangle & \cdots & \langle\mu_{2n},\nu_{2n}\rangle\\ \vdots & \vdots & \vdots & \vdots\\ \langle\mu_{m1},\nu_{m1}\rangle & \langle\mu_{m2},\nu_{m2}\rangle & \cdots & \langle\mu_{mn},\nu_{mn}\rangle\end{pmatrix}\end{array}$$

则基于 PFHWD－TOPSIS 的毕达哥拉斯模糊多指标综合评价步骤如下：

步骤 1　构造毕达哥拉斯模糊评价矩阵 $R=(c_j(x_i))_{m\times n}$，其中矩阵中的元素 $c_j(x_i)(i=1,2,\cdots,m;j=1,2,\cdots,n)$ 是 PFN，为评价专家给出的方案 $x_i\in X$ 关于指标属性 $c_j\in C$ 下的评估值。

步骤 2　根据式（3－14）和式（3－15）计算方案的毕达哥拉斯模糊正理想解 A^+ 和负理想解 A^-：

$$\begin{aligned}A^+&=\{c_1(x^+),c_2(x^+),\cdots,c_n(x^+)\}\\&=\{c_j,\max_i\langle s(c_j(x_i))\rangle\mid j=1,2,\cdots,n\}\end{aligned}\tag{3-14}$$

$$\begin{aligned}A^-&=\{c_1(x^-),c_2(x^-),\cdots,c_n(x^-)\}\\&=\{c_j,\min_i\langle s(c_j(x_i))\rangle\mid j=1,2,\cdots,n\}\end{aligned}\tag{3-15}$$

步骤 3　利用方程（3－13）分别计算方案 x_i（$i=1,2,\cdots,m$）与正理想解 A^+ 和负理想解 A^- 的混合加权距离 $PFHWD(x_i,A^+)$ 和 $PFHWD(x_i,A^-)$。

步骤 4　根据式（3－16）计算方案的贴进度。现有文献的 TOPSIS 方法中一般采用传统的贴进度函数来对方案进行排序[4,29-32]。然而本章文献［22，27］指出，传统贴近值最大的方案有时并不能同时满足与正理想解最近和与负理想解最远。基于此，本书提出一种新的计算方案 x_i 的贴近度函数 $\varsigma(x_i)(i=1,2,\cdots,m)$：

$$\varsigma(x_i)=\frac{PFHWD(x_i,A^-)}{PFHWD_{\max}(x_i,A^-)}-\frac{PFHWD(x_i,A^+)}{PFHWD_{\min}(x_i,A^+)}\tag{3-16}$$

其中

$$PFHWD_{\max}(x_i,A^-)=\max_{1\leqslant i\leqslant m}\{PFHWD(x_i,A^-)\}$$

及

$$PFHWD_{\min}(x_i,A^+)=\min_{1\leqslant i\leqslant m}\{PFHWD(x_i,A^+)\}$$

该改进型贴近度 $\varsigma(x_i)$ 主要是用来度量离毕达哥拉斯模糊正理想解 A^+ 最近的方案和与毕达哥拉斯模糊负理想解 A^- 最远的程度。由式（3-16）易知，$\varsigma(x_i)\leqslant 0(i=1,2,\cdots,m)$ 且 $\varsigma(x_i)$ 越大，相应的方案 x_i 则越优。若存在一个方案 x_i^* 同时满足 $PFHWD(x_i^*,A^-)=PFHWD_{\max}(x_i,A^-)$ 和 $PFHWD(x_i^*,A^+)=PFHWD_{\min}(x_i,A^+)$，则 $\varsigma(x_i^*)=0$，显然，方案 x_i^* 为最优方案，因为它能同时满足距正理想解 A^+ 最近和负理想解 A^- 最远。

步骤 5 根据贴近度 $\varsigma(x_i)$ 的大小对方案 x_i 择优排序，$\varsigma(x_i)$ 越大，相应的方案 x_i 则越优。

注： Zhang 和 Xu 在文献［4］中提出了一种基于加权平均距离（PFWD）测度的毕达哥拉斯模糊 TOPSIS（PFWD-TOPSIS）评价方法，即在上述步骤 3 中利用 PFWD 来计算方案 x_i 与正理想解 A^+ 和负理想解 A^- 的距离。由于 PFWD 测度是 PFHWD 测度的一种特殊形式，因此 Zhang 和 Xu[4] 的 PFWD-TOPSIS 方法也是我们本文提出的 PFHWD-TOPSIS 方法的一种特殊形式。事实上，根据 PFHWD 的参数 λ 和权重的取值变化，我们可以得到 PFHWD 的一系列特殊形式，从而可得到一系列基于 PFHWD 特殊形式 TOPSIS 方法，如 PFWD-TOPSIS 方法、PFHWHD-TOPSIS 方法和 PFHWED-TOPSIS 方法等。

四、实例应用分析

【例 3-1】 近年来中国的高速铁路发展迅速，由于其快速便捷越来越受到乘客的欢迎，对国内航空市场造成了巨大的挑战。特别是在 2008 年全球经济低迷之后，越来越多的航空公司都试图通过降低价格来吸引顾客。但不幸的是，他们很快就发现这不是一个双赢的局面，只有良好的服务质量才是竞争生存的关键和基本要素。为了提高国内航空公司的服务质量，民用航空局建立了一个决策委员会来研究国内主要的四大航空公司[4]：北方航空公司（x_1）、南方航空公司（x_2）、东方航空公司（x_3）、厦门航空公司（x_4）。假设委员会根据以下四个主要指标属性来评估这四大航空公司：订票与售票服务（c_1）、安检与登机服务（c_2）、客舱服务（c_3）和响应性服务（c_4）。通过对四个评价指标重要性的问卷调查，确定属性指标的权重向量为 $w = (0.15, 0.25, 0.35, 0.25)^T$。由于评价决策环境的复杂性和决策者自身知识、经验的有限性，本例假设该决策委员会用毕达哥拉斯模糊形式来表达他们对四大航空公司在其各个指标属性下的评估值，具体见表 3－1。

表 3－1　　毕达哥拉斯模糊评价矩阵

	c_1	c_2	c_3	c_4
x_1	$\langle 0.9, 0.3\rangle$	$\langle 0.7, 0.6\rangle$	$\langle 0.5, 0.8\rangle$	$\langle 0.6, 0.3\rangle$
x_2	$\langle 0.4, 0.7\rangle$	$\langle 0.9, 0.2\rangle$	$\langle 0.8, 0.1\rangle$	$\langle 0.5, 0.3\rangle$
x_3	$\langle 0.8, 0.4\rangle$	$\langle 0.7, 0.5\rangle$	$\langle 0.6, 0.2\rangle$	$\langle 0.7, 0.4\rangle$
x_4	$\langle 0.7, 0.2\rangle$	$\langle 0.8, 0.2\rangle$	$\langle 0.8, 0.4\rangle$	$\langle 0.6, 0.6\rangle$

依据上述评价信息，我们首先计算出毕达哥拉斯模糊正理想解 A^+ 和负理想解 A^-：

$$A^+ = \{\langle 0.9, 0.3\rangle, \langle 0.9, 0.2\rangle, \langle 0.8, 0.1\rangle, \langle 0.7, 0.4\rangle\}$$

$$A^- = \{\langle 0.4, 0.7\rangle, \langle 0.7, 0.6\rangle, \langle 0.5, 0.8\rangle, \langle 0.6, 0.6\rangle\}$$

假设与 PFHWD 测度相关联的权重向量 $W = (0.1, 0.35, 0.3, 0.25)^T$，且不失一般性，设 $\lambda = 2$，则可利用 PFHWD 计算方案 x_i 与正理想解 A^+ 和负理想解 A^- 的混合加权距离 $PFHWD(x_i, A^+)$ 和 $PFHWD(x_i, A^-)$，并在此基础上根据式（3－16）计算方案 x_i 的贴近度 $\varsigma(x_i)$，结果如表 3－2 所示。

表 3－2　　基于 PFHWD－TOPSIS 方法的评价结果

	$PFHWD(x_i, A^+)$	$PFHWD(x_i, A^-)$	$\varsigma(x_i)$	排名
x_1	0.354	0.202	－1.273	4
x_2	0.256	0.399	－0.286	2
x_3	0.233	0.339	－0.321	3
x_4	0.199	0.321	－0.195	1

因为 $\varsigma(x_4)>\varsigma(x_2)>\varsigma(x_3)>\varsigma(x_1)$，故四大航空公司的服务质量排序为：

$x_4>x_2>x_3>x_1$

即厦门航空公司（x_4）为航空服务质量评价最高的航空公司。

下面我们采用 Zhang 和 Xu[4] 的 PFWD－TOPSIS（$\lambda=2$）方法对本例题进行计算，结果如表 3－3 所示。

表 3－3　　基于 PFWD－TOPSIS 方法的评价结果

	$PFHWD(x_i,A^+)$	$PFHWD(x_i,A^-)$	$\varsigma(x_i)$	排名
x_1	0.418	0.286	－1.498	4
x_2	0.296	0.629	－0.383	2
x_3	0.240	0.600	－0.168	1
x_4	0.214	0.370	－0.412	3

根据 $\varsigma(x_3)>\varsigma(x_2)>\varsigma(x_4)>\varsigma(x_1)$，航空公司的服务质量排序为：$x_3>x_2>x_4>x_1$，由此可得东方航空公司（$x_3$）为航空服务质量评价最高的航空公司，和本章提出的方法得出的结果不同。其主要原因是 PFWD－TOPSIS 方法中的 PFWD 测度只考虑了指标属性的重要性，并不能体现属性指标所在位置的重要性，从而得出有偏差的结果。

我们可进一步分析 PFHWD 测度中的参数 λ 的变化对贴近度函数和决策结果的影响，如图 3－1 所示。随着参数 λ 的变化，方案的贴近度函数也在变化，从而排序结果也会发生相应的变化。从图 3－1 可以看出，当 $\lambda\in(0, 1.55)$ 时，南方航空公司（x_2）可视为航空服务质量评价最高，当 $\lambda\in[1.55, 6.02)$，厦门航空公司（x_4）可选为最优方案，而当 $\lambda\geqslant 6.02$，东方航空公司（x_3）的贴近度函数结果比其他方案的都大，从而 x_3 可作为最优方案。根据 PFHWD 中参数 λ 的数学特征可发现，λ 的大小主要可用于体现决策者决策风险偏好的程度。

由以上分析可知，本章提出的 PFHWD－TOPSIS 方法具有良好的性质，主要体现在：（1）该方法不但考虑了集成数据的重要性，而且能体现数据所在位置的重要性，从而可以增加或减低偏差过大或者过小的数据对集成结果的影响；（2）提出的新的贴进度函数可以改进现有方法的缺陷，能够同时满足最优方案距正理想解最近和与负理想解最远；（3）专家可根据实际需要和偏好选择合适的参数 λ，从而为决策者提供了更多的选择机会，与其他方法相比更具决策柔性，其适用范围也更广泛。

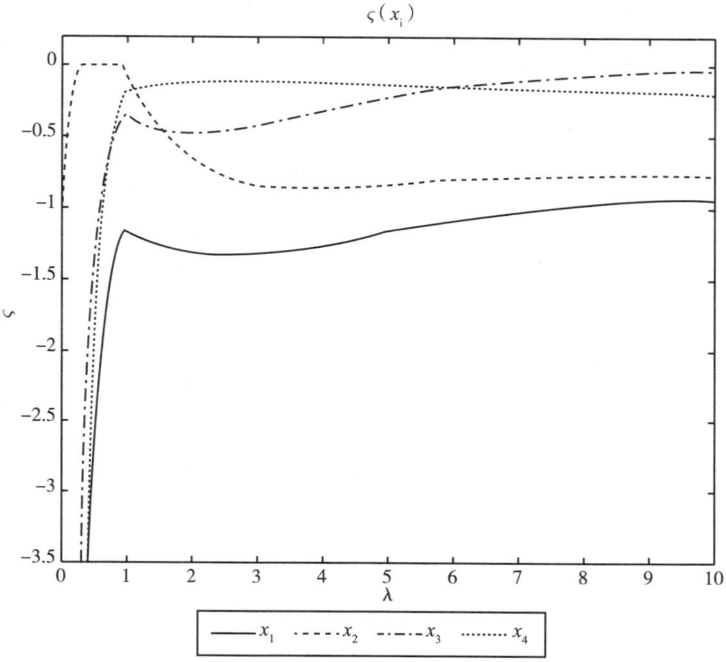

图 3-1　候选方案的贴近度函数（基于参数 λ 的 PFHWD-TOPSIS）

五、小结

本章从有序加权视角研究了毕达哥拉斯模糊距离测度方法及其应用。首先，定义了毕达哥拉斯模糊有序加权距离测度，该距离测度能有效地消除过大或过小的不合理信息造成的误差，从而提高了测度方法的科学性与合理性。其次，在有序加权距离测度的基础上进一步提出了毕达哥拉斯模糊混合加权距离（PFHWD）测度，PFHWD 不仅能体现每个数据的自身重要性程度，而且还突出了该数据所在位置的重要程度。再次，提出了一种基于 PFHWD 测度的毕达哥拉斯模糊 TOPSIS 多指标评价方法（PFHWD-TOPSIS），其核心是利用 PFHWD 度量备选方案与正负理想解的距离，从而得到方案的贴近度，并根据其大小对方案进行排序与择优。该方法不仅计算简单，而且拓展了 PFHWD 的应用范围，丰富了已有的毕达哥拉斯模糊测度的研究成果。最后，案例分析结果也体现了本章所提方法具有很强的决策柔性和灵活性，决策者可以依据风险偏好和实际问题需要调节参数值 λ，这一特性使该方法的适用范围更加广泛。

值得注意的是，本章提出的 PFHWD 不仅能有效地与 TOPSIS 方法结合，改进现有 TOPSIS 方法的缺陷，而且还可以广泛应用于各种群体决策与评价问题中，具有一定的推广价值。如在大规模群体决策活动中，由于专家的知识背景等差异，往往使决策难以达成一致，而本章提出的 PFHWD 能有效地消除这种差异，帮助决策者快速达到群体共识，决策者还可以根据评价目的与实际问题的需要选择 PFHWD 中适当的参数进行决策分析，从而提高决策结果的科学性与合理性。

第三节　基于置信水平的毕达哥拉斯模糊综合评价方法

在很多现实综合评价问题中，评价者不仅需要给出评估对象的评估值，同时也要求给出对该评估值的熟悉程度或置信度，或者称为置信水平。例如，在博士论文、奖获评审、国家自然科学基金项目评审等问题中，专家在给出评估值的同时，还需以类似熟悉程度等形式说明自己评判的可靠性。置信水平的实质就是评审专家对自己评判的可靠性的主观评价，在评价过程中应该受到重视。然而如何规范地将置信水平信息融入专家的最终评判评估结果并以此做出决策却成了难题。针对此类考虑置信水平的评价问题，朱卫东等[34]提出利用历史评估结果的准确性衡量专家提供的评价信息可靠性的方法，进而提出了一种基于证据理论的科学基金项目评估决策模型。张洪涛等[35]将同行评议表中的“熟悉程度”信息纳入项目立项评估决策中，并以“熟悉程度”对专家进行赋权，从而构建了多维框架证据推理的科研项目立项评估方法。由于证据理论方法对证据进行合成时，必须考虑证据独立及证据间是否存在强冲等复杂问题，Xia 等[36]提出了两种融合评价值和置信水平的简便方法，即置信诱导加权平均（CIWA）算子和置信诱导加权几何

（CIWA）算子，并研究了该方法在犹豫模糊信息多指标评价问题中的应用。在 CIWA 集成方法的基础上，Yu[37] 提出了置信有序加权平均（COWA）算子，并研究了该方法的优点和性质。由于集成规则简便有效，该 COWA 算子目前得到了众多学者的关注，如 Yu[38] 研究了 COWA 集成方法在直觉模糊情形中的应用，提出了一系列的置信直觉模糊信息集成方法，如置信直觉模糊有序加权平均（CIFOWA）算子和置信直觉模糊爱因斯坦加权平均（CIFEWA）算子等，并研究了这些算子在博士论文评审中的应用。Ma 和 Zeng[39] 进一步提出了置信直觉模糊信息混合加权集成方法。针对评价信息为语言变量的评价问题，Zhang 等[40] 研究了 COWA 算子在语言情形中的应用，提出了几种基于语言信息的置信加权方法，并研究了这些方法在基金和论文评审中的应用。

从以上研究可以看出，虽然现有的置信集成算子能有效地将评价值和置信水平融合到评估结果中，但其存在两个缺陷：一是不能有效体现置信水平在集成过程中的诱导作用，如朱卫东等[34] 和张洪涛等[35] 只是简单地将专家置信度与评价信息集成，未考虑其对专家重要性的诱导作用；二是该置信集成算子不具备有界性，如 Xia 等[36] 和 Yu[37-38] 构造的 CIWA 和 COWA 算子不满足集成算子的有界性，使最终评估值不具备可比性和科学性。基于此，本章提出一种融合专家评价值和置信水平的新集成方法，从而改进现有方法的缺陷，并探讨其优良性质和在毕达哥拉斯模糊情形中的应用，最后将该方法应用于博士论文评审问题中以检验其有效性。

一、新置信诱导有序加权集成算子

在很多实际综合评价问题中，为了提高评价结果的科学性，专家在给出评估值的同时，往往还需以类似置信水平（或熟悉程度）等形式说明自己评判的可靠性。设 $a_i(i=1,2,\cdots,n)$ 是专家对方案指标的评价值，$l_i(i=1,2,\cdots,n)$ 是与评价值 a_i 相对应的置信水平，为了有效地融合专家评价值和置信水平信息，基于有序加权（OWA）算子的思想[7]，Yu[37] 提出了置信有序加权平均（COWA）算子，其定义如下：

定义 3.10 设 COWA：$R^n \times R^n \rightarrow R$，若

$$COWA(\langle l_1, a_1\rangle, \cdots, \langle l_n, a_n\rangle) = \sum_{j=1}^{n} w_j (l_{\sigma(j)} a_{\sigma(j)}) \tag{3-17}$$

其中 $w=(w_1,w_2,\cdots,w_n)^T$ 是与 COWA 相关联的权向量，$w_j \in [0,1]$，$\sum_{j=1}^{n} w_j = 1$，且$(\sigma(1),\sigma(2),\cdots,\sigma(n))$ 是 $(1,2,\cdots,n)$ 的任一置换，使得对任意的 j，有 $l_{\sigma(j-1)}\alpha_{(j-1)} \geqslant l_{\sigma(j)}\alpha_{\sigma(j)}$，则称 COWA 为置信有序加权平均算子。

从以上定义容易知道，COWA 首先对置信水平与评价值的乘积大小进行排序，然后按照顺序与权重 $w=(w_1,w_2,\cdots,w_n)^T$ 加权集成，其实质还是一种有序加权平均算子，并没有体现置信水平作为诱导变量的作用。下面通过例 3-2 说明此缺陷。

【例 3-2】 设有 3 名专家对某个方案进行评估打分，满分 100 分，最低 0 分。由于专家学科背景与专业的差异，每个专家对评价方案的熟悉度不一样，因而每个专家给出评价信息的同时也给出了其相应的置信度，10 表示非常自信，0 表示非常不自信。若三位专家给出的置信水平与评价值分别如下：$\langle l_1, a_1\rangle = \langle 9,60\rangle$，$\langle l_2, a_2\rangle = \langle 7,80\rangle$ 和 $\langle l_3, a_3\rangle = \langle 8,65\rangle$，则有：

$$l_1 a_1 = 540, l_2 a_2 = 560, l_3 a_3 = 520$$

从而

$$l_{\sigma(1)} a_{\sigma(1)} = l_2 a_2 = 560,\ l_{\sigma(2)} a_{\sigma(2)} = l_1 a_1 = 540,\ l_{\sigma(3)} a_{\sigma(3)} = l_3 a_3 = 520,$$

假设与 COWA 相关联的权重向量为$(0.2,\ 0.4,\ 0.4)^T$，则：

$$COWA(\langle 9,60\rangle, \langle 8,65\rangle, \langle 7,80\rangle) = 0.2\times560 + 0.4\times540 + 0.4\times520 = 424$$

在本例中，显然第一位专家的置信水平比第二位专家高（$l_1 = 9 > l_3 = 7$），说明相比于第二位专家，第一位专家对此评价对象更有自信和把握，因而其意见应该优先集结加权。然而根据方程（3-17）定义的 COWA 的加权规则，第二位专家的意见优先于第一位专家加权，从而导致置信度低的意见优先于置信度高的意见加权，这与事实不相符。在实际问题的评价与决策过程中，一般地，若专家给出的置信水平 l_i 越大，表示该专家对所要评价的对象比较熟悉，对给出的评价值比较自信，因此对于这种高置信水平对应的评价值 a_i，应该优先进行加权集成。然而，例 3-2 说明 COWA 算子并不能充分体现置信水平 l_i 的这样的诱导作用。另外可以看出，该方案的最终评价值

为 424，远远高于其满分 100，从而导致该评价值不具有科学性和可比性。产生该现象的原因是 COWA 算子不具备有界性。

为克服上述缺陷，下面提出一种新的融合专家评价值和“置信水平”信息的集成方法，定义如下：

定义 3.11　设 CIOWA：$R^n \times R^n \rightarrow R$，若

$$CIOWA(\langle l_1, a_1\rangle, \cdots, \langle l_n, a_n\rangle) = \sum_{j=1}^{n}\left(\frac{w_j l_{\sigma(j)}}{\sum_{j=1}^{n} w_j l_{\sigma(j)}}\right) a_{\sigma(j)} \tag{3-18}$$

其中 $w=(w_1, w_2, \cdots, w_n)^T$ 是与 CIOWA 相关联的权向量，$w_j \in [0,1]$，$\sum_{j=1}^{n} w_j = 1$，且（$\sigma(1), \sigma(2), \cdots, \sigma(n)$）是（$1, 2, \cdots, n$）的任一置换，使得对任意的 j，有 $l_{\sigma(j-1)} \geq l_{\sigma(j)}$，$a_{\sigma(j)}$ 是与置信水平 $l_{\sigma(j)}$ 相对应的评价值，则称 CIOWA 为置信诱导有序加权平均算子。

现在利用 CIOWA 算子对例 3－2 中的数据进行集成，即三位专家给出的置信水平与评价值分别为：$\langle l_1, a_1\rangle = \langle 9, 60\rangle, \langle l_2, a_2\rangle = \langle 7, 80\rangle$ 和 $\langle l_3, a_3\rangle = \langle 8, 65\rangle$，为方便计算，设 $r_j = \frac{w_j l_{\sigma(j)}}{\sum_{j=1}^{n} w_j l_{\sigma(j)}}$，则有：

$$r_1 = \frac{w_1 l_{\sigma(1)}}{\sum_{j=1}^{n} w_1 l_{\sigma(1)}} = \frac{0.2 \times 9}{0.2 \times 9 + 0.4 \times 8 + 0.4 \times 7} = 0.231$$

同理可得

$$r_2 = 0.410,\quad r_3 = 0.359$$

根据 CIOWA 的运算规则，

$$\begin{aligned} CIOWA(\langle 9, 60\rangle, \langle 8, 65\rangle, \langle 7, 80\rangle) &= 0.231 \times 60 + 0.410 \times 65 + 0.359 \times 80 \\ &= 69.23 \end{aligned}$$

可以看出，CIOWA 算子在集成过程中完全根据置信度的大小进行诱导加权，即置信水平高的评价值优先集成，从而充分考虑和尊重了更有自信和把握的评价意见，而且最终评价值为 69.23，介于最高评价值和最低评价值之间，克服了 COWA 算子集成结果不能满足有界性的缺陷。

特别地，经典的诱导有序加权平均（IOWA）算子[41]是本章提出的

CIOWA 算子的特例。

命题 3.1 IOWA 算子是 CIOWA 的特例。

证明： 设 $l_1 = l_2 = \cdots = l_n = l$，则

$$r_j = \frac{w_j l_{\sigma(j)}}{\sum_{j=1}^{n} w_j l_{\sigma(j)}} = \frac{w_j l}{\sum_{j=1}^{n} w_j l} = \frac{w_j}{\sum_{j=1}^{n} w_j} = w_j$$

从而

$$CIOWA(\langle l_1, a_1\rangle, \cdots, \langle l_n, a_n\rangle)$$

$$= \sum_{j=1}^{n}\left(\frac{w_j l_{\sigma(j)}}{\sum_{j=1}^{n} w_j l_{\sigma(j)}}\right) a_{\sigma(j)} = \sum_{j=1}^{n} w_j a_{\sigma(j)} = IOWA\langle l_1, a_1\rangle, \cdots, \langle l_n, a_n\rangle$$

证毕。

CIOWA 算子具有一般加权算子的良好性质，如有界性、单调性和幂等性等。下面仅证明 CIOWA 的有界性，其他性质可类似证明。

定理 3.3 设 $\langle l_i, a_i\rangle (i = 1, 2, \cdots, n)$ 是一组专家的置信水平与相应的评价值，则：

$$\min_i \{a_i\} \leqslant CIOWA(\langle l_1, a_1\rangle, \cdots, \langle l_n, a_n\rangle) \leqslant \max_i \{a_i\}$$

证明： 设 $\min_i \{a_i\} = x$ 和 $\max_i \{a_i\} = y$，则

$$CIOWA(\langle l_1, a_1\rangle, \cdots, \langle l_n, a_n\rangle)$$

$$= \sum_{j=1}^{n}\left(\frac{w_j l_{\sigma(j)}}{\sum_{j=1}^{n} w_j l_{\sigma(j)}}\right) a_{\sigma(j)} \leqslant \sum_{j=1}^{n}\left(\frac{w_j l_{\sigma(j)}}{\sum_{j=1}^{n} w_j l_{\sigma(j)}}\right) y = y \sum_{j=1}^{n}\left(\frac{w_j l_{\sigma(j)}}{\sum_{j=1}^{n} w_j l_{\sigma(j)}}\right) = y,$$

$$x = \sum_{j=1}^{n}\left(\frac{w_j l_{\sigma(j)}}{\sum_{j=1}^{n} w_j l_{\sigma(j)}}\right) x \leqslant \sum_{j=1}^{n}\left(\frac{w_j l_{\sigma(j)}}{\sum_{j=1}^{n} w_j l_{\sigma(j)}}\right) a_{\sigma(j)}$$

$$= CIOWA(\langle l_1, a_1\rangle, \cdots, \langle l_n, a_n\rangle),$$

从而有

$$x \leqslant CIOWA(\langle l_1, a_1\rangle, \cdots, \langle l_n, a_n\rangle) \leqslant y$$

证毕。

在实际评价与决策问题中，往往需要考虑评价指标的权重，然而 CIOWA 算子只考虑了加权位置的重要性，没有体现指标的重要性，具有一定的局限性，为此我们进一步提出置信诱导混合加权（CIHW）算子，定义如下：

定义 3.12　设 CIHW：$R^n \times R^n \to R$，若

$$CIHW(\langle l_1, a_1\rangle, \cdots, \langle l_n, a_n\rangle) = \sum_{j=1}^{n}\left(\frac{w_j l_{\sigma(j)}}{\sum_{j=1}^{n} w_j l_{\sigma(j)}}\right) a'_{\sigma(j)} \tag{3-19}$$

则 CIHW 称为置信诱导混合加权集成算子，其中 $w = (w_1, w_2, \cdots, w_n)^T$ 为 CIHW 相应的权向量，$(\sigma(1), \sigma(2), \cdots, \sigma(n))$ 是 $(1,2,\cdots,n)$ 的任一置换，使得对任意的 j，有 $l_{\sigma(j-1)} \geqslant l_{\sigma(j)}$，$a'_{\sigma(j)} = n\omega_j a_{\sigma(j)}$，$a_{\sigma(j)}$ 是与置信水平 $l_{\sigma(j)}$ 相对应的评价值，w_j 是评价值 b_j 的权重且满足 $w_j \in [0,1]$，$\sum_{j=1}^{n} w_j = 1$。

下面我们证明 CIOWA 算子是 CIHW 的特例。

命题 3.2　CIOWA 算子是置信诱导混合集成算子 CIHW 的特例。

证明：设 $w = (1/n, 1/n, \cdots, 1/n)$，则 $a'_{\sigma(j)} = n\omega_j a_{\sigma(j)} = a_{\sigma(j)}$，因此

$$\begin{aligned} & CIHW(\langle l_1, a_1\rangle, \cdots, \langle l_n, a_n\rangle) \\ &= \sum_{j=1}^{n}\left(\frac{w_j l_{\sigma(j)}}{\sum_{j=1}^{n} w_j l_{\sigma(j)}}\right) a'_{\sigma(j)} = \sum_{j=1}^{n}\left(\frac{w_j l_{\sigma(j)}}{\sum_{j=1}^{n} w_j l_{\sigma(j)}}\right) a_{\sigma(j)} \\ &= CIOWA(\langle l_1, a_1\rangle, \cdots, \langle l_n, a_n\rangle) \end{aligned}$$

证毕。

显然，CIHW 兼具 CIOWA 算子的性质和优点，既考虑了待集成评价值的重要性，又考虑了其所在位置的重要性。然而 CIHW 只适用于评价值为实数的情形，下面研究其在毕达哥拉斯模糊集情形中的应用。

二、基于毕达哥拉斯模糊信息的 CIHW 集成方法

现有的毕达哥拉斯模糊集成方法，如 Yager[2] 的毕达哥拉斯模糊加权平均算子（PFWA），Zhang 和 Xu[4] 提出了毕达哥拉斯模糊有序加权（PFOWA）算子，刘卫锋等[21] 的毕达哥拉斯模糊拟加权平均算子和拟加权几何算子，Zeng 等[22] 提出的毕达哥拉斯模糊混合有序加权距离（PFHWD）等都不能对置信

水平信息进行有效集成。为此，本节我们将研究 CIHW 算子在毕达哥拉斯模糊集情形中的应用，提出置信诱导毕达哥拉斯模糊混合加权（CIPFHW）集成算子，其定义如下：

定义 3.13 设 $\alpha_j=\langle\mu_j,v_j\rangle(j=1,2,\cdots,n)$ 为一组毕达哥拉斯模糊数，且设 CIPFHW：$R^n\times\Omega^n\rightarrow\Omega$，若

$$CIPFHW(\langle l_1,\alpha_1\rangle,\cdots,\langle l_n,\alpha_n\rangle)=\sum_{j=1}^{n}\left(\frac{w_jl_{\sigma(j)}}{\sum_{j=1}^{n}w_jl_{\sigma(j)}}\right)\beta'_j \tag{3-20}$$

则 CIPFHW 称为置信诱导毕达哥拉斯模糊混合加权集成算子，其中 $w=(w_1,w_2,\cdots,w_n)^T$ 为 CIPFHW 相应的权向量，$(\sigma(1),\sigma(2),\cdots,\sigma(n))$ 是 $(1,2,\cdots,n)$ 的任一置换，使对任意的 j，有 $l_{\sigma(j-1)}\geqslant l_{\sigma(j)}$。$\beta_j$ 是与置信水平 $l_{\sigma(j)}$ 相对应的评价值 $\alpha_{\sigma(j)}$，$\beta'_j=nw_j\beta_j$，w_j 是评价值 β_j 的权重且满足 $w_j\in[0,1]$，$j=1,2,\cdots,n$，$\sum_{j=1}^{n}w_j=1$。

若设 $r_j=\dfrac{w_jl_{\sigma(j)}}{\sum_{j=1}^{n}w_jl_{\sigma(j)}}$，则 CIPFHW 定义可改写成如下简洁形式：

$$CIPFHW(\langle l_1,a_1\rangle,\cdots,\langle l_n,a_n\rangle)$$

$$=\sum_{j=1}^{n}r_j\beta'_j=\left\langle\sqrt{1-\prod_{j=1}^{n}(1-\mu_{\beta'_j}^2)^{r_j}},\prod_{j=1}^{n}v_{\beta'_j}^{r_j}\right\rangle \tag{3-21}$$

【例 3-3】 设 $\alpha_1=\langle0.5,0.8\rangle$、$\alpha_2=\langle0.7,0.7\rangle$、$\alpha_3=\langle0.6,0.3\rangle$ 为 3 位专家给出的毕达哥拉斯模糊评价信息，专家的权重向量是 $w=(0.4,0.5,0.1)^T$，专家对自己给出意见的置信水平向量是 $l=(0.7,0.9,0.5)^T$。下面利用 CIPFHW 算子计算 3 位专家对该方案的评价结果。

首先对置信水平进行排序，可得：

$l_{\sigma(1)}=0.9$，$l_{\sigma(2)}=0.7$，$l_{\sigma(3)}=0.5$，

这里平衡系数 $n=3$，根据毕达哥拉斯模糊运算法则求得加权评价值：

$\beta'_1=(\sqrt{1-(1-0.7^2)^{3\times0.5}},0.7^{3\times0.5})=(0.797,0.586)$，

$\beta'_2=(\sqrt{1-(1-0.5^2)^{3\times0.4}},0.8^{3\times0.4})=(0.540,0.765)$，

$\beta'_3=(\sqrt{1-(1-0.6^2)^{3\times0.1}},0.3^{3\times0.1})=(0.354,0.697)$，

假设 $w=(0.2,0.5,0.3)^T$ 为 CIPFHW 算子相关联的加权向量，根据置信水平计算权重 r_j：

$$r_1=\frac{w_1 l_{\sigma(1)}}{\sum_{j=1}^{3} w_j l_{\sigma(j)}}=\frac{0.2\times 0.9}{0.2\times 0.9+0.5\times 0.7+0.3\times 0.5}=0.265,$$

$$r_2=\frac{w_2 l_{\sigma(2)}}{\sum_{j=1}^{3} w_j l_{\sigma(j)}}=\frac{0.5\times 0.7}{0.2\times 0.9+0.5\times 0.7+0.3\times 0.5}=0.515,$$

$$r_3=\frac{w_3 l_{\sigma(3)}}{\sum_{j=1}^{3} w_j l_{\sigma(j)}}=\frac{0.3\times 0.5}{0.2\times 0.9+0.5\times 0.7+0.3\times 0.5}=0.220.$$

则由式（3－20）或式（3－21），可得

$$CIPFHW(\langle l_1,\alpha_1\rangle,\langle l_2,\alpha_2\rangle,\langle l_3,\alpha_3\rangle)=(0.615,0.698).$$

下面研究 CIPFHW 算子的几种特殊形式：

（1）当 $\omega=(1/n,1/n,\cdots,1/n)^T$，则 CIPFHW 退化成置信诱导毕达哥拉斯模糊有序加权平均（CIPFOWA）算子：

$$CIPFOWA(\langle l_1,a_1\rangle,\cdots,\langle l_n,a_n\rangle)=\sum_{j=1}^{n}\left(\frac{w_j l_{\sigma(j)}}{\sum_{j=1}^{n} w_j l_{\sigma(j)}}\right)\beta_j \tag{3-22}$$

其中 $w=(w_1,w_2,\cdots,w_n)^T$ 为 CIPFOWA 相应的权向量，$(\sigma(1),\sigma(2),\cdots,\sigma(n))$ 是 $(1,2,\cdots,n)$ 的任一置换，使对任意的 j，有 $l_{\sigma(j-1)}\geq l_{\sigma(j)}$，$\beta_j$ 是与置信水平 $l_{\sigma(j)}$ 相对应的 PFN 评价值。

（2）当 $w=(1/n,1/n,\cdots,1/n)^T$，CIPFHW 算子退化为置信诱导毕达哥拉斯模糊加权平均（CIPFWA）算子：

$$CIPFWA(\langle l_1,a_1\rangle,\cdots,\langle l_n,a_n\rangle)=\sum_{j=1}^{n}\left(\frac{w_j l_j}{\sum_{j=1}^{n} w_j l_j}\right)\alpha_j \tag{3-23}$$

（3）当 $l_1=l_2=\cdots=l_n=l$，评价值的置信水平都一致，则 CIPFHW 算子退化为毕达哥拉斯模糊混合加权平均（PFHW）算子：

$$PFHW(\langle l_1,a_1\rangle,\cdots,\langle l_n,a_n\rangle)=\sum_{j=1}^{n} w_j\beta'_j \tag{3-24}$$

三、基于 CIPFHW 的毕达哥拉斯模糊综合评价方法

考虑毕达哥拉斯模糊环境下的多指标综合评价问题，设 $A=\{A_1,A_2,\cdots,A_m\}$ 为待评方案集，$G=\{G_1,G_2,\cdots,G_n\}$ 是指标集，指标权重向量为 $w=(w_1,w_2,\cdots,w_n)^T$，满足 $w_i\in[0,1]$，和 $\sum_{i=1}^{n}w_i=1$。则基于 CIPFHW 集成算子的毕达哥拉斯模糊综合评价方法如下：

步骤 1 专家对评价方案 A_i（$i=1,2,\cdots,m$）的各项评价指标 G_j（$j=1,2,\cdots,n$）进行评估，给出的评价信息为 $\alpha_{ij}=\langle\mu_{ij},v_{ij}\rangle$，$i=1,2,\cdots,m$ 且 $j=1,2,\cdots,n$，从而可得到方案的毕达哥拉斯模糊评价矩阵 $R=(\alpha_{ij})_{m\times n}$。

步骤 2 专家根据自己对评价方案的熟悉程度，给出与评估值 α_{ij} 相应的置信水平 $l_{ij}(i=1,2,\cdots,m;j=1,2,\cdots,n)$。

步骤 3 利用 CIPFHW 算子对评价矩阵 $R=(\alpha_{ij})_{m\times n}$ 中的第 i 行的所有元素 α_{ij}（$i=1,2,\cdots,m$）进行集结，得到方案 $A_i(i=1,2,\cdots,m)$ 的综合评价值 α_i（$i=1,2,\cdots,m$）。

$$\alpha_i=CIPFHW(\langle l_{i1},a_{i1}\rangle,\cdots,\langle l_{in},a_{in}\rangle),\ i=1,2,\cdots,m \tag{3-25}$$

步骤 4 计算综合评价值 $\alpha_i(i=1,2,\cdots,m)$ 的得分函数 $s(\alpha_i)$（如有必要再计算精确函数 $h(\alpha_i)$）（$i=1,2,\cdots,m$），并根据 PFN 的比较规则对各方案进行排序，从而得到最佳方案。

四、实例应用分析

下面以论文评审的例子说明基于 CIPFHW 算子的多指标综合评价方法的实用性。

【例 3-4】[37] 设某高校进行优秀论文评审，要求评审专家主要从以下几方面进行评估：G_1——选题与文献综述；G_2——创新性；G_3——理论深度与专业知识；G_4——科学研究能力和 G_5——写作能力。设专家对 5 份审评论文 A_i（$i=1,2,3,4,5$）进行打分，评价结果如表 3-4 所示。

为了更加全面地对论文进行评审，学校要求评审专家对论文的 5 个评价

指标的熟悉程度进行打分（分值范围从 0 到 1，1 是非常熟悉，0 是完全不熟悉），设专家对指标的熟悉程度给出的分值是 $l_j=(0.8,0.7,0.9,0.8,0.6)$（即置信水平）。设 5 个指标的权重向量是 $\omega=(0.1,0.3,0.1,0.3,0.2)^T$，与 CIPFHW 相关联的权重向量是 $w=(0.11,0.24,0.30,0.24,0.11)^T$，则根据 CIPFHW 集成方法可得 5 篇论文的综合评价值。

表 3－4　　　　毕达哥拉斯模糊评价矩阵

	G_1	G_2	G_3	G_4	G_5
A_1	⟨0.5,0.6⟩	⟨0.6,0.2⟩	⟨0.8,0.4⟩	⟨0.7,0.1⟩	⟨0.9,0.5⟩
A_2	⟨0.6,0.4⟩	⟨0.9,0.2⟩	⟨0.7,0.2⟩	⟨0.6,0.5⟩	⟨0.7,0.5⟩
A_3	⟨0.8,0.4⟩	⟨0.6,0.3⟩	⟨0.8,0.1⟩	⟨0.5,0.4⟩	⟨0.8,0.3⟩
A_4	⟨0.7,0.2⟩	⟨0.7,0.6⟩	⟨0.5,0.7⟩	⟨0.5,0.6⟩	⟨0.7,0.4⟩
A_5	⟨0.8,0.3⟩	⟨0.5,0.3⟩	⟨0.6,0.3⟩	⟨0.7,0.4⟩	⟨0.4,0.5⟩

$\alpha_1=(0.659,0.300)\quad \alpha_2=(0.767,0.317)\quad \alpha_3=(0.720,0.320)$,

$\alpha_4=(0.671,0.384)\quad \alpha_5=(0.683,0.322)$,

计算 $\alpha_i(i=1,2,\cdots,5)$ 的得分函数 $s(\alpha_i)(i=1,2,\cdots,5)$。

$s(\alpha_1)=0.344, s(\alpha_2)=0.488, s(\alpha_3)=0.416, s(\alpha_4)=0.302$,

$s(\alpha_5)=0.363$,

由于

$s(\alpha_2)>s(\alpha_3)>s(\alpha_5)>s(\alpha_1)>s(\alpha_4)$

因此论文排序方案 $A_2>A_3>A_5>A_1>A_4$，即 A_2 为最优论文。

如果不考虑专家的置信水平，即假设专家对论文的每个评价指标领域都一样熟悉，确信自己能给出十分确信的判断，则直接用毕达哥拉斯模糊混合加权（PFHW）算子集成专家评价信息，则可得到 5 篇论文的综合得分分别为：

$s(\alpha_1)=0.369, s(\alpha_2)=0.513, s(\alpha_3)=0.425, s(\alpha_4)=0.314$,

$s(\alpha_5)=0.359$.

可以看出最优的论文也是 A_2，但是后面三篇论文的排序发生了明显的变化，说明置信水平信息将影响方案评估的最终结果。实证研究显示，本章提出的融合专家评价值和熟悉程度的集成模型，改进了现有方法的缺陷，能有效集结专家对该领域的熟悉程度和判断水平，从而得到的评估结果更加合理和可信。

五、小结

由于评价主体往往来自不同的机构部门，其专业背景和工作领域可能不同，必然导致对某些领域熟悉，而其余的领域不太熟悉或者陌生。因此，在对各方案进行评价的过程中，为提高评价结果的科学有效性，评价者在给出评价值的同时，往往会给出类似熟悉程度等形式说明自己评判的可靠性，也即评价值的置信度，从而保证评价者能够真实主动地给出自己的评判。本章融合专家评价值和熟悉程度的集成模型，并研究了其在毕达哥拉斯模糊情形下的综合评价方法。在很多实际工作中，如国家自然科学基金通讯评议及博士论文评审等，专家不仅要给出关于评价对象的“评估值”，还需以类似“熟悉程度”等形式说明自己评判的可靠性。在分析了现有的集成算子不足后，本章提出了一种改进的集成方法，并对其有效性理论进行充分的论证，探讨了新集成方法与现有集成算子之间的关系；其次研究了该置信集成方法在毕达哥拉斯模糊情形中的应用，并提出了相应的评价方法和其在博士论文评审中的应用。该法不但计算简便快捷，充分利用已有的评价信息，而且能充分考虑专家的置信水平，增强了评价结果的正确性和合理性。因而，该法具有较高的实用价值，可应用于投资决策、人事管理、项目评估、经济效益综合评价等诸多领域。

第四节　基于社会网络分析的毕达哥拉斯模糊综合评价方法

本节结合社会网络分析（SNA）技术，提出一种新的毕达哥拉斯模糊综合评价方法。首先提出了一种毕达哥拉斯模糊混合集成方法，在此基础上与专家置信度融合，进而提出了毕达哥拉斯模糊置信综合加权集成技术，该方法可以提高评价结果的可信度，弥补现有方法的不足。其次结合社会网络信任传播机制，提出了群组评价专家间不完全信任信息的补全方法，进而构建了基于信任水平的专家权重确定机制。在此基础上，提出了一个完整的基于社会网络分析技术的毕达哥拉斯模糊多指标综合评价模型。最后，研究了该方法在无人地面配送车（UGDV）评估中的应用，并对模型进行了对比分析和敏感性分析。

一、毕达哥拉斯模糊综合加权集成方法

现有毕达哥拉斯模糊的两种常用的信息集成方法，即毕达哥拉斯模糊加权平均（PFWA）和毕达哥拉斯模糊几何平均（PFGA），当某些变量或权重趋向于最大量时，可能会产生一些不合理的集成结果[42]。下面的例子说明了这个问题：

【例 3-5】 存在两个毕达哥拉斯模糊数分别为 $\alpha_1=\langle 0.1,0\rangle$ 和 $\alpha_2=\langle 1,0\rangle$，它们权重分别为 $w_1=0.5$ 和 $w_2=0.5$。通过式（3-2）和式（3-3），可得到：

$$H_{PFWA(\alpha_1,\alpha_2)}=\langle \sqrt{1-(1-0.1^2)^{0.5}\times(1-1^2)^{0.5}},0\rangle=\langle 1,0\rangle,$$

$$H_{\mathrm{PFGA}(\alpha_1,\alpha_2)}=\langle 0.1^{0.5}\times 1^{0.5},0\rangle=\langle 0.316,0\rangle.$$

如果改变权重为 $w_1=0.1$ 和 $w_2=0.9$，那么：

$$H_{PFWA(\alpha_1,\alpha_2)}=\langle \sqrt{1-(1-0.1^2)^{0.1}\times(1-1^2)^{0.9}},0\rangle=\langle 1,0\rangle,$$

$$H_{PFGA(\alpha_1,\alpha_2)}=\langle 0.1^{0.1}\times 1^{0.9},0\rangle=\langle 0.722,0\rangle.$$

可以看出，当指标权重固定且输入 PFN 差异很大时，PFWA 和 PFGA 算子的计算结果可能会有很大差异。另外，如果权重差异明显，则两种算子的集结结果仍然不稳定。

为此，为弥补现有的 PFWA 和 PFGA 算子的不稳定集结效应，下面提出一种新的毕达哥拉斯模糊组合集成方法，称为毕达哥拉斯模糊加权平均几何平均（PFWAGA）算子。根据集成规则，它可用两种方式表示，即 PFWAGA1 和 PFWAGA2。

定义 3.14　令 $A=\{\alpha_1,\alpha_2,\cdots,\alpha_n\}$ 为一组 PFN，其中 $\alpha_i=\langle t_i,v_i\rangle$，$w=\{w_1,w_2,\cdots,w_n\}^T$ 为权重向量，$0\leqslant w_j\leqslant 1$ 且 $\sum_{j=1}^{n} w_j=1$。那么 PFWAGA1 和 PF-WAGA2 算子定义如下：

$$
\begin{aligned}
& H_{PFWAGA1(\langle t_1,v_1\rangle,\cdots,\langle t_n,v_n\rangle)} \\
& = \left(\sum_{j=1}^{n} w_j\alpha_j\right)^{\lambda} \otimes \left(\prod_{j=1}^{n} \alpha_j^{w_j}\right)^{1-\lambda} \\
& = \left\langle \left[1-\prod_{j=1}^{n}(1-t_j^2)^{w_j}\right]^{\frac{\lambda}{2}} \prod_{j=1}^{n} t_j^{w_j(1-\lambda)}, \sqrt{1-\left(1-\prod_{j=1}^{n} v_j^{2w_j}\right)^{\lambda} \prod_{j=1}^{n}(1-v_j^2)^{w_j(1-\lambda)}} \right\rangle
\end{aligned} \tag{3-26}
$$

$$
\begin{aligned}
& H_{PFWAGA2(\langle t_1,v_1\rangle,\cdots,\langle t_n,v_n\rangle)} \\
& = \lambda \sum_{j=1}^{n} w_j\alpha_j \oplus (1-\lambda) \prod_{j=1}^{n} \alpha_j^{w_j} \\
& = \left\langle \sqrt{1-\left(1-\prod_{j=1}^{n} t_j^{2w_j}\right)^{1-\lambda} \prod_{j=1}^{n}(1-t_j^2)^{w_j\lambda}}, \left[1-\prod_{j=1}^{n}(1-v_j^2)^{w_j}\right]^{\frac{1-\lambda}{2}} \prod_{j=1}^{n} v_j^{w_j\lambda} \right\rangle
\end{aligned} \tag{3-27}
$$

下面举例说明两个算子的集成原理和步骤。

【例 3-6】 设两个 PFN 分别为 $\alpha_1=\langle 0.1,0\rangle$，$\alpha_2=\langle 0.9,0\rangle$，它们权重分别为 $w_1=0.5$ 和 $w_2=0.5$。选取 $\lambda=0.5$，通过式（3-26）和式（3-27）可以得到：

$$
\begin{aligned}
& H_{PFWAGA1(\alpha_1,\alpha_2)} \\
& = \langle [1-(1-0.1^2)^{0.5}\times(1-0.9^2)^{0.5}]^{0.25}\times 0.1^{0.25}\times 0.9^{0.25}, \sqrt{1-(1-0^1\times 0^1)^{0.5}}\rangle \\
& = \langle 0.475,0\rangle,
\end{aligned}
$$

$$
\begin{aligned}
& H_{PFWAGA2(\alpha_1,\alpha_2)} \\
& = \langle \sqrt{1-(1-0.1\times 0.9)^{0.5}\times(1-0.1^2)^{0.25}\times(1-0.9^2)^{0.25}}, [1-1]^{0.25}\times 0\rangle \\
& = \langle 0.609,0\rangle.
\end{aligned}
$$

同样的，如果权重调整为 $w_1=0.1$ 和 $w_2=0.9$，则计算结果为：

$$
\begin{aligned}
& H_{PFWAGA1(\alpha_1,\alpha_2)} \\
& = \langle [1-(1-0.1^2)^{0.1}\times(1-0.9^2)^{0.9}]^{0.25}\times 0.1^{0.05}\times 0.9^{0.45}, \sqrt{1-(1-0^{0.1}\times 0^{1.8})^{0.5}}\rangle \\
& = \langle 0.797,0\rangle,
\end{aligned}
$$

$$
\begin{aligned}
& H_{PFWAGA2(\alpha_1,\alpha_2)} \\
& = \langle \sqrt{1-(1-0.1^{0.1}\times 0.9^{1.8})^{0.5}\times(1-0.1^2)^{0.05}\times(1-0.9^2)^{0.45}}, [1-1]^{0.25}\times 0\rangle \\
& = \langle 0.82,0\rangle.
\end{aligned}
$$

可以看出，与例 3－5 的结果相比，对于指标权值变化的影响，PFWAGA1 和 PFWAGA2 算子集成结果的变化范围明显更可控，这表明改进的方法可以弥补现有算子集成结果的不稳定性。

二、SC－PFWAGA 算子

现有的集成方法都假设专家对每一种产品的评价标准都十分熟悉，对做出判断有充分的信心，忽略了专家信心水平的影响。也就是说，如果专家在评价过程中没有充分的把握，则需要对相应的权重进行修正[43－44]。因此，在 PFWAGA1 和 PFWAGA2 方法的基础上，我们提出置信 PFWAGA1（SC－PFWAGA1）和置信 PFWAGA2（SC－PFWAGA2）两种新集成算子，以有效融入专家的置信指标。

定义 3.15　令 $A=\{\alpha_1,\alpha_2,\cdots,\alpha_n\}$ 为一组 PFNs，其中 $\alpha_i=\langle t_i,f_i\rangle$。$W=\{w_1,w_2,\cdots,w_n\}$ 为 n 维的权重向量，$0\leqslant w_j\leqslant 1$ 且 $\sum_{j=1}^{n} w_j=1$，自信度 $L=\{l_1,l_2,\cdots,l_n\}$，$0\leqslant\mu_j\leqslant 1$。那么 SC－PFWAGA1 和 SC－PFWAGA2 集成算子定义如下：

$$
\begin{aligned}
&H_{SC-PFWAGA1((\alpha_1,l_1),\cdots,(\alpha_n,l_n))}\\
&=\left(\sum_{j=1}^{n} w_j(l_j\alpha_j)\right)^{\lambda}\otimes\left(\prod_{j=1}^{n}\alpha_j^{l_jw_j}\right)^{1-\lambda}\\
&=\left\langle\left[1-\prod_{j=1}^{n}(1-t_j^2)^{l_jw_j}\right]^{\frac{\lambda}{2}}\prod_{j=1}^{n}t_j^{l_jw_j(1-\lambda)},\right.\\
&\qquad\left.\sqrt{1-\left(1-\prod_{j=1}^{n}v_j^{2l_jw_j}\right)^{\lambda}\prod_{j=1}^{n}(1-v_j^2)^{l_jw_j(1-\lambda)}}\right\rangle
\end{aligned}
\tag{3-28}
$$

$$
\begin{aligned}
&H_{SC-PFWAGA2((\alpha_1,l_1),\cdots,(\alpha_n,l_n))}\\
&=\lambda\sum_{j=1}^{n} w_j(l_j\alpha_j)\oplus(1-\lambda)\prod_{j=1}^{n}\alpha_j^{l_jw_j}\\
&=\left\langle\sqrt{1-(1-\prod_{j=1}^{n}t_j^{2l_jw_j})^{1-\lambda}\prod_{j=1}^{n}(1-t_j^2)^{l_jw_j\lambda}},\right.\\
&\qquad\left.\left[1-\prod_{j=1}^{n}(1-f_j^2)^{l_jw_j}\right]^{\frac{1-\lambda}{2}}\prod_{j=1}^{n}f_j^{l_jw_j\lambda}\right\rangle
\end{aligned}
\tag{3-29}
$$

【例 3－7】 两个 PFN 分别为 $\alpha_1=\langle 0.1,0\rangle$，$\alpha_2=\langle 0.9,0\rangle$，它们权重分

别为 $w_1=0.5$ 和 $w_2=0.5$，自信度分别为 $l_1=0.6$ 和 $l_2=0.9$。选取 $\lambda=0.5$，通过式（3－28）和式（3－29）可以得到：

$$H_{SC-PFWAGA1(\alpha_1,\alpha_2)}$$
$$=\langle [1-(1-0.1^2)^{0.1\times0.6}\times(1-0.9^2)^{0.9\times0.9}]^{0.25}\times0.1^{0.25\times0.6}\times0.9^{0.25\times0.9},$$
$$\sqrt{1-(1-0^{0.6}\times0^{0.9})^{0.5}}\rangle$$
$$=\langle 0.5892,0\rangle,$$
$$H_{SC-PFWAGA1(\alpha_1,\alpha_2)}$$
$$=\langle \sqrt{1-(1-0.1^{0.2\times0.6}\times0.9^{1.8\times0.9})^{0.5}\times(1-0.1^2)^{0.05\times0.9}\times(1-0.9^2)^{0.45\times0.9}},$$
$$[1-1]^{0.06}\times0\rangle$$
$$=\langle 0.6296,0\rangle.$$

如果我们把指标权重调整为 $w_1=0.1$ 和 $w_1=0.9$，可以得到：

$$H_{SC-PFWAGA1(\alpha_1,\alpha_2)}$$
$$=\langle [1-(1-0.1^2)^{0.1\times0.6}\times(1-0.9^2)^{0.9\times0.9}]^{0.25}\times0.1^{0.05\times0.6}\times0.9^{0.45\times0.9},$$
$$\sqrt{1-(1-0^{0.1\times0.6}\times0^{1.8\times0.9})^{0.5}}\rangle$$
$$=\langle 0.8293,0\rangle,$$
$$H_{SC-PFWAGA2(\alpha_1,\alpha_2)}$$
$$=\langle \sqrt{1-(1-0.1^{0.1\times0.6}\times0.9^{1.8\times0.9})^{0.5}\times(1-0.1^2)^{0.05\times0.9}\times(1-0.9^2)^{0.45\times0.9}},$$
$$[1-1]^{0.25}\times0\rangle$$
$$=\langle 0.8329,0\rangle.$$

可以看到，相较于 PFWAGA 算子的集成结果，SC－PFWAGA 算子的集成结果更加靠近自信程度较大的模糊数，专家自信水平更多的是以权重作用机制影响最终集成结果。由于置信度的引入，既考虑了专家心理行为对结果的影响，又保持了结果的稳定性。特别地，当置信度水平为 1 时，即 $\mu_i=1$ 时，则 SC－PFWAGA 退化为 PFWAGA 算子。

三、基于社会网络分析（SNA）的专家权重与信任共识交互模型

一个社交网络可以被看作是由多个个体组成的一个集合，他们通过这个

集合进行交流和传递信息，并进行相应的社会活动。社会网络由个体、社会关系和个体权重组成，这些个体之间的信任关系和人与人之间的信任一起产生和传递[45]。在现实社会中，一个人完全信任或完全不信任的关系是很难存在的，且信任的程度可能也是不确定的。因此，本章使用 PFN 来表达专家之间的信任关系，并在此基础上定义信任关系和信任评分（TS）的概念。

定义 3.16　信任关系：令 $\sigma_{ij}=\langle t_{ij},v_{ij}\rangle$ 为 PFN，其中 $0\leqslant t_{ij}\leqslant 1$，$0\leqslant f_{ij}\leqslant 1$，${t_{ij}}^2+{f_{ij}}^2\leqslant 1$。$\beta_{ij}$代表专家 e_i 对专家 e_j 的信任关系，t_{ij}表示专家 e_i 对专家 e_j 的信任程度，f_{ij}表示专家 e_i 对专家 e_j 的不信任程度。

定义信任得分函数 TS 为：

$$TS(\sigma_{ij})={t_{ij}}^2-{f_{ij}}^2, \tag{3-30}$$

其中 $-1<TS<1$。TS 为正则代表信任关系，TS 值越接近 1，信任强度越大。TS 为负则代表不信任关系，TS 值越接近 -1，不信任强度越大。以 $TS(\sigma_{12})=\langle 0.7,0.3\rangle$ 为例，这表明专家 e_1 对专家 e_2 的 TS 值为 0.4，表明 e_1 对专家 e_2 有一定的信任关系。

一般情况下，并不是所有专家成员都存在直接的信任关系，因而社交网络中专家之间的信任信息往往是不完整的，如图 3－2 中，可以看到如 e_1 到 e_5、e_2 到 e_1、e_3 到 e_4 存在直接信任的关系。而 e_1 对 e_4 不存在直接信任关系，但通过信任传递，他对 e_4 可能存在间接信任。

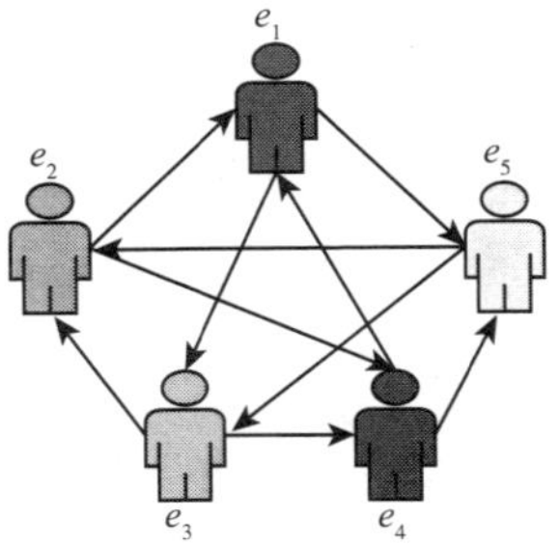

图 3－2　专家信任网络

信任网络中最重要的特征之一是信任的传播，可以通过信任的传播来推导出个体之间的间接信任。为此我们建立了如下信任传播方程进而测算专家间完整的信任关系。随着传播链长度的增加，这种信任会减少，而不信任会增加。为了描述这一现象，我们构造了间接信任传播算子。

定义 3.17 存在两组信任关系 $\sigma_{12}=\langle t_{12},f_{12}\rangle$ 和 $\sigma_{23}=\langle t_{23},f_{23}\rangle$，分别代表专家 e_1 对专家 e_2，专家 e_2 对专家 e_3 的信任关系，其中 $t_{12},v_{12},t_{23},v_{23}\in(0,1)$，${t_{12}}^2+{v_{12}}^2\leqslant 1$，${t_{23}}^2+{v_{23}}^2\leqslant 1$。那么他们之间的信任传递公式如下：

$$TP(\sigma_{12},\sigma_{23})=\left\langle\frac{t_{12}\times t_{23}}{1+(1-t_{12})(1-t_{23})},\frac{f_{12}+f_{23}}{1+f_{12}\times f_{23}}\right\rangle \tag{3-31}$$

定义 3.18 如果专家 e_i 对专家 e_j 不存在直接的信任关系，但存在 N 条间接的信任传递路径 $S=\{s_1,s_2,\cdots,s_N\}$，$\sigma_{ij}^{s_t}$代表专家 e_i 对专家 e_j 通过路径 s_t 产生的信任水平，则专家 e_i 对专家 e_j 的最终信任水平为：

$$\sigma_{ij}=H_{PFWAGA1(\sigma_{ij}^{s1},\sigma_{ij}^{s1},\cdots,\sigma_{ij}^{sN})}\text{或}\quad \sigma_{ij}=H_{PFWAGA2(\sigma_{ij}^{s1},\sigma_{ij}^{s1},\cdots,\sigma_{ij}^{sN})} \tag{3-32}$$

其中路径的权重为 $\dfrac{n_i}{\sum_i n_i}$，n_i 表示路径 s_i 所需的信任传递次数。

从专家之间的信任关系来看，TS 越高的专家具有越高的话语权，应该给予更多的权重。根据式（3－30）确定的 TS，可计算专家 e_h 的信任程度为：

$$OT_h=\frac{1}{k}\sum_{i=1}^{k}TS(\sigma_{ih}) \tag{3-33}$$

最终，对 OT_h 归一化可以计算专家 e_h 的权重 ω_h，即：

$$\omega_h=\frac{OT_h}{\sum_{h=1}^{k}OT_h} \tag{3-34}$$

通过社会网络和信任传播，可以客观准确地确定小组中专家之间的信任程度，并将其转化为专家权重。这样，专家权重就可以反映出群体内的话语权。专家越是受人信任，他们的话语权就越高，其份量也就越大。

令 k 名专家组成专家小组 $E=\{e_1,e_2,\cdots,e_k\}$，专家权重为 $\omega=\{\omega_1,\omega_2\cdots\omega_k\}^T$。专家对被评价对象 $X=\{x_1,x_2,\cdots,x_n\}$ 在指标 $C=\{c_1,c_1\cdots c_m\}$ 的评价组成矩阵 $R^h=(R_{ij}^h)_{n\times m}$，其中 $R_{ij}^h=(\alpha_{ij}^h,\mu_{ij}^h)$ 代表专家 e_h 对备选项 x_i 的属性 c_j 的评价结果，α_{ij}^h是 PFN，l_{ij}^h是专家自信度。

在得到每个专家的个体评价值和群体评价矩阵后，测量专家之间的共识水平。为了获得专家的共识程度，可以对每个专家在以下三个层面上进行共识度度量：（1）指标属性层面；（2）备选方案层面；（3）专家层面。

阶段 1　在指标层面，专家 e_h 对备选项 x_i 在指标 c_j 下的共识度为：

$$CE_{ij}^h = 1 - \sqrt{\frac{(\overline{t_{ij}} - t_{ij}^h)^2 + (v_{ij} - v_{ij}^h)^2}{2}} \tag{3-35}$$

阶段 2　在备选方案层面，专家 e_h 对备选方案 x_i 的共识度为：

$$ACE_i^h = \frac{1}{m} \sum_j^m CE_{ij}^h \tag{3-36}$$

阶段 3　在专家层面，专家 e_h 的共识度为：

$$AUE^h = \frac{1}{n} \sum_i^n ACE_i^h \tag{3-37}$$

AUE^h 越大，专家个体和其他专家的共识程度越大。除了度量共识水平之外，三个层面的共识度还可以帮助有效地识别没有达到共识水平的评价。设共识度阈值为 γ，一旦专家 e_h 的 AUE^h 低于阈值 γ，则说明专家 e_h 的部分评价值需要调整。基于上述三层次的共识度，下面对未达成共识的专家评价信息进行识别，以便修改评价意见，进而提高群体共识度。

步骤 1　确认专家的共识度低于阈值 γ 的集合为：

$EXPCH = \{h \mid AUE^h < \gamma\}$

步骤 2　识别步骤 1 中确定的专家后，进一步备选项层次上共识度低于阈值 γ 的集合为：

$ALT = \{(h, i) \mid h \in EXPCH \wedge ACE_i^h < \gamma\}$

步骤 3　最后，需要调整的评价值是那些具有下列集合元素对应的评价值：

$APS = \{(h, i, j) \mid (h, i) \in ALT \wedge CE_{ij}^h < \gamma\}$。

四、基于 SNA 的毕达哥拉斯模糊群组综合评价方法

考虑如下毕达哥拉斯模糊环境下的群组多指标综合评价问题。设评估专家小组 $E = \{e_1, e_2, \cdots, e_k\}$，专家对被评价对象 $X = \{x_1, x_2, \cdots, x_n\}$ 的各指标 $C = \{c_1, c_1, \cdots c_m\}$ 进行评价。基于 SNA 技术的群组多指标综合评价方法具体步骤如下：

步骤 1　建立和补全信任网络矩阵，在此基础上根据式（3－34）计算出专家的权重 $\omega = \{\omega_1, \omega_2, \cdots \omega_k\}$。

步骤 2 基于层次分析方法（AHP）计算评价指标的权重 $w=\{w_1,w_2,\cdots w_m\}$。评价指标的权重在评价问题中起着至关重要的作用，对最终的评价结果有重要的影响。

步骤 3 专家给出各自的评价矩阵 $R^h=(R_{ij}^h)_{n\times m}(h=1,2,\cdots,k)$，其中 $R_{ij}^h=(\alpha_{ij}^h,l_{ij}^h)$ 代表专家 e_h 对备选项 A_i 的指标 j 的评价值，α_{ij}^h是 PFN 形式表示的评价值，l_{ij}^h是专家的自信度。

步骤 4 结合 SC - PFWAGA 算子计算群体评价矩阵 $\overline{R}=[\overline{R}_{ij}=(\overline{\alpha}_{ij},\bar{l}_{ij})]$

$$\overline{R_{ij}}=H_{SC-PFWAGA(R_{ij}^1,R_{ij}^2,\cdots,R_{ij}^k)} \tag{3-38}$$

步骤 5 根据式（3 - 35）至式（3 - 37）计算三个层次的共识度。若共识度AUE^h 没有达到阈值 γ，需要识别出集合 APS 并进行步骤 6，否则跳过步骤 6 直接进行步骤 7。

步骤 6 进行共识调整。如果（h,i,j）属于集合 APS，则相应的评价值 $R_{ij}^{h,t}$需要按照以下公式进行调整：

$$R_{ij}^{h,t+1}=H_{PFWAGA((1-\phi)R_{ij}^{h,t},\phi\overline{R_{ij}^t})} \tag{3-39}$$

其中调整系数 $\phi\in(0,1)$，ϕ 越大，调整力度越大，调整结果越倾向于群体意见。这里，t 代表共识调整次数，调整结束后返回步骤 5。

步骤 7 对评价信息进行综合集成。达成群体共识后，还需要进一步汇总专家的集体意见。基于 T 轮共识调整结束后群体评价矩阵$\overline{R_{ij}^T}$，我们可以结合指标权重计算出各方案的最终评价值：

$$R_i^T=H_{PFWAGA(\overline{R_{i1}^T},\overline{R_{i2}^T},\cdots,\overline{R_{im}^T})} \tag{3-40}$$

步骤 8 计算每个方案的最终得分，选择最优方案。

五、案例应用分析

（一）UGDV 评价指标体系构建

由于近年来即时配送快速发展和无接触式经济的盛行，同时伴随着劳动力人口的减少，各企业纷纷推出无人地面配送车（UGDV），以机器配送代替人工配送。无人地面车辆是一种无需人工干预就能完成对周围环境的自主感知，完成精确定位、路线规划和驾驶控制的车辆。随着人工智能技术、环境意识技术、物联网技术、5G 技术、车辆控制技术等现代技术的逐步成熟，无人地面车辆在许多领域得到了广泛的关注和应用[46-47]。无人地面车辆已逐渐成为未来智能交通系统的重要组成部分。它们可以代替人类完成各种任务，用于运输、配送、穿梭、公交、清洁、巡逻、销售等[48]。尤其是在最后一公里的城市物流领域，近年来 UGDV 展现出巨大的应用潜力[49]。作为城市物流尤其是即时配送的创新解决方案，与传统配送方式（例如，快递员使用电动汽车和汽车在配送点和客户所在地投递）相比，UGDV 具有：（1）降低了劳动力成本，提高了配送效率；（2）实现无人员接触交货；（3）减少配送事故的发生等优势。

基于 UGDV 的非接触式配送服务成为疫情流行后时代新的经济增长点，UGDV 已经被越来越多的人接受[50]。从政策管理上看，无人配送车逐渐被视为解决即时配送难题的一种有效的方案[51]。同时，nuro、京东、阿里巴巴、美团等中外无人车相关企业纷纷加入无人配送战场，纷纷推出各自的无人配送车辆，并逐渐在各种场景投入应用。目前，白犀牛自动驾驶汽车公司率先与永辉超市合作，在上海永辉超市安亭新镇店共投入 4 辆无人配送车，覆盖 5 平方公里（共 14 个社区），6000 多户。自 2020 年 10 月 2 日起，用户使用永辉超市 APP 下的所有外卖订单均已送达白犀牛无人配送服务[52]。美团无人车产品已发布了魔袋、小袋、福袋以及 eDeliver4U 等，配送服务已经覆盖了 20 多个小区，累计配送 3.5 万订单，自动驾驶里程近 30 万公里，京东、阿里巴巴、苏宁等电商平台也开启了无人配送车的小批量生产和试运营。

外部环境需求与企业竞争需求在不断促进 UGDV 的各项技术逐渐成熟。多领域专家从电池和燃料电池[53]、路线问题[54]、多车种协同配送的模式[55]、与货物拾取站结合的配送模式[56]等不同角度对无人车的性能进行优化。虽然众多专家提出各种方法对无人车的各项性能进行不断的优化提升，UGDV 的应用愈加成熟，但目前还缺乏一种针对无人车整体的决策方法以供企业去选择合适的 UGDV。正因如此，本章将提出一个完整的面向企业的无人配送车辆综合评价体系，实现对 UGDV 的全面评价，同时有助于企业更好地选择合适的 UGDV。下面根据 UGDV 的运行过程[57]（分为投入使用前、投入使用、结束使用三个阶段）来构建 UGDV 的评估框架：

（1）投入使用前阶段。指无人配送车投入使用前的各项前期准备工作，主要包括无人车及其配套设备的购买以及前期风险控制。

（2）投入使用阶段。指无人车被投入社区货物配送产生的完整配送流程。可分为三个部分六个环节。分别指线上运营环节（包括订单收集与用户评价）；装货与取货环节（包括工作人员装货与顾客取货）；路段行驶环节（包括开放路段运输与封闭社区运输）。

（3）结束运营阶段。指无人配送车在结束运营后产生各项潜在工作及成本，是无人配送车长期运营的保障。

在此基础上，将 UGDV 流程的三个阶段分为五个环节，每个环节的重点构成最后的指标，具体评价框架如图 3－3 所示。

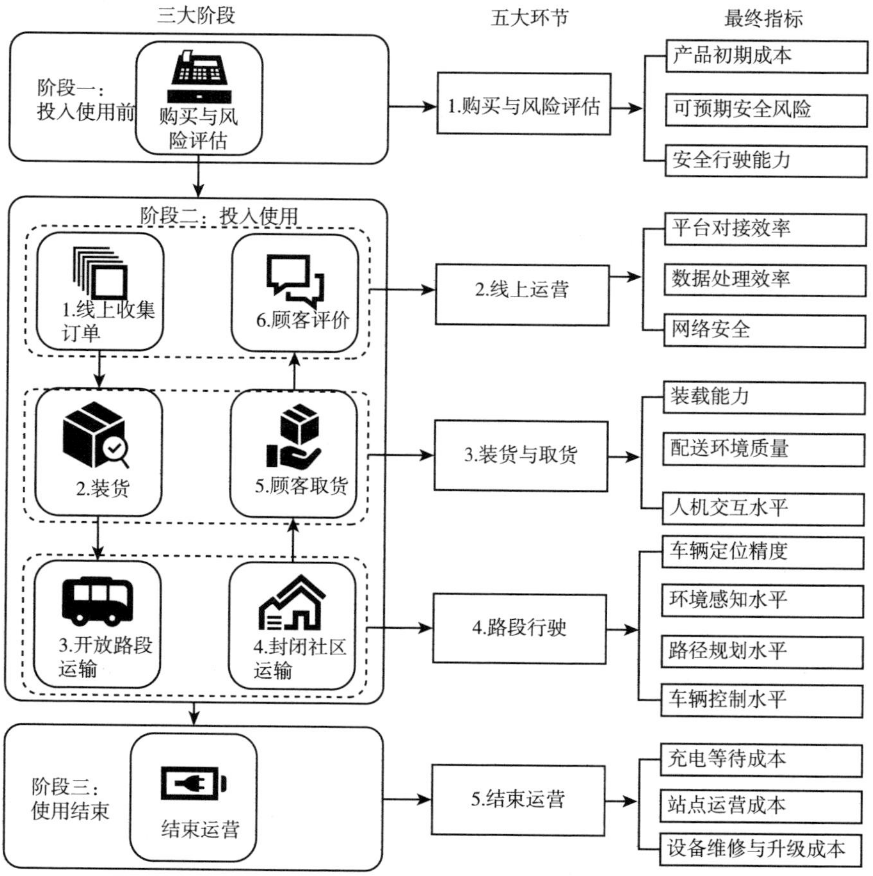

图 3－3　UGDV 运营流程与指标选取

UGDV 的最终评估标准及具体解释见表 3-5。

（1）购买与风险评价。UGDV 的使用受到预算成本和无人控制带来的不可忽略的运营风险的限制，这部分包括产品初期成本（P_1）、可预期安全风险（P_2）、安全行驶能力（P_3）。

（2）线上运营。在线平台会产生大量的数据。因此，本部分重点关注大量数据的高效处理和信息安全保障，包括平台对接效率（O_1）、数据处理效率（O_2），网络安全（O_3）。

（3）装货与取货。为保证一定数量的货物运输，UGDV 必须提供充足、多样化的配送环境。此外，实现与人的有效信息交互具有重要意义。此链接包括装载能力（L_1）、配送环境质量（L_2）、人机交互水平（L_3）。

（4）路段行驶。无人驾驶的核心技术是道路驾驶能力的关键，是实现无人驾驶交付的基础。核心技术包括车辆定位精度（D_1）、环境感知水平（D_2）、路径规划水平（D_3）、车辆控制水平（D_4）。

（5）结束运营。完成操作：一次操作结束后，对车辆进行一系列的输入（如充电、维护、维修等）。在这个阶段，车辆将停止产生效益，但产生各种成本。因此，该链接包括充电等待成本（C_1）、站点运营成本（C_2）、设备维修与升级成本（C_3）。

表 3-5　无人配送车评价指标体系

环节	指标名称	指标解释
投入使用前	初始成本	采购无人配送车及相关配套设备的总成本
	可预期安全风险	无人车发生意外所能产生的最大损失
	安全行驶能力	机械、传感器和计算机可以安全运行，不会出现随机硬件故障
线上运营	平台对接效率	线上配送系统可与超市 EPR 系统、APP 商城等有效对接
	数据处理效率	线上配送系统能够有效地运行和处理数据
	网络安全	安全系统可以保护无人驾驶汽车免受网络攻击或在网络攻击下应能执行的驾驶功能
装货与取货	装载能力	车辆能够装载一定数量的货物，并有效利用空间
	配送环境质量	车辆可以为不同特性的产品定制配送环境，如生、热、冷的产品
	人机交互水平	提货人和顾客可以与配送车辆和配送系统进行顺畅的交互

续表

环节	指标名称	指标解释
路段行驶	车辆定位精度	车辆定位信号稳定、准确
	环境感知水平	车辆对周围驾驶环境敏感、准确
	路径规划水平	车辆可以有效利用大数据和深度学习,通过数据找到最有效的路径
	车辆控制执行水平	车辆机动性强,行驶灵活
结束运营	充电等待成本	充电时无法操作车辆的潜在成本
	站点运营成本	配送现场的人员、设备、租金等现场运营费用
	设备维修与升级成本	车辆设备及其系统的维护和升级费用

由以上分析可以看出，在 UGDV 的评估和选择过程中存在诸多的不确定性：

（1）由于专家关注的因素不同，达成共识的标准也不同[71]。以驾驶速度为例，市场上主流 UGDV 的速度控制在 10～40 千米/小时，具体着陆速度标准专家判断不明确。因此，与其他专家相比，关注驾驶安全的专家更有可能对车速较低的车辆给予更高的评价。

（2）由于技术的不同，UGDV 也受到环境变化的影响[72]。例如，无人驾驶汽车中使用锂电池和铅酸电池，但锂电池的工作环境温度要求更严格，充电温度范围更窄[73]。因此，可变的环境因素增加了判断不准确的程度。

此外，评估专家间信任关系的描述具有内在的不确定性。因此，本章拟根据提出的基于 SNA 技术的群组综合评价方法对 UGDV 进行实例分析。

（二）案例应用分析

设某社区现有住户 2.4 万户，有高层住宅楼 15 幢，多层小高层住宅 58 幢，联排别墅 30 套，还有配套运动场所、会所、商铺及店面房若干。小区共分为两期，中间有河道相隔。由于社区人口众多，加之近年来即时配送业大量兴起，小区的生鲜产品订单日均达到上百单，配送人员频繁进出小区产生诸多问题：（1）由于小区很大，道路较为复杂，配送员不熟悉位置会影响订单配送效率；（2）社区内已经多次出现因订单配送电动车车速过快导致的行驶事故，放任电动配送车在社区穿梭会造成严重的安全隐患；（3）大量外来人员频繁进出小区不利于疫情防控，居民对无接触配送呼声较高。

综合多方考虑，该社区与附近一家大型连锁商超达成合作意向，希望未来使用无人车解决该商超所有产品的配送。因此超市领导与社区领导各派出2人，一共4人组成专家团队。团队需要对初步选定的5款无人配送车进行综合评价，选出最适合的一款无人配送车并将其投入未来应用。

以下为几款无人配送车的具体情况（见图3-4）。

（1）京东DIDO自动驾驶物流车（A_1）。大容量网格设计，搭载2.25立方米超大空间，模块化设计，可根据不同场景随时进行货箱更换。配备激光雷达、单目摄像头和红外热像仪，多传感器协同工作，L4级别自动驾驶技术和北斗卫星定位系统，先进的Booster智能制动系统、智能供电系统，保障行驶的稳定安全。

（2）美团“魔袋20”（A_2）。魔袋20拥有两个货箱，容积达到了0.55立方米，载重量能够达到150千克。配送车限速为20千米/小时，续航能力120千米。感知设备非常丰富，拥有3个激光雷达、19个摄像头、2个毫米波雷达和9个超声波雷达。车辆通过自身能力完成L4级自动驾驶动作，建立了五重安全保障体系。

（3）阿里小蛮驴（A_3）。车身2.1m×0.9m×1.2m，可窄路通行。能承受100千克载重，可容纳50件常规尺寸快递，续航超100千米，雨雪正常运行。可支持全天工作，抽拉式电池，20秒轻松换电，车辆感知设备包括RoboSense定制的激光雷达，环视摄像头，以及毫米波雷达、惯导等传感器。

（4）行深智能绝地系列（A_4）。车身1.88m×1m×1.77m，货柜空间1立方米，最大载重量500千克，由于采用撤回分离模块化设计，货柜可更具使用场景和业务需求定制，具备制冷、保温、多层分隔、防震固定等功能。“绝地”无人配送车还配备多累传感器构建的全面感知系统，具有“七层传感器防护检测”。送货时间精准到分，地点精准到厘米，取餐时只需扫描手机二维码。

（5）白犀牛无人配送车（A_5）。车辆宽1米，长2.5米，最大载重250千克，车厢载货空间2立方米。车辆拥有基于3D激光雷达的点云感知系统与高效的点云匹配算法，深度融合了IMU、GNSS和轮速信息的多传感器融合定位算法，能够实时精准定位和有效决策。车辆具备多重安全防线的安全系统，可实现毫秒级的碰撞风险，精确计算保障安全。

图 3-4　五款无人配送车示意图

基于以上信息，下面给出评价的详细计算过程：

（1）确认完整社会信任网络，求解专家权重。

设专家使用 PFN 表示对其他专家的信任程度，得到专家的初始社会网络矩阵 A：

$$A=\begin{pmatrix} - & \langle 0.9,\ 0.1\rangle & \langle 0.7,\ 0.3\rangle & - \\ \langle 0.7,\ 0.1\rangle & - & \langle 0.7,\ 0.4\rangle & \langle 0.8,\ 0.1\rangle \\ - & - & - & \langle 0.7,\ 0.2\rangle \\ \langle 0.8,\ 0.3\rangle & - & \langle 0.7,\ 0.2\rangle & - \end{pmatrix}$$

两个没有信任关系的专家可以通过第三方产生信任，从而补全专家社会网络矩阵，例如，专家 e_1 和 e_4 之间存在两条信任传播路径：l_1：$e_1 \to e_2 \to e_4$，l_1：$e_1 \to e_3 \to e_4$，根据式（3-31）和式（3-32）可计算 e_1 对 e_4 的间接信任水平：

$$TS(\sigma_{14}^{s_1})=\left\langle \frac{0.9\times 0.8}{1+0.1\times 0.2},\frac{0.1+0.1}{1+0.1\times 0.1}\right\rangle=\langle 0.71,0.20\rangle$$

$$TS(\sigma_{14}^{s_2})=\left\langle \frac{0.7\times 0.7}{1+0.3\times 0.3},\frac{0.3+0.2}{1+0.3\times 0.2}\right\rangle=\langle 0.45,0.47\rangle$$

$$TS(\sigma_{14})=H_{PFWAGA1(\sigma_{14}^{s1},\sigma_{14}^{s2})}=\langle 0.59,0.34\rangle$$

从而可以得到完整的专家信任网络矩阵：

$$A=\begin{pmatrix} - & \langle 0.9,\ 0.1\rangle & \langle 0.7,\ 0.3\rangle & \langle 0.59,\ 0.34\rangle \\ \langle 0.7,\ 0.1\rangle & - & \langle 0.7,\ 0.4\rangle & \langle 0.8,\ 0.1\rangle \\ \langle 0.53,\ 0.47\rangle & \langle 0.45,\ 0.54\rangle & - & \langle 0.7,\ 0.2\rangle \\ \langle 0.8,\ 0.3\rangle & \langle 0.7,\ 0.39\rangle & \langle 0.7,\ 0.2\rangle & - \end{pmatrix}$$

根据专家完整的网络信任关系，计算 TS 矩阵：

$$TS=\begin{pmatrix} - & 0.8 & 0.4 & 0.23 \\ 0.48 & - & 0.33 & 0.63 \\ 0.06 & -0.09 & - & 0.45 \\ 0.55 & 0.34 & 0.45 & - \end{pmatrix}$$

根据式（3－33）可计算专家被信任程度 OT 为：

$$OT=(1.09,\ 1.05,\ 1.18,\ 1.31)$$

经过归一化得到的专家权重向量为：

$$\omega=(0.24,\ 0.23,\ 0.25,\ 0.28)$$

（2）计算指标权重。根据 UGDV 的过程和标准，分别求解组内权重 w^{local} 和组间权重 w^{group}。首先每个专家提供 6 个判断比较矩阵（5 个为组内权重比较矩阵，1 个为组间权重比较矩阵），则 w^{group} 和 w^{local} 可以通过计算专家提供的每组评价标准的比较矩阵得到。如表 3－6 所示为专家 e_1 对“路段行驶”部分指标的比较结果，结果显示 $CR=0.057<0.1$ 通过了一致性检验，否则需要专家重新修改矩阵。最终得到的“路段行驶”组内权重为 $w^{local(R),1}=(0.16,\ 0.43,\ 0.25,\ 0.16)$。

表 3－6　　判断矩阵

	D_1	D_2	D_3	D_4	$w^{local(R),1}$
D_1	1.00	0.50	0.50	1.00	0.16
D_2	2.00	1.00	3.00	2.00	0.43
D_3	2.00	0.33	1.00	2.00	0.25
D_4	1.00	0.50	0.50	1.00	0.16

当专家 e_1 完成其他四个组内权重和一个组间权重的判断，计算得到由专家 e_1 给出的每个指标的综合权重 $w^{global,1}$。同样，其他专家也可以提供他们给出的综合评价权重，指标的最终权重如表 3－7 所示。

表 3-7　　　　　　　　指标权重

UGDV 评价指标		组内权重		综合权重	
	购买与风险评价［组间权重：0.206］				
P_1	初始成本	0.150	(3)	0.031	(12)
P_2	可预期安全风险	0.457	(1)	0.094	(3)
P_3	安全行驶能力	0.403	(2)	0.083	(4)
	线上运营［组间权重：0.155］				
O_1	平台对接效率	0.327	(2)	0.051	(10)
O_2	数据处理效率	0.446	(3)	0.069	(6)
O_3	网络安全	0.237	(1)	0.037	(11)
	装货与取货［组间权重：0.119］				
L_1	装载能力	0.241	(2)	0.029	(13)
L_2	配送环境质量	0.578	(1)	0.069	(7)
L_3	人机交互水平	0.191	(3)	0.023	(1)
	路段行驶［组间权重：0.44］				
D_1	车辆定位精度	0.126	(4)	0.055	(8)
D_2	环境感知水平	0.384	(1)	0.169	(1)
D_3	路径规划水平	0.329	(2)	0.144	(2)
D_4	车辆控制执行水平	0.172	(3)	0.075	(5)
	结束运营［组间权重：0.091］				
C_1	充电等待成本	0.163	(3)	0.014	(16)
C_2	站点运营成本	0.540	(1)	0.053	(9)
C_3	设备维修与升级成本	0.297	(2)	0.024	(14)

从整个指标体系的权重结果可以看出，“路段行驶”是专家组成员最重视的部分，综合权重为0.44，且4位专家都将该部分赋予最重要的权重。准则 D_2、D_3、D_4、D_1 的综合权重分别为0.169、0.144、0.075、0.055。这一结果表明，路径驱动环节是无人车运营的重要组成部分。此外，无人运载工具自动驾驶的核心性能是无人运载工具评价的关键。其中，环境感知水平和路径规划能力权重最大，是每个企业的核心系统，是企业竞争力的关键。

在“购买与风险评估”阶段，P_2 和 P_3 的综合权重分别排在第三位和第四位。这说明，与无人配送车的价格相比，专家更关注其在运行过程中可能发生的风险。由于无人运输车在整个驾驶过程中都是自动的，因此潜在的风险和处理能力至关重要，这不仅考虑了运输配送车辆本身的风险，还考虑了在路段行驶时对周围行人和车辆的影响。

在“线上运营”阶段，O_2得分最高，综合权重也达到 0.069（排名第六位），这说明无人配送车的运行需要良好的系统性能，在运行过程中可以处理大量的数据。

在“装货与取货”阶段，L_2的综合权重达到 0.069（排名第七位）。这说明，相对于优秀的承载能力，无人配送车是否能够迎合多样化的配送环境，满足不同产品的特殊要求，是专家组关注的焦点。

（3）计算备选方案综合得分与排序。专家 e_h 对评价对象 A_i 的指标属性 C_j 给出评价值 $r_{ij}^h=(t_{ij},v_{ij})$ 和相应的自信度 l_{ij}，从而可得到 4 对方案的综合评价矩阵，如表 3－8 至表 3－11 所示。

表 3－8　　专家 e_1 的评价矩阵 R^1

	A_1	A_2	A_3	A_4	A_5
P_1	(⟨0.9,0.1⟩,0.9)	(⟨0.8,0.1⟩,1)	(⟨0.8,0.1⟩,0.9)	(⟨0.6,0.3⟩,0.8)	(⟨0.6,0.3⟩,0.9)
P_2	(⟨0.9,0.1⟩,0.7)	(⟨0.6,0.4⟩,0.7)	(⟨0.8,0.1⟩,0.6)	(⟨0.6,0.6⟩,0.7)	(⟨0.8,0.2⟩,0.8)
P_3	(⟨0.8,0.4⟩,0.7)	(⟨0.9,0.1⟩,0.9)	(⟨0.9,0.2⟩,0.9)	(⟨0.6,0.5⟩,0.9)	(⟨0.7,0.1⟩,0.7)
O_1	(⟨0.6,0.5⟩,0.9)	(⟨0.9,0.1⟩,0.7)	(⟨0.6,0.6⟩,0.7)	(⟨0.6,0.6⟩,0.8)	(⟨0.8,0.1⟩,1)
O_2	(⟨0.8,0.3⟩,0.6)	(⟨0.8,0.3⟩,0.7)	(⟨0.9,0.2⟩,0.8)	(⟨0.7,0.2⟩,0.9)	(⟨0.6,0.4⟩,0.7)
O_3	(⟨0.9,0.3⟩,0.7)	(⟨0.6,0.2⟩,0.9)	(⟨0.6,0.1⟩,0.9)	(⟨0.6,0.1⟩,0.7)	(⟨0.9,0.2⟩,0.6)
L_1	(⟨0.7,0.5⟩,0.8)	(⟨0.6,0.2⟩,1)	(⟨0.6,0.2⟩,0.7)	(⟨0.8,0.4⟩,0.7)	(⟨0.6,0.3⟩,0.8)
L_2	(⟨0.6,0.5⟩,0.6)	(⟨0.8,0.3⟩,0.8)	(⟨0.8,0.3⟩,0.7)	(⟨0.9,0.2⟩,0.8)	(⟨0.6,0.3⟩,0.9)
L_3	(⟨0.9,0.2⟩,0.7)	(⟨0.7,0.4⟩,0.7)	(⟨0.6,0.3⟩,0.9)	(⟨0.9,0.3⟩,0.9)	(⟨0.9,0.2⟩,0.9)
D_1	(⟨0.9,0.2⟩,0.9)	(⟨0.7,0.3⟩,0.9)	(⟨0.9,0.1⟩,0.7)	(⟨0.8,0.2⟩,0.8)	(⟨0.6,0.3⟩,0.7)
D_2	(⟨0.8,0.3⟩,0.9)	(⟨0.9,0.3⟩,0.7)	(⟨0.8,0.4⟩,0.8)	(⟨0.8,0.2⟩,0.8)	(⟨0.9,0.2⟩,0.7)
D_3	(⟨0.8,0.1⟩,1)	(⟨0.9,0.1⟩,0.9)	(⟨0.7,0.2⟩,1)	(⟨0.7,0.5⟩,0.9)	(⟨0.7,0.3⟩,0.7)
D_4	(⟨0.7,0.2⟩,0.8)	(⟨0.7,0.5⟩,0.8)	(⟨0.8,0.4⟩,0.9)	(⟨0.6,0.5⟩,0.8)	(⟨0.6,0.3⟩,0.7)
C_1	(⟨0.6,0.5⟩,0.6)	(⟨0.6,0.5⟩,0.8)	(⟨0.8,0.4⟩,0.9)	(⟨0.8,0.4⟩,0.7)	(⟨0.8,0.2⟩,1)
C_2	(⟨0.6,0.1⟩,0.9)	(⟨0.9,0.2⟩,1)	(⟨0.6,0.2⟩,0.8)	(⟨0.9,0.2⟩,0.9)	(⟨0.8,0.1⟩,0.8)
C_3	(⟨0.7,0.4⟩,0.9)	(⟨0.6,0.2⟩,0.9)	(⟨0.6,0.1⟩,0.8)	(⟨0.6,0.2⟩,0.8)	(⟨0.6,0.3⟩,0.9)

表 3-9 专家 e_2 的评价矩阵 R^2

	A_1	A_2	A_3	A_4	A_5
P_1	(⟨0.8,0.2⟩,0.8)	(⟨0.6,0.1⟩,0.7)	(⟨0.8,0.1⟩,0.8)	(⟨0.2,0.3⟩,0.8)	(⟨0.4,0.3⟩,0.7)
P_2	(⟨0.8,0.1⟩,0.8)	(⟨0.6,0.1⟩,0.9)	(⟨0.7,0.3⟩,0.9)	(⟨0.2,0.3⟩,0.6)	(⟨0.3,0.3⟩,0.8)
P_3	(⟨0.7,0.2⟩,0.9)	(⟨0.9,0.1⟩,0.8)	(⟨0.9,0.1⟩,0.7)	(⟨0.6,0.1⟩,0.7)	(⟨0.5,0.1⟩,0.9)
O_1	(⟨0.6,0.1⟩,0.7)	(⟨0.9,0.1⟩,0.7)	(⟨0.9,0.1⟩,0.7)	(⟨0.4,0.2⟩,0.7)	(⟨0.7,0.1⟩,0.8)
O_2	(⟨0.7,0.3⟩,0.7)	(⟨0.8,0.2⟩,0.7)	(⟨0.6,0.2⟩,0.9)	(⟨0.5,0.1⟩,0.7)	(⟨0.3,0.1⟩,0.8)
O_3	(⟨0.8,0.2⟩,0.7)	(⟨0.7,0.1⟩,1)	(⟨0.8,0.2⟩,0.9)	(⟨0.3,0.3⟩,0.9)	(⟨0.2,0.1⟩,0.8)
L_1	(⟨0.7,0.2⟩,1)	(⟨0.7,0.1⟩,1)	(⟨0.7,0.1⟩,0.8)	(⟨0.5,0.2⟩,0.7)	(⟨0.4,0.1⟩,0.9)
L_2	(⟨0.7,0.2⟩,0.8)	(⟨0.9,0.2⟩,0.7)	(⟨0.8,0.2⟩,0.9)	(⟨0.3,0.3⟩,1)	(⟨0.4,0.1⟩,0.9)
L_3	(⟨0.8,0.2⟩,1)	(⟨0.9,0.1⟩,0.8)	(⟨0.8,0.2⟩,0.8)	(⟨0.2,0.2⟩,0.7)	(⟨0.7,0.2⟩,0.6)
D_1	(⟨0.7,0.1⟩,1)	(⟨0.7,0.3⟩,0.7)	(⟨0.9,0.2⟩,0.9)	(⟨0.3,0.2⟩,0.8)	(⟨0.6,0.2⟩,0.9)
D_2	(⟨0.7,0.1⟩,0.9)	(⟨0.6,0.4⟩,0.8)	(⟨0.7,0.3⟩,0.7)	(⟨0.2,0.2⟩,0.9)	(⟨0.7,0.2⟩,0.9)
D_3	(⟨0.8,0.1⟩,0.7)	(⟨0.9,0.1⟩,0.8)	(⟨0.6,0.4⟩,0.8)	(⟨0.4,0.3⟩,0.8)	(⟨0.2,0.3⟩,0.9)
D_4	(⟨0.8,0.1⟩,0.6)	(⟨0.9,0.1⟩,0.9)	(⟨0.8,0.1⟩,0.6)	(⟨0.3,0.2⟩,0.7)	(⟨0.4,0.1⟩,0.7)
C_1	(⟨0.8,0.2⟩,0.9)	(⟨0.7,0.2⟩,0.7)	(⟨0.9,0.2⟩,0.6)	(⟨0.2,0.3⟩,0.9)	(⟨0.7,0.2⟩,0.7)
C_2	(⟨0.9,0.1⟩,1)	(⟨0.8,0.2⟩,0.5)	(⟨0.7,0.2⟩,0.6)	(⟨0.4,0.7⟩,0.9)	(⟨0.5,0.2⟩,0.6)
C_3	(⟨0.9,0.2⟩,0.9)	(⟨0.7,0.1⟩,0.7)	(⟨0.8,0.2⟩,0.9)	(⟨0.5,0.4⟩,0.9)	(⟨0.4,0.3⟩,1)

表 3-10 专家 e_3 的评价矩阵 R^3

	A_1	A_2	A_3	A_4	A_5
P_1	(⟨0.4,0.3⟩,0.8)	(⟨0.4,0.2⟩,0.7)	(⟨0.9,0.2⟩,0.8)	(⟨0.3,0.6⟩,1)	(⟨0.7,0.2⟩,0.8)
P_2	(⟨0.6,0.3⟩,0.8)	(⟨0.2,0.1⟩,0.7)	(⟨0.4,0.1⟩,0.6)	(⟨0.7,0.2⟩,1)	(⟨0.6,0.1⟩,0.8)
P_3	(⟨0.6,0.2⟩,1)	(⟨0.3,0.3⟩,0.8)	(⟨0.7,0.4⟩,0.8)	(⟨0.6,0.2⟩,0.6)	(⟨0.3,0.2⟩,0.8)
O_1	(⟨0.4,0.1⟩,0.8)	(⟨0.4,0.3⟩,0.9)	(⟨0.3,0.4⟩,0.7)	(⟨0.3,0.6⟩,0.6)	(⟨0.6,0.3⟩,0.8)
O_2	(⟨0.3,0.1⟩,1)	(⟨0.3,0.2⟩,0.7)	(⟨0.3,0.5⟩,0.9)	(⟨0.8,0.2⟩,0.7)	(⟨0.7,0.1⟩,0.9)
O_3	(⟨0.3,0.3⟩,0.7)	(⟨0.3,0.2⟩,0.7)	(⟨0.9,0.1⟩,0.7)	(⟨0.4,0.2⟩,0.7)	(⟨0.9,0.2⟩,0.9)
L_1	(⟨0.3,0.1⟩,0.9)	(⟨0.7,0.1⟩,0.9)	(⟨0.8,0.4⟩,0.9)	(⟨0.5,0.2⟩,0.7)	(⟨0.6,0.4⟩,0.6)
L_2	(⟨0.5,0.3⟩,0.8)	(⟨0.3,0.1⟩,0.8)	(⟨0.4,0.2⟩,0.7)	(⟨0.6,0.3⟩,1)	(⟨0.3,0.2⟩,0.7)
L_3	(⟨0.6,0.3⟩,0.9)	(⟨0.2,0.1⟩,0.9)	(⟨0.6,0.4⟩,0.8)	(⟨0.4,0.6⟩,0.9)	(⟨0.9,0.3⟩,0.9)
D_1	(⟨0.5,0.2⟩,0.9)	(⟨0.5,0.2⟩,0.7)	(⟨0.4,0.1⟩,0.7)	(⟨0.3,0.5⟩,0.7)	(⟨0.4,0.1⟩,0.8)
D_2	(⟨0.6,0.1⟩,0.7)	(⟨0.2,0.1⟩,0.7)	(⟨0.5,0.1⟩,0.9)	(⟨0.6,0.3⟩,0.9)	(⟨0.4,0.2⟩,0.9)
D_3	(⟨0.5,0.2⟩,0.7)	(⟨0.6,0.1⟩,0.9)	(⟨0.6,0.2⟩,0.6)	(⟨0.3,0.2⟩,0.8)	(⟨0.3,0.4⟩,0.8)
D_4	(⟨0.3,0.1⟩,0.9)	(⟨0.6,0.1⟩,0.7)	(⟨0.7,0.3⟩,0.9)	(⟨0.6,0.2⟩,0.8)	(⟨0.5,0.3⟩,0.6)
C_1	(⟨0.7,0.1⟩,0.7)	(⟨0.2,0.3⟩,0.7)	(⟨0.3,0.5⟩,0.7)	(⟨0.4,0.4⟩,1)	(⟨0.9,0.3⟩,0.9)
C_2	(⟨0.3,0.3⟩,0.9)	(⟨0.4,0.1⟩,0.7)	(⟨0.7,0.2⟩,0.7)	(⟨0.5,0.1⟩,0.9)	(⟨0.8,0.1⟩,1)
C_3	(⟨0.3,0.1⟩,0.7)	(⟨0.7,0.1⟩,0.8)	(⟨0.9,0.3⟩,0.8)	(⟨0.3,0.6⟩,1)	(⟨0.4,0.3⟩,0.9)

表 3-11　　专家 e_4 的评价矩阵 R^4

	A_1	A_2	A_3	A_4	A_5
P_1	(⟨0.3,0.3⟩,0.9)	(⟨0.6,0.5⟩,0.7)	(⟨0.8,0.3⟩,0.7)	(⟨0.6,0.2⟩,0.6)	(⟨0.7,0.5⟩,0.7)
P_2	(⟨0.9,0.1⟩,0.7)	(⟨0.9,0.2⟩,0.7)	(⟨0.6,0.3⟩,0.6)	(⟨0.7,0.5⟩,0.7)	(⟨0.7,0.1⟩,0.9)
P_3	(⟨0.6,0.3⟩,0.6)	(⟨0.6,0.1⟩,0.9)	(⟨0.5,0.2⟩,0.8)	(⟨0.5,0.3⟩,0.7)	(⟨0.8,0.1⟩,0.9)
O_1	(⟨0.3,0.5⟩,0.9)	(⟨0.4,0.4⟩,0.7)	(⟨0.7,0.5⟩,0.8)	(⟨0.6,0.1⟩,1)	(⟨0.3,0.2⟩,0.7)
O_2	(⟨0.3,0.6⟩,1)	(⟨0.3,0.6⟩,0.7)	(⟨0.9,0.3⟩,0.8)	(⟨0.7,0.1⟩,0.8)	(⟨0.4,0.7⟩,0.9)
O_3	(⟨0.7,0.4⟩,1)	(⟨0.8,0.2⟩,0.9)	(⟨0.5,0.6⟩,0.7)	(⟨0.7,0.3⟩,1)	(⟨0.9,0.3⟩,0.7)
L_1	(⟨0.7,0.1⟩,0.8)	(⟨0.8,0.2⟩,0.9)	(⟨0.5,0.2⟩,0.7)	(⟨0.3,0.2⟩,1)	(⟨0.5,0.6⟩,0.6)
L_2	(⟨0.9,0.2⟩,0.7)	(⟨0.7,0.5⟩,0.9)	(⟨0.4,0.6⟩,0.8)	(⟨0.4,0.1⟩,0.9)	(⟨0.9,0.1⟩,0.7)
L_3	(⟨0.9,0.2⟩,1)	(⟨0.4,0.4⟩,0.7)	(⟨0.9,0.3⟩,0.9)	(⟨0.9,0.2⟩,0.8)	(⟨0.5,0.2⟩,0.7)
D_1	(⟨0.6,0.3⟩,0.9)	(⟨0.7,0.4⟩,0.7)	(⟨0.5,0.5⟩,0.7)	(⟨0.7,0.3⟩,0.8)	(⟨0.3,0.1⟩,0.7)
D_2	(⟨0.5,0.6⟩,0.6)	(⟨0.7,0.2⟩,1)	(⟨0.6,0.1⟩,0.8)	(⟨0.7,0.3⟩,0.7)	(⟨0.9,0.2⟩,1)
D_3	(⟨0.6,0.3⟩,0.8)	(⟨0.8,0.2⟩,0.8)	(⟨0.6,0.5⟩,0.8)	(⟨0.4,0.1⟩,0.6)	(⟨0.8,0.4⟩,0.7)
D_4	(⟨0.8,0.1⟩,0.7)	(⟨0.9,0.2⟩,0.8)	(⟨0.7,0.2⟩,0.7)	(⟨0.9,0.2⟩,0.7)	(⟨0.9,0.2⟩,0.9)
C_1	(⟨0.8,0.3⟩,0.9)	(⟨0.6,0.4⟩,0.8)	(⟨0.8,0.3⟩,0.8)	(⟨0.6,0.6⟩,0.9)	(⟨0.9,0.1⟩,1)
C_2	(⟨0.7,0.4⟩,0.9)	(⟨0.3,0.6⟩,0.7)	(⟨0.3,0.3⟩,0.7)	(⟨0.3,0.5⟩,0.7)	(⟨0.9,0.3⟩,0.7)
C_3	(⟨0.8,0.1⟩,0.8)	(⟨0.4,0.4⟩,0.8)	(⟨0.9,0.1⟩,0.6)	(⟨0.4,0.4⟩,0.8)	(⟨0.7,0.4⟩,1)

利用 SC-PFWAGA 算子对专家个体意见进行集成，计算出群体评价矩阵 $\overline{R}$，如表 3-12 所示。

表 3-12　　第一轮群体评价矩阵

	A_1	A_2	A_3	A_4	A_5
P_1	⟨0.69,0.26⟩	⟨0.63,0.25⟩	⟨0.81,0.21⟩	⟨0.42,0.45⟩	⟨0.61,0.36⟩
P_2	⟨0.76,0.26⟩	⟨0.55,0.27⟩	⟨0.64,0.28⟩	⟨0.59,0.42⟩	⟨0.6,0.27⟩
P_3	⟨0.68,0.31⟩	⟨0.73,0.23⟩	⟨0.8,0.31⟩	⟨0.59,0.36⟩	⟨0.53,0.22⟩
O_1	⟨0.51,0.33⟩	⟨0.69,0.27⟩	⟨0.65,0.44⟩	⟨0.48,0.52⟩	⟨0.68,0.22⟩
O_2	⟨0.53,0.34⟩	⟨0.58,0.38⟩	⟨0.66,0.36⟩	⟨0.67,0.26⟩	⟨0.53,0.35⟩
O_3	⟨0.69,0.37⟩	⟨0.59,0.23⟩	⟨0.72,0.28⟩	⟨0.49,0.29⟩	⟨0.72,0.26⟩
L_1	⟨0.58,0.3⟩	⟨0.67,0.18⟩	⟨0.69,0.31⟩	⟨0.59,0.36⟩	⟨0.53,0.37⟩
L_2	⟨0.64,0.39⟩	⟨0.68,0.31⟩	⟨0.63,0.37⟩	⟨0.62,0.32⟩	⟨0.5,0.27⟩
L_3	⟨0.77,0.3⟩	⟨0.59,0.27⟩	⟨0.7,0.36⟩	⟨0.62,0.42⟩	⟨0.81,0.31⟩

续表

	A_1	A_2	A_3	A_4	A_5
D_1	⟨0.71,0.22⟩	⟨0.65,0.35⟩	⟨0.72,0.26⟩	⟨0.55,0.36⟩	⟨0.53,0.27⟩
D_2	⟨0.67,0.3⟩	⟨0.62,0.34⟩	⟨0.66,0.32⟩	⟨0.57,0.3⟩	⟨0.69,0.27⟩
D_3	⟨0.7,0.22⟩	⟨0.79,0.17⟩	⟨0.63,0.36⟩	⟨0.51,0.39⟩	⟨0.5,0.4⟩
D_4	⟨0.6,0.23⟩	⟨0.76,0.29⟩	⟨0.74,0.34⟩	⟨0.58,0.37⟩	⟨0.57,0.34⟩
C_1	⟨0.71,0.33⟩	⟨0.54,0.41⟩	⟨0.7,0.44⟩	⟨0.51,0.44⟩	⟨0.8,0.3⟩
C_2	⟨0.64,0.27⟩	⟨0.66,0.31⟩	⟨0.67,0.31⟩	⟨0.66,0.23⟩	⟨0.66,0.19⟩
C_3	⟨0.58,0.31⟩	⟨0.63,0.25⟩	⟨0.73,0.32⟩	⟨0.42,0.42⟩	⟨0.52,0.36⟩

从而计算出四位专家的共识度：

$AUE^{1,1}=0.875$，$AUE^{2,1}=0.850$，$AUE^{3,1}=0.838$，$AUE^{4,1}=0.832$.

设阈值为 $\gamma=0.85$，则专家 e_3 和 e_4 的共识度小于设定的阈值，因此需要对专家 e_3 和 e_4 进行共识调整。根据计算结果确定具体在属性层面上需要调整的指标集（APS），如表 3－13 所示。

表 3－13　APS

(3,1,1)	(3,2,3)	(3,3,2)	(4,1,5)	(4,2,9)	(4,3,16)	(4,5,5)
(3,1,4)	(3,2,4)	(3,3,4)	(4,1,7)	(4,2,15)	(4,4,1)	(4,5,7)
(3,1,5)	(3,2,5)	(3,3,5)	(4,1,8)	(4,2,16)	(4,4,4)	(4,5,8)
(3,1,6)	(3,2,6)	(3,3,6)	(4,1,11)	(4,3,3)	(4,4,7)	(4,5,9)
(3,1,7)	(3,2,8)	(3,3,8)	(4,1,13)	(4,3,5)	(4,4,8)	(4,5,10)
(3,1,13)	(3,2,9)	(3,3,10)	(4,1,16)	(4,3,6)	(4,4,9)	(4,5,11)
(3,1,14)	(3,2,10)	(3,3,11)	(4,2,1)	(4,3,7)	(4,4,12)	(4,5,12)
(3,1,15)	(3,2,11)	(3,3,14)	(4,2,2)	(4,3,8)	(4,4,13)	(4,5,13)
(3,1,16)	(3,2,13)	(4,1,1)	(4,2,4)	(4,3,10)	(4,4,15)	(4,5,14)
(3,2,1)	(3,2,14)	(4,1,2)	(4,2,5)	(4,3,11)	(4,5,3)	(4,5,15)
(3,2,2)	(3,2,15)	(4,1,4)	(4,2,6)	(4,3,15)	(4,5,4)	

我们在 APS 的基础上进行调整，以元素（3,1,1）为例，其对应的 $CE_{11}^{3}=0.796$，$\mathrm{ACE}_1^3=0.819$ 且 $\mathrm{AUE}^3=0.796$。那么评价值 $R_{11}^{3}=\langle 0.4,0.3\rangle$ 由群体评价值 $\overline{R_{11}}=\langle 0.69,0.26\rangle$ 调整，根据式（3－39）可得：

$R_{11}^{3,2}=H_{PFWAGA1(R_{11}^{3,1},\overline{R}_{11}^{1})}=\langle 0.465,0.292\rangle$

其中调整系数为 $\phi = 0.2$。其他指标的评价值按相同方式依次调整。在完成一轮共识调整后，得到新的群体评价矩阵$\overline{R_{ij}^2}$，如表 3－14 所示。

表 3－14　　　　　　　　　调整后的群体意见矩阵

	A_1	A_2	A_3	A_4	A_5
P_1	⟨0.71,0.26⟩	⟨0.64,0.24⟩	⟨0.81,0.21⟩	⟨0.42,0.45⟩	⟨0.61,0.36⟩
P_2	⟨0.76,0.26⟩	⟨0.56,0.28⟩	⟨0.65,0.29⟩	⟨0.59,0.42⟩	⟨0.6,0.27⟩
P_3	⟨0.68,0.31⟩	⟨0.75,0.23⟩	⟨0.8,0.31⟩	⟨0.59,0.36⟩	⟨0.53,0.22⟩
O_1	⟨0.52,0.34⟩	⟨0.71,0.27⟩	⟨0.66,0.44⟩	⟨0.49,0.51⟩	⟨0.68,0.22⟩
O_2	⟨0.55,0.35⟩	⟨0.61,0.38⟩	⟨0.68,0.35⟩	⟨0.67,0.26⟩	⟨0.53,0.33⟩
O_3	⟨0.71,0.38⟩	⟨0.6,0.23⟩	⟨0.72,0.27⟩	⟨0.49,0.29⟩	⟨0.72,0.26⟩
L_1	⟨0.6,0.32⟩	⟨0.67,0.18⟩	⟨0.69,0.31⟩	⟨0.59,0.36⟩	⟨0.53,0.36⟩
L_2	⟨0.63,0.39⟩	⟨0.7,0.32⟩	⟨0.65,0.36⟩	⟨0.62,0.32⟩	⟨0.5,0.27⟩
L_3	⟨0.77,0.3⟩	⟨0.62,0.28⟩	⟨0.7,0.36⟩	⟨0.62,0.42⟩	⟨0.81,0.31⟩
D_1	⟨0.71,0.22⟩	⟨0.65,0.36⟩	⟨0.74,0.26⟩	⟨0.55,0.36⟩	⟨0.53,0.27⟩
D_2	⟨0.67,0.29⟩	⟨0.64,0.36⟩	⟨0.66,0.34⟩	⟨0.57,0.3⟩	⟨0.69,0.27⟩
D_3	⟨0.7,0.22⟩	⟨0.79,0.17⟩	⟨0.63,0.36⟩	⟨0.5,0.39⟩	⟨0.49,0.4⟩
D_4	⟨0.62,0.24⟩	⟨0.76,0.3⟩	⟨0.74,0.34⟩	⟨0.57,0.37⟩	⟨0.57,0.33⟩
C_1	⟨0.71,0.35⟩	⟨0.55,0.42⟩	⟨0.71,0.44⟩	⟨0.51,0.44⟩	⟨0.8,0.3⟩
C_2	⟨0.66,0.26⟩	⟨0.69,0.31⟩	⟨0.68,0.31⟩	⟨0.67,0.22⟩	⟨0.65,0.19⟩
C_3	⟨0.59,0.33⟩	⟨0.64,0.24⟩	⟨0.73,0.31⟩	⟨0.42,0.42⟩	⟨0.52,0.36⟩

经过一轮的共识度调整，重新计算四位专家的共识度分别：

$AUE^{1,1} = 0.880$，$AUE^{2,1} = 0.853$，$AUE^{3,1} = 0.853$，$AUE^{4,1} = 0.856$.

可以看成调整后的所有专家的共识度都高于阈值，因此不必再进行一轮调整。结合前面计算得到的指标权重，可以得到所有 UGDV(A_i) 的最终评价如表 3－15 所示。

表 3－15　　　　　　　　　候选方案集成结果

	A_1	A_2	A_3	A_4	A_5
集成结果	⟨0.63,0.29⟩	⟨0.67,0.26⟩	⟨0.71,0.32⟩	⟨0.52,0.36⟩	⟨0.51,0.26⟩

最后，根据表 3－15 结果计算五个备选项的评分值 $s(A_i)(i=1,2,\cdots,5)$：

$s(A_1) = 0.309$，$s(A_2) = 0.386$，$s(A_3) = 0.402$，$s(A_4) = 0.139$，

$s(A_5)=0.189$

从而排序结果是 $A_4<A_5<A_1<A_2<A_3$，其中最佳选项是 A_3。

同样，如果我们使用集成方法 SC－PFWAGA2，则方案的最终评分值为 0.472、0.541、0.583、0.323 和 0.350，这表明 $A_4<A_5<A_1<A_2<A_3$，同样的最佳选项也是 A_3。

(4) 比较分析。为了更好体现 SC－PFWAGA 集成算子的合理性和有效性，下面与其他方法的结果进行比较分析，包括 PFWAGA、PFGA[2] 和 PFWA[2] 算子（见表 3－16）。

表 3－16　　　　不同集成方法下的排序结果

算子	排序结果
SC－PFWAGA1	$A_4<A_5<A_1<A_2<A_3$
SC－PFWAGA2	$A_4<A_5<A_1<A_2<A_3$
PFWAGA1	$A_4<A_5<A_1<A_2<A_3$
PFWAGA2	$A_4<A_5<A_1<A_2<A_3$
PFWA	$A_4<A_5<A_1<A_2<A_3$
PFGA	$A_4<A_5<A_1<A_3<A_2$

由表 3－16 所示的结果可以看出，对于同一组评价信息，PFWA 和 PFGA 集成算子得到了不同的评分较低的排名结论。这表明，权重和专家评分的差异可能导致两个运营商之间的结果不一致。同一组评估的两种类型的结果使判断的准确性和有效性降低。PFWAGA1 和 PFWAGA2 算子的结果一致，说明该方法对 PFWA 和 PFGA 算子具有良好的校正效果。SC－PFWAGA 在 PFWAG 方法的基础上结合专家自信度的影响，对一些专家把握程度较低的项目进行进一步调整，使最终结果更加可信。在本研究提供案例中，专家的自信度对最终的评估没有显著影响，并具有相同的排名。

表 3－17 列举了本研究方法与现有的多指标综合评价（决策）方法的进一步对比分析。可以看到，本研究方法考虑了专家之间的网络关系，从而能够更加准确地掌握专家在群体中的信任和状态，且基于社会网络信任计算专家权重的方法更加可靠。此外，本研究方法构建的社交网络信任表达、信任传播、专家权重确定、共识水平等方法都提高了评价结果的科学合理性。

表 3-17　　　　与现有方法的比较分析

要素	方法 1[71]	方法 2[74]	本章方法
问题属性	多指标决策问题	多指标决策问题	多指标评价问题
专家权重	由决策者预先给出	来自社会网络	来自社会网络
信任矩阵	无	0~1 的实数	毕达哥拉斯模糊信息
信任传播	无	t 范数信任传播算子	对偶信任传播算子
共识调整	无	无	三个层次的专家共识调整

（5）敏感性分析。为了进一步分析最终的排序结果，在本节中，我们考察了参数变化对集成结果的影响，然后从不同的角度进行算子之间的比较分析。

从图 3-5 可以看出，PFWA 和 PFGA 集成算子的集成结果可能存在较大差异，且不稳定。相反，SC-PFWAGA 算子的结果对两者进行调和，处于两个结果之间，随着 λ 变化得到不同结果。PFWA 和 PAGA 算子的集成评分分别为 0.253 和 -0.162，差异为 0.416。以 $\lambda=0.5$ 为例，PFWAGA1 的集成得分为 0.020，PFWAGA2 的集成得分为 0.074，差异为 0.054。这表明混合集成结果更加集中和准确。如果 λ 增大，那么结果更加向 PFWA 靠拢；如果 λ 减小，那么结果更加向 PFGA 靠拢。随着 λ 值变化，SC-PFWAGA1 和 SC-PFWAGA2 算子集成结果的变化趋势也不同（见图 3-6、图 3-7）。

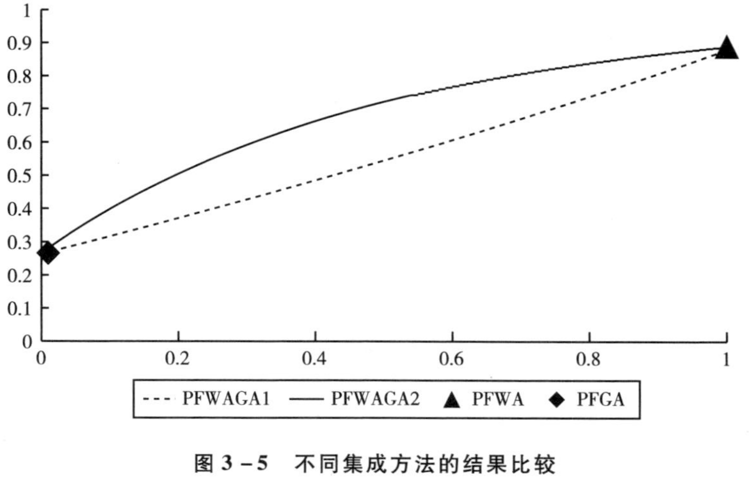

图 3-5　不同集成方法的结果比较

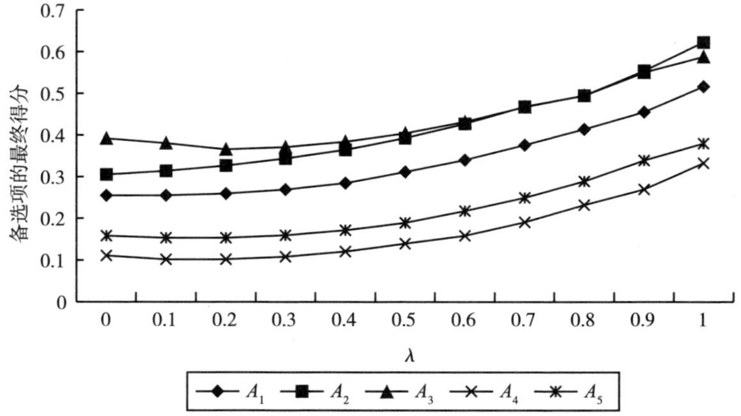

图 3-6　参数 λ 对应的 PFWAGA1 算子集成结果

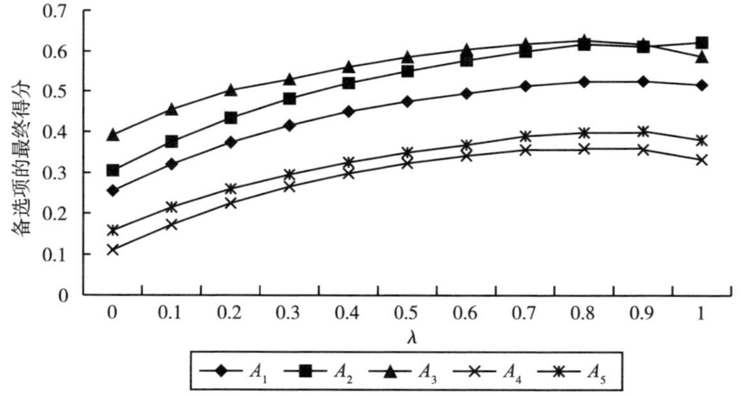

图 3-7　参数 λ 对应的 PFWAGA2 算子集成结果

图 3-6 和图 3-7 绘制了在不同 λ 条件下方案排序结果的变化情况，整体上看结果较为稳定，在 $\lambda=0.7$ 附近 A_2 与 A_3 的排序结果产生了变化，这说明 PFWA 与 PFGA 集成会带来结果不稳定。可以看到，SC-PFWAGA 可以在原本差异明显的结果之间找到一个较为稳定且准确的位置得到最终结果。

六、小结

本节提出了一种基于 SNA 的毕达哥拉斯模糊综合评价方法，研究贡献和创新点如下：（1）构造了毕达哥拉斯模糊信任网络，通过毕达哥拉斯模糊集表达评价专家间的信任关系，能够更加全面细致地刻画信任的模糊性和不确定性；（2）提出了毕达哥拉斯模糊的信任传递模型，保证了信任传递过程中“信任递减、不信任递增”的原则，同时降低了多路径下信任信息的损失；（3）提出一种专家权重计算方法，充分考虑了专家评价信息时自信度的重要性；（4）提出了毕达哥拉斯模糊信任共识交互模型，充分考虑了信任关系在意见反馈阶段的影响作用；（5）提出了 SC－PFWAGA1 和 SC－PFWAGA2 两种 PFS 集成算子，克服了现有集成算子的一些缺陷。此外，本节将所提方法应用于 UGDV 评价问题，构建了一套科学合理的 UGDV 评价指标体系，并结合 AHP 分层计算指标的权重，使评价过程更加合理，为评估复杂环境的综合评价问题提供一定的参考价值。

第五节　本章小结

本章对毕达哥拉斯模糊集的集成理论和评价方法及应用进行了一系列的深入研究，主要研究内容如下：（1）定义了毕达哥拉斯模糊有序加权距离测度和混合加权距离（PFHWD）测度，PFHWD 不仅能体现每个数据的自身重要性程度，而且还突出了该数据所在位置的重要程度，并在此基础上提出了一种基于 PFHWD 测度的毕达哥拉斯模糊 TOPSIS 多指标综合评价方法，其核心是利用 PFHWD 度量备选方案与正负理想解的距离，从而得到方案的贴近度，并根据其大小对方案进行排序与择优；（2）提出了融合专家“评价值”和“熟悉程度”的 PFS 信息集成模型，改进了现有方法的缺陷，能有效地将专家“熟悉程度”信息融入最终评估结果中，并提出了其在博士论文评审中的应用；（3）结合社会网络分析技术，构建了 PFS 环境下的专家信任传播机制，进而提出了基于信任水平的专家权重确定机制。为有效集成专家的评价信息与置信水平，提出了基于置信的 PFS 混合加权集成方法，并在此基础上，提出了一个完整的基于社会网络分析技术的毕达哥拉斯模糊多指标综合评价模型。最后，研究了该方法在无人地面配送车（UGDV）评估中的应用。

对 PFS 环境下综合评价方法的研究，虽然具有一定的理论与实际意义，但仍存在许多不足之处，在未来的工作中，可以从以下几个方面进一步完善：（1）从信息集成算子上看，本章没有考虑指标属性存在关联相互影响的情形，仅假设所有评价指标都是独立条件的集成方法，下一阶段将对这块内容进行拓展深化研究；（2）在专家共识调整机制方面，没有考虑未达成共识的专家对信任专家不同信任度的影响及可能存在拒绝反馈调整的情况，因此下阶段考虑针对专家不同偏好和调整意愿设计反馈调节机制。

本章主要参考文献

[1] Atanassov K T. Intuitionistic fuzzy sets [J]. *Fuzzy Sets and Systems*, 1986, 20 (1): 87 - 96.

[2] Yager R R. Pythagorean membership grades in multi - criteria decision making [J]. *IEEE Transactions on Fuzzy Systems*, 2014, 22 (4): 958 - 965.

[3] 金珍. 基于毕达哥拉斯模糊集的多准则群决策理论与方法研究 [D]. 江西财经大学博士学位论文, 2019.

[4] Zhang X L, Xu Z S. Extension of TOPSIS to multiple criteria decision making with Pythagorean fuzzy sets [J]. *International Journal of Intelligent Systems*, 2014, 29 (12): 1061 - 1078.

[5] Peng X D, Yang Y. Some results for Pythagorean fuzzy sets [J]. *International Journal of Intelligent Systems*, 2015, 30 (11): 1133 - 1160.

[6] Xu Z S, Chen J. Ordered weighted distance measure [J]. *Journal of Systems Science and Systems Engineering*, 2008, 17 (4): 432 - 445.

[7] Yager R R. On ordered weighted averaging aggregation operators in multi - criteria decision making [J]. *IEEE Transactions on Systems, Man & Cybernetics B*, 1988, 18 (1): 183 - 190.

[8] Merigó J M., Gil - Lafuente A M. New decision - making techniques and their application in the selection of financial products [J]. *Information Sciences*, 2010, 180 (11): 2085 - 2094.

[9] Xu Z S, Xia M M. Distance and similarity measures for hesitant fuzzy sets [J]. *Information Sciences*, 2011, 181 (11): 2128 - 2138.

[10] Merigó J M., Casanovas M. Decision making with distance measures and induced ag-

gregation operators [J]. *Computers & Industrial Engineering*, 2011, 60 (1): 66 – 76.

[11] Zeng S Z, Su W H. Intuitionistic fuzzy ordered weighted distance operator [J]. *Knowledge – Based Systems*, 2011, 24 (8): 1224 – 1232.

[12] Zeng S Z, Merigó J M., Su W H. The uncertain probabilistic OWA distance operator and its application in group decision making [J]. *Applied Mathematical Modelling*, 2013, 37 (5): 6266 – 6275.

[13] Liu H C, You J X, You X Y. Evaluating the risk of healthcare failure modes using interval 2 – tuple hybrid weighted distance measure [J]. *Computers & Industrial Engineering*, 2014, 78: 249 – 258.

[14] Zhou L G, Chen H Y, Liu J P. Continuous ordered weighted distance measure and its application to multiple attribute group decision making [J]. *Group Decision and Negotiation*, 2013, 22 (4): 739 – 758.

[15] Merigó J M., Xu Y J, Zeng S Z. Group decision making with distance measures and probabilistic information [J]. *Knowledge – Based Systems*, 2013, 40 (1): 81 – 87.

[16] Peng D H, Gao C Y, Gao Z F. Generalized hesitant fuzzy synergetic weighted distance measures and their application to multiple criteria decision – making [J]. *Applied Mathematical Modelling*, 2013, 37 (8): 5837 – 5850.

[17] Su W H, Li W, Zeng S Z. Atanassov's intuitionistic linguistic ordered weighted averaging distance operator and its application to decision making [J]. *Journal of Intelligent & Fuzzy Systems*, 2014, 26 (3): 1491 – 1502.

[18] Xian S D, Sun W J. Fuzzy linguistic induced Euclidean OWA distance operator and its application in group linguistic decision making [J]. *International Journal of Intelligent Systems*, 2014, 29 (5): 478 – 491.

[19] Zhou L G, Wu J X, Chen H Y. Linguistic continuous ordered weighted distance measure and its application to multiple attributes group decision making [J]. *Applied Soft Computing*, 2014, 25 (C): 266 – 276.

[20] Xu Z S. Fuzzy ordered distance measures [J]. *Fuzzy Optimization & Decision Making*, 2012, 11 (1): 73 – 97.

[21] 刘卫锋，杜迎雪，常娟．毕达哥拉斯模糊交叉影响集成算子及其决策应用 [J]．控制与决策，2017，32 (6): 1033 – 1040.

[22] Zeng S Z, Chen J P, Li X S. A hybrid method for Pythagorean fuzzy multiple – criteria decision making [J]. *International Journal of Information Technology & Decision Making*, 2016, 15 (2): 403 – 422.

[23] Peng X D, Yang Y. Pythagorean fuzzy Choquet integral based MABAC method for multiple attribute group decision making [J]. *International Journal of Intelligent Systems*, 2016, 31 (10): 989 - 1020.

[24] Peng X D, Yang Y. Fundamental properties of interval - valued Pythagorean fuzzy aggregation operators [J]. *International Journal of Intelligent Systems*, 2016, 31 (5): 444 - 487.

[25] Gou X J, Xu Z S, Ren P J. The properties of continuous Pythagorean fuzzy information [J]. *International Journal of Intelligent Systems*, 2016, 31 (5): 410 - 424.

[26] Zhang X L. A novel approach based on similarity measure for Pythagorean fuzzy multiple criteria group decision making [J]. *International Journal of Intelligent Systems*, 2016, 31 (6): 593 - 611.

[27] Zhang X L. Multicriteria Pythagorean fuzzy decision analysis: A hierarchical QUALIFLEX approach with the closeness index - based ranking methods [J]. *Information Sciences*, 2016, 330 (1): 104 - 124.

[28] Xu Z S. An overview of methods for determining OWA weights [J]. *International Journal of Intelligent Systems*, 2005, 20 (8): 843 - 865.

[29] 杜涛，冉伦，李金林，曹雪丽．基于效率的组织多属性决策及实证研究：DEA - TOPSIS 组合方法 [J]. 中国管理科学，2017，25 (7)：153 - 162.

[30] 刘凯宁，樊治平，李永海，戴相全．基于价值链视角的企业商业模式选择方法 [J]. 中国管理科学，2017，25 (1)：170 - 180.

[31] 朱卫东，吴鹏．引入 TOPSIS 法的风险预警模型能提高模型的预警准确度吗？——来自我国制造业上市公司的经验证据 [J]. 中国管理科学，2015，23 (11)：96 - 104.

[32] 赵旭，洪开荣．房地产征收补偿的 TOPSIS 多维公平均衡评价 [J]. 系统工程理论与实践，2017，37 (8)：2131 - 2140.

[33] Hadi - Vencheh A, Mirjaberi M. Fuzzy inferior ratio method for multiple attribute decision making problems [J]. *Information Sciences*, 2014, 277 (2): 263 - 272.

[34] 朱卫东，刘芳，王东鹏等．科学基金项目立项评估：综合评价信息可靠性的多指标证据推理规则研究 [J]. 中国管理科学，2016，24 (10)：141 - 148.

[35] 张洪涛，朱卫东，王慧等．多维框架证据推理的科研项目立项评估方法 [J]. 科研管理，2013，34 (6)：122 - 128.

[36] Xia M M, Xu Z S, Chen N. Induced aggregation under confidence levels [J]. *International Journal of Uncertainty, Fuzziness and Knowledge - Based Systems*, 2011, 19 (2): 201 - 227.

［37］Yu D J. Intuitionistic fuzzy information aggregation under confidence levels［J］. *Applied Soft Computing*, 2014, 19（6）: 147 – 160.

［38］Yu D J. Intuitionistic fuzzy information aggregation and its application on multi – criteria decision – making［J］. *Journal of Industrial and Production Engineering*, 2013, 30（4）: 281 – 290.

［39］Ma Z, Zeng S Z. Confidence intuitionistic fuzzy hybrid weighted operator and its application in multi – criteria decision making［J］. *Journal of Discrete Mathematical Sciences and Cryptography*, 2014, 17（5 – 6）: 529 – 538.

［40］Zhang C H, Su W H, Zeng S Z. Linguistic Weighted Aggregation under Confidence Levels［J］. *Mathematical Problems in Engineering*, 2015, 2015.

［41］Yager R R, Filev D P. Induced ordered weighted averaging operators［J］. *IEEE Transactions on Systems Man & Cybernetics Part B*, 1999, 29（2）: 141 – 150.

［42］Ye J. Intuitionistic fuzzy hybrid arithmetic and geometric aggregation operators for the decision – making of mechanical design schemes［J］. *Applied Intelligence*, 2017, 47: 743 – 751.

［43］Garg H. Confidence levels basedPythagorean fuzzy aggregation operators and its application to decision – making process［J］. *Computational and Mathematical Organization Theory*, 2017, 23（4）: 546 – 571.

［44］Ji Y, Xu Y, Qu S, et al. A Novel Two – Stage Multi – Criteria Decision – Making Method Based on Interval – Valued Pythagorean Fuzzy Aggregation Operators with Self – Confidence Levels［J］. *Arabian Journal for Science and Engineering*, 2020, 46: 1561 – 1584.

［45］Wu J, Chiclana F, Fujita H, Herrera – Viedmade E. A visual interaction consensus model for social network group decision making with trust propagation［J］. *Knowledge – Based Systems*, 2017, 122: 39 – 50.

［46］于明涛．智慧物流体系中的无人配送技术——“大数据与智慧物流”连载之八［J］．物流技术与应用，2017，22（11）：134 – 136.

［47］王金钰．基于自动驾驶技术的移动生活方式设计研究［D］．无锡：江南大学，2020.

［48］Ni J, Hu J, Xiang C. A review for design and dynamics control of unmanned ground vehicle［J］. *Proceedings of the Institution of Mechanical Engineers Part D Journal of Automobile Engineering*, 2020: 1 – 17.

［49］Marsden N, et al. BUGA: Log – A Real – World Laboratory Approach to Designing an Automated Transport System for Goods in Urban Areas［C］. *IEEE International Conference on*

Engineering, Technology and Innovation (*ICE/ITMC*), 2018: 1 - 9.

[50] Lemardelé C, Estrada M, Pagès L, Bachofner M. Potentialities of drones and ground autonomous delivery devices for last - mile logistics [J]. *Transportation Research Part E - Logistics and Transportation Review*, 2021 (149): 102325.

[51] 新华网. 竺延风：建议积极推广应用无人配送车辆，破解“最后一公里”难题 [N]. 2020.

[52] Steven L. 无人驾驶公司白犀牛获近千万美元 Pre - A 轮融资，与永辉超市拓展无人配送合作 [N]. 2021.

[53] 魏代强，战仁军，刘翰诺. 四轮独立驱动无人车的动力性参数设计仿真 [J]. 火力与指挥控制，2015，243 (6)：176 - 180 + 185.

[54] 陈荣军，谢永平，于永兴，赵慧民，卢旭，陆许明. 基于改进 A 算法的无人配送车避障最优路径规划 [J]. 广东技术师范大学学报，2020，41 (03)：1 - 8.

[55] Boysen N, Schwerdfeger S, Weidinger F. Scheduling last - mile deliveries with truck - based autonomous robots [J]. *European Journal of Operational Research*, 2018, 271 (3): 1085 - 1099.

[56] Ulmer M W, Streng S. Same - Day delivery with pickup stations and autonomous vehicles [J]. *Computers and Operations Research*, 2019 (108): 1 - 19.

[57] 辰韬资本. 自动驾驶赋能末端配送：末端无人配送研究报告 2021 [R]. 2021.

[58] Hussain R, Zeadally S. Autonomous Cars: Research Results, Issues, and Future Challenges [J]. *IEEE Communications Surveys and Tutorials*, 2019, 21 (2): 1275 - 1313.

[59] Dylan J, Miguel F. Study of Road Autonomous Delivery Robots and Their Potential Effects on Freight Efficiency and Travel [J]. *Transportation Research Record*, 2020: 1 - 11.

[60] 胡觉亮，张宇涛，韩曙光. 城市物流中电动无人车配送优化研究 [J]. 浙江理工大学学报（社会科学版），2020，44 (02)：124 - 133.

[61] Barry S, Finbarr M, Martin M, Cian R. Connected and autonomous vehicles: A cyber - risk classification framework [J]. *Transportation Research Part A*, 2019, 124 (C): 523 - 536.

[62] Kim K, Kim J S, Jeong S, et al. Cybersecurity for autonomous vehicles: review of attacks and defense [J]. *Computers & Security*, 2021 (103): 102150.

[63] Mohammed S A, Khaleel U R K, Sunitha K V N. Incorporating privacy and security in military application based on opportunistic sensor network [J]. *Int. J. of Internet Technology and Secured Transactions*, 2017, 7 (4): 295 - 316.

[64] 王海丰. 无人驾驶电动汽车驾驶室内的人机交互界面设计 [D]. 南京：东南

大学, 2017.

[65] Sun C, Hu W, Xu D. Navigation modes, operation methods, observation scales and background options in UI design for high learning performance in VR – based architectural applications [J]. *Journal of Computational Design and Engineering*, 2019, 6 (2): 189 – 196.

[66] Bonadies S, Gadsden S A. An overview of autonomous crop row navigation strategies for unmanned ground vehicles. Engineering in Agriculture [J]. *Environment and Food*, 2018, 12 (1): 24 – 31.

[67] 耿以才. 基于动态人工势场法无人驾驶汽车路径规划研究 [D]. 上海: 上海工程技术大学, 2016.

[68] 王俊. 无人驾驶车辆环境感知系统关键技术研究 [D]. 北京: 中国科学技术大学, 2016.

[69] 熊璐, 康宇宸, 张培志, 朱辰宇, 余卓平. 无人驾驶车辆行为决策系统研究 [J]. 汽车技术, 2018 (8): 1 – 9.

[70] Lu X, Zhang Q, Peng Z, et al. Charging and relocating optimization for electric vehiclecar – sharing: An event – based strategy improvement approach [J]. *Energy*, 2020 (207): 118285.

[71] Zhang C H, Hu Q Q, Zeng S Z, Su W H. IOWLAD – based MCDM model for the site assessment of a household waste processing plant under a Pythagorean fuzzy environment [J]. *Environmental Impact Assessment Review*, 2021: 89.

[72] 张立玉, 路昭, 韦立川. 锂电池性能与温度相关性的基础实验研究 [J]. 西安交通大学学报, 2018, 52 (5): 133 – 141.

[73] Kebede A A, Coosemans T, Messagie M, et al. Techno – economic analysis of lithium – ion and lead – acid batteries in stationary energy storage application [J]. *Journal of Energy Storage*, 2021 (40): 1 – 19.

[74] Wu J, Chiclana F, Fujita H, Herrera – Viedmade E. A visual interaction consensus model for social network group decision making with trust propagation [J]. *Knowledge – Based Systems*, 2017 (122): 39 – 50.

| 第四章 |

基于 Fermatean 模糊信息的综合评价方法及应用

Fermatean 模糊集（FFS）[1]，作为直觉模糊集[2]和毕达哥拉斯模糊集[3]的重要推广，因其对隶属度与非隶属度的拓宽范围从而具备了强有力的模糊表达能力等特点而备受瞩目。目前，已有大量关于 FFS 理论方面的研究文献，如研究 Fermatean 模糊函数[4-5]，Fermatean 模糊集成算子[6-7]，Fermatean 模糊距离测度[8]及相似度[9]等。然而，关于 Fermatean 模糊信息的综合评价理论与方法的研究并不多见，因此本章将系统研究基于 Fermatean 模糊信息的综合评价理论、方法及其应用。

第一节 Fermatean 模糊集基础理论

当专家给出评价值的隶属度与非隶属度的平方和大于 1，如当评价信息为〈0.8，0.7〉时，毕达哥拉斯模糊数就不再适用了。如果需要专家重新修改评价值，不仅改变了原有数据所携带的信息，违背评价者的初评意愿，还会影响最终的决策结果。为此，Senapati 和 Yager[1] 于 2019 年对毕达哥拉斯模糊集进行了拓展，提出了允许隶属度与非隶属度的平方和超过 1，而其立方和不超过 1 的 Fermatean 模糊集。显然，Fermatean 模糊集能容纳更大范围的评价信息，刻画更高层次的不确定性，也更适应模糊评价问题。图 4－1 给出了 Fermatean 模糊集和毕达哥拉斯模糊集的表示范围领域。

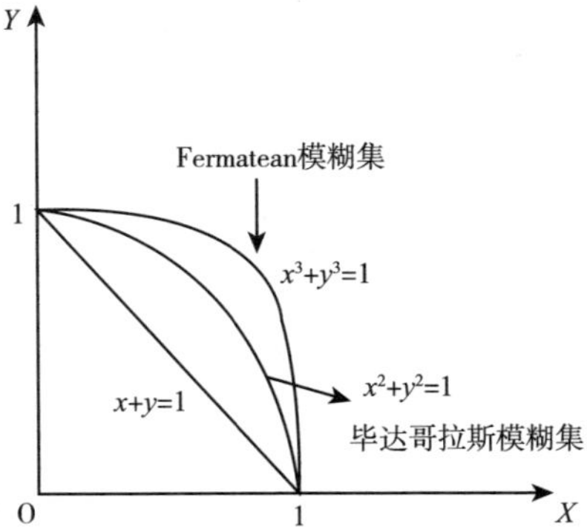

图 4－1 Fermatean 模糊集的范围

定义 4.1[10] 设 X 是一个非空集合，则隶属于 X 的 FFS：Υ 的定义如下：

$$\Upsilon=\{\langle x_i,\alpha_\Upsilon(x_i),\beta_\Upsilon(x_i)\rangle \mid x_i\in X\} \tag{4-1}$$

其中，$\alpha_\Upsilon(x_i):X\to[0,1]$ 表示 $x_i\in X$ 在 Υ 中的隶属度函数，$\beta_\Upsilon(x_i):X\to[0,1]$ 表示 $x_i\in X$ 在 Υ 中的非隶属度函数，满足 $0\leqslant[\alpha_\Upsilon(x_i)]^3+[\beta_\Upsilon(x_i)]^3\leqslant 1$。对应的犹豫度函数为：$\tau=\sqrt[3]{1-[\alpha_\Upsilon(x_i)]^3-[\beta_\Upsilon(x_i)]^3}$，用来表述不确定性和犹豫性。

为了方便表述，下文用 $\Upsilon=\langle\alpha_\Upsilon,\beta_\Upsilon\rangle$ 代表 Fermatean 模糊数（FFN）。

定义 4.2[1] 假设存在三个 FFN，分别为 $\Upsilon=\langle\alpha_\Upsilon,\beta_\Upsilon\rangle$，$\Upsilon_1=\langle\alpha_{\Upsilon_1},\beta_{\Upsilon_1}\rangle$ 和 $\Upsilon_2=\langle\alpha_{\Upsilon_2},\beta_{\Upsilon_2}\rangle$，其中 $\lambda>0$，则其主要运算法则如下：

（1）$\Upsilon_1\oplus\Upsilon_2=\langle\sqrt[3]{\alpha_{\Upsilon_1}^3+\alpha_{\Upsilon_2}^3-\alpha_{\Upsilon_1}^3\alpha_{\Upsilon_2}^3},\beta_{\Upsilon_1}\beta_{\Upsilon_2}\rangle$；

（2）$\Upsilon_1\otimes\Upsilon_2=\langle\alpha_{\Upsilon_1}\alpha_{\Upsilon_2},\sqrt[3]{\beta_{\Upsilon_1}^3+\beta_{\Upsilon_2}^3-\beta_{\Upsilon_1}^3\beta_{\Upsilon_2}^3}\rangle$；

（3）$\lambda\Upsilon=\langle\sqrt[3]{1-(1-\alpha_\Upsilon^3)^\lambda},\beta_\Upsilon^\lambda\rangle$；

（4）$\Upsilon^\lambda=\langle\alpha_\Upsilon^\lambda,\sqrt[3]{1-(1-\beta_\Upsilon^3)^\lambda}\rangle$；

（5）$\Upsilon^c=\langle\beta_\Upsilon,\alpha_\Upsilon\rangle$。

定义 4.3[10] 对任意 FFN $\Upsilon=\langle\alpha_\Upsilon,\beta_\Upsilon\rangle$，其得分函数定义为：

$$sco(\Upsilon)=\alpha_\Upsilon^3-\beta_\Upsilon^3; \tag{4-2}$$

其精确函数定义为：

$$acc(\Upsilon)=\alpha_\Upsilon^3+\beta_\Upsilon^3。 \tag{4-3}$$

定义 4.4[10] 对任意两个 FFN 分别为 $\Upsilon_1=\langle\alpha_{\Upsilon_1},\beta_{\Upsilon_1}\rangle$，$\Upsilon_2=\langle\alpha_{\Upsilon_2},\beta_{\Upsilon_2}\rangle$，

$sco(\Upsilon_1)$，$sco(\Upsilon_2)$，$acc(\Upsilon_1)$，$acc(\Upsilon_2)$ 分别是其相应的得分值与精确值，则它们的排序规则如下：

（1）若 $sco(\Upsilon_1) < sco(\Upsilon_2)$，则 $\Upsilon_1 < \Upsilon_2$；

（2）若 $sco(\Upsilon_1) > sco(\Upsilon_2)$，则 $\Upsilon_1 > \Upsilon_2$；

（3）若 $sco(\Upsilon_1) = sco(\Upsilon_2)$，

①若 $acc(\Upsilon_1) < acc(\Upsilon_2)$，则 $\Upsilon_1 < \Upsilon_2$；

②若 $acc(\Upsilon_1) > acc(\Upsilon_2)$，则 $\Upsilon_1 > \Upsilon_2$；

③若 $acc(\Upsilon_1) = acc(\Upsilon_2)$，则 $\Upsilon_1 = \Upsilon_2$。

定义 4.5[10] 设 $\Upsilon_i = \langle \alpha_{\Upsilon_i}, \beta_{\Upsilon_i} \rangle (i = 1, 2, \cdots, n)$ 是一组 FFN，$w_i(i = 1, 2, \cdots, n)$ 是其相对应的权重，满足 $0 \leqslant w_i \leqslant 1$ 且 $\sum_{i=1}^{n} w_i = 1$，则 Fermatean 模糊加权平均（FFWA）算子定义如下：

$$FFWA(\Upsilon_1, \Upsilon_2, \cdots, \Upsilon_n) = \sum_{i=1}^{n} w_i \Upsilon_i = \left\langle \sqrt[3]{1 - \prod_{i=1}^{n} (1 - \alpha_{\Upsilon_i}^3)^{w_i}}, \prod_{i=1}^{n} \beta_{\Upsilon_i}^{w_i} \right\rangle \tag{4-4}$$

基于 Fermatean 模糊信息的结构特征，下面我们给出 Fermatean 模糊数的距离定义。

定义 4.6 假设存在两个 FFNs，它们分别是 $\Upsilon_1 = \langle \alpha_{\Upsilon_1}, \beta_{\Upsilon_1} \rangle$，$\Upsilon_2 = \langle \alpha_{\Upsilon_2}, \beta_{\Upsilon_2} \rangle$，其中 $\phi > 0$，则它们之间的距离测度定义如下：

$$FFD(\Upsilon_1, \Upsilon_2) = \left\{ \frac{1}{2} [\,|\alpha_{\Upsilon_1}^3 - \alpha_{\Upsilon_2}^3|^{\phi} + |\beta_{\Upsilon_1}^3 - \beta_{\Upsilon_2}^3|^{\phi} + |\tau_{\Upsilon_1}^3 - \tau_{\Upsilon_2}^3|^{\phi}\,] \right\}^{1/\phi} \tag{4-5}$$

显然，当 $\phi = 1$ 时，Fermatean 模糊距离退化成 Fermatean 模糊汉明距离（FFHD）；当 $\phi = 2$ 时，Fermatean 模糊距离退化成 Fermatean 模糊欧式距离（FFED）[1]。

在定义 4.6 的基础上，我们给出 Fermatean 模糊集的距离定义。

定义 4.7 存在两个 FFSs，它们分别是 $\Upsilon = \{\langle x_i, \alpha_{\Upsilon}(x_i), \beta_{\Upsilon}(x_i) \rangle \mid x_i \in X\}$，$\Gamma = \{\langle x_j, \alpha_{\Gamma}(x_j), \beta_{\Gamma}(x_j) \rangle \mid x_j \in X\}$，$i$，$j = 1, 2, 3, \cdots, n$，其中 $\phi > 0$。则它们之间的距离测度可以表示为：

$$FFD(\Upsilon, \Gamma) = \left\{ \sum_{i,j=1}^{n} \frac{1}{2} [\,|\alpha_{\Upsilon_i}^3 - \alpha_{\Gamma_j}^3|^{\phi} + |\beta_{\Upsilon_i}^3 - \beta_{\Gamma_j}^3|^{\phi} + |\tau_{\Upsilon_i}^3 - \tau_{\Gamma_j}^3|^{\phi}\,] \right\}^{1/\phi} \tag{4-6}$$

同理，当 $\phi=1$ 时，Fermatean 模糊距离退化成 Fermatean 模糊汉明距离（FFHD）；当 $\phi=2$ 时，Fermatean 模糊距离退化成 Fermatean 模糊欧式距离（FFED）[1]。

第二节　基于 AHP 和 DWPMM 的 Fermatean 模糊综合评价方法

评价信息集成是多指标综合评价问题研究中的一个核心问题，其主要将不同来源的数据信息集成为一个综合评价值。作为最常用的两种集成算子，算术平均（AM）和几何平均（GM）[10]算子忽略了集成数据信息之间的相互关系。而在现实的多指标评价问题中，指标属性之间或多或少地存在不可忽视的关联关系。虽然已有大量学者关注到参数之间相关性的问题，但大部分研究都忽视了基于关联模式的参数之间的分块结构问题。鉴于此，本节结合分块 Muirhead 平均（PMM）算子和 Dombi 运算，提出一种能解决指标层级结构问题的 FFS 信息集成方法。

一、Fermatean 模糊 Dombi 分块 Muirhead 平均算子

定义 4.8[11]　假设 $(r,f)\in(0,1)\times(0,1)$ 且 $g\geqslant 0$，则 Dombi T－范数和 S－范数的基本定义为：

$$D-tn(r,f)=\frac{1}{1+\left[\left(\frac{1-r}{r}\right)^{g}+\left(\frac{1-f}{f}\right)^{g}\right]^{\frac{1}{g}}} \tag{4-7}$$

$$D-tcn(r,f)=\frac{1}{1+\left[\left(\frac{r}{1-r}\right)^{g}+\left(\frac{f}{1-f}\right)^{g}\right]^{\frac{1}{g}}} \tag{4-8}$$

分块平均（PA）算子首先根据同一集成规则整合不同分块部分中的参数，然后利用 AM 算子集成不同分块部分的集成结果[12]。其具体表述如下：

定义 4.9[12]　设 $S=\{r_1,r_2,r_3,\cdots,r_n\}$ 是一实数集，$S_h=\{r_1,r_2,r_3,\cdots,r_{|S_h|}\}(h=1,2,3\cdots,N)$ 表示 S 中的 N 个分块部分，满足条件 $S_1\cup S_2\cup$

$S_3 \cup \cdots \cup S_N = S$ 且 $S_1 \cap S_2 \cap S_3 \cap \cdots \cap S_N = \varnothing$。PA 算子的基本概念为：

$$PA(r_1, r_2, r_3, \cdots, r_n) = \frac{1}{N} \sum_{h=1}^{N} (AO_{i_h}^{|S_h|}(r_{i_h})) \tag{4-9}$$

其中，AO 表示某一个集成方法，可以是算术平均，也可以是几何平均等其他集成算子。

Muirhead 平均（MM）算子[13]是一种能捕捉多个变量之间关联关系的集成算子，通过调节参数向量的取值，能够实现多种算子的转化，其定义如下：

定义 4.10[13]　令（$r_1, r_2, r_3, \cdots, r_n$）是一组非负实数且 $V = (v_1, v_2, v_3, \cdots, v_n) \in R^n$，则 MM 算子的定义如下：

$$MM^V(r_1, r_2, r_3, \cdots, r_n) = \left(\frac{1}{n!} \sum_{b \in B_n} \prod_{i=1}^{n} r_{b(i)}^{v_i} \right)^{\frac{1}{\sum_{i=1}^{n} v_i}} \tag{4-10}$$

其中，$b(i)(i = 1, 2, 3, \cdots, n)$ 是序列（$1, 2, 3, \cdots, n$）的任意排列组合，B_n 表示序列（$1, 2, 3, \cdots, n$）的所有排列组合的集合。

下面为 MM 算子的几种特殊形式：

（1）当 $V = (v, v, \cdots, v)(v_i = v, i = 1, 2, \cdots, n)$ 时，MM 算子转化为几何平均（GM）算子[10]：

$$MM^{(v,v,v,\cdots,v)}(r_1, r_2, r_3, \cdots, r_n) = \left(\prod_{i=1}^{n} r_i \right)^{\frac{1}{n}} \tag{4-11}$$

（2）当 $V = (1, 0, \cdots, 0)(v_1 = 1, v_i = 0, i = 2, \cdots, n)$ 时，MM 算子转化为算术平均（AM）算子[10]：

$$MM^{(1,0,0,\cdots,0)}(r_1, r_2, r_3, \cdots, r_n) = \frac{1}{n} \sum_{i=1}^{n} r_i \tag{4-12}$$

（3）当 $V = (v_1, v_2, 0, \cdots, 0)(v_1, v_2 \neq 0, v_i = 0, i = 3, \cdots, n)$ 时，MM 算子转化为 Bonferroni 平均（BM）算子[14]：

$$MM^{(v_1,v_2,0,\cdots,0)}(r_1, r_2, r_3, \cdots, r_n) = \left(\frac{1}{n(n-1)} \sum_{\substack{i,j=1 \\ i \neq j}}^{n} r_i^{v_1} r_j^{v_2} \right)^{\frac{1}{v_1+v_2}} \tag{4-13}$$

（4）当 $V = (\overbrace{1, 1, \cdots, 1}^{k}, \overbrace{0, 0, \cdots, 0}^{n-k})$（$v_1 = v_2 = \cdots = v_k = 1$，$v_{k+1} = v_{k+2} = \cdots = v_n = 0$）时，MM 算子转化为麦克劳林对称平均（MSM）算子[15]：

$$MM^{(\overbrace{1,1,\cdots,1}^{k},\overbrace{0,0,\cdots,0}^{n-k})}(r_1,r_2,r_3,\cdots,r_n)=\left(\frac{\sum_{1\leqslant i_1<\cdots<i_k\leqslant n}\prod_{j=1}^{k}r_{i_j}}{C_n^k}\right)^{\frac{1}{k}} \tag{4-14}$$

定义 4.11[6]　对任意的三个 FFN　$\Upsilon=\langle\alpha_\Upsilon,\beta_\Upsilon\rangle$, $\Upsilon_1=\langle\alpha_{\Upsilon_1},\beta_{\Upsilon_1}\rangle$ 和 $\Upsilon_2=\langle\alpha_{\Upsilon_2},\beta_{\Upsilon_2}\rangle$，$\varepsilon>0$，则 Fermatean 模糊信息的 Dombi 运算法则如下：

$$(1)\ \Upsilon_1\oplus_{Dom}\Upsilon_2=\left(\sqrt[3]{1-\frac{1}{1+\left[\left(\frac{\alpha_{\Upsilon_1}^3}{1-\alpha_{\Upsilon_1}^3}\right)^g+\left(\frac{\alpha_{\Upsilon_2}^3}{1-\alpha_{\Upsilon_2}^3}\right)^g\right]^{\frac{1}{g}}}},\ \sqrt[3]{\frac{1}{1+\left[\left(\frac{1-\beta_{\Upsilon_1}^3}{\beta_{\Upsilon_1}^3}\right)^g+\left(\frac{1-\beta_{\Upsilon_2}^3}{\beta_{\Upsilon_2}^3}\right)^g\right]^{\frac{1}{g}}}}\right);$$

$$(2)\ \Upsilon_1\otimes_{Dom}\Upsilon_2=\left(\sqrt[3]{\frac{1}{1+\left[\left(\frac{1-\alpha_{\Upsilon_1}^3}{\alpha_{\Upsilon_1}^3}\right)^g+\left(\frac{1-\alpha_{\Upsilon_2}^3}{\alpha_{\Upsilon_2}^3}\right)^g\right]^{\frac{1}{g}}}},\ \sqrt[3]{1-\frac{1}{1+\left[\left(\frac{\beta_{\Upsilon_1}^3}{1-\beta_{\Upsilon_1}^3}\right)^g+\left(\frac{\beta_{\Upsilon_2}^3}{1-\beta_{\Upsilon_2}^3}\right)^g\right]^{\frac{1}{g}}}}\right);$$

$$(3)\ (\varepsilon\Upsilon)_{Dom}=\left(\sqrt[3]{1-\frac{1}{1+\left[\varepsilon\left(\frac{\alpha_\Upsilon^3}{1-\alpha_\Upsilon^3}\right)^g\right]^{\frac{1}{g}}}},\ \sqrt[3]{\frac{1}{1+\left[\varepsilon\left(\frac{1-\beta_\Upsilon^3}{\beta_\Upsilon^3}\right)^g\right]^{\frac{1}{g}}}}\right);$$

$$(4)\ (\Upsilon^\varepsilon)_{Dom}=\left(\sqrt[3]{\frac{1}{1+\left[\varepsilon\left(\frac{1-\alpha_\Upsilon^3}{\alpha_\Upsilon^3}\right)^g\right]^{\frac{1}{g}}}},\ \sqrt[3]{1-\frac{1}{1+\left[\varepsilon\left(\frac{\beta_\Upsilon^3}{1-\beta_\Upsilon^3}\right)^g\right]^{\frac{1}{g}}}}\right).$$

MM 算子的主要优势在于能表示多个变量之间的相互关系，在信息集成过程中展示出强大的灵活性和稳健性。但在层次分析法中，指标通常被分成了多个不同特征板块，这些板块构成了一级指标，这些板块之间（一级指标）的关联性较弱。而每个板块（一级指标）内，还存在很多二级指标，这些同属于一个一级指标内的二级指标之间存在较高的相互关联性。分块 BM（PBM）算子可以表示同一分块部分的任意两个指标属性之间的关联关系，而分块 MSM（PMSM）算子能捕捉同一分块部分中多个属性之间的相互关系。基于此，利用以上两种分块集成算子的一般形式，即 PMM 算子，来考虑多层级的信息聚合问题。

定义 4.12[16]　令 $S=\{r_1,r_2,r_3,\cdots,r_n\}$ 是一组非负实数集，$S_h=\{r_1,r_2,r_3,\cdots,r_{|S_h|}\}$（$h=1,2,3,\cdots,N$）表示 S 中的 N 个分块部分，满足条件 $S_1\cup S_2\cup S_3\cup\cdots\cup S_N=S$ 且 $S_1\cap S_2\cap S_3\cap\cdots\cap S_N=\varnothing$。$V=(v_1,v_2,v_3,\cdots,v_n)\in R^n$，则 PMM 算子的定义如下：

$$PMM^V(r_1,r_2,r_3,\cdots,r_n)=\frac{1}{N}\sum_{h=1}^{N}\left(\frac{1}{|S_h|!}\sum_{b\in B_{|S_h|}}\prod_{i_h=1}^{|S_h|}r_{b(i_h)}^{v_{i_h}}\right)^{\frac{1}{\sum_{i_h=1}^{|S_h|}v_{i_h}}}\tag{4-15}$$

其中，$|S_h|$表示 $S_h=\{r_1,r_2,\cdots,r_{|S_h|}\}$（$h=1,2,3,\cdots,N$）中参数的数量，$b(i_h)$是序列（$1,2,\cdots,|S_h|$）的任意排列组合，$B_{|S_h|}$表示序列（$1,2,\cdots,|S_h|$）所有排列组合的集合。

下面讨论 PMM 算子的几种特殊情形：

（1）当 $V=(v,v,\cdots,v)(v_i=v,i=1,2,\cdots,n)$ 时，PMM 算子退化成分块 GM（PGM）算子：

$$PMM^{(v,v,v,\cdots,v)}(r_1,r_2,r_3,\cdots,r_n)=\frac{1}{N}\sum_{h=1}^{N}\left(\prod_{i_h=1}^{|S_h|}r_{i_h}\right)^{\frac{1}{|S_h|}}\tag{4-16}$$

（2）当 $V=(1,0,\cdots,0)(v_1=1,v_i=0,i=2,\cdots,n)$ 时，PMM 算子退化成分块 AM（PAM）算子：

$$PMM^{(1,0,0,\cdots,0)}(r_1,r_2,r_3,\cdots,r_n)=\frac{1}{N}\sum_{h=1}^{N}\left(\frac{1}{|S_h|}\sum_{i_h=1}^{|S_h|}r_{i_h}\right)\tag{4-17}$$

（3）当 $V=(v_1,v_2,0,\cdots,0)(v_1,v_2\neq 0,v_i=0,i=3,\cdots,n)$ 时，PMM 算子退化成 PBM 算子[17]：

$$PMM^{(v_1,v_2,0,\cdots,0)}(r_1,r_2,r_3,\cdots,r_n)$$

$$=\frac{1}{N}\sum_{h=1}^{N}\left(\left(\frac{1}{|S_h|(|S_h|-1)}\sum_{\substack{i_h,j_h=1\\ i_h\neq j_h}}^{|S_h|}r_{i_h}^{v_1}r_{j_h}^{v_2}\right)^{\frac{1}{v_1+v_2}}\right) \tag{4-18}$$

（4）当 $V=(\overbrace{1,1,\cdots,1}^{k},\overbrace{0,0,\cdots,0}^{n-k})(v_1=v_2=\cdots=v_k=1,v_{k+1}=v_{k+2}=\cdots=v_n=0)$ 时，PMM 算子退化成 PMSM 算子[18]：

$$PMM^{(\overbrace{1,1,\cdots,1}^{k},\overbrace{0,0,\cdots,0}^{n-k})}(r_1,r_2,r_3,\cdots,r_n)$$

$$=\frac{1}{N}\sum_{h=1}^{N}\left(\frac{\sum_{1\leqslant i_1<\cdots<i_k\leqslant|S_h|}\prod_{j=1}^{k}r_{i_j}}{C_{|S_h|}^{k}}\right)^{\frac{1}{k}} \tag{4-19}$$

容易证明 PMM 算子具有幂等性、单调性、有界性等数学性质，这里不做详细阐述。

基于上述理论分析，下面提出 Fermatean 模糊 Dombi 分块 Muirhead 平均（FFDPMM）集成算子的数学表达式，该算子有效融合了 Dombi 运算与 PMM 算子的优良特征，实现了表达形式上和集成过程中的灵活性和全面性，在处理指标属性内部的各种关联情形上具有明显优势。

定义 4.13　假设 $\Upsilon_i=\langle\alpha_{\Upsilon_i},\beta_{\Upsilon_i}\rangle(i=1,2,\cdots,n)$ 为一组 FFN，$V=(v_1,v_2,v_3,\cdots,v_n)\in R^n$，则 FFDPMM 算子的数学表达式为：

$$FFDPMM^{V}(\Upsilon_1,\Upsilon_2,\Upsilon_3,\cdots,\Upsilon_n)$$

$$=\left\{\frac{1}{N}\sum_{h=1}^{N}\left(\frac{1}{|S_h|!}\sum_{b\in B_{|S_h|}}\prod_{i_h=1}^{|S_h|}\Upsilon_{b(i_h)}^{v_{i_h}}\right)^{\frac{1}{\sum_{i_h=1}^{|S_h|}v_{i_h}}}\right\}_{Dom} \tag{4-20}$$

其中，$S=\{\Upsilon_1,\Upsilon_2,\Upsilon_3,\cdots,\Upsilon_n\}$ 是一实数集合，$S_h=\{\Upsilon_1,\Upsilon_2,\Upsilon_3,\cdots,\Upsilon_{|S_h|}\}$（$h=1,2,3,\cdots,N$）表示 S 的 N 个分块，满足条件 $S_1\cup S_2\cup S_3\cup\cdots\cup S_N=S$ 且 $S_1\cap S_2\cap S_3\cap\cdots\cap S_N=\varnothing$。$|S_h|$表示 $S_h=\{\Upsilon_1,\Upsilon_2,\Upsilon_3,\cdots,\Upsilon_{|S_h|}\}(h=1,2,3,\cdots N)$ 中参数的数量，$b(i_h)$ 是序列（$1,2,\cdots,|S_h|$）的任意排列组合，$B_{|S_h|}$ 表示序列（$1,2,\cdots,|S_h|$）所有排列组合的集合。

定理 4.1　设 $\Upsilon_i=\langle\alpha_{\Upsilon_i},\beta_{\Upsilon_i}\rangle(i=1,2,\cdots,n)$ 为一组 FFN，由 FFDPMM 算子的集成结果仍为 FFN，且有：

$$FFDPMM^{V}(\Upsilon_1,\Upsilon_2,\Upsilon_3,\cdots,\Upsilon_n)=\langle R,Z\rangle \tag{4-21}$$

其中，

$$R=\left\{1-\left[1+\left[\frac{1}{N}\sum_{h=1}^{N}\left(\frac{\sum_{i_h=1}^{|S_h|}v_{i_h}}{|S_h|!}\sum_{b\in B_{|S_h|}}\left(\sum_{i_h=1}^{|S_h|}\left(v_{i_h}\left(\frac{1-\alpha^3_{\Upsilon_{b(i_h)}}}{\alpha^3_{\Upsilon_{b(i_h)}}}\right)^{g}\right)\right)^{-1}\right)\right]^{\frac{1}{g}}\right]^{-1}\right\}^{\frac{1}{3}} \tag{4-22}$$

$$Z=\left\{\left[1+\left[\frac{1}{N}\sum_{h=1}^{N}\left(\frac{\sum_{i_h=1}^{|S_h|}v_{i_h}}{|S_h|!}\sum_{b\in B_{|S_h|}}\left(\sum_{i_h=1}^{|S_h|}\left(v_{i_h}\left(\frac{\beta^3_{\Upsilon_{b(i_h)}}}{1-\beta^3_{\Upsilon_{b(i_h)}}}\right)^{g}\right)\right)^{-1}\right)\right]^{\frac{1}{g}}\right]^{-1}\right\}^{\frac{1}{3}} \tag{4-23}$$

下面分析 FFDPMM 算子的一些数学性质。

定理 4.2（幂等性） 设 $\Upsilon_i=\langle\alpha_{\Upsilon_i},\beta_{\Upsilon_i}\rangle(i=1,2,\cdots,n)$ 为一组 FFN，若所有 FFN 都相等，即 $\Upsilon_1=\Upsilon_2=\cdots=\Upsilon_n=\Upsilon$，则：

$$FFDPMM^{V}(\Upsilon,\Upsilon,\Upsilon,\cdots,\Upsilon)=\Upsilon \tag{4-24}$$

定理 4.3（单调性） 令 $\Upsilon_i=\langle\alpha_{\Upsilon_i},\beta_{\Upsilon_i}\rangle(i=1,2,\cdots,n)$和 $\Psi_i=\langle\alpha_{\psi_i},\beta_{\psi_i}\rangle(i=1,2,\cdots,n)$ 是两组 FFN，若 $\alpha_{\Upsilon_i}\leqslant\alpha_{\psi_i}$，$\beta_{\Upsilon_i}\geqslant\beta_{\psi_i}(i=1,2,3,\cdots,n)$，则：

$$FFDPMM^{V}(\Upsilon_1,\Upsilon_2,\Upsilon_3,\cdots,\Upsilon_n)\leqslant FFDPMM^{V}(\Psi_1,\Psi_2,\Psi_3,\cdots,\Psi_n) \tag{4-25}$$

定理 4.4（有界性） 设 $\Upsilon_i=\langle\alpha_{\Upsilon_i},\beta_{\Upsilon_i}\rangle(i=1,2,\cdots,n)$ 为一组 FFN，其中 $\Upsilon^{max}=\max\limits_{1\leqslant i\leqslant n}\{\Upsilon_i\}$，$\Upsilon^{min}=\min\limits_{1\leqslant i\leqslant n}\{\Upsilon_i\}$，则：

$$\Upsilon^{min}\leqslant FFDPMM^{V}(\Upsilon_1,\Upsilon_2,\Upsilon_3,\cdots,\Upsilon_n)\leqslant\Upsilon^{max} \tag{4-26}$$

上述定理的证明可根据数学归纳展开，这里不做具体描述。此外，当 $V=(v_1,v_2,v_3,\cdots,v_n)$ 取某些特定值时，我们可以得到 FFDPMM 算子的几种特殊形式，如：

（1）当 $V=(v,v,\cdots,v)(v_i=v,i=1,2,\cdots,n)$ 时，FFDPMM 算子转化成 Fermatean 模糊 Dombi 分块几何平均（FFDPGM）算子：

$$FFDPMM^{(v,v,v,\cdots,v)}(\Upsilon_1,\Upsilon_2,\Upsilon_3,\cdots,\Upsilon_n)=\left\{\frac{1}{N}\sum_{h=1}^{N}\left(\prod_{i_h=1}^{|S_h|}r_{i_h}\right)^{\frac{1}{|S_h|}}\right\}_{Dom} \tag{4-27}$$

（2）当 $V=(1,0,\cdots,0)$（$v_1=1, v_i=0, i=2,\cdots,n$）时，FFDPMM 算子转化成 Fermatean 模糊 Dombi 分块算术平均（FFDPAM）算子：

$$FFDPMM^{(1,0,0,\cdots,0)}(\Upsilon_1,\Upsilon_2,\Upsilon_3,\cdots,\Upsilon_n) = \left\{\frac{1}{N}\sum_{h=1}^{N}\left(\frac{1}{|S_h|}\sum_{i_h=1}^{|S_h|} r_{i_h}\right)\right\}_{Dom} \tag{4-28}$$

（3）当 $V=(v_1,v_2,0,\cdots,0)$（$v_1,v_2\neq 0, v_i=0, i=3,\cdots,n$）时，FFDPMM 算子转化成 Fermatean 模糊 Dombi 分块 Bonferroni 平均（FFDPBM）算子：

$$FFDPMM^{(v_1,v_2,0,\cdots,0)}(\Upsilon_1,\Upsilon_2,\cdots,\Upsilon_n)$$

$$= \left\{\frac{1}{N}\sum_{h=1}^{N}\left(\left(\frac{1}{|S_h|(|S_h|-1)}\sum_{\substack{i_h,j_h=1\\ i_h\neq j_h}}^{|S_h|} r_{i_h}^{v_1} r_{j_h}^{v_2}\right)^{\frac{1}{v_1+v_2}}\right)\right\}_{Dom} \tag{4-29}$$

（4）当 $V=(\overbrace{1,1,\cdots 1}^{k},\overbrace{0,0,\cdots,0}^{n-k})$（$v_1=v_2=\cdots=v_k=1, v_{k+1}=v_{k+2}=\cdots=v_n=0$）时，FFDPMM 算子转化成 Fermatean 模糊 Dombi 分块麦克劳林对称平均（FFDPMSM）算子：

$$FFDPMM^{(\overbrace{1,1,\cdots 1}^{k},\overbrace{0,0,\cdots,0}^{n-k})}(\Upsilon_1,\Upsilon_2,\Upsilon_3,\cdots,\Upsilon_n)$$

$$= \left\{\frac{1}{N}\sum_{h=1}^{N}\left(\frac{\sum_{1\leqslant i_1<\cdots<i_k\leqslant |S_h|}\prod_{j=1}^{k} r_{i_j}}{C_{|S_h|}^{k}}\right)^{\frac{1}{k}}\right\}_{Dom} \tag{4-30}$$

由于实际评价问题中往往需要考虑指标的不同权重，故下面给出 FFD-PMM 算子的加权形式。

定义 4.14　设 $\Upsilon_i=\langle \alpha_{\Upsilon_i}, \beta_{\Upsilon_i}\rangle$（$i=1,2,\cdots,n$）为一组 FFN，$\omega=(\omega_1,\omega_2,\cdots,\omega_n)^T$ 是权重向量，$\omega_i\geqslant 0$ 且 $\sum_{i=1}^{n}\omega_i=1$，$V=(v_1,v_2,v_3,\cdots,v_n)\in R^n$，则 Fermatean 模糊 Dombi 加权分块 Muirhead 平均（FFDWPMM）算子的数学表达式为：

$$FFDWPMM^{V}(\Upsilon_1,\Upsilon_2,\Upsilon_3,\cdots,\Upsilon_n)$$

$$= \left\{\frac{1}{N}\sum_{h=1}^{N}\left(\frac{1}{|S_h|!}\sum_{b\in B_{|S_h|}}\prod_{i_h=1}^{|S_h|}\omega_{b(i_h)}\Upsilon_{b(i_h)}^{v_{i_h}}\right)^{\frac{1}{\sum_{i_h=1}^{|S_h|} v_{i_h}}}\right\}_{Dom} \tag{4-31}$$

其中，$S=\{\Upsilon_1,\Upsilon_2,\Upsilon_3,\cdots,\Upsilon_n\}$ 是一实数集合，$S_h=\{\Upsilon_1,\Upsilon_2,\Upsilon_3,\cdots,\Upsilon_{|S_h|}\}$（$h=1,2,3\cdots,N$）表示 S 的 N 个分块，满足条件 $S_1\cup S_2\cup S_3\cup\cdots\cup S_N=S$ 且

$S_1 \cap S_2 \cap S_3 \cap \cdots \cap S_N = \varnothing$。$|S_h|$表示 $S_h = \{\Upsilon_1, \Upsilon_2, \Upsilon_3, \cdots, \Upsilon_{|S_h|}\}$ （$h = 1, 2, 3 \cdots, N$）中参数的数量，$b(i_h)$ 是序列（$1, 2, \cdots, |S_h|$）的任意排列组合，$B_{|S_h|}$表示序列（$1, 2, \cdots, |S_h|$）所有排列组合的集合。

定理 4.5 假设 $\Upsilon_i = \langle \alpha_{\Upsilon_i}, \beta_{\Upsilon_i} \rangle (i = 1, 2, \cdots, n)$ 为一组 FFN，由 FFDWPMM 算子的聚集结果仍为 FFN。

FFDWPMM 算子同样具有幂等性、单调性、有界性等优良的数学性质，具体证明这里省略。当 FFDWPMM 算子的参数向量 $V = (v_1, v_2, v_3, \cdots, v_n)$ 取某些特定值时，可以得到 FFDWPMM 算子的几种特殊形式：

（1）当 $V = (v, v, \cdots, v)(v_i = v, i = 1, 2, \cdots, n)$ 时，FFDWPMM 算子演化成 Fermatean 模糊 Dombi 加权分块几何平均（FFDWPGM）算子。

$$FFDWPMM^{(v,v,v,\cdots,v)}(\Upsilon_1, \Upsilon_2, \cdots, \Upsilon_n) = \left\{ \frac{1}{N} \sum_{h=1}^{N} \left(\prod_{i_h=1}^{|S_h|} \omega_{i_h} r_{i_h} \right)^{\frac{1}{|S_h|}} \right\}_{Dom} \tag{4-32}$$

（2）当 $V = (1, 0, 0, \cdots, 0)(v_1 = 1, v_i = 0, i = 2, 3, \cdots, n)$时，FFDWPMM 算子演化成 Fermatean 模糊 Dombi 加权分块算术平均（FFDWPAM）算子。

$$FFDWPMM^{(1,0,0,\cdots,0)}(\Upsilon_1, \Upsilon_2, \cdots, \Upsilon_n) = \left\{ \frac{1}{N} \sum_{h=1}^{N} \left(\frac{1}{|S_h|} \sum_{i_h=1}^{|S_h|} \omega_{i_h} r_{i_h} \right) \right\}_{Dom} \tag{4-33}$$

（3）当 $V = (v_1, v_2, 0, \cdots, 0)(v_1, v_2 \neq 0, v_i = 0, i = 3, \cdots, n)$ 时，FFDWPMM 算子演化成 Fermatean 模糊 Dombi 加权分块 Bonferroni 平均（FFDWPBM）算子。

$$FFDWPMM^{(v_1,v_2,0,\cdots,0)}(\Upsilon_1, \Upsilon_2, \cdots, \Upsilon_n)$$
$$= \left\{ \frac{1}{N} \sum_{h=1}^{N} \left(\left(\frac{1}{|S_h|(|S_h| - 1)} \sum_{\substack{i_h, j_h = 1 \\ i_h \neq j_h}}^{|S_h|} \omega_{i_h} r_{i_h}^{v_1} \otimes \omega_{j_h} r_{j_h}^{v_2} \right)^{\frac{1}{v_1 + v_2}} \right) \right\}_{Dom} \tag{4-34}$$

（4）当 $V = (\overbrace{1, 1, \cdots, 1}^{k}, \overbrace{0, 0, \cdots, 0}^{n-k})(v_1 = v_2 = \cdots = v_k = 1, v_{k+1} = v_{k+2} = \cdots = v_n = 0)$ 时，FFDWPMM 算子演化成 Fermatean 模糊 Dombi 加权分块麦克劳林对称平均（FFDWPMSM）算子。

$$FFDWPMM^{(\overbrace{1,1,\cdots,1}^{k},\overbrace{0,0,\cdots,0}^{n-k})}(\Upsilon_1,\Upsilon_2,\cdots,\Upsilon_n)$$

$$=\left\{\frac{1}{N}\sum_{h=1}^{N}\left(\frac{\sum_{1\leqslant i_1<\cdots<i_k\leqslant|s_h|}\prod_{j=1}^{k}\omega_{i_j}r_{i_j}}{C_{|s_h|}^{k}}\right)^{\frac{1}{k}}\right\}_{Dom} \tag{4-35}$$

二、基于 AHP 和 FFDWPMM 的 Fermatean 模糊综合评价方法

层次分析法（AHP）是由 Saatty[19]率先提出的一种对定性问题进行定量评价分析的简便方法，该方法通过比较各指标属性对整个研究对象的影响程度，可以清晰、准确地量化各层次、各属性对最终评判结果的影响程度。本文利用层次分析法来计算 Fermatean 模糊情形下的指标权重，从而构建了如下 Fermatean 模糊层次分析法。

设 Fermatean 模糊的多指标综合评价问题，$A=\{A_1,A_2,\cdots,A_m\}$ 为 m 个备选方案集合，$c=\{c_1,c_2,\cdots,c_n\}$ 为 n 个指标属性集合。这 n 个指标属性被划分为 N 个分块区域：$s_h=\{c_1,c_2,\cdots,c_{|s_h|}\}(h=1,2,\cdots,N)$，满足条件 $s_1\cup s_2\cup\cdots\cup s_N=c$ 且 $s_1\cap s_2\cap\cdots\cap s_N=\varnothing$。$|s_h|$表示分块区域 $s_h=\{c_1,c_2,\cdots,c_{|s_h|}\}(h=1,2,\cdots,N)$ 包含的参数数量。

算法 1 基于 AHP 的指标权重确定。

步骤 1 建立层次结构模型。根据评价对象的影响因素及其内部逻辑关系，构建相应的层次结构模型。

步骤 2 建立判断矩阵 $P=[\phi_{ij}]_{n\times n}$，其中 $\phi_{ij}(i,j=1,2,3,\cdots,n)$表示指标 c_i 对指标 c_j 的相对重要性。表 4-1 为指标相对重要性的评价标度表。

表 4-1 评价标度及其含义

标度值	标度含义
1	评价指标 A 与评级指标 B 同等重要
3	评价指标 A 与评级指标 B 略微重要
5	评价指标 A 与评级指标 B 比较重要
7	评价指标 A 与评级指标 B 非常重要

续表

标度值	标度含义
9	评价指标 A 与评级指标 B 绝对重要
2,4,6,8	分别代表处于上述判断之间状态对应的中间值
倒数	评价指标 A 相较于评价指标 B 的重要性为下 x，则 B 相对于 A 的重要性为 $1/x$

步骤 3 计算最大特征值 $\lambda_{\max}$，计算公式如下：

$$\Im_i = \prod_{j=1}^{n} \phi_{ij}(i,j = 1,2,3,\cdots,n) \tag{4-36}$$

$$\omega_i = \frac{\aleph_i}{\sum_{i}^{n} \aleph_i}, \aleph_i = \sqrt[n]{\Im_i} \tag{4-37}$$

$$\lambda_{\max} = \frac{1}{n}\sum_{i=1}^{n} \frac{(P\omega)_i}{\omega_i} \tag{4-38}$$

其中，$\Im_i$ 是通过将比较矩阵 P 中的元素 ϕ_{ij} 逐行相乘而得，$\omega = (\omega_1, \omega_2, \omega_3, \cdots, \omega_n)^T$ 表示归一化权重向量。

步骤 4 一致性检验。判断矩阵的一致性检验根据式（4－39）、式（4－40）求得，其中一致性指标（CI）值越小，判断矩阵的一致性程度越高。考虑到一致性偏差受到随机原因影响，需要将 CI 与随机一致性指标（RI）进行比较，以获得一致性比率（CR），以测试判断矩阵的一致性程度是否在允许的范围内。不同阶数的矩阵，其评价的一致性指标（RI）也不同，具体取值如表 4－2 所示。

$$CI = \frac{\lambda_{\max} - n}{n - 1} \tag{4-39}$$

$$CR = \frac{CI}{RI} \tag{4-40}$$

表 4－2　判断矩阵一致性指标（RI）标准值

n	1	2	3	4	5	6	7	8	9
RI	0.00	0.00	0.58	0.9	1.12	1.24	1.32	1.41	1.45

若 $CR < 0.1$，认为判断矩阵的一致性是可以接受的，否则需评审专家修

正判断矩阵，直至能够通过一致性检验为止[20]。

在指标权重确定的基础上，下面提出一种基于 AHP 和 FFDWPMM 的 Fermatean 模糊综合评价方法。

算法 2　基于 AHP - FFDWPMM 的 Fermatean 模糊综合评价方法。

步骤 1　根据专家的打分值构建 Fermatean 模糊评价矩阵 $R=[\Upsilon_{xy}]_{m\times n}$，其中 $\Upsilon_{xy}=\langle\alpha_{\Upsilon_{xy}},\beta_{\Upsilon_{xy}}\rangle(x=1,2,\cdots,m;y=1,2,\cdots,n)$ 表示专家关于方案 A_x $(x=1,2,\cdots,m)$ 在指标 $c_y(y=1,2,\cdots,n)$ 下的评价信息。

步骤 2　标准化 Fermatean 模糊评价矩阵。多指标决策过程中涉及的指标属性包含两类，效益类指标和成本类指标。当指标 $c_y(y=1,2,\cdots,n)$ 为效益类指标时，$R=[\Upsilon_{xy}]_{m\times n}=[\langle\alpha_{\Upsilon_{xy}},\beta_{\Upsilon_{xy}}\rangle]_{m\times n}(x=1,2,\cdots,m;y=1,2,\cdots,n)$；当指标 $c_y(y=1,2,\cdots,n)$ 为成本类指标时，$R=[\Upsilon_{xy}]_{m\times n}=[\langle\beta_{\Upsilon_{xy}},\alpha_{\Upsilon_{xy}}\rangle]_{m\times n}$ $(x=1,2,\cdots,m;y=1,2,\cdots,n)$。

步骤 3　根据算法 1 确认指标的权重。

步骤 4　计算每个方案的综合评价值 $\Gamma_{A_x}(x=1,2,\cdots,m)$。利用 FFDWPMM 算子（定义 4.14）求出每个方案 $A_x(x=1,2,\cdots,m)$ 的综合评价值 Γ_{A_x} $(x=1,2,\cdots,m)$。

步骤 5　对备选方案进行优劣排序。根据方案的综合评价值的大小进行排序，$\Gamma_{A_x}(x=1,2,\cdots,m)$ 的值越大，则说明备选方案 $A_x(x=1,2,\cdots,m)$ 越优。

三、案例应用分析

城市书房作为公共文化事业领域的成功探索，坚持以人民为中心，通过平等、开放、免费、便捷的服务，保障公众基本文化权益，提升了图书馆服务效能。其无人值守和读者自我管理服务的全开放、不打烊、高品位的特点，为读者和图书馆之间的互动提供了健康、有序、和谐的崭新空间。此时，对于城市书房布局选址研究显得尤为关键，必须统筹考虑选址时的影响因素，构建完整的城市书房布局选址评价指标体系。本节提出基于人口因素、周边环境因素、经济因素和交通因素 4 个主要层面的评价指标体系，其中：

人口因素（S_1），主要包括人口密度、人口年龄结构、文化程度及人口流动情况等。人口密度越高、流动性越大，对于城市书房有效服务范围内的空间需求越高；人口文化程度越高、知识需求度越大，对于城市书房有效服务范围内的知识需求越高。因此，选在人口密集区域、年轻化区域、文化繁荣区域更有利于资源配置的合理化和效率的最大化。

城市书房的选址，需关注周边环境因素（S_2）。首先，城市书房作为一个公共阅读空间，书房周边的秩序管理需要相对有序，混乱嘈杂的区域不宜于建设书房。其次，城市书房有一个很重要的作用就是休闲放松，作为区域内重要的文化设施，周边的文化景观要素也十分重要，距公园、绿地、休闲广场等越近，越有人文气息和氛围感。再次，书房周围需要有较为完善的市政配套设施，例如公共卫生间、保安亭等。最后，还需要考虑到周边相似功能设施，例如公共图书馆、现有城市书房等竞争要素，避免重复投资，造成资源浪费。

经济因素（S_3），主要包括三个方面：政府财政状况、居民经济水平和日后运营成本。由于各地区经济发展水平的不同，对于城市书房这类公共文化服务设施的需求也各不相同，只有在当地政府财政状况较宽裕时，才会将建设城市书房列入工作规划；只有当居民经济条件较好、不再为生计发愁时，才会经常性地走进城市书房。另外，虽然城市书房是由政府主导的、公益性质的，但是为了城市书房能够长期可持续发展，还是应该考虑其运营成本。城市书房的运营成本主要包括建设成本和维护成本。建设成本主要包括自助设备的购买安置、图书采购、场地租赁等费用；维护成本主要包括日常用电、书籍添补、系统运维等费用。

交通因素（S_4），对城市书房使用的影响是非常大的。交通的便利一般情况下会带来更大的人口流动，进而提高场馆的使用率。首先，交通的便利程度直接影响到一个公共文化服务设施的大众认知度，当城市书房建设在某区域的交通便利区或者某个地铁节点上时，该城市书房的“知名度”就会快速提升，而后会因交通便捷吸引更多的居民前来使用。当然，交通也可以阻挡读者前往的脚步，降低城市书房的使用率。据调查显示，人们在想满足某些需求的时候，通常会就近选择可行性方案，一般会选择 5 ~ 10 分钟所能到达的地点。如果某一城市书房建在位置偏僻、交通不便的位置，势必会因难以抵达而影响其使用率，造成一定程度的资源浪费。其次，交通因素还在很大程度上会影响到物流的配送，主要是为城市书房补充缺少的书籍。

根据以上对城市书房各个层面的影响因素进行分析，得出城市书房选址的评价指标体系，如表 4－3 所示。

表 4－3　　城市书房选址的评价指标体系

目标层	准则层	指标层
城市书房选址	人口因素(S_1)	人口的密度(c_1)
		人口的年龄结构(c_2)
		文化程度(c_3)
		人口流动情况(c_4)
	周边环境因素(S_2)	周边秩序管理(c_5)
		周边文化娱乐氛围(c_6)
		基础市政配套设施(c_7)
		竞争者相对距离(c_8)
	经济因素（S_3）	政府财政状况(c_9)
		居民的文化消费(c_{10})
		运营成本控制(c_{11})
	交通因素（S_4）	道路布局(c_{12})
		与公交站点距离(c_{13})
		与地铁站点距离(c_{14})

城市书房的创建不断地完善公共文化服务体系，极大地扩宽了全民阅读服务的覆盖面，推动图书馆事业跨越式发展。尽管城市书房是城市文化建设的新潮热点，但目前城市书房的数量明显不足。因此，本节利用提出的综合评价方法对某市城市书房选址进行研究。已知存在 4 个备选地址：A_1、A_2、A_3 和 A_4。现邀请多位专家对这四个选址的各项指标进行评价打分，具体数据信息见表 4－4，整体评价过程如图 4－2 所示。

表 4－4　　Fermatean 模糊评价矩阵

准则层	指标层	备选方案			
		A_1	A_2	A_3	A_4
S_1	c_1	⟨0.78,0.45⟩	⟨0.68,0.34⟩	⟨0.77,0.82⟩	⟨0.93,0.63⟩
	c_2	⟨0.84,0.73⟩	⟨0.89,0.35⟩	⟨0.45,0.29⟩	⟨0.56,0.77⟩
	c_3	⟨0.83,0.26⟩	⟨0.67,0.56⟩	⟨0.64,0.44⟩	⟨0.83,0.64⟩
	c_4	⟨0.68,0.45⟩	⟨0.82,0.45⟩	⟨0.85,0.38⟩	⟨0.84,0.44⟩

续表

准则层	指标层	备选方案			
		A_1	A_2	A_3	A_4
S_2	c_5	〈0.57,0.48〉	〈0.88,0.56〉	〈0.33,0.33〉	〈0.75,0.75〉
	c_6	〈0.88,0.46〉	〈0.90,0.43〉	〈0.67,0.38〉	〈0.83,0.45〉
	c_7	〈0.83,0.46〉	〈0.68,0.31〉	〈0.93,0.32〉	〈0.84,0.36〉
	c_8	〈0.62,0.67〉	〈0.66,0.46〉	〈0.75,0.46〉	〈0.78,0.34〉
S_3	c_9	〈0.83,0.45〉	〈0.73,0.23〉	〈0.92,0.34〉	〈0.77,0.46〉
	c_{10}	〈0.71,0.34〉	〈0.64,0.56〉	〈0.88,0.34〉	〈0.57,0.66〉
	c_{11}	〈0.84,0.67〉	〈0.77,0.81〉	〈0.68,0.56〉	〈0.82,0.24〉
S_4	c_{12}	〈0.69,0.49〉	〈0.86,0.47〉	〈0.78,0.54〉	〈0.72,0.33〉
	c_{13}	〈0.76,0.54〉	〈0.85,0.55〉	〈0.94,0.35〉	〈0.64,0.77〉
	c_{14}	〈0.58,0.34〉	〈0.63,0.26〉	〈0.68,0.53〉	〈0.46,0.82〉

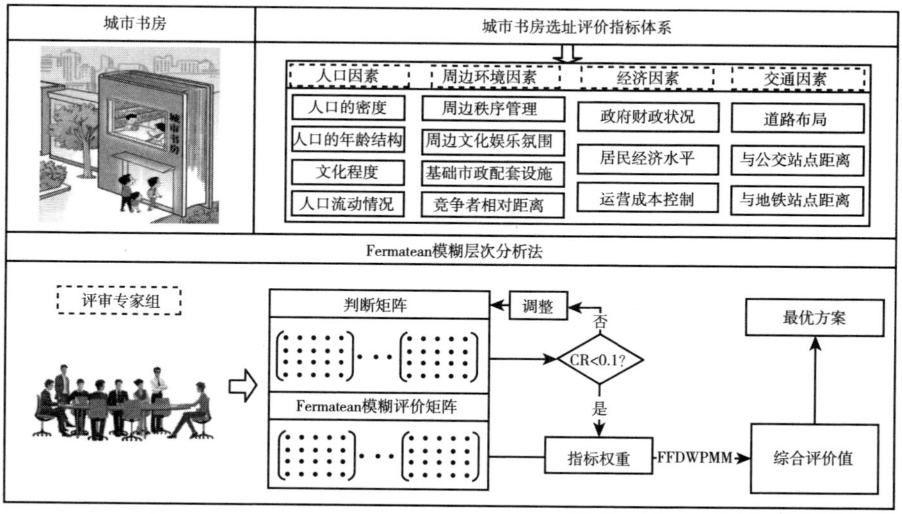

图 4-2　评价流程图

首先，根据算法 1 求解评价指标的权重大小。由评审专家对评价指标构建判断矩阵，如表 4-5 至表 4-9 所示。

表 4－5　人口因素的判断矩阵

	c_1	c_2	c_3	c_4
c_1	1	4	1/3	2
c_2	1/4	1	7	3
c_3	3	1/7	1	4
c_4	1/2	1/3	1/4	1

表 4－6　周边环境因素的判断矩阵

	c_5	c_6	c_7	c_8
c_5	1	1/4	1/3	3
c_6	4	1	2	6
c_7	3	1/2	1	5
c_8	1/3	1/6	1/5	1

表 4－7　经济因素的判断矩阵

	c_9	c_{10}	c_{11}
c_9	1	1/3	4
c_{10}	3	1	5
c_{11}	1/4	1/5	1

表 4－8　交通因素的判断矩阵

	c_{12}	c_{13}	c_{14}
c_{12}	1	3	6
c_{13}	1/3	1	4
c_{14}	1/6	1/4	1

表 4－9　指标准则层面的判断矩阵

	S_1	S_2	S_3	S_4
S_1	1	1/3	2	1/2
S_2	3	1	4	2
S_3	1/2	1/4	1	1/3
S_4	2	1/2	3	1

分别计算 5 个判断矩阵的最大特征值：

$\lambda_{max}^{S_1}=4.0571, \lambda_{max}^{S_2}=4.0899, \lambda_{max}^{S_3}=3.0858, \lambda_{max}^{S_4}=3.0536, \lambda_{max}=4.0310$

最后，根据式（4-43）、式（4-44）对判断矩阵进行一致性检验，通过计算有：

$CI_{S_1}=0.0190$，$CI_{S_2}=0.0300$，$CI_{S_3}=0.0429$，$CI_{S_4}=0.0268$，$CI=0.0103$，$CR_{S_1}=0.0212$，$CR_{S_2}=0.0333$，$CR_{S_3}=0.0739$，$CR_{S_4}=0.0462$，$CR=0.0115$。

由于 5 个判断矩阵得出的一致性指标 CR 的值均小于 0.1，即说明 5 个判断矩阵的一致性程度符合标准，从而得出的 14 个指标的权重，如表 4-10 所示。

表 4-10　指标权重

准则层	权重	指标层	相对权重	权重	CR
S_1	0.1603	c_1	0.2359	0.0378	0.0212
		c_2	0.0610	0.0098	
		c_3	0.5588	0.0895	
		c_4	0.1444	0.0231	
S_2	0.4668	c_5	0.1300	0.0607	0.0333
		c_6	0.4840	0.2260	
		c_7	0.3310	0.1545	
		c_8	0.0549	0.0256	
S_3	0.0953	c_9	0.2797	0.0267	0.0739
		c_{10}	0.6267	0.0597	
		c_{11}	0.0936	0.0089	
S_4	0.2776	c_{12}	0.6442	0.1788	0.0462
		c_{13}	0.2706	0.0751	
		c_{14}	0.0852	0.0237	

下面根据算法 2，对备选方案进行评估与排序，主要步骤如下：

步骤 1　构建 Fermatean 模糊评价矩阵。Fermatean 模糊评价矩阵的信息如表 4-4 所示。

步骤 2　标准化 Fermatean 模糊评价矩阵。由于所有的指标都为效益类指标，因此无须做任何信息转化。

步骤 3　根据算法 1，根据 AHP 方法求得指标的权重，见表 4-10。

步骤 4　利用 FFDWPMM 对方案各指标评价值进行集成，考虑到将 14 个指标划分为 4 个分块部分，由每个分块部分的参数数量设置区块间的属性相关系数，即 $V=\left(\overbrace{\frac{1}{4},\frac{1}{4},\frac{1}{4},\frac{1}{4}}^{4},\overbrace{\frac{1}{4},\frac{1}{4},\frac{1}{4},\frac{1}{4}}^{4},\overbrace{\frac{1}{3},\frac{1}{3},\frac{1}{3}}^{3},\overbrace{\frac{1}{3},\frac{1}{3},\frac{1}{3}}^{3}\right)$，从而计算 4 个候选方案的综合评价值 Γ_{A_i}（$i=1$，2，3，4）（$g=1$）：

$\Gamma_{A_1}=\langle 0.2656,0.9335\rangle,\Gamma_{A_2}=\langle 0.2825,0.8957\rangle,$

$\Gamma_{A_3}=\langle 0.2350,0.9101\rangle,\Gamma_{A_4}=\langle 0.2731,0.9540\rangle.$

步骤 5　根据四处选址的综合评价值的得分值大小进行排序，具体数据见表 4 - 11。结果显示 A_2 是最优的备选方案。

表 4 - 11　　四所选址的综合排序

备选方案	得分值	排序
A_1	$sco_1=-0.7948$	$A_2>A_3>A_1>A_4$
A_2	$sco_2=-0.6960$	
A_3	$sco_3=-0.7410$	
A_4	$sco_4=-0.8479$	

四、对比与敏感性分析

下面分析 FFDWPMM 算子中参数 g 的变化对最终评价结果的影响，计算结果如表 4 - 12 和图 4 - 3 所示。从表 4 - 12 可知，随着参数 g 取值的变化，方案的整体排序结果也在发生变化：当 $1\leqslant g\leqslant 3$ 时，此时方案排序为 $A_2>A_3>A_1>A_4$；而当 $g=4$ 时，$A_3>A_2>A_1>A_4$；但当 $g\geqslant 5$ 时，方案排序结果保持稳定为 $A_3>A_1>A_2>A_4$。说明参数 g 的变化会影响方案的排序结果，但对最劣方案的选择没有影响。

表 4 - 12　　参数 g 对方案排序的影响

参数值	得分排序	排序结果
$g=1$	$sco_{A_2}>sco_{A_3}>sco_{A_1}>sco_{A_4}$	$A_2>A_3>A_1>A_4$
$g=2$	$sco_{A_2}>sco_{A_3}>sco_{A_1}>sco_{A_4}$	$A_2>A_3>A_1>A_4$
$g=3$	$sco_{A_2}>sco_{A_3}>sco_{A_1}>sco_{A_4}$	$A_2>A_3>A_1>A_4$

续表

参数值	得分排序	排序结果
$g=4$	$sco_{A_3} > sco_{A_2} > sco_{A_1} > sco_{A_4}$	$A_3 > A_2 > A_1 > A_4$
$g=5$	$sco_{A_3} > sco_{A_1} > sco_{A_2} > sco_{A_4}$	$A_3 > A_1 > A_2 > A_4$
$g=6$	$sco_{A_3} > sco_{A_1} > sco_{A_2} > sco_{A_4}$	$A_3 > A_1 > A_2 > A_4$
$g=7$	$sco_{A_3} > sco_{A_1} > sco_{A_2} > sco_{A_4}$	$A_3 > A_1 > A_2 > A_4$
$g=8$	$sco_{A_3} > sco_{A_1} > sco_{A_2} > sco_{A_4}$	$A_3 > A_1 > A_2 > A_4$
$g=9$	$sco_{A_3} > sco_{A_1} > sco_{A_2} > sco_{A_4}$	$A_3 > A_1 > A_2 > A_4$
$g=10$	$sco_{A_3} > sco_{A_1} > sco_{A_2} > sco_{A_4}$	$A_3 > A_1 > A_2 > A_4$
$g=11$	$sco_{A_3} > sco_{A_1} > sco_{A_2} > sco_{A_4}$	$A_3 > A_1 > A_2 > A_4$
$g=12$	$sco_{A_3} > sco_{A_1} > sco_{A_2} > sco_{A_4}$	$A_3 > A_1 > A_2 > A_4$
$g=13$	$sco_{A_3} > sco_{A_1} > sco_{A_2} > sco_{A_4}$	$A_3 > A_1 > A_2 > A_4$
$g=14$	$sco_{A_3} > sco_{A_1} > sco_{A_2} > sco_{A_4}$	$A_3 > A_1 > A_2 > A_4$
$g=15$	$sco_{A_3} > sco_{A_1} > sco_{A_2} > sco_{A_4}$	$A_3 > A_1 > A_2 > A_4$

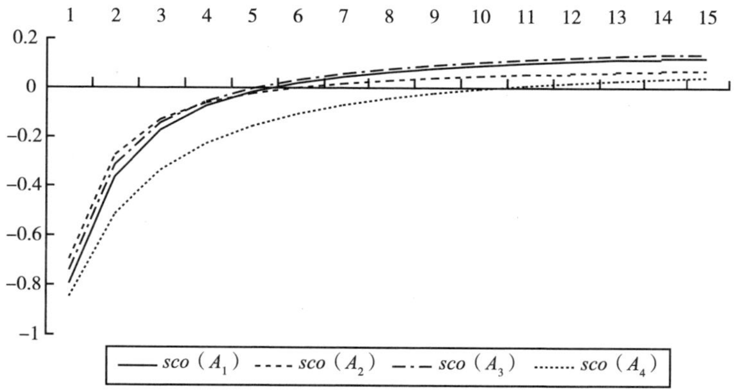

图 4-3　参数 g 对综合评价值的影响

由图 4-3 可知，随着参数 g 的不断增大，4 个方案的综合评价值呈现递增的趋势；在 g 变化的过程中，方案 A_2 的综合评价值的变化速度均小于 A_1 和 A_3 的综合评价值。因此在图 4-3 中出现了随着参数 g 的增大，方案 A_2 的排序逐渐递减：当 $1\leqslant g\leqslant 3$ 时，决策结果为 A_2 是最优方案；当 $g=4$ 时，A_3 的综合排序要优于 A_2；而当 $g\geqslant 5$ 时，A_1 的排序结果也优于 A_2，A_2 位于第 3 排序位。此时，四处选址的排序结果趋于稳定，说明 FFDWPMM 算子中参数

g 的变化会对四处选址的综合排序结果有较大的影响。

上述城市书房选址案例和对 g 参数的敏感性分析证实了提出方法的适用性和灵活性。为进一步印证该方法的有效性和优越性，我们与其他 4 种集成方法进行比较分析，即 FFDWA 和 FFDWG 算子[6]以及前面介绍的 FFDWPBM 和 FFDWPMSM 算子。具体的比较结果如表 4 – 13 所示。

表 4 – 13　　不同集成方法的方案得分与排序

集成方法	得分排序	排序结果
FFDWA[6]	$sco_{A_3} > sco_{A_2} > sco_{A_1} > sco_{A_4}$	$A_3 > A_2 > A_1 > A_4$
FFDWG[6]	$sco_{A_2} > sco_{A_1} > sco_{A_4} > sco_{A_3}$	$A_2 > A_1 > A_4 > A_3$
FFDWPBM	$sco_{A_2} > sco_{A_1} > sco_{A_3} > sco_{A_4}$	$A_2 > A_1 > A_3 > A_4$
FFDWPMSM	$sco_{A_2} > sco_{A_3} > sco_{A_1} > sco_{A_4}$	$A_2 > A_3 > A_1 > A_4$
FFDWPMM	$sco_{A_2} > sco_{A_3} > sco_{A_1} > sco_{A_4}$	$A_2 > A_3 > A_1 > A_4$

由表 4 – 13 可知，FFDWA 算子对于最优方案的判断为 A_3，而其余 4 种方法都得到 A_2 为最优方案；FFDWG 算子判断 A_3 为最劣方案，而其余 4 种方法得到的最劣方案都是 A_4。相比于 FFDWPMSM 集成方法，4 种方案的综合排序与本章所提方法如出一辙，为 $A_2 > A_3 > A_1 > A_4$。通过以上分析可得：

（1）相比于 FFDWA 方法，A_2，A_3 的排序与本章所提方法存在差异，而 A_1 和 A_4 的排序与本章所提方法完全一致。相比于 FFDWG 方法，方案 A_2 的排序与本章的方法一致，其余 3 个方案的排序判断与本章存在明显差异。上述差异产生的原因来源于 FFDWA，FFDWG 算子没有考虑指标间存在的相互关系。本文提出的 FFDWPMM 算子不仅关注了指标间的相互关系，还能有效处理指标间存在的各种复杂的关联关系。因此，本章提出的集成方法更具灵活性，适用范围更广，更符合复杂的决策过程。

（2）相比于 FFDWPBM 方法，A_1 和 A_3 的排序与本章存在差异，而两种方法得到的最优最劣方案完全一致，都为 A_2，A_4。上述差异产生的原因在于 FFDWPBM 方法仅能捕捉任意两个参数之间的相关性，而实际评价过程中，往往为两个及以上指标之间存在明显关联性。而本章提出的 FFDWPMM 集成方法能通过改变参数的值，灵活处理指标间复杂的相互关系，在指标间关系的捕捉上显然更具优势。当 $V = (v_1, v_2, 0, \cdots, 0)(v_1, v_2 \neq 0, v_i = 0, i = 3, \cdots, n)$ 时，FFDWPMM 算子就会转化成 FFDWPBM 算子。

此外，FFDWPMM 与 FFDWPMSM 两种方法得到的排序结果完全一致，事实上，FFDWPMSM 是本章提出的 FFDWPMM 一种特例。综合而言，本章提出的 FFDWPMM 集成方法在表达形式和应用范围上都更具一般性。

五、小结

为弥补现有集成方法在处理指标关联方面的不足，本章根据 Dombi 运算法则，融合 PMM 的优点，首先提出了 FFS 的一种新集成方法，即 FFDPMM，其可有效捕捉指标之间的各种复杂关联影响关系。在此基础上，提出基于 FFWDPMM 的 Fermatean 模糊信息集成技术，其可有效融入评价指标的重要性，并可有效处理整体指标间的层级内部之间的不同关联影响。在此基础上，提出 Fermatean 模糊 AHP 的指标权重确认方法，并结合 FFWDPMM 集成方法，提出一种新的 Fermatean 模糊多指标综合评价方法，并研究了其在城市书房地址选择中的应用，最后通过对比分析和敏感性分析验证了方法的有效性。本章的研究成果不但丰富了模糊信息集成技术和多指标综合评价理论，而且拓展了综合评价的应用领域，为复杂模糊环境下的综合评价问题提供了有益的借鉴和参考，具有较高的理论和实用价值。

第三节　基于组合加权距离的 Fermatean 模糊综合评价方法

利用距离测度衡量两个变量和指标之间的差异程度是多属性决策过程中的常用手段，如 TOPSIS 方法需要根据正负理想方案与待评方案之间的距离大小构建贴进度进行择优排序[21]。基于有序加权平均距离（OWAD）[22-23]思路，本章首先提出 Fermatean 模糊的几种新距离测度，并在此基础上提出了一种基于距离测度的 Fermatean 模糊 TOPSIS 综合评价方法。

一、Fermatean 模糊组合加权平均距离测度

首先介绍 Fermatean 模糊环境下的加权平均距离。

定义 4.15　假设 $A=(\Upsilon_1,\Upsilon_2,\cdots,\Upsilon_n)$ 和 $B=(\Upsilon_1',\Upsilon_2',\cdots,\Upsilon_n')$ 为两个非空集合 X 上的 FFS，$w=(w_1,\ w_2,\ \cdots,\ w_n)^T$ 是其中 FFN 相对应的权重信息，则

$$FFWAD(A,B)=\sum_{j=1}^{n}w_jd(\Upsilon_j,\Upsilon'_j)\tag{4-41}$$

为 Fermatean 模糊集 A 和 B 的加权平均距离，其中 $d(\Upsilon_j,\Upsilon_j')$ 为 Υ_j 和 Υ_j'之间的距离测度。

基于有序加权平均（OWA）[24]算子的启发，Merigó 和 Gil - Lafuente [23]给出了 OWAD 算子的定义，其主要特点在于能有效缓解位于最大和最小距离的输入参数对决策结果的极端影响，同时也可以反映评价主体的心理态度特征。

定义 4.16　存在两个实数集 $A=\{a_1,a_2,\cdots,a_n\}$ 和 $B=\{b_1,b_2,\cdots,b_n\}$，OWAD 算子的定义如下：

$$OWAD(\langle a_1,b_1\rangle,\langle a_2,b_2\rangle,\cdots,\langle a_n,b_n\rangle)=\sum_{j=1}^{n}\omega_jd_j\tag{4-42}$$

其中，$\omega=(\omega_1,\omega_2,\cdots,\omega_n)^T$ 表示与 OWAD 相关联的权重信息，满足条件 $\omega_j\in[0,1]$ 且 $\sum_{j=1}^{n}\omega_j=1$，d_j 表示第 j 大的 $|a_i-b_i|$。

下面我们研究 FFS 环境下的 OWAD 方法，并提出 Fermatean 模糊 OWAD（FFOWAD）测度。

定义 4.17　假设 $A=(\Upsilon_1,\Upsilon_2,\cdots,\Upsilon_n)$ 和 $B=(\Upsilon_1',\Upsilon_2',\cdots,\Upsilon_n')$ 为两个非空集合 X 上的 FFS，称

$$FFOWAD(A,B)=\sum_{j=1}^{n}\omega_j(d(\Upsilon_{\sigma(j)},\Upsilon_{\sigma(j)}'))\tag{4-43}$$

为 Fermatean 模糊集 A 和 B 之间的有序加权距离，其中 $\omega=(\omega_1,\omega_2,\cdots,\omega_n)^T$ 表示与 FFOWAD 测度相关的权重向量，满足 $\omega_j\in[0,1]$ 和 $\sum_{j=1}^{n}\omega_j=1$。$(\sigma(1),\sigma(2),\cdots,\sigma(n))$ 是序列 $(1,2,\cdots,n)$ 的一个任意排列组合，使得 $d(\Upsilon_{\sigma(j)},\Upsilon_{\sigma(j)}')\leqslant d(\Upsilon_{\sigma(j-1)},\Upsilon_{\sigma(j-1)}')$，其中 $d(\Upsilon_j,\Upsilon_j')$ 为 Υ_j 和 Υ_j'之间的距离。

由定义 4.17 可知，FFOWAD 测度可根据式（4 - 44）中的 $\alpha(W)$ 体现

决策者的态度特征[23]：

$$\alpha(W) = \sum_{j=1}^{n} w_j\left(\frac{n-j}{n-1}\right) \tag{4-44}$$

显然，FFWAD 仅考虑待集成指标本身的重要程度，而 FFOWAD 则仅考虑了其所在位置的重要程度，两者在权重的作用机制上都具有一定的片面性。为克服上述缺陷，本章提出 Fermatean 模糊综合加权评价距离（FFIWAD），具体定义如下：

定义 4.18 假设 $A=(\Upsilon_1,\Upsilon_2,\cdots,\Upsilon_n)$ 和 $B=(\Upsilon_1',\Upsilon_2',\cdots,\Upsilon_n')$ 为两个非空集合 X 上的 FFS，则 FFIWAD 的数学表达式为：

$$FFIWAD(A,B) = \sum_{j=1}^{n} v_j(d(\Upsilon_{\sigma(j)},\Upsilon'_{\sigma(j)})) \tag{4-45}$$

其中，$d(\Upsilon_j,\Upsilon_j')$ 为 Υ_j 和 Υ_j'之间的距离，$(\sigma(1),\sigma(2),\cdots,\sigma(n))$ 是序列 $(1,2,\cdots,n)$ 的一个任意排列组合，使 $d(\Upsilon_{\sigma(j)},\Upsilon_{\sigma(j)}')\leqslant d(\Upsilon_{\sigma(j-1)},\Upsilon_{\sigma(j-1)}')$。$v=(v_1,v_2,\cdots,v_n)^T$ 是与 FFIWAD 相关联的权重向量，满足 $\sum_{j=1}^{n} v_j = 1$，$v_j\in[0,1]$ 和 $v_j=\lambda w_j+(1-\lambda)\omega_j$，其中，$\lambda\in[0,1]$，$w_j$ 是 $d(\Upsilon_{\sigma(j)},\Upsilon_{\sigma(j)}')$ 的权重。

容易推断出 FFIWAD 是 FFWAD 与 FFOWAD 两者的线性组合：

$$FFIWAD(A,B) = \lambda\sum_{j=1}^{n} w_j d(\Upsilon_j,\Upsilon'_j) + (1-\lambda)\sum_{j=1}^{n}\omega_j d(\Upsilon_{\sigma(j)},\Upsilon_{\sigma(j)}') \tag{4-46}$$

显然，当 $\lambda=0$ 和 $\lambda=1$ 时，FFIWAD 分别转化成 FFOWAD 和 FFWAD，即 FFIWAD 是一种融合加权平均和有序加权平均思想的距离测度。与现有的综合距离测度相比，如混合犹豫模糊加权距离测度[25]，犹豫模糊协同加权距离测度[26]，FFIWAD 测度的主要优势在于其可以通过调整 FFWAD 与 FFOWAD 测度所占的比重参数，进而实现不同程度地考虑变量本身重要性及决策者的态度特征。此外，容易证明 FFIWAD 算子具有一般集成算子的特征，如单调性、有界性、幂等性、非负性和交换性等数学性质。

二、基于 FFIWAD－TOPSIS 的综合评价方法

设一个 Fermatean 模糊多指标评价问题包括 n 个备选方案 $A_i(i=1,2,\cdots,$

n)，m 个指标 $C_j(j=1,2,\cdots,m)$，指标的权重信息为 $w_j(j=1,2,\cdots,m)$，满足条件 $w_j\in[0,1]$ 且 $\sum_{j=1}^{n} w_j=1$。则基于 FFIWAD－TOPSIS 的 Fermatean 模糊多指标综合评价方法的具体步骤为：

步骤 1　构造 Fermatean 模糊评价矩阵。专家 $e_k(k=1,2,\cdots,K)$ 针对方案 $A_i(i=1,2,\cdots,n)$ 在指标 $C_j(j=1,2,\cdots,m)$ 下的评价值为 $\Upsilon_{ij}^k=\langle\alpha_{ij}^k,\beta_{ij}^k\rangle$，从而得到了专家 $e_k(k=1,2,\cdots,K)$ 的 Fermatean 模糊评价矩阵：

$$P^k=\begin{bmatrix}\langle\alpha_{11}^k,\beta_{11}^k\rangle & \langle\alpha_{12}^k,\beta_{12}^k\rangle & \cdots & \langle\alpha_{1m}^k,\beta_{1m}^k\rangle\\ \langle\alpha_{21}^k,\beta_{21}^k\rangle & \langle\alpha_{22}^k,\beta_{22}^k\rangle & \cdots & \langle\alpha_{2m}^k,\beta_{2m}^k\rangle\\ \vdots & \vdots & \ddots & \vdots\\ \langle\alpha_{n1}^k,\beta_{n1}^k\rangle & \langle\alpha_{n2}^k,\beta_{n2}^k\rangle & \cdots & \langle\alpha_{nm}^k,\beta_{nm}^k\rangle\end{bmatrix}_{n\times m}$$

步骤 2　标准化 Fermatean 模糊评价矩阵。多指标评价过程中涉及的指标属性包含两类，效益类指标和成本类指标。当指标 $C_j(j=1,2,\cdots,m)$ 为效益类指标时，$P^k=[\Upsilon_{ij}^k]_{n\times m}(i=1,2,\cdots,n;j=1,2,\cdots,m;k=1,2,\cdots,K)$；当指标 $C_j(j=1,2,\cdots,m)$ 为成本类指标时，$P^k=[(\Upsilon_{ij}^k)^c]_{n\times m}(i=1,2,\cdots,n;\ j=1,2,\cdots,m;k=1,2,\cdots,K)$。

步骤 3　计算专家群体评价值。利用定义 4.5 中的 FFWA 算子对个体专家意见进行集结，得到群体综合评价矩阵 $P=[\tilde{\Upsilon}_{ij}]_{n\times m}(i=1,2,\cdots,n;\ j=1,2,\cdots,m)$。

$$P=\begin{bmatrix}\langle\tilde{\alpha}_{11},\tilde{\beta}_{11}\rangle & \langle\tilde{\alpha}_{12},\tilde{\beta}_{12}\rangle & \cdots & \langle\tilde{\alpha}_{1m},\tilde{\beta}_{1m}\rangle\\ \langle\tilde{\alpha}_{21},\tilde{\beta}_{21}\rangle & \langle\tilde{\alpha}_{22},\tilde{\beta}_{22}\rangle & \cdots & \langle\tilde{\alpha}_{2m},\tilde{\beta}_{2m}\rangle\\ \vdots & \vdots & \ddots & \vdots\\ \langle\tilde{\alpha}_{nm},\tilde{\beta}_{nm}\rangle & \langle\tilde{\alpha}_{nm},\tilde{\beta}_{nm}\rangle & \cdots & \langle\tilde{\alpha}_{nm},\tilde{\beta}_{nm}\rangle\end{bmatrix}_{n\times m}$$

步骤 4　确定指标权重。这里使用 Fermatean 模糊熵权法[27]求解评价指标的权重大小。首先计算指标 $C_j(j=1,2,\cdots,m)$ 的熵值 $\tilde{e}_j$：

$$\tilde{e}_j=\frac{1}{n}\sum_{i=1}^{n}e_{ij} \tag{4－47}$$

其中，$e_{ij}=1-[(\tilde{\alpha}_{ij}^{3}-\tilde{\beta}_{ij}^{3})(\tilde{\alpha}_{ij}^{3}+\tilde{\beta}_{ij}^{3})]^{2}$。

在此基础上计算指标权重 $w_j(j=1,2,\cdots,m)$：

$$w_j=\frac{1-\tilde{e}_j}{m-\sum_{j=1}^{m}\tilde{e}_j} \tag{4-48}$$

步骤 5　分别计算 Fermatean 模糊正理想解（PIS）A^+ 和 Fermatean 模糊负理想解（NIS）A^-：

$$\begin{aligned}A^+&=\{C_1(A^+),C_2(A^+),\cdots,C_m(A^+)\}\\&=\{\max_i\langle sco(C_j(A_i))\rangle \mid i=1,2,\cdots,n,j=1,2,\cdots,m\}\end{aligned} \tag{4-49}$$

$$\begin{aligned}A^-&=\{C_1(A^-),C_2(A^-),\cdots,C_m(A^-)\}\\&=\{\min_i\langle sco(C_j(A_i))\rangle \mid i=1,2,\cdots,n,j=1,2,\cdots,m\}\end{aligned} \tag{4-50}$$

其中，$sco(C_j(A_i))$ 表示 $C_j(A_i)$ 的得分值。

步骤 6　分别计算方案 $A_i(i=1,2,\cdots,n)$ 与 Fermatean 模糊 PIS A^+ 和 NIS A^- 的综合加权距离 $FFIWAD(A_i,A^+)$，$FFIWAD(A_i,A^-)$。

步骤 7　计算方案 $A_i(i=1,2,\cdots,n)$ 的贴进度 $\varsigma(A_i)$：

$$\varsigma(A_i)=\frac{FFIWAD(A_i,A^-)}{FFIWAD(A_i,A^-)+FFIWAD(A_i,A^+)} \tag{4-51}$$

步骤 8　根据贴近度 $\varsigma(A_i)$ 的大小对方案 $A_i(i=1,2,\cdots,n)$ 进行择优排序，$\varsigma(A_i)$ 越大，相应的方案 $A_i(i=1,2,\cdots,n)$ 则越优。

三、实例分析

本节将研究 FFIWAD－TOPSIS 综合评价方法在绿色低碳港口评估中的应用。绿色低碳的概念在港口建设与发展中的含义是指环保、生态、低能耗、低排放的发展模式，即将污染物的排放、能源的消耗和对生态环境的破坏尽可能地降低到最小程度，从而获得最大的社会经济生态效益的发展模式。结合绿色低碳的含义，在考虑绿色低碳港口经济性、绿色低碳性、社会性和生态性等特点的前提下，我们提出的绿色低碳港口评价指标体系，包括经济效益（C_1）、社会系统（C_2）、环境影响（C_3）、生态影响（C_4）、资源利用与保护（C_5）5 个指标。其中：

经济效益（C_1）的评价指标从以下两个角度来选取：（1）从经济增长的角度主要选取单位吞吐量生产总值、吞吐量增长率和港口 GDP 总量 3 个指标；（2）从绿色经济的角度选取港口人均绿色 GDP 和港区绿色 GDP 贡献率两个衡量指标。

社会系统（C_2）：衡量绿色低碳港口一个很重要的标准是在保证适当的经济发展的前提下，港口要能够控制人口的数量与增长，促进港区人口的就业，提升港区人口的质量。因此港口的发展对社会系统的影响主要体现以下两个方面：一是对港区人口数量及质量的影响；二是对港区人口就业及社会事业发展的影响。

环境影响（C_3）：环境影响评价指标是绿色低碳港口评价的关键。绿色低碳港口环境影响方面的评价主要体现在对降低污染排放、清洁能源利用率、强化污染防治及环境问题处理能力等方面。

生态影响（C_4）：生态影响绿色低碳港口建设是生态文明建设的一部分。生态影响评价指标主要是从维护港区生态系统平衡角度来衡量评价一个港口的绿色及低碳性。具体的衡量因素主要包括港区生态多样性指数、生态系统完整性、绿化覆盖率及人均公共绿地面积。

资源利用与保护（C_5）：资源利用与保护是衡量港口低碳性的重要评价指标。其指标反映了港口对岸线资源、能源资源及水资源的利用效率、港区固体废弃物回收利用率，同时也在一定程度上反映了港口的市场竞争力水平。

现根据构建的评价指标体系和评价方法对中国五大港口：上海港（A_1）、深圳港（A_2）、宁波—舟山港（A_3）、青岛港（A_4）和广州港（A_5）进行测度评估。这五个港口积极响应国家低碳减排的号召，近年来采用了一系列节能减排技术，在中国绿色港口发展中处于相对领先的地位[28]。

为了有效做好这五大港口的绿色绩效评估，评价小组委员会邀请了四位经验丰富的研究专家（DM1、DM2、DM3 和 DM4）参与评价与决策。图 4 - 4 列出了评价的流程。

步骤 1　构造 Fermatean 模糊评价矩阵。设专家们用 FFN 来表达各港口在各指标下的评价值，具体信息如表 4 - 14 所示。

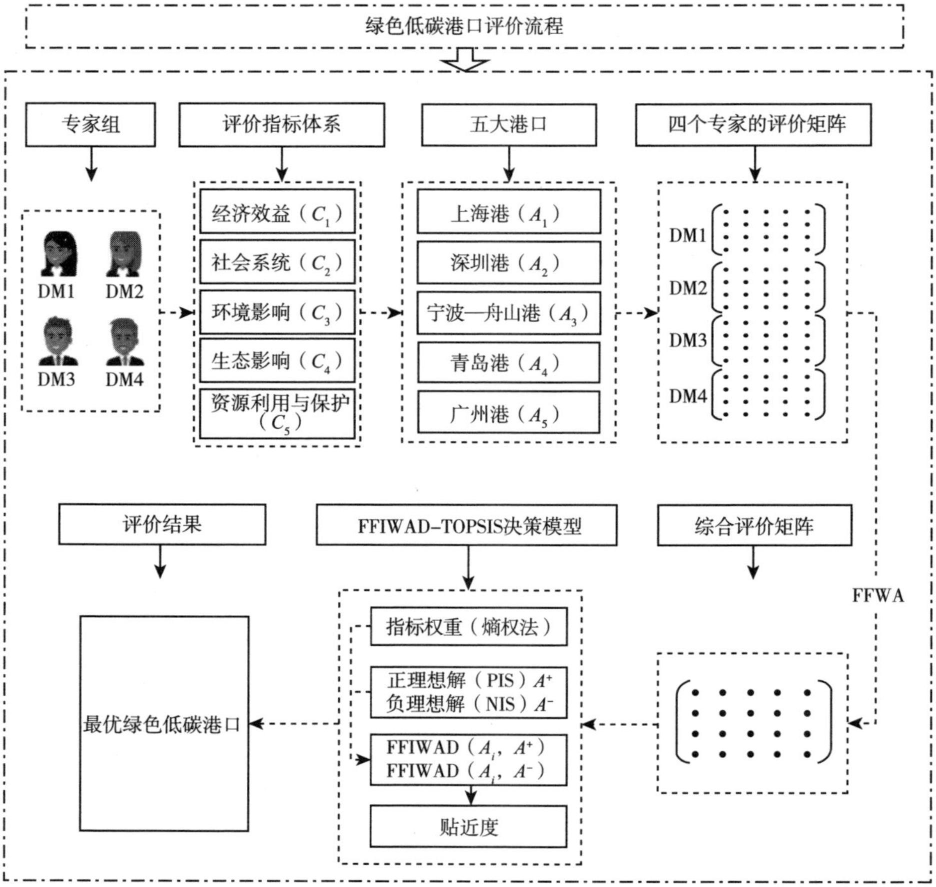

图 4－4　绿色低碳港口的评价流程图

表 4－14　　　　专家评价信息

专家	港口	C_1	C_2	C_3	C_4	C_5
DM1	A_1	〈0.71,0.31〉	〈0.66,0.32〉	〈0.63,0.52〉	〈0.86,0.53〉	〈0.75,0.48〉
	A_2	〈0.30,0.50〉	〈0.28,0.19〉	〈0.54,0.19〉	〈0.76,0.51〉	〈0.67,0.19〉
	A_3	〈0.87,0.13〉	〈0.85,0.31〉	〈0.48,0.71〉	〈0.53,0.31〉	〈0.85,0.66〉
	A_4	〈0.77,0.54〉	〈0.74,0.34〉	〈0.58,0.67〉	〈0.55,0.54〉	〈0.66,0.30〉
	A_5	〈0.85,0.29〉	〈0.43,0.42〉	〈0.73,0.66〉	〈0.89,0.23〉	〈0.56,0.78〉

续表

专家	港口	C_1	C_2	C_3	C_4	C_5
DM2	A_1	〈0.57,0.23〉	〈0.79,0.42〉	〈0.47,0.42〉	〈0.87,0.43〉	〈0.56,0.48〉
	A_2	〈0.43,0.66〉	〈0.77,0.85〉	〈0.77,0.65〉	〈0.77,0.22〉	〈0.47,0.32〉
	A_3	〈0.70,0.41〉	〈0.53,0.30〉	〈0.80,0.31〉	〈0.50,0.37〉	〈0.80,0.44〉
	A_4	〈0.46,0.30〉	〈0.76,0.63〉	〈0.55,0.33〉	〈0.86,0.32〉	〈0.67,0.25〉
	A_5	〈0.63,0.20〉	〈0.58,0.42〉	〈0.84,0.30〉	〈0.90,0.30〉	〈0.53,0.40〉
DM3	A_1	〈0.65,0.10〉	〈0.69,0.40〉	〈0.77,0.50〉	〈0.86,0.38〉	〈0.76,0.48〉
	A_2	〈0.59,0.42〉	〈0.47,0.30〉	〈0.70,0.82〉	〈0.76,0.50〉	〈0.68,0.40〉
	A_3	〈0.66,0.49〉	〈0.78,0.56〉	〈0.77,0.34〉	〈0.69,0.45〉	〈0.87,0.56〉
	A_4	〈0.50,0.21〉	〈0.70,0.54〉	〈0.87,0.35〉	〈0.85,0.25〉	〈0.47,0.44〉
	A_5	〈0.72,0.20〉	〈0.55,0.46〉	〈0.70,0.20〉	〈0.89,0.33〉	〈0.80,0.30〉
DM4	A_1	〈0.70,0.30〉	〈0.66,0.40〉	〈0.90,0.40〉	〈0.77,0.30〉	〈0.60,0.58〉
	A_2	〈0.63,0.25〉	〈0.58,0.33〉	〈0.60,0.70〉	〈0.42,0.60〉	〈0.38,0.12〉
	A_3	〈0.66,0.47〉	〈0.74,0.45〉	〈0.84,0.67〉	〈0.59,0.65〉	〈0.76,0.34〉
	A_4	〈0.86,0.14〉	〈0.63,0.30〉	〈0.72,0.41〉	〈0.79,0.20〉	〈0.87,0.36〉
	A_5	〈0.70,0.50〉	〈0.67,0.30〉	〈0.88,0.38〉	〈0.68,0.21〉	〈0.69,0.38〉

步骤 2　标准化评价矩阵。由于评价指标都为效益性指标，故不需要再对其进行标准化处理。

步骤 3　计算群体综合评价矩阵。已知专家权重分别为 $\varepsilon_1=0.30$，$\varepsilon_2=0.25$，$\varepsilon_3=0.20$，$\varepsilon_4=0.25$。将专家个体意见进行集结，得到群体综合评价数据，如表 4－15 所示。

表 4－15　　群体综合评价矩阵

	C_1	C_2	C_3	C_4	C_5
A_1	〈0.6612,0.2032〉	〈0.7095,0.3872〉	〈0.7652,0.4563〉	〈0.8453,0.3949〉	〈0.6871,0.5036〉
A_2	〈0.5359,0.4277〉	〈0.6005,0.3638〉	〈0.6780,0.5551〉	〈0.7174,0.4279〉	〈0.5873,0.2412〉
A_3	〈0.7351,0.3557〉	〈0.7520,0.4030〉	〈0.7702,0.4561〉	〈0.5994,0.4360〉	〈0.8276,0.4809〉
A_4	〈0.7088,0.2506〉	〈0.7114,0.4417〉	〈0.7430,0.4086〉	〈0.8068,0.2934〉	〈0.7166,0.3365〉
A_5	〈0.7356,0.2709〉	〈0.5782,0.3968〉	〈0.8044,0.3299〉	〈0.8633,0.2678〉	〈0.6879,0.4140〉

步骤 4 计算 Fermatean 模糊 PIS A^+ 和 NIS A^-：

$A^+ = \{\langle 0.7356, 0.2709\rangle, \langle 0.7520, 0.4030\rangle, \langle 0.8044, 0.3299\rangle, \langle 0.8633, 0.2678\rangle, \langle 0.8276, 0.4809\rangle\}$

$A^- = \{\langle 0.5359, 0.4277\rangle, \langle 0.5782, 0.3968\rangle, \langle 0.6780, 0.5551\rangle, \langle 0.5994, 0.4360\rangle, \langle 0.5873, 0.2412\rangle\}$

步骤 5 利用 Fermatean 模糊熵权法得出指标的客观权重，结果如表 4-16 所示。

表 4-16　指标权重

	C_1	C_2	C_3	C_4	C_5
熵权	0.086	0.077	0.213	0.467	0.157

步骤 6 计算每个方案 A_i 与 PIS A^+ 的 $FFIWAD(A_i, A^+)(i=1,2,3,4,5)$，及与 NIS A^- 的 $FFIWAD(A_i, A^-)(i=1,2,3,4,5)$。这里假设 $\lambda=0.5$，与 FFIWAD 有关的权重向量为 $\omega=(0.15, 0.20, 0.30, 0.20, 0.15)$。计算结果如表 4-17 所示。

表 4-17　方案与 PIS 和 NIS 的距离

	A_1	A_2	A_3	A_4	A_5
$FFIWAD(A_i, A^+)$	0.0967	0.2786	0.1501	0.1240	0.0758
$FFIWAD(A_i, A^-)$	0.2369	0.0506	0.1799	0.2128	0.2526

步骤 7 根据表 4-17 的结果，计算各方案 $A_i(i=1,2,3,4,5)$ 的贴近度 $\varsigma(A_i)$：

$\varsigma(A_1)=0.7101, \varsigma(A_2)=0.1538, \varsigma(A_3)=0.5452,$

$\varsigma(A_4)=0.6319, \varsigma(A_5)=0.7693$。

步骤 8 根据贴近度大小进行排序，可得：

$\varsigma(A_5)>\varsigma(A_1)>\varsigma(A_4)>\varsigma(A_3)>\varsigma(A_2)$

即 $A_5>A_1>A_4>A_3>A_2$，结果显示 A_5 综合绩效最优。

四、对比与敏感性分析

首先分析 FFIWAD 测度中参数 $\lambda(\lambda\in[0,1])$ 的变化对贴近度大小和方案排序结果的影响。如图 4－5 所示，当参数 λ 变化时，方案的贴近度大小发生改变，从而排序结果也发生了相应的变化。

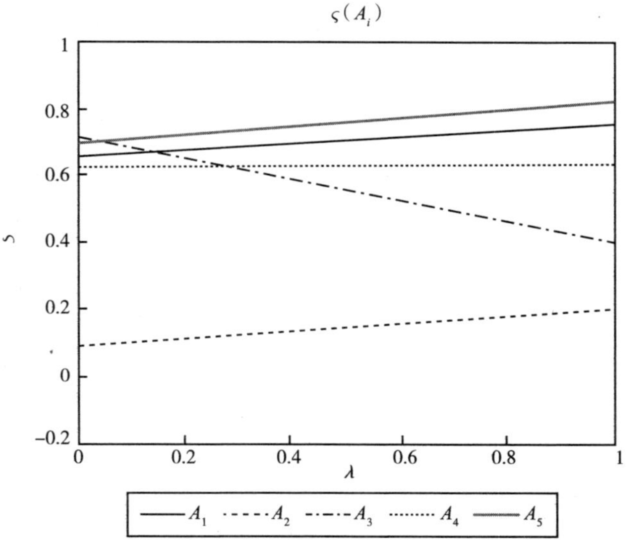

图 4－5　方案贴近度

具体而言，当 $\lambda>0.0315$ 时，A_5 被视为最优绩效港口；当 $0\leqslant\lambda<0.0315$ 时，方案排序结果为 $A_3>A_5>A_1>A_4>A_2$，A_3 被评估为绿色发展最好的港口；当 $0.0315<\lambda<0.1255$ 时，排序结果为 $A_5>A_3>A_1>A_4>A_2$；当 $0.1255<\lambda<0.2691$ 时，排序结果为 $A_5>A_1>A_3>A_4>A_2$；当 $0.2691<\lambda\leqslant1$ 时，排序结果趋于稳定，为 $A_5>A_1>A_4>A_3>A_2$。分析结果显示，不论参数取何值时，A_2 都被视为绿色发展最差的港口，证实本书提出的评价模型具有稳定性的优点。

为了进一步验证 FFIWAD－TOPSIS 方法的实用性和科学性，我们将该方法与结合了算术平均与有序加权平均思想的混合加权距离（HWD）[29,30] 进行比较分析。为保证同一模糊环境，我们先给出了 Fermatean 模糊 HWD（FFHWD）测度的定义：

$$FFHWD(A,B)=\sum_{j=1}^{n}\omega_j(\tilde{d}(\alpha_{\sigma(j)},\alpha'_{\sigma(j)}))\tag{4-52}$$

其中，$\tilde{d}(\alpha_{\sigma(j)},\alpha'_{\sigma(j)})$ 表示第 j 大的 $\dot{d}(\alpha_j,\alpha_j')$（$\dot{d}(\alpha_j,\alpha_j')=nw_jd(\alpha_j,\alpha_j')$，$j=$

$1,2,\cdots,n)$, $w=(w_1,w_2,\cdots,w_n)$ 表示与 $d(\alpha_j,\alpha_j')$ 相关联的权重信息，满足 $\omega_j\in[0,1]$ 且 $\sum_{j=1}^{m}\omega_j=1$。

另外，根据前文所述，FFIWAD 融合了 FFWAD 和 FFOWAD 两种方法的优点，改进了其存在的不足。我们考虑利用 FFWAD 和 FFOWAD 两种方法对上面实例也进行计算对比。为此，首先构建基于 FFWAD、FFOWAD 和 FFHWD 相应的 TOPSIS 评价方法，即 FFWAD - TOPSIS、FFOWAD - TOPSIS 和 FFHWD - TOPSIS，其相应的方案贴近度的表达公式如下：

$$\varsigma_1'(A_i)=\frac{FFWAD(A_i,A^-)}{FFWAD(A_i,A^-)+FFWAD(A_i,A^+)} \tag{4-53}$$

$$\varsigma_2'(A_i)=\frac{FFOWAD(x_i,A^-)}{FFOWAD(A_i,A^-)+FFOWAD(A_i,A^+)} \tag{4-54}$$

$$\varsigma_3'(A_i)=\frac{FFHWD(x_i,A^-)}{FFHWD(A_i,A^-)+FFHWD(A_i,A^+)} \tag{4-55}$$

基于上述三种评价方法得到的方案贴近度结果如表 4 - 18 所示。

表 4 - 18　　方案 A_i 的贴近度 $\varsigma'(A_i)$

	A_1	A_2	A_3	A_4	A_5
$\varsigma_1'(A_i)$	0.7523	0.2061	0.3977	0.6364	0.8249
$\varsigma_2'(A_i)$	0.6603	0.0919	0.7201	0.6268	0.7035
$\varsigma_3'(A_i)$	0.7340	0.1712	0.4469	0.6103	0.8341

由表 4 - 18 可知，这三种评价方法关于最劣方案的判断与本文提出的 FFIWAD - TOPSIS 决策方法完全一致，均为 A_2；除 FFOWAD - TOPSIS 以外，其余两种方法与本文所提方法都将 A_5 视为最优方案，进一步印证了本文提出方法的科学性。具体来说，FFOWAD - TOPSIS 得到的排序结果为 $A_3>A_5>A_1>A_4>A_2$，其余三种方法的排序结果均为 $A_5>A_1>A_4>A_3>A_2$。这是因为 FFOWAD 仅考虑了专家的心理态度，而忽视了指标本身的重要性。尽管 FFWAD - TOPSIS 和 FFHWD - TOPSIS 的结果与本文所提方法保持一致，但 FFWAD 和 FFHWD 测度存在明显的不足，具体来说，FFWAD 只强调了指标本身的重要性，而忽略了专家的态度特征；而 FFHWD 不能充分结合算术平均和有序加权平均的优势，难以同时考虑指标权重信息和专家心理特征，

且不满足有界性的数学性质，使集成结果的可信度大大降低。而本文提出的 FFIWAD，它不仅融合了 FFWAD 与 FFOWAD 两种方法的优点，而且可以根据实际需要选择合适的参数，从而具有更大的灵活性。

五、小结

结合 Fermatean 模糊加权平均距离（FFWAD）和 Fermatean 模糊有序加权平均距离（FFOWAD），本章提出了 Fermatean 模糊综合加权距离（FFIWAD）测度，其不仅考虑了集成数据本身的重要性，还能体现数据所在位置的重要性，能有效处理极端数据对决策结果的不良影响。在此基础上，建立了基于 FFIWAD - TOPSIS 的综合评价方法，其核心是利用 FFIWAD 测度计算各方案与正负理想方案之间的偏离程度，进而获取各方案的贴近度。本文研究了其在绿色低碳港口评估中的应用，并构建一套相对完整的绿色低碳港口评价指标体系和指标权重确认方法，通过 FFWAD - TOPSIS 评价模型、FFOWAD - TOPSIS 评价模型和 FFHWD - TOPSIS 方法的对比分析可以看出，本文提出的方法可有效弥补以上三种方法各自的缺陷，且 FFIWAD 中设置的参数可以灵活取值，从而决策者可根据实际需要和偏好调整参数，增加了该方法的灵活性。

第四节　基于后悔理论——TODIM 的 Fermatean 模糊综合评价方法

交互式多准则决策（TODIM）是一种基于前景理论的基础上的行为评价与决策方法，可以较好地刻画主体的有限理性行为。与其他经典评价方法相比，TODIM 方法[31]的主要优势在于将专家的心理状态融入评价与决策过程中，目前已广泛应用于解决各种综合评价问题中。然而在实际评价过程中，评价主体不仅会感知决策风险，也会产生错失最优方案的后悔心理。因此在考虑评价主体心理行为的情况下，其行为应基于风险厌恶和后悔规避。由 Bell[32]和 Graham 等[33]提出的后悔理论侧重反映评价主体的后悔规避心理，即评价主体在做出决策时，不仅会关注方案本身带来的效用值，还会比较拟选择方案与其他方案所带来的效用值，由此产生后悔或欣喜的心理活动，并试图避免选择使其感到后悔的方案。相较于前景理论，后悔理论不需要决策者提前设定参考点且计算过程中参数较少，避免了由于参考点选择不当出现的决策失误，简化了计算过程，在实际案例应用中具有明显优势。

本节综合考虑评价主体的后悔规避心理，定义了基于综合优势度的欣喜—后悔值，并将后悔理论与 TODIM 方法有机结合，进而提出一种在 Fermatean 模糊环境下基于后悔理论——TODIM 的综合评价方法。

一、预备知识

Bell[32]、Graham 等[33]分别提出了一种基于行为决策特征的后悔理论，其充分描述了人们做出决策后的心理状态。决策者比较从拟选择方案中得到的效用值与从其他方案中得到的效用值，如果从拟选择方案中获得的效用值高于从其他方案中得到的效用值，则决策者会感到欣喜；若从其他方案中得到的效用值高于从拟选择方案中得到的效用值，决策者会懊悔没有选择效用值更高的方案，从而产生后悔的心理活动。一般而言，决策者从拟选择方案中所获得的效用值是感知效用值，由方案所带来的效用值和其他方案所带来的欣喜—后悔值所构成。很明显，决策者会避免选择那些令自己感到后悔的方案，即决策者属于后悔规避型。

假设 x 和 y 是决策者选择方案 A_x 和 A_y 所获得的结果，决策者选择方案 A_x 所获得的感知效用值 $FU(x,y)$ 可表示为：

$$FU(x,y)=U(x)+R(U-U^{-})+G(U-U^{+}) \tag{4-56}$$

其中，决策者从方案 A_x 和 A_y 中得到的效用值分别为 $U(x)$，$U(y)$。$R(U-U^{-})$ 表示方案的欣喜值，$G(U-U^{+})$ 表示方案的后悔值，$R(U-U^{-})+G(U-U^{+})$ 是欣喜—后悔值。如果 $U(x)-U(y)>0$，则说明选择方案 A_x 会感到欣喜；$U(x)-U(y)<0$，则说明选择方案 A_x 会感到后悔。由于决策者都是后悔规避的，所以 $R(\cdot)$ 和 $G(\cdot)$ 为单调递增凹函数，即 $R(0)=0$，$G(0)=0$，$R'(\cdot)>0$，$G'(\cdot)>0$，$R''(\cdot)<0$，$G''(\cdot)<0$，$R(\Delta U)=1-e^{-\rho\Delta U}$，$G(\Delta U)=1-e^{-\rho\Delta U}$，$\rho$（$\rho>0$）表示为后悔规避系数，$\rho$ 越大则说明决

策者后悔规避程度越大。后悔规避系数被证明取值为 $\rho=0.3$ 是比较客观准确的[34-35]。

TODIM 法[31]是由 Gomes 和 Lima 借鉴于前景理论[36]提出的一种多属性评价与决策方法，反映了评价和决策主体的心理行为特征，其主要思路是在各个指标维度下进行方案间的成对比较，即计算方案相对于其他方案在各指标上的优势度，根据综合优势度对方案进行优劣排序。专家在决策过程中能够清楚判断损益，表现出对损失的高敏感性。其主要运算步骤如下：

步骤 1 规范化评价矩阵。设专家 e_k 赋予方案 $A_i(i=1,2,\cdots,n)$ 在指标 $C_j(j=1,2,\cdots,m)$ 下的评价值 $\gamma^k=\langle\alpha_{ij}^k,\beta_{ij}^k\rangle$，得到评价矩阵 $P^k=[\gamma_{ij}^k]_{n\times m}$。由于评价指标往往具有不同的类型（如效益型和成本型），因而需要对评价矩阵 $P^k=[\gamma_{ij}^k]_{n\times m}$ 进行规范化，规范后得到的矩阵为 $P^{k*}=[\gamma_{ij}^{k*}]_{n\times m}$。

步骤 2 确定指标 $C_j(j=1,2,\cdots,m)$ 相对于参考指标 C_r 的相对权重 w_j^*：

$$w_j^*=\frac{w_j}{w_r},w_r=\max\{w_1,w_2,\cdots,w_m\} \tag{4-57}$$

其中，参考指标 C_r 是权重值最大的指标。

步骤 3 计算在指标 $C_j(j=1,2,\cdots,m)$ 下，方案 $A_i(i=1,2,\cdots,n)$ 相对于其他方案 $A_q(q=1,2,\cdots,n;q\neq i)$ 的优势度 $\Omega_j(A_i,A_q)(j=1,2,\cdots,m)$：

$$\Omega_j(A_i,A_q)=\begin{cases}\sqrt{\dfrac{w_j^*}{\sum_{j=1}^m w_j^*}(d(\gamma_{ij},\gamma_{qj}))}, & \gamma_{ij}>\gamma_{qj}\\ 0, & \gamma_{ij}\sim\gamma_{qj}\\ -\dfrac{1}{\theta}\sqrt{\dfrac{\sum_{j=1}^m w_j^*}{w_j^*}(d(\gamma_{ij},\gamma_{qj}))}, & \gamma_{ij}<\gamma_{qj}\end{cases} \tag{4-58}$$

其中，$\theta(\theta>0)$ 为衰减因子，表示决策者对损失的敏感程度，θ 值越小表示对损失的规避程度越高。

步骤 4 计算每个方案 $A_i(i=1,2,\cdots,n)$ 的总体优势度 $\Theta(A_i,A_q)(i,q=1,2,\cdots,n;i\neq q)$ 与综合优势度 $\Phi(A_i)(i=1,2,\cdots,n)$：

$$\Theta(A_i,A_q)=\sum_{j=1}^m\Omega_j(A_i,A_q) \tag{4-59}$$

$$\Phi(A_i) = \sum_{q=1}^{n} \Theta(A_i, A_q) \tag{4-60}$$

步骤5 标准化综合优势度得：

$$\tilde{\Phi}(A_i) = \frac{\Phi(A_i) - \min_i(\Phi(A_i))}{\max_i(\Phi(A_i)) - \min_i(\Phi(A_i))} \tag{4-61}$$

步骤6 根据步骤5得到的 $\tilde{\Phi}(A_i)(i=1,2,\cdots,n)$ 对方案进行择优排序，$\tilde{\Phi}(A_i)$ 越大则说明方案 A_i 越优。

二、基于极差法的指标的综合权重

指标权重在多指标综合评价问题中发挥着关键作用，有效结合指标属性的主观权重和客观权重，融合两者的优势信息，可以提高评价结果的科学合理性。但现有文献中指标权重的求解主要通过加法合成法来综合求解指标权重，这种方法的特点是首先选取一定的方法分别计算出主观权重和客观权重的大小，例如主客观权重最小法[37]，组合赋权法[38-39]与主客观权重距离最小法[40]，综合权重与主客观权重离差最小法[41]等，其次再对主观权重和客观权重线性组合得到指标的最终权重。文献［42］指出，加法合成法无法保证能准确结合主观赋权法与客观赋权法的优点，即组合权重值无法同时反映评价者的主观意愿以及指标属性的客观数据信息，合理性欠佳。

常见的主客观赋权方法有：（1）G1法[43]是一种对层次分析法改进后的主观赋权方法，避免了层次分析法由于指标数量过多导致工作量大及难以通过一致性检验。其中心思想是：对评价指标体系中的指标进行重要程度排序，进而得到权重系数。（2）熵权法[44]是一种客观赋权方法，其主要思路是：根据指标数据所提供的信息量对指标赋权。一般而言，指标熵值越小，说明指标的变异性越大，信息提供量越大，在综合评价中影响力也就更大，故权重分配就越高；相反，其权重分配越小。（3）标准离差法[37]是一种反映各评价指标对总体影响情况的客观赋权方法，主要根据数据离散程度来说明指标值与指标平均值水平的偏离程度，进而对指标赋权。若指标标准离差值越大，则说明偏离平均水平越多，提供的信息量越多，故指标权重就越高；标准离差值越小，则说明偏离平均水平越不显著，权重分配越低。

首先利用 G1 主观赋权法、熵权法和标准离差法分别确定指标的主客观权重，然后根据极差最大法[45]构建指标的综合权重。基于极差最大法的组合权重不是由主观权重和客观权重简单加权求和得到，而是以评价对象的区分度最大为目标条件，以不同种主客观求解权重方法得到主客观权重的合理区间及权重和为 1 作为约束条件，求解得出在合理权重区间内的综合权重值。主要步骤如下：

步骤 1　根据 G1 法求得指标权重。

专家给出的评价指标矩阵为 $X=(x_{ij})_{n\times m}(i=1,2,\cdots,n;j=1,2,\cdots,m)$，根据指标得分值确定指标的重要程度并排序，求出相邻两指标 c_{k-1}，c_k 之间的重要度之比 $r_k(k=2,\cdots,m)$，根据式（4-65）、式（4-66）得出指标权重 $W^{\Delta}=(w_1^{\Delta},w_2^{\Delta},w_3^{\Delta},\cdots,w_m^{\Delta})$：

$$w_j^{\Delta}=\left(1+\sum_{k=2}^{m}\prod_{j=k}^{m}r_k\right)^{-1} \tag{4-62}$$

$$w_{k-1}^{\Delta}=r_k w_k^{\Delta}(k=2,3,\cdots,m) \tag{4-63}$$

步骤 2　根据熵权法求得指标权重。

根据指标在总指标中的比重 $f_{ij}(i=1,2,\cdots,n;j=1,2,\cdots,m)$，计算出指标熵值 $e_j(j=1,2,\cdots,m)$，进而得出指标权重 $W^{\Omega}=(w_1^{\Omega},w_2^{\Omega},w_3^{\Omega},\cdots,w_m^{\Omega})$：

$$f_{ij}=\frac{x_{ij}}{\sum_{i=1}^{n}x_{ij}} \tag{4-64}$$

$$e_j=-\frac{1}{\ln n}\sum_{i=1}^{n}f_{ij}\ln f_{ij} \tag{4-65}$$

$$w_j^{\Omega}=\frac{1-e_j}{m-\sum_{j=1}^{m}e_j},\ \sum_{j=1}^{m}w_j^{\Omega}=1 \tag{4-66}$$

步骤 3　根据标准离差法求得指标权重。

标准化评价指标矩阵 $X=(x_{ij})_{n\times m}$ $(i=1,2,\cdots,n;j=1,2,\cdots,m)$，得出标准化矩阵 $Y=(y_{ij})_{n\times m}$ $(i=1,2,\cdots,n;j=1,2,\cdots,m)$，由指标的标准差 σ 得出指标权重 $W^{\Xi}=(w_1^{\Xi},w_2^{\Xi},w_3^{\Xi},\cdots,w_m^{\Xi})$：

$$y_{ij}=\frac{x_{ij}-\min\limits_{i}(x_{ij})}{\max\limits_{i}(x_{ij})-\min\limits_{i}(x_{ij})} \tag{4-67}$$

$$\sigma_j = \sqrt{\frac{1}{n-1}\left(\sum_{i=1}^{n}(y_{ij}-\overline{y_j})^2\right)}, \overline{y_j} = \frac{1}{n}\sum_{i=1}^{n} y_{ij} \tag{4-68}$$

$$w_j^{\Xi} = \frac{\sigma_j}{\sum_{j=1}^{m}\sigma_j} \tag{4-69}$$

步骤 4　确定权重的合理取值区间。

以 G1 法，熵权法，标准离差法计算得出的权重最大值和最小值作为权重约束区间，即 $\min(w^{\Delta}, w^{\Omega}, w^{\Xi}) \leqslant w_j \leqslant \max(w^{\Delta}, w^{\Omega}, w^{\Xi})(j=1,2,\cdots,m)$。

步骤 5　根据指标得分的极差最大为目标函数，得出指标权重值。

目标函数：$$\max \frac{1}{n-1}\sum_{i=1}^{n}(q_i - \overline{q})^2 \tag{4-70}$$

约束条件：

$$s.t.\begin{cases} q = WX \\ \overline{q} = \frac{1}{n}\sum_{i=1}^{n} q_i \\ \sum_{j=1}^{m} w_j = 1 \\ \min(w^{\Delta}, w^{\Omega}, w^{\Xi}) \leqslant w_j \leqslant \max(w^{\Delta}, w^{\Omega}, w^{\Xi}) \end{cases} \tag{4-71}$$

其中，评价指标的权重为 $W=(w_1, w_2, \cdots, w_m)$，满足 $0 \leqslant w_j \leqslant 1$，$\sum_{j=1}^{m} w_j = 1(j=1,2,\cdots,m)$。$\overline{q}$ 是各个评价对象综合得分的平均值。

三、基于后悔理论 - TODIM 的 Fermatean 模糊综合评价方法

与 TOPSIS、VIKOR 方法相比，TODIM 方法考虑了决策主体的心理活动，使评价决策过程更贴合实际。但传统的 TODIM 方法仅反映出决策者对损失规避的风险态度，对其心理行为特征研究不够深入[46]。因此本文将传统 TODIM 评价方法与后悔理论相结合，提出了一种 Fermatean 模糊环境下的后悔理论 - TODIM 组合评价方法，有效刻画出专家的损失规避的风险态度及后悔规避的心理状态，保证了评价决策过程和结果的客观准确性。方法具体流程如图 4 - 6 所示。

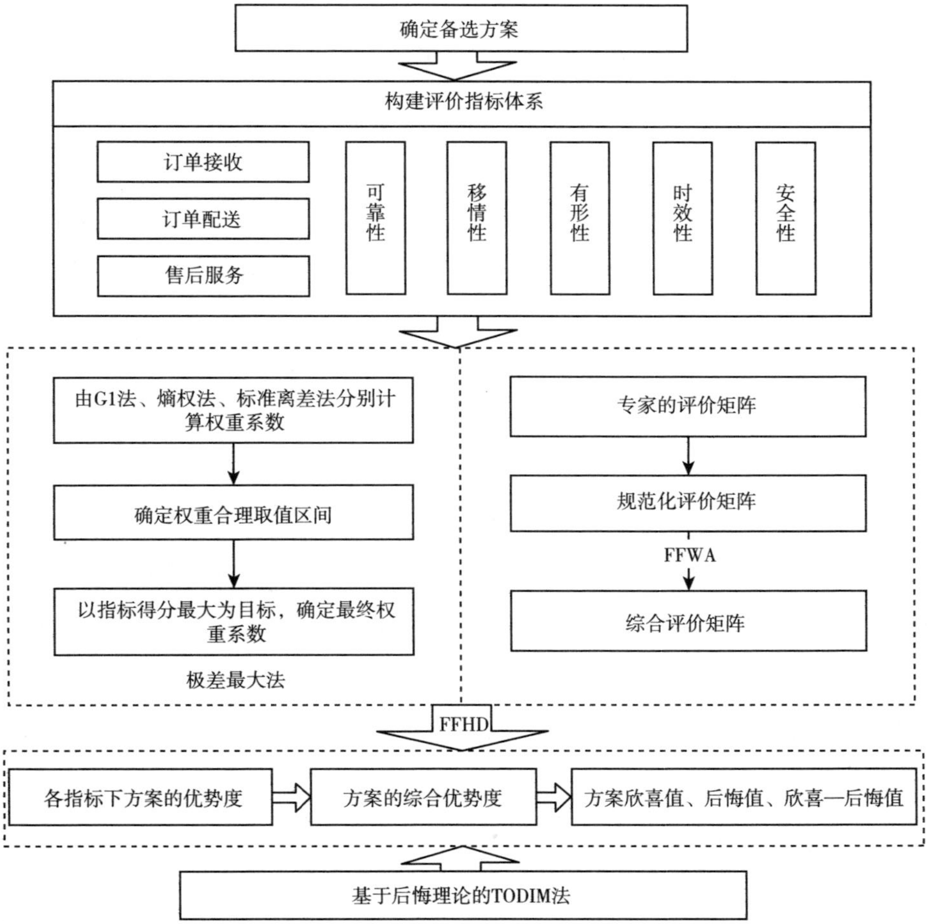

图 4-6　基于后悔理论——TODIM 的 Fermatean 模糊综合评价方法流程图

该方法具体步骤如下：

步骤 1　构建 Fermatean 评价矩阵。专家 $e_k(k=1,2,\cdots,K)$ 赋予方案 A_i $(i=1,2,\cdots,n)$ 在各个指标 $C_j(j=1,2,\cdots,m)$ 的评价值 $\gamma^k=\langle\alpha_{ij}^k,\beta_{ij}^k\rangle$，得到 Fermatean 评价矩阵 $P^k=[\gamma_{ij}^k]_{n\times m}$：

$$P^k=\begin{bmatrix}\langle\alpha_{11}^k,\beta_{11}^k\rangle & \langle\alpha_{12}^k,\beta_{12}^k\rangle & \cdots & \langle\alpha_{1m}^k,\beta_{1m}^k\rangle\\ \langle\alpha_{21}^k,\beta_{21}^k\rangle & \langle\alpha_{22}^k,\beta_{22}^k\rangle & \cdots & \langle\alpha_{2m}^k,\beta_{2m}^k\rangle\\ \vdots & \vdots & \ddots & \vdots\\ \langle\alpha_{n1}^k,\beta_{n1}^k\rangle & \langle\alpha_{n2}^k,\beta_{n2}^k\rangle & \cdots & \langle\alpha_{nm}^k,\beta_{nm}^k\rangle\end{bmatrix}_{n\times m}$$

步骤 2 规范化评价矩阵。当指标 $C_j(j=1,2,\cdots,m)$ 为效益类指标时，$g_{ij}=\gamma_{ij}(i=1,2,\cdots,n;j=1,2,\cdots,m)$；当指标 $C_j(j=1,2,\cdots,m)$ 为成本类指标时，$g_{ij}=(\gamma_{ij})^c(i=1,2,\cdots,n;j=1,2,\cdots,m)$。

步骤 3 根据定义 4.5 中的 FFWA 算子对专家个体的评价矩阵 $P^k=[\gamma_{ij}^k]_{n\times m}(i=1,2,\cdots,n;j=1,2,\cdots,m;k=1,2,\cdots,K)$ 进行集结，得到综合评价矩阵 $P=[\tilde{\gamma}_{ij}]_{n\times m}$：

$$P=\begin{bmatrix} \langle \tilde{\alpha}_{11},\tilde{\beta}_{11}\rangle & \langle \tilde{\alpha}_{12},\tilde{\beta}_{12}\rangle & \cdots & \langle \tilde{\alpha}_{1m},\tilde{\beta}_{1m}\rangle \\ \langle \tilde{\alpha}_{21},\tilde{\beta}_{21}\rangle & \langle \tilde{\alpha}_{22},\tilde{\beta}_{22}\rangle & \cdots & \langle \tilde{\alpha}_{2m},\tilde{\beta}_{2m}\rangle \\ \vdots & \vdots & \ddots & \vdots \\ \langle \tilde{\alpha}_{nm},\tilde{\beta}_{nm}\rangle & \langle \tilde{\alpha}_{nm},\tilde{\beta}_{nm}\rangle & \cdots & \langle \tilde{\alpha}_{nm},\tilde{\beta}_{nm}\rangle \end{bmatrix}_{n\times m}$$

步骤 4 以 G1 法、熵权法、标准离差法得出的权重值作为约束条件，根据第二节中的方法求出合理区间内的指标权重值 $w_j(j=1,2,\cdots,m)$，再通过下列等式得出指标 $C_j(j=1,2,\cdots,m)$ 与参考指标 $C_r(r=1,2,\cdots,m)$ 的相对权重 w_j^*：

$$w_j^*=\frac{w_j}{w_r},w_r=\max\{w_1,w_2,\cdots,w_m\} \tag{4-72}$$

其中，参考指标 C_r 是权重值最大的指标。

步骤 5 计算指标准则 $C_j(j=1,2,\cdots,m)$ 下方案 $A_i(i=1,2,\cdots,n)$ 相对于其他方案 $A_q(q=1,2,\cdots,n;q\neq i)$ 的优势度 $\Omega_j(A_i,A_q)(j=1,2,\cdots,m)$：

$$\Omega_j(A_i,A_q)=\begin{cases}\sqrt{\dfrac{w_j^*}{\sum_{j=1}^{m}w_j^*}(d_{FFHD}(\gamma_{ij},\gamma_{qj}))}, & \gamma_{ij}>\gamma_{qj}\\ 0, & \gamma_{ij}\sim\gamma_{qj}\\ -\dfrac{1}{\theta}\sqrt{\dfrac{\sum_{j=1}^{m}w_j^*}{w_j^*}(d_{FFHD}(\gamma_{ij},\gamma_{qj}))}, & \gamma_{ij}<\gamma_{qj}\end{cases} \tag{4-73}$$

步骤 6 计算方案 $A_i(i=1,2,\cdots,n)$ 相较于其他方案 $A_q(q=1,2,\cdots,n;q\neq i)$ 的总体优势度 $\Theta(A_i,A_q)(j=1,2,\cdots,m)$：

$$\Theta(A_i,A_q) = \sum_{j=1}^{m} \Omega_j(A_i,A_q) \tag{4-74}$$

步骤 7　确定方案 $A_i(i=1,2,\cdots,n)$ 相较于其他所有方案的综合优势度 $\Phi(A_i)(i=1,2,\cdots,n)$，其中 $\Phi(A_i)^+$ 为最大综合优势度（正理想解），$\Phi(A_i)^-$ 为最小综合优势度（负理想解），具体计算公式如下：

$$\Phi(A_i) = \sum_{q=1}^{n} \Theta(A_i,A_q) \tag{4-75}$$

$$\Phi(A_i)^+ = \max_i\left\{\sum_{q=1}^{n} \Theta(A_i,A_q)\right\} \tag{4-76}$$

$$\Phi(A_i)^- = \min_i\left\{\sum_{q=1}^{n} \Theta(A_i,A_q)\right\} \tag{4-77}$$

步骤 8　计算方案 A_i（$i=1,2,\cdots,n$）的综合优势度 $\Phi(A_i)(i=1,2,\cdots,n)$ 与正理想解 $\Phi(A_i)^+$ 和负理想解 $\Phi(A_i)^-$ 之间的距离，在此基础上计算方案 $A_i(i=1,2,\cdots,n)$ 的欣喜值 $R(A_i)(i=1,2,\cdots,n)$、后悔值 $G(A_i)(i=1,2,\cdots,n)$ 和欣喜—后悔值 $Z(A_i)(i=1,2,\cdots,n)$：

$$R(A_i) = 1 - e^{\left[-\rho\frac{\Phi(A_i)-\Phi(A_i)^-}{\Phi(A_i)^+-\Phi(A_i)^-}\right]} \tag{4-78}$$

$$G(A_i) = 1 - e^{\left[-\rho\frac{\Phi(A_i)-\Phi(A_i)^+}{\Phi(A_i)^+-\Phi(A_i)^-}\right]} \tag{4-79}$$

$$Z(A_i) = R(A_i) + G(A_i) \tag{4-80}$$

其中，ρ 是后悔规避系数，$\Phi(A_i)$ 是方案 $A_i(i=1,2,\cdots,n)$ 的综合优势度，$\Phi(A_i)^+$ 是最大综合优势度，$\Phi(A_i)^-$ 是最小综合优势度。

步骤 9　对备选方案进行优劣排序。根据每个方案的欣喜—后悔值 $Z(A_i)(i=1,2,\cdots,n)$ 的大小对所有方案进行排序。$Z(A_i)$ 的值越大，则说明备选方案 A_i 越值得。

四、案例应用分析

2020 年初，新冠肺炎疫情的急速蔓延使得居民的生活状态发生了巨大变动，大多数居民处于居家自我隔离状态，与此同时，随之变革的还有人们的消费习惯以及整个行业的服务方式。众包物流平台在这个阶段极大便利了人们的日常生活，满足人们日常物品交付的需求，增强了消费者的认知程度及依赖度。但由于缺乏完善的政策和统一的行业标准，市场中涌现的众包物流平台种类繁多，用户体验参差不齐，服务质量无法保证。本文针对网络上讨论度高的四个众包物流平台：A_1 达达、A_2 闪送、A_3 点我达、A_4 顺丰同城急送进行数据分析，并挑选出服务质量最优的配送平台，提供数据参考意见，帮助用户进行有效选择，促进众包物流平台高效发展。将从众包物流平台基本服务流程的三个阶段：订单接收过程、订单配送过程和售后服务过程，分析众包物流平台服务质量的影响因素，建立众包物流平台服务质量评价指标体系。

1. 订单接收过程服务质量影响因素

能否吸引住用户的关键就在于能否在订单接收过程中提供令用户满意的服务，这一过程直到配送人员收取到寄件物品结束。整体服务过程主要表现为：（1）平台整体设计：当用户产生配送需求时，首先会考虑选择哪种配送方式，在“互联网+”普遍应用的大环境下，用户一般采取线上提交配送订单的方式，因此设计出能吸引用户的平台外观尤为重要，同时，平台应用界面的美观性以及整体使用的便捷性也是不容忽视的；（2）平台订单受理：当用户选择众包物流平台完成配送需求时，通常对配送时效性要求严格，主要反映在平台接单服务时间、寄件地点准确度、订单响应速度、接单服务的多样性以及紧急订单的处理等方面；（3）平台支付方式：现有支付方式多种多样，用户不可能局限于单一支付方式，具备多种用户常用的支付方式，同时能保证支付环境的安全性以及用户信息的保密性至关重要；（4）平台信息反馈：当用户提交订单过程中遇到种种问题时，用户的反馈信息能否被及时接收到、后台服务人员的应急处理效率以及用户服务体验都是能否留住用户的重要因素。

2. 订单配送过程服务质量影响因素

订单配送环节是众包物流平台最关键的部分，用户的整体体验感受都受配送环节影响，这个阶段以配送人员收取到寄件物品开始，直到配送人员将物品配送至收件人终止。主要体现在：（1）货品取货过程：这一阶段用户的满意程度直接来源于配送人员的服务表现，包括配送人员实际到达时间与平台预估到达时间的匹配度、配送人员衣着整齐度、配送人员取货时的服务态度和专业度等；（2）运输货品过程：在配送人员取到货品后，用户会密切关注配送进度，因此平台更新配送路径的速度、实际配送时间与预计配送完成时间的出入度直接影响用户的体验感受；当然最重要的是配送过程中配送人员的人身安全性以及货品的完整性，倘若无法保证配送人员与配送货品的完好度，用户满意度将直接不达标；（3）货品派送过程：配送人员能否准确到达收件地点，意外状态发生时配送人员能否及时反馈给用户，收件方的服务体验以及配送人员货品传递的完整度，特别是针对非实物货品，比如祝福、情感、陪伴等，这些都会对整体配送过程的服务质量产生影响。

3. 售后服务质量影响因素

当配送过程完成，用户根据服务体验对众包物流平台进行评价，根据差评反馈对体验感极差的用户进行弥补和缓解，对高满意度用户进行后续问候，增强用户消费粘性。这一环节以配送货品送达开始，主要服务质量表现在：（1）差评反馈：当用户不满意配送服务过程，给予平台差评或者直接后台投诉，这时平台的投诉处理速度、售后响应速度、售后人员的服务态度、专业程度以及售后处理进度都将直接影响到用户的后续服务体验，及时的售后沟通能缓解用户的焦躁感，售后人员的服务能力直接影响着用户的后续使用频率；（2）用户管理：当用户对整体服务表示满意，需要及时提高用户的忠诚度，给予用户适当的福利，包括发放优惠券、特定节日发放节日福利等，这些后续服务都能增加用户对平台的依赖性和好感度。

基于上述不同服务阶段服务质量的影响因素，借鉴传统的服务质量评价模型——SERVQUAL 模型[47]所反映出的 5 个评价维度，即可靠性、移情性、有形性、响应性和胜任性，决定从可靠性、移情性、有形性、时效性和安全性五个维度，构建出体现平台整体服务质量的评价指标体系，如表 4 – 19 所示。

表 4 – 19　众包物流平台服务质量评价指标体系

指标	订单接收	订单配送	售后服务
可靠性	寄件定位准确度 配送人员专业度	收件地点准确度 配送时间与预估时间匹配度	售后处理进度
移情性	配送服务多样性	货品传递准确性	平台福利发放力度
有形性	平台外观吸引度 平台界面美观度 配送员服装整洁度	货品整洁性 货品完好性	售后人员协调能力 售后人员服务态度

续表

指标	订单接收	订单配送	售后服务
时效性	接单速度 取货速度	配送路径更新速度 意外情况反馈速度	售后处理速度
安全性	用户信息保密性 线上支付安全性	配送人员安全性	收件方信息保密性

邀请了五位众包物流领域的评审专家，并根据他们的从业时间和所取得的成绩，确定了五位评审专家 $e_k(k=1,2,3,4,5)$ 的权重系数为 $\varepsilon_1=0.2$，$\varepsilon_2=0.3$，$\varepsilon_3=0.15$，$\varepsilon_4=0.25$，$\varepsilon_5=0.1$，专家在 5 个指标维度下对 4 个众包物流平台分别给出评价信息。由于评审专家在短时间内无法掌握众包物流平台的全部信息，评价信息具有模糊性和不确定性，故在 Fermatean 模糊环境中对各众包物流平台服务质量进行分析。具体流程步骤如下：

步骤 1 构建 Fermatean 评价矩阵。五位评审专家 $e_k(k=1,2,3,4,5)$ 根据五个指标维度 C_1：可靠性、C_2：移情性、C_3：有形性、C_4：时效性、C_5：安全性，对 4 个众包物流平台 A_1：达达、A_2：闪送、A_3：点我达、A_4：顺丰同城急送分别给出评价信息，形成了 Fermatean 模糊方案评价矩阵，如表 4－20 所示。

表 4－20　专家的方案评价矩阵

专家	方案	C_1	C_2	C_3	C_4	C_5
e_1	A_1	$\langle 0.51,0.31\rangle$	$\langle 0.76,0.42\rangle$	$\langle 0.83,0.72\rangle$	$\langle 0.60,0.73\rangle$	$\langle 0.45,0.88\rangle$
	A_2	$\langle 0.30,0.50\rangle$	$\langle 0.28,0.19\rangle$	$\langle 0.54,0.19\rangle$	$\langle 0.76,0.51\rangle$	$\langle 0.67,0.19\rangle$
	A_3	$\langle 0.87,0.13\rangle$	$\langle 0.85,0.31\rangle$	$\langle 0.48,0.71\rangle$	$\langle 0.53,0.31\rangle$	$\langle 0.85,0.66\rangle$
	A_4	$\langle 0.25,0.29\rangle$	$\langle 0.48,0.12\rangle$	$\langle 0.79,0.28\rangle$	$\langle 0.95,0.10\rangle$	$\langle 0.58,0.38\rangle$
e_2	A_1	$\langle 0.67,0.29\rangle$	$\langle 0.79,0.42\rangle$	$\langle 0.47,0.42\rangle$	$\langle 0.87,0.43\rangle$	$\langle 0.56,0.48\rangle$
	A_2	$\langle 0.23,0.20\rangle$	$\langle 0.88,0.19\rangle$	$\langle 0.64,0.40\rangle$	$\langle 0.75,0.20\rangle$	$\langle 0.66,0.32\rangle$
	A_3	$\langle 0.70,0.41\rangle$	$\langle 0.53,0.30\rangle$	$\langle 0.80,0.31\rangle$	$\langle 0.50,0.37\rangle$	$\langle 0.80,0.44\rangle$
	A_4	$\langle 0.63,0.20\rangle$	$\langle 0.58,0.42\rangle$	$\langle 0.84,0.30\rangle$	$\langle 0.90,0.30\rangle$	$\langle 0.53,0.40\rangle$
e_3	A_1	$\langle 0.35,0.10\rangle$	$\langle 0.69,0.40\rangle$	$\langle 0.67,0.50\rangle$	$\langle 0.86,0.38\rangle$	$\langle 0.66,0.48\rangle$
	A_2	$\langle 0.59,0.20\rangle$	$\langle 0.48,0.30\rangle$	$\langle 0.70,0.42\rangle$	$\langle 0.66,0.50\rangle$	$\langle 0.88,0.40\rangle$
	A_3	$\langle 0.50,0.21\rangle$	$\langle 0.70,0.34\rangle$	$\langle 0.86,0.35\rangle$	$\langle 0.90,0.20\rangle$	$\langle 0.47,0.44\rangle$
	A_4	$\langle 0.42,0.20\rangle$	$\langle 0.55,0.46\rangle$	$\langle 0.70,0.20\rangle$	$\langle 0.90,0.40\rangle$	$\langle 0.80,0.30\rangle$

续表

专家	方案	C_1	C_2	C_3	C_4	C_5
e_4	A_1	〈0.70,0.30〉	〈0.66,0.40〉	〈0.90,0.40〉	〈0.77,0.30〉	〈0.60,0.58〉
	A_2	〈0.63,0.25〉	〈0.80,0.33〉	〈0.60,0.70〉	〈0.42,0.60〉	〈0.38,0.12〉
	A_3	〈0.86,0.14〉	〈0.63,0.30〉	〈0.72,0.41〉	〈0.39,0.20〉	〈0.70,0.36〉
	A_4	〈0.70,0.50〉	〈0.67,0.30〉	〈0.90,0.38〉	〈0.68,0.21〉	〈0.80,0.38〉
e_5	A_1	〈0.70,0.30〉	〈0.57,0.30〉	〈0.90,0.30〉	〈0.72,0.32〉	〈0.70,0.30〉
	A_2	〈0.40,0.30〉	〈0.60,0.43〉	〈0.22,0.10〉	〈0.65,0.20〉	〈0.51,0.22〉
	A_3	〈0.66,0.30〉	〈0.92,0.20〉	〈0.55,0.40〉	〈0.70,0.31〉	〈0.86,0.62〉
	A_4	〈0.52,0.10〉	〈0.70,0.30〉	〈0.60,0.28〉	〈0.50,0.30〉	〈0.78,0.20〉

步骤 2　评价矩阵规范化。由于评价指标都为效益性指标，故不需要再对其进行规范化处理。

步骤 3　利用专家权重以及 FFWA 算子来整合评审专家的方案评价矩阵，得到方案综合评价矩阵，见表 4－21。

表 4－21　　群体综合评价矩阵

方案	C_1	C_2	C_3	C_4	C_5
A_1	〈0.631,0.254〉	〈0.727,0.398〉	〈0.799,0.459〉	〈0.801,0.416〉	〈0.591,0.542〉
A_2	〈0.486,0.265〉	〈0.757,0.253〉	〈0.605,0.348〉	〈0.682,0.364〉	〈0.678,0.225〉
A_3	〈0.781,0.218〉	〈0.742,0.295〉	〈0.742,0.410〉	〈0.652,0.274〉	〈0.776,0.470〉
A_4	〈0.583,0.253〉	〈0.603,0.295〉	〈0.824,0.293〉	〈0.872,0.230〉	〈0.710,0.349〉

步骤 4　以 G1 法、熵权法及标准离差法得出的指标权重作为约束条件，利用极差最大法计算出 5 个指标的权重值，继而得出每个指标 $C_j(j=1,2,3,4,5)$ 的相对权重值 $w_j^*(j=1,2,3,4,5)$，由 4 种方法得出指标权重及相对权重见表 4－22。

表 4－22　　指标权重

方法	C_1	C_2	C_3	C_4	C_5
G1 法	0.153	0.205	0.229	0.253	0.160
熵权法	0.225	0.194	0.185	0.175	0.221

续表

方法	C_1	C_2	C_3	C_4	C_5
标准离差法	0.194	0.199	0.190	0.213	0.204
极差最大法	0.164	0.194	0.229	0.253	0.160
相对权重 w_j^*	0.648221	0.766798	0.905138	1.00000	0.632411

步骤 5 根据方案群体综合评价矩阵，计算不同指标属性下各方案相较于其他方案的优势度 $\Omega_j(A_i,A_q)(i,q=1,2,3,4,i\neq q;j=1,2,3,4,5)$，结果见表 4-23（设衰减因子的值为 $\theta=1$）。

表 4-23 方案 A_i 在指标下相较于其他方案 A_q 的优势度

$\Omega_j(A_i,A_q)$		A_1	A_2	A_3	A_4
C_1	A_1	0	0.149	-1.172	0.093
	A_2	-0.912	0	-1.485	-0.713
	A_3	0.192	0.244	0	0.214
	A_4	-0.568	0.117	-1.302	0
C_2	A_1	0	-0.507	-0.439	0.198
	A_2	0.098	0	0.071	0.204
	A_3	0.085	-0.364	0	0.192
	A_4	-1.021	-1.052	-0.988	0
C_3	A_1	0	0.280	0.172	-0.558
	A_2	-1.224	0	-0.967	-1.214
	A_3	-0.750	0.221	0	-0.811
	A_4	0.128	0.278	0.186	0
C_4	A_1	0	0.236	0.270	-0.765
	A_2	-0.933	0	0.131	-1.167
	A_3	-1.067	-0.516	0	-1.232
	A_4	0.193	0.295	0.312	0
C_5	A_1	0	-0.961	-1.276	-0.974
	A_2	0.154	0	-1.243	-0.697
	A_3	0.204	0.199	0	0.165
	A_4	0.156	0.112	-1.029	0

步骤 6　计算得出方案 $A_i(i=1,2,3,4)$ 相较于其他方案 $A_q(q=1,2,3,4;q\neq i)$ 的总体优势度 $\Theta(A_i,A_q)$，结果如表 4-24 所示。

表 4-24　　方案 A_i 的总体优势度

$\Theta(A_i,A_q)$	A_1	A_2	A_3	A_4
A_1	0	-0.803	-2.445	-2.005
A_2	-2.816	0	-3.493	-3.587
A_3	-1.335	-0.217	0	-1.473
A_4	-1.113	-0.250	-2.822	0

步骤 7　确定方案 $A_i(i=1,2,3,4)$ 相较于其他所有方案的综合优势度 $\Phi(A_i)(i=1,2,3,4)$、最大综合优势度 $\Phi(A_i)^+$（正理想解）和最小综合优势度 $\Phi(A_i)^-$（负理想解）：

$\Phi(A_1)=-5.254,\Phi(A_2)=-9.897,\Phi(A_3)=-3.025,$

$\Phi(A_4)=-4.185,\Phi(A_i)^+=\Phi(A_3)=-3.025,$

$\Phi(A_i)^-=\Phi(A_2)=-9.897$

步骤 8　计算方案 $A_i(i=1,2,3,4)$ 的欣喜值 $R(A_i)$、后悔值 $G(A_i)$ 和欣喜—后悔值 $Z(A_i)$，结果见表 4-25。

表 4-25　　方案 A_i 的欣喜—后悔值

方案	$R(A_i)$	$G(A_i)$	$Z(A_i)$
A_1	0.183	-0.102	0.081
A_2	0	-0.350	-0.350
A_3	0.259	0	0.259
A_4	0.221	-0.052	0.169

步骤 9　根据每个方案的欣喜—后悔值 $Z(A_i)(i=1,2,3,4)$ 大小来对所有方案进行优劣排序：$A_3>A_4>A_1>A_2$。

从以上计算结果可以看出，在 4 个众包物流平台中，A_3 是综合表现最优的，而 A_2 是整体服务质量水平欠佳的。具体而言，A_3 在配送地点准确率、配送时效性及平台信息安全性方面具有明显优势，平台隐私保护制度和信息技术制度比较完善；而 A_4 的平台外观设计、界面美观度、商品配送完整度以及配送人员的接单速度、订单反馈时效等方面发展比较成熟。尽管 A_3 综合表现最佳，但在平台个性化设计方面有待提升，配送装备需要统一化管理，定期对配送人员进行培训管理，保证配送人员的配送质量；A_1 需要引进先进的后台运营技术，发展支付方式多样性，加强线上支付安全性及用户信息保密性工作；A_2 平台信息反馈准确度不高，配送时间与平台预估时间存在较大出入，会直接影响到用户的寄件体验；A_4 需要增强对配送货品的防护措施，促进配送服务多元化。

五、对比分析

为进一步验证本文提出的后悔理论——TODIM 评价方法的可行性与有效性，我们将与现有方法进行比较。第一，将该评价方法与传统的 TODIM 评价方法[31]进行比较，由此说明专家的后悔规避心理对评价结果的影响；第二，将其与基于后悔理论的 EDAS 的评价方法[48]进行比较，说明当评价者处于有限理性的状态下，不同的评价方法对评价结果的影响；第三，将其与基于前景理论的 TODIM 的评价方法[46]相比，说明当评价者处于有限理性的情况下，考虑评价者不同的心理行为特征对评价结果的影响。利用上述 4 种方法得到排序结果，具体如表 4-26 和图 4-7 所示。

表 4-26　　4 种方法的方案排序结果

方案	基于后悔理论——TODIM（本文方法）		传统的 TODIM[31]		基于后悔理论——EDAS[48]		基于前景理论——TODIM[46]	
	$Z(A_i)$	排序	$\Phi(A_i)$	排序	AS_i	排序	$\Psi(A_i)$	排序
A_1	0.081	3	0.676	3	0.490	3	0.756	2
A_2	-0.350	4	0	4	0.125	4	0	4
A_3	0.259	1	1	1	0.848	2	1	1
A_4	0.169	2	0.831	2	0.916	1	0.742	3

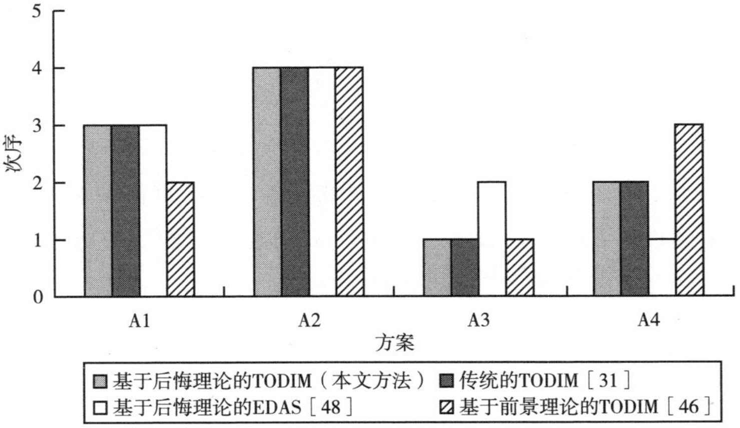

图 4－7　4 种方法的排序结果

由表 4－26 和图 4－7 可知，利用上述 4 种方法得到的方案排序结果存在明显差异。其中，基于后悔理论的 EDAS 方法的最优备选方案是 A_4，其他三种方法的最优备选方案是 A_3，但是这四种方法都确定最劣备选方案是 A_2，进一步说明了本文所提方法的准确性。

下面对以上几种方法的特征进行详细阐述分析。首先，根据本文提出的方法与传统的 TODIM 方法的评价步骤可知，本章提出的方法在传统的 TODIM 方法的基础上，添加了反映主体后悔规避的心理行为特征的指标，即基于综合优势度构建方案的后悔—欣喜值。由于本章提出的方法与传统的 TODIM 方法得出的方案排序结果完全一致，证明了在传统的 TODIM 评价过程中，融入主体评价时的后悔规避心理，其决策过程具有合理性。

其次，在考虑到评价主体的后悔规避心理的基础上，使用 TODIM 方法与 EDAS 方法得出的排序结果不完全相同，主要在方案 A_3，A_4 的排序上存在差异，前者与其他两种方法都将方案 A_3 视为最佳备选方案，后者确定方案 A_4 是最佳选择。出现差异的主要原因在于，EDAS 方法是以方案的平均指标为基准，而 TODIM 理论的核心是在各指标维度下，对两两方案进行比较。很明显，EDAS 方法是在综合水平上进行方案得分衡量，而 TODIM 方法在每个指标下进行方案之间的优势度衡量，这种方法能兼顾每个指标维度，表现出方案之间的细微差别，更具全面性，在面对极端评价值时更贴合真实的评价环境。

最后，结合前景理论的 TODIM 方法得出的排序结果与本文提出的方法存在细微差异，但是它们对于最优方案与最劣方案的判断如出一辙，说明了基于后悔理论的 TODIM 方法的判断有效性。前者在 TODIM 方法中结合前景理论，尽管考虑了评价主体参数依赖和损失规避的心理行为，但是前景理论还需要专家提前设定参考点，计算过程中参数较多，使众包物流平台服务质量评价过程变得烦琐。而结合后悔理论的 TODIM 方法不但能反映出决策者损失规避的风险态度和后悔规避的心理活动对决策结果的影响，还避免了由于参考点选择不当而出现的决策失误，计算公式参数较少，且计算过程相对简单。

六、小结

不同于以往对主客观权重进行简单加权求和的赋值方法，本文采用极差最大法来确定指标的主客观权重的比例，加强了每个指标之间的评估区分度，降低了评价信息的重合度，使最终的评价结果更具说服力。为融合专家的损失规避的风险态度和后悔规避的心理行为特征，本文提出了一种基于后悔理论——TODIM 的 Fermatean 模糊综合评价方法，并研究了其在众包物流平台评估中的应用。通过综合众包物流平台在每个指标维度下的评价信息，在不同指标维度下对平台进行优势度分析，最后对每个方案的欣喜—后悔值进行综合排序。整个评价过程充分考虑了专家的评价心理，全方位比较了平台之间的指标差异，评价结果对众包物流平台的精细化运营以及能力建设具有较强的实用价值。

第五节　本章小结

本章首先简要回顾了 Fermatean 模糊集的相关理论知识，提出了三种基于 Fermatean 模糊信息的综合评价理论与方法，并通过不同实例分析证实了方法的实用性与可行性，具体研究内容如下：（1）首先提出了一种基于 Dombi 加权分块 Muirhead 平均算子的 Fermatean 模糊信息集成方法，该方法能捕捉并测度指标间复杂的相互关联影响。进而拓展了传统 AHP 方法在 Fermatean 模糊环境下的应用，提出了一种基于 AHP 和 Dombi 加权分块 Muirhead 平均的 Fermatean 模糊综合评价方法；（2）提出一种基于 Fermatean 模糊综合加权距离和 TOPSIS 的评价方法，该方法能同时兼顾参数本身的重要程度及评价主体的态度特征，且能根据实际需求调整参数值，并通过绿色低碳港口的评价问题验证了方法的有效性；（3）基于评价主体非完全理性情形，提出了一种基于后悔理论——TODIM 群综合评价方法，其不仅能反映出主体损失规避的风险态度和后悔规避的心理活动对结果的影响，还避免了由于参考点选择不当而出现的决策失误。同时提出了基于极差最大法的指标组合权重确认模型，避免了主客观简单加权求和产生的权重信息波动对最终评价结果的影响，提升了评价结果的科学合理性。最后研究了所提评价方法在众包物流平台评估中的应用。

本章主要参考文献

[1] Senapati T, Yager R R. Fermatean fuzzy sets [J]. *Journal of Ambient Intelligence and Humanized Computing*, 2019, 11 (2): 663 – 674.

[2] Atanassov K T. Intuitionistic fuzzy sets [J]. *Fuzzy Sets & Systems*, 1986, 20 (1): 87 – 96.

[3] Yager R R. Pythagorean membership grades in multicriteria decision making [J]. *IEEE Transactions on Fuzzy Systems*, 2014, 22 (4): 958 – 965.

[4] Yang Z L, Garg H, Li X. Differential calculus of Fermatean fuzzy functions: Continuities, derivatives, and differentials [J]. *International Journal of Computational Intelligence Systems*, 2021, 14 (1): 282 – 294.

[5] Senapati T, Yager R R. Some new operations over Fermatean fuzzy numbers and application of Fermatean fuzzy WPM in multiple criteria decision making [J]. *Informatica*, 2019, 30 (2): 391 – 412.

[6] Shit C, Ghorai G. Multiple attribute decision – making based on different types of Dombi aggregation operators under Fermatean fuzzy information [J]. *Soft Computing*, 2021 (25): 13869 – 13880.

[7] Ali G, Ansari M N. Multiattribute decision – making under Fermatean fuzzy bipolar soft framework [J]. *Granular Computing*, 2022 (7): 337 – 352.

[8] Deng Z, Wang J Y. New distance measure for Fermatean fuzzy sets and itsapplication [J]. *International Journal of Intelligent Systems*, 2021, 37 (3): 1903 - 1930.

[9] Xu C L, Shen J H. Multi - criteria decision making and pattern recognition based on similarity measures for Fermatean fuzzy sets [J]. *Journal of Intelligent & Fuzzy Systems*, 2021, 41 (6): 5847 - 5863.

[10] Senapati T, Yager R R. Fermatean fuzzy weighted averaging/geometric operators and its application in multi - criteria decision - making methods [J]. *Engineering Applications of Artificial Intelligence*, 2019 (85): 112 - 121.

[11] Dombi J. A general class of fuzzy operators, the DeMorgan class of fuzzy operators and fuzziness measures induced by fuzzy operators [J]. *Fuzzy Sets & Systems*, 1982, 8 (2): 149 - 163.

[12] Yang W, Shi J R, Liu Y, Pang Y F, Lin R Y. Pythagorean fuzzy interaction partitioned Bonferroni mean operators and their application in multiple - attribute decision - making [J]. *Complexity*, 2018, 2018: 3606245.

[13] Muirhead R F. Some methods applicable to identities and inequalities of symmetric algebraic functions of n letters [J]. *Proceedings of the Edinburgh Mathematical Societ*, 1902 (21): 144 - 162.

[14] Xu Z S, Yager R R. Intuitionistic fuzzy Bonferroni means [J]. *IEEE Transactions on Systems, Man, and Cybernetics, Part B (Cybernetics)*, 2011, 41 (2): 568 - 578.

[15] Wei G W, Lu M. Pythagorean fuzzy Maclaurin symmetric mean operators in multiple attribute decision making [J]. *International Journal of Intelligent Systems*, 2018, 33 (5): 1043 - 1070.

[16] Qin Y C, Qi Q F, Scott P J, Jiang X Q. Multi - criteria group decision making based on Archimedean power partitioned Muirhead mean operators of q - rung orthopair fuzzy numbers [J]. *PLoS ONE*, 2019, 14 (9): e0221759.

[17] Yin K D, Yang B S, Li X M. Multiple attribute group decision - making methodsbased on trapezoidal fuzzy two - dimensional linguistic partitioned Bonferroni mean aggregation operators [J]. *International Journal of Environmental Research and Public Health*, 2018, 15 (2): 194.

[18] Liu P D, Chen S M, Wang Y M. Multiattribute group decision making based on intuitionistic fuzzy partitioned Maclaurin symmetric mean operators [J]. *Information Sciences*, 2020, 512 (1): 830 - 854.

[19] Saaty T L. There is no mathematical validity for using fuzzy number crunching in the analytic hierarchy process [J]. *Journal of Systems Science and Systems Engineering*, 2006, 15

(4): 457 – 464.

[20] Karasan A, Ilbahar E, Kahraman C. A novel Pythagorean fuzzy AHP and its application to landfill site selection problem [J]. *Soft Computing*, 2019, 23 (7): 10953 – 10968.

[21] Merigó J M, Palacios – Marqués D, Soto – Acosta P. Distance measures, weighted averages, OWA operators and Bonferroni means [J]. *Applied Soft Computing*, 2017 (50): 356 – 366.

[22] Xu Z S, Chen J. Ordered weight distance measure [J]. *Journal of Systems Science and Systems Engineering*, 2008, 17 (4): 432 – 445.

[23] Merigó J M, Gil – Lafuente A M. New decision – making techniques and their application in the selection of financial products [J]. *Information Sciences*, 2010, 180 (1): 2085 – 2094.

[24] Yager R R. On ordered weighted averaging aggregation operators in multi – criteria decision making [J]. *IEEE Transactions on Systems*, 1988, 18 (1): 183 – 190.

[25] Xu Z S, Xia M M. Distance and similarity measures for hesitant fuzzy sets [J]. *Information Sciences*, 2011, 181 (11): 2128 – 2138.

[26] Peng D H, Gao C Y, Gao Z F. Generalized hesitant fuzzy synergetic weighted distance measures and their application to multiple criteria decision – making [J]. *Applied Mathematical Modelling*, 2013, 37 (8): 5837 – 5850.

[27] Deng Z, Wang J Y. Evidential Fermatean fuzzy multicriteria decision – making based on Fermatean fuzzy entropy [J]. *International Journal of Intelligent Systems*, 2021, 36 (10): 5866 – 5886.

[28] Wan C, Zhang D, Yan X, Yang Z. A novel model for the quantitative evaluation of green port development – a case study of major ports in china [J]. *Transportation Research Part D Transport & Environment*, 2017 (61): 431 – 443.

[29] Xu Z S. Fuzzy ordered distance measures [J]. *Fuzzy Optimization and Decision Making*, 2011, 11: 73 – 79.

[30] Zeng S Z. Some intuitionistic fuzzy weighted distance measures and their application to group decision making [J]. *Group decision and Negotiation*, 2013, 22 (2): 281 – 298.

[31] Gomes L, Lima M. TODIM: basics and application to multicriteria ranking of projects with environmental impacts [J]. *Foundations of Computing and Decision Sciences*, 1992, 16 (4): 113 – 127.

[32] Bell D E. Regret in decision making under uncertainty [J]. *Operations Research*, 1982, 30 (5): 961 – 981.

[33] Graham L, Robert S. Regret theory: an alternative theory of rational choice under un-

certainty [J]. *The Economic Journal*, 1982, 92 (368): 805 – 824.

[34] Tversky A, Kahneman D. Advances in prospect theory: cumulative representation of uncertainty [J]. *Journal of Risk and Uncertainty*, 1992, 5 (4): 297 – 323.

[35] Farhdinia B. Information measures for hesitant fuzzy sets and interval – valued hesitant fuzzy sets [J]. *Information Sciences*, 2013, 240 (1): 129 – 144.

[36] Tversky K A. Prospect theory: an analysis of decision under risk [J]. *Econometrica*, 1979, 47 (2): 263 – 291.

[37] 迟国泰，李刚，程砚秋. 基于 AHP – 标准离差的人的全面发展评价模型及其实证研究 [J]. 管理学报，2010，7 (2): 301 – 310.

[38] 张国权，李文立，王明征. 基于离差函数和联合熵的组合赋权方法 [J]. 管理学报，2008，5 (3): 376 – 380.

[39] 江文奇. 多属性决策的组合赋权优化方法 [J]. 运筹与管理，2006，15 (6): 40 – 43.

[40] 徐泽水，达庆利. 多属性决策的组合赋权方法研究 [J]. 中国管理科学，2002 (2): 85 – 88.

[41] 孔令楠，郝伟. 基于博弈论和证据理论的桥梁加固方案优选研究 [J]. 铁道科学与工程学报，2020，17 (3): 556 – 562.

[42] 李刚，李建平，孙晓蕾，赵萌. 主客观权重的组合方式及其合理性研究 [J]. 管理评论，2017，29 (12): 17 – 26 + 61.

[43] 刘建，郑双忠，邓云峰，李安贵，宋存义. 基于 G1 法的应急能力评估指标权重的确定 [J]. 中国安全科学学报，2006，16 (1): 30 – 33.

[44] 邹志红，孙靖南，任广平. 模糊评价因子的熵权法赋权及其在水质评价中的应用 [J]. 环境科学学报，2005，25 (4): 552 – 556.

[45] 李刚，迟国泰. 极差最大化组合赋权的人的全面发展评价模型及实证 [J]. 中国软科学，2009 (9): 147 – 155.

[46] Tian X L, Niu M L, Zhang W K, Li L, Herrera – Viedma E. A novel TODIM based on prospect theory to select green supplier with q – rung orthopair fuzzy set [J]. *Technological and Economic Development of Economy*, 2021, 27 (2): 1 – 27.

[47] 葛雅婷，蒋琳，是丽娜. 基于 SERVQUAL 模型的在线旅游服务质量提升研究 [J]. 电子商务，2020 (2): 4 – 6.

[48] Qian L L, Liu S F, Fang Z G. Grey risky multi – attribute decision – making method based on regret theory and EDAS [J]. *Grey Systems – theory and Application*, 2019, 9 (1): 101 – 113.

| 第五章 |

基于犹豫模糊信息的综合评价方法及应用

在实际评价与决策问题中，由于人类思维的复杂性和个人认知的差异，评价主体对于同一问题往往有不同的看法，且常常难以达成一致。例如就某一元素属于某一集合的隶属度，有专家给出 0.6，有的给出 0.7，还有给出 0.8，评价专家之间各执己见，难以说服彼此。传统的模糊集[1]和现有的直觉模糊集[2]都无法应对这种复杂情形。为此，Torra 等[3-4]提出犹豫模糊集（Hesitant fuzzy set，HFS），该模糊集允许一个元素属于一个集合的隶属度可以是若干可能的值，从而很好地解决了实际决策过程中专家的犹豫不决以及多个专家很难达成一致意见的问题。显然，相对于传统的模糊数和直觉模糊数而言，犹豫模糊数允许评价主体对某一待评对象给出多个可能值，增加了评价主体赋值的灵活性，可更加细腻地描述事物的不确定性，特别适合刻画存在犹豫情形的现实评价问题，因此引起了越来越多研究者的关注，并被广泛应用于决策、医疗诊断、逻辑规划、模式识别和市场预测等诸多领域[5-15]。

虽然目前基于犹豫模糊信息的综合评价与决策问题已得到部分学者的关注，也积累了一定的研究成果，然而仍存在很多关键的问题有待深入研究。如在群组综合评价问题中，其首要环节就是选择适当的集成方法将各评价个体意见集成为群体意见，假设有 4 个专家给出的评价信息为犹豫模糊元 h_i（$i=1,2,\cdots,4$），每个犹豫模糊元中有 4 个数，若按照现有的犹豫模糊运算规则[5]，如用犹豫模糊加权平均（HFWA）算子进行个体意见集成，集成的结果则是一个含有 256 个数值的犹豫模糊元的群体意见，这个数值庞大的群体意见对群体共识分析及决策带来巨大的困难。烦琐复杂的犹豫模糊信息集成数学运算体系严重阻碍了犹豫模糊综合评价研究的进展，因而迫切需要一种简便有效的犹豫模糊信息集成规则，以推动犹豫模糊综合评价理论、方法及其应用研究的发展。

鉴于此，本章以犹豫模糊综合评价研究为主题，首先对指标具有关联影响的犹豫模糊评价问题展开研究，进而提出一种新的简便有效的犹豫模糊信息运算规则，并提出一种基于混合加权距离测度的犹豫模糊 TOPSIS 综合评价方法。

第一节　犹豫模糊集基础理论

定义 5.1[5]　设 X 是一个非空集合，$x\in X$，则称

$$E=\{\langle x,h(x)\rangle \mid x\in X\} \tag{5-1}$$

为犹豫模糊集，其中 $h(x)$ 是由元素 x 对模糊子集 E 的所有可能隶属度构成的集合。为方便起见，称 $h=h_E(x)$ 为犹豫模糊数（HFE），用 H 表示所有犹豫模糊数的集合。

为比较 HFE 的大小，文献［5］定义犹豫模糊数的得分函数和运算法则如下：

定义 5.2[5]　设 X 是一个非空集合，h，h_1，h_2 为犹豫模糊数，则称

$$s(h)=\frac{1}{\#h}\sum_{\gamma\in h}\gamma \tag{5-2}$$

为犹豫模糊数 h 的得分函数，其中$\#h$ 是 h 中元素的个数。若 $s(h_1)>s(h_2)$，则 $h_1>h_2$；若 $s(h_1)=s(h_2)$，则 $h_1=h_2$。

定义 5.3[22]　设 h，h_1，h_2 为犹豫模糊数，则

（1）$h^{\lambda}=\cup_{\gamma\in h}\{\gamma^{\lambda}\}$；

（2）$\lambda h=\cup_{\gamma\in h}\{1-(1-\gamma)^{\lambda}\}$；

（3）$h_1\oplus h_2=\cup_{\gamma_1\in h_1,\gamma_2\in h_2}\{\gamma_1+\gamma_2-\gamma_1\gamma_2\}$；

（4）$h_1\otimes h_2=\cup_{\gamma_1\in h_1,\gamma_2\in h_2}\{\gamma_1\gamma_2\}$.

由定义 5.3，我们可得到如下一些结论：

(1) $h_1 \oplus h_2 = h_2 \oplus h_1$;

(2) $h_1 \otimes h_2 = h_2 \otimes h_1$;

(3) $\lambda(h_1 \oplus h_2) = \lambda h_1 \oplus \lambda h_2, \lambda > 0$;

(4) $(h_1 \otimes h_2)^{\lambda} = h_1^{\lambda} \otimes h_2^{\lambda}, \lambda > 0$;

(5) $(\lambda_1 + \lambda_2)h = \lambda_1 h \oplus \lambda_2 h$;

(6) $h^{\lambda_1 + \lambda_2} = h^{\lambda_1} \otimes h^{\lambda_2}$, λ_1, $\lambda_2 > 0$.

为对犹豫模糊数集有效集成，Torra 和 Narukawa[3] 首先提出了以下集成规则：

定义 5.4[3]　令 $E = \{h_1, h_2, \cdots, h_n\}$ 是含有 n 个 HFEs 的犹豫模糊集，Θ 是 E 上的运算函数，$\Theta: [0,1]^n \to [0,1]$，那么 $\Theta_E = U_{\gamma \in \{h_1 \times h_2 \times \cdots \times h_n\}} \{\Theta(\gamma)\}$。

在上述定义 5.4 的集成规则基础上，Xia 和 Xu[5] 等提出了两种常用的犹豫模糊信息集成方法。

定义 5.5[5]　令 $h_j (j = 1, 2, \cdots, n)$ 为一组犹豫模糊数，则犹豫模糊加权平均（Hesitant fuzzy weighted averaging，HFWA）算子定义为：

$$HFWA(h_1, h_2, \cdots, h_n) = \oplus_{j=1}^{n} (w_j h_j)$$

$$= U_{\gamma_1 \in h_1, \gamma_2 \in h_2, \cdots, \gamma_n \in h_n} \left\{ 1 - \prod_{j=1}^{n} (1 - \gamma_j)^{w_j} \right\} \quad (5-3)$$

其中 $w = (w_1, w_2, \cdots, w_n)$ 是 $h_j (j = 1, 2, \cdots, n)$ 的权重向量，满足 $w_j \in [0,1]$ 和 $\sum_{j=1}^{n} w_j = 1$。

定义 5.6[5]　令 $h_j (j = 1, 2, \cdots, n)$ 为一组犹豫模糊数，犹豫模糊加权几何（Hesitant fuzzy weighted geometric，HFWG）算子定义如下：

$$HFWG(h_1, h_2, \cdots, h_n) = \otimes_{j=1}^{n} h_j^{w_j} = U_{\gamma_1 \in h_1, \gamma_2 \in h_2, \cdots, \eta_n \in h_n} \left\{ \prod_{j=1}^{n} \gamma_j^{w_j} \right\} \quad (5-4)$$

其中 $w = (w_1, w_2, \cdots, w_n)$ 是 $h_j (j = 1, 2, \cdots, n)$ 的权重向量，满足 $w_j \in [0,1]$ 且 $\sum_{j=1}^{n} w_j = 1$。

第二节　基于指标关联的犹豫模糊集综合评价方法

信息集成一直是模糊多指标评价研究的重要主题。自犹豫模糊集理论提出后，犹豫模糊信息的集成方法得到广大研究者的关注，如 Xia 和 Xu [5]将经典的集成方法应用于犹豫模糊集，提出了一系列的犹豫模糊集成算子，包括广义犹豫模糊加权平均（Generalized hesitant fuzzy weighted averaging，GHFWA）算子、广义犹豫模糊加权几何（Generalized hesitant fuzzy weighted geometric，GHFWG）算子、犹豫模糊有序加权平均算子（Hesitant fuzzy ordered weighted averaging，HFOWA）、广义犹豫模糊有序加权平均算子（Generalized hesitant fuzzy ordered weighted averaging，GHFOWA）和广义犹豫模糊混合平均（Generalized hesitant fuzzy hybrid averaging，GHFHA）集成算子等。在此基础研究，一系列适应于不同需求的新犹豫模糊集成算子相继被提出[8,14,16-23]。

上述集成方法所建立的多指标体系通常以指标之间具有独立性为前提。但在实际评价问题中，由于客观事物的复杂性及人类思维的模糊性，指标间往往存在着一定的关联性。评价主体也常常表现出一定的主观偏好，很难达到独立性这一要求。为此，Sugeno[24]提出的模糊测度成为解决关联多指标决策问题的一种有力工具。文献［26-28］利用模糊测度和 Choquet 积分研究了指标值为直觉模糊数的多指标综合评价问题。文献［29-30］利用模糊测度和 Choquet 积分讨论了指标值为区间直觉模糊数的评价与决策问题。Yu 等[31]提出了可以处理指标相关联的犹豫模糊 Choquet 积分（HFCI）算子，并应用于解决犹豫模糊的关联多指标综合评价问题。

但是，Choquet 积分算子在对指标的集成过程中，当指标的个数为 n 时，其模糊测度需要确定 2^n-2 个参数值。可见，当指标个数比较多时，模糊测度的确定变得比较困难。为了减少待定参数的数量，同时不削弱模糊测度的表达能力，本文将 g_λ-模糊测度、Shapley 值和 Choquet 积分引入犹豫模糊信息集成当中，并提出了两种犹豫模糊信息的 Choquet 模糊积分新集成算子：犹豫模糊广义 λ-Shapley Choquet 积分平均集成（Hesitant fuzzy generalized λ-Shapley Choquet averaging，$AHFGSC_{g_\lambda}$）算子和犹豫模糊广义 λ-Shapley Choquet 积分几何集成（Hesitant fuzzy generalized λ-Shapley Choquet geometric，$GHFGSC_{g_\lambda}$）算子，从而为解决指标关联影响的犹豫模糊评价与决策问题提供了一种新的有效方法。

一、犹豫模糊集和模糊测度

定义 5.7[30]　设 X 是一个有限集合，$P(X)$ 是 X 的幂集，集函数 $g:P(X) \to [0,1]$ 满足条件：(1) $g(\phi)=0$，$g(X)=1$；(2) 若 $A \subseteq B$，则 $g(A) \leqslant g(B)$；(3) $g(A \cup B)=g(A)+g(B)+\lambda g(A)g(B)$，称 g 为 $P(X)$ 上的 g_λ 模糊测度，其中 A，$B \subseteq P(X)$，$A \cap B=\phi$，$\lambda>-1$。显然，当 $\lambda=0$ 时，g_λ 是一个可加测度；当 $\lambda>0$ 时，那么 g_λ 是一个超可加测度，即 A，B 之间存在积极合作；当 $\lambda<0$ 时，那么 g_λ 是一个次可加测度，即 A，B 之间存在消极合作。

设 X 是一个有限集，$A \subseteq P(X)$，则 g_λ 模糊测度又可表示为：

$$g_\lambda(A)=\begin{cases}\dfrac{1}{\lambda}\left(\prod_{i \in A}[1+\lambda g_\lambda(x_i)]-1\right), & if\ \lambda \neq 0 \\ \sum_{i \in A} g_\lambda(x_i) & if\ \lambda=0\end{cases} \tag{5-5}$$

由方程 (5-5) 可知，λ 的值可由 $g(X)=1$ 唯一确定，即等价于解方程：

$$1+\lambda=\prod_{i=1}^{n}(1+\lambda g_\lambda(x_i)) \tag{5-6}$$

鉴于 g_λ 模糊测度易于计算，文献 [30] 提出了基于 g_λ 模糊测度的 GI-IFGA 信息集成算子，其只需确定 $n-2$ 个指标集 $\{x_i\}$ 的 g_λ 模糊测度，即可对 n 个指标信息集成。然而，在实际决策当中，指标之间可能存在消极作用，也可能存在积极作用，而 g_λ 模糊测度中的 λ 值由 $g(X)=1$ 唯一确定，只能体现指标间的一种状态。为此，文献 [33-34] 将博弈论中 Shapley 值引入模糊测度中。

定义 5.8[34]　g_λ 是定义在 X 上的模糊测度，称

$$\varphi_{g_\lambda}(S)=\sum_{K \in X \setminus S}\frac{(n-k-s)!k!}{(n-k+1)!}(g_\lambda(S \cup K)-g_\lambda(K)) \tag{5-7}$$

为广义 Shapley 值 g_λ 模糊测度，其中 k 表示集合 K 的势。如果 $S=\{i\}$，则由方程 (5-5) 可得：

$$\varphi_{g_\lambda}(i)=\sum_{K \in X \setminus i}\frac{(n-k-1)!k!}{n!}g_\lambda(i)\prod_{j \in K}(1+\lambda g_\lambda(i)) \tag{5-8}$$

定理 5.1[34]　若 g_λ 是定义在 X 上的模糊测度，那么方程 (5-5) 也是 X 上的模糊测度。

二、犹豫模糊广义 λ - Shapley Choquet 积分集成算子

为了更全面地考虑属性不同组合的重要性和属性间的关联性，文献［23］定义了直觉模糊 Shapley 值平均集成（Shapley intuitionstic fuzzy averaging，SIFA）算子。然后文献［34］将 Shapley 值进一步应用到区间直觉模糊集上，提出了区间直觉模糊广义 Shapley 值平均集成算子和区间直觉模糊广义 Shapley 值几何集成算子。基于以上思路，本文将 Shapley 值和 Choquet 积分再拓展到犹豫模糊集中，定义两种新的犹豫模糊信息集成算子，即犹豫模糊广义 λ - Shapley Choquet 积分平均集成算子（$AHFGSC_{g_\lambda}$）和犹豫模糊广义 λ - Shapley Choquet 几何集成算子（$GHFGSC_{g_\lambda}$）。

定义 5.9 设 g_λ 是 X 上的模糊测度，$h_i(i=1,2,\cdots,n)$ 为犹豫模糊数，称

$$\begin{aligned}(C_1)\int hd\varphi_{g_\lambda} &= AHFGSC_{g_\lambda}(h_1,h_2,\cdots,h_n)\\ &= \bigoplus_{i=1}^{n}(\varphi_{g_\lambda}(A_{\sigma(i)})-\varphi_{g_\lambda}(A_{\sigma(i+1)}))h_{\sigma(i)}\\ &= \bigcup_{\gamma_{\sigma(1)}\in h_{\sigma(1)},\cdots,\gamma_{\sigma(n)}\in h_{\sigma(n)}}\left\{1-\prod_{i=1}^{n}(1-\gamma_{\sigma(i)})^{(\varphi_{g_\lambda}(A_{\sigma(i)})-\varphi_{g_\lambda}(A_{\sigma(i+1)}))}\right\}\end{aligned} \tag{5-9}$$

犹豫模糊广义 λ - Shapley Choquet 平均集成算子（$AHFGSC_{g_\lambda}$），其中 $(\sigma(1),\sigma(2),\cdots,\sigma(n))$ 是 $(1,2,\cdots,n)$ 的一个排列，使 $h_{\sigma(1)}\leqslant h_{\sigma(2)}\leqslant\cdots\leqslant h_{\sigma(n)}$，$A_{\sigma(i)}=\{\sigma(i),\cdots,\sigma(n)\}$，$A_{\sigma(n+1)}=\phi$。

定义 5.10 设 g_λ 是 X 上的模糊测度，$h_i(i=1,2,\cdots,n)$ 为一组犹豫模糊数，称

$$\begin{aligned}(C_2)\int hd\varphi_{g_\lambda} &= GHFGSC_{g_\lambda}(h_1,h_2,\cdots,h_n)\\ &= \bigotimes_{i=1}^{n}h_{\sigma(i)}^{(\varphi_{g_\lambda}(A_{\sigma(i)})-\varphi_{g_\lambda}(A_{\sigma(i+1)}))}\\ &= \bigcup_{\gamma_{\sigma(1)}\in h_{\sigma(1)},\cdots,\gamma_{\sigma(n)}\in h_{\sigma(n)}}\left\{\prod_{i=1}^{n}\gamma_{\sigma(i)}^{(\varphi_{g_\lambda}(A_{\sigma(i)})-\varphi_{g_\lambda}(A_{\sigma(i+1)}))}\right\}\end{aligned} \tag{5-10}$$

犹豫模糊广义 λ - Shapley Choquet 几何集成（$GHFGSC_{g_\lambda}$）算子。

由定义 5.9 和定义 5.10，可得到如下结论：

定理 5.2　设 g_λ 是定义在 X 上的模糊测度，$h_i(i=1,2,\cdots,n)$ 为一组犹豫模糊数，则 $AHFGSC_{g_\lambda}(h_1,h_2,\cdots,h_n)$ 和 $GHFGSC_{g_\lambda}(h_1,h_2,\cdots,h_n)$ 集成结果仍为犹豫模糊数。

证明： 令 $\gamma_\sigma = \min\limits_{\gamma_{\sigma(i)} \in h_{\sigma(i)}} \{\gamma_{\sigma(i)}\}(i=1,2,\cdots,n)$，由于 $\varphi_{g_\lambda}(A_{\sigma(i)}) - \varphi_{g_\lambda}(A_{\sigma(i+1)}) > 0$，则可得 $(1-\gamma_{\sigma(i)})^{(\varphi_{g_\lambda}(A_{\sigma(i)}) - \varphi_{g_\lambda}(A_{\sigma(i+1)}))} < (1-\gamma_\sigma)^{(\varphi_{g_\lambda}(A_{\sigma(i)}) - \varphi_{g_\lambda}(A_{\sigma(i+1)}))}$。于是有

$$
\begin{aligned}
&1 - \prod_{i=1}^{n} (1-\gamma_{\sigma(i)})^{(\varphi_{g_\lambda}(A_{\sigma(i)}) - \varphi_{g_\lambda}(A_{\sigma(i+1)}))} \\
&< 1 - (1-\gamma_\sigma)^{\sum_{i=1}^{n}(g_\lambda(A_{\sigma(i)}) - \varphi_{g_\lambda}(A_{\sigma(i+1)}))} \\
&= \gamma_\sigma < 1
\end{aligned}
$$

由此可见，$AHFGSC_{g_\lambda}(h_1,h_2,\cdots,h_n)$ 仍为犹豫模糊数，从而定理得证。同理可证得 $GHFGSC_{g_\lambda}(h_1,h_2,\cdots,h_n)$ 仍为犹豫模糊数。

定理 5.3　若 $h_i(i=1,2,\cdots,n)$ 为一组犹豫模糊数，则有 $GHFGSC_{g_\lambda}(h_1,h_2,\cdots,h_n) \leqslant AHFGSC_{g_\lambda}(h_1,h_2,\cdots,h_n)$。

证明： 由 $\varphi_{g_\lambda}(A)$，$A_{\sigma(i)}$ 的定义可得：

$$
\begin{aligned}
\sum_{i=1}^{n} (\varphi_{g_\lambda}(A_{\sigma(i)}) - \varphi_{g_\lambda}(A_{\sigma(i+1)})) &= \varphi_{g_\lambda}(A_{\sigma(1)}) - \varphi_{g_\lambda}(A_{\sigma(n+1)}) \\
&= \varphi_{g_\lambda}(A_{\sigma(1)}) = 1
\end{aligned}
$$

同时根据文献［35］中的引理 2 可知，对于任意 $\gamma_1 \in h_1$，$\gamma_2 \in h_2$，…，$\gamma_n \in h_n$ 有：

$$
\begin{aligned}
\prod_{j=1}^{n} \gamma_j^{(\varphi_{g_\lambda}(A_{\sigma(j)}) - \varphi_{g_\lambda}(A_{\sigma(j+1)}))} &\leqslant \sum_{j=1}^{n} (\varphi_{g_\lambda}(A_{\sigma(j)}) - \varphi_{g_\lambda}(A_{\sigma(j+1)}))\gamma_j \\
&= 1 - \sum_{j=1}^{n} (\varphi_{g_\lambda}(A_{\sigma(j)}) - \varphi_{g_\lambda}(A_{\sigma(j+1)}))(1-\gamma_j) \\
&\leqslant 1 - \prod_{j=1}^{n} (1-\gamma_j)^{(\varphi_{g_\lambda}(A_{\sigma(j)}) - \varphi_{g_\lambda}(A_{\sigma(j+1)}))}
\end{aligned}
$$

从而定理得证。

从以上定义和定理可知，$AHFGSC_{g_\lambda}(h_1,h_2,\cdots,h_n)$ 算子的集成结果不小于 $GHFGSC_{g_\lambda}(h_1,h_2,\cdots,h_n)$ 算子的集成值。

三、基于 $AHFGSC_{g_\lambda}$ 和 $GHFGSC_{g_\lambda}$ 的犹豫模糊综合评价方法

对于犹豫模糊多指标综合问题，设 $F=\{F_1,F_2,\cdots,F_m\}$ 为待评方案集，$X=\{x_1,x_2,\cdots,x_n\}$ 为评价指标（属性）集。评价者对方案 $F_i(i=1,2,\cdots,m)$ 按指标 x_j 进行评价，假设方案 F_i 在指标 x_j 下的评估值是一个犹豫模糊 HFE，记为 $h_{ij}=\cup_{\gamma_{ij}\in h_{ij}}\{\gamma_{ij}\}$。基于本章上节提出的 $AHFGSC_{g_\lambda}$ 和 $GHFGSC_{g_\lambda}$ 信息集成方法，下面给出具体评价步骤：

步骤 1 评价者给出各方案 F_i 在各指标 $x_j(j=1,2,\cdots,n)$ 下的评价值 h_{ij}，进而得到犹豫模糊评价矩阵 H：

$$H=\begin{pmatrix} h_{11} & h_{12} & \cdots & h_{1n} \\ h_{21} & h_{22} & \cdots & h_{2n} \\ \vdots & \vdots & \ddots & \vdots \\ h_{m1} & h_{m2} & \cdots & h_{mn} \end{pmatrix} \tag{5-11}$$

若指标类型不同，利用文献［26］中提出的方法可将评价矩阵 H 转化为 $B=(b_{ij})_{m\times n}$，其中：

$$b_{ij}=\cup_{t_{ij}\in b_{ij}}=\begin{cases}\{\gamma_{ij}\}, & 若\ x_j\ 是效益型属性 \\ \{1-\gamma_{ij}\}, & 若\ x_j\ 是成本型属性\end{cases} \tag{5-12}$$

其中 $i=1,2,\cdots,m$；$j=1,2,\cdots,n$。

步骤 2 根据犹豫模糊数的得分函数对每个方案 F_i 在各指标下的犹豫模糊数从小到大排序。

步骤 3 专家对各个指标的 g_λ 模糊测度进行评定，并计算广义 Shapley 值。

步骤 4 利用算子 $AHFGSC_{g_\lambda}$ 或 $GHFGSC_{g_\lambda}$ 集成方案的评价信息，从而得到各方案的综合评价值。

下面以文献［5］的案例为例，验证本文所提方法的有效性。设某企业准备制订未来几年的项目投资计划，假如目前有 4 个备选项目 Y_i（$i=1,2,3,4$），为了确定投资重点，董事会利用平衡计分卡评价体系[27]确定了 4 个效益型指标 G1（财务方向）、G2（顾客满意方向）、G3（内部业务流程方向）和 G4（学习成长方向）来评估这 4 个项目的前景，评估结果见表 5－1。

表 5－1　　犹豫模糊评价矩阵

	G1	G2	G3	G4
Y_1	(0.2,0.4,0.7)	(0.2,0.6,0.8)	(0.2,0.3,0.6,0.7,0.9)	(0.2,0.4,0.5,0.7,0.8)
Y_2	(0.2,0.4,0.7,0.9)	(0.1,0.2,0.4,0.5)	(0.3,0.5,0.6,0.9)	(0.5,0.6,0.8,0.9)
Y_3	(0.3,0.5,0.6,0.7)	(0.2,0.4,0.5,0.6)	(0.3,0.5,0.7,0.8)	(0.3,0.5,0.6,0.7)
Y_4	(0.3,0.5,0.6)	(0.2,0.4)	(0.5,0.6,0.7)	(0.8,0.9)

下面利用本章提出的评价方法对 4 个项目进行评估，具体计算步骤如下：

步骤 1　由公司董事会评定各指标的 g_λ 模糊测度（各方面的重要性）为：

$g_\lambda(G1)=g_\lambda(G3)=0.15, g_\lambda(G2)=g_\lambda(G4)=0.2.$

根据方程（5－5）和方程（5－6）可计算得出：

$\lambda=1.4, g_\lambda(\phi)=0, g_\lambda(G1,G3)=0.332, g_\lambda(G1,G2,G3,G4)=1,$

$g_\lambda(G1,G4)=g_\lambda(G1,G2)=g_\lambda(G2,G3)=g_\lambda(G3,G4)=0.392,$

$g_\lambda(G2,G4)=0.456, g_\lambda(G1,G2,G3)=g_\lambda(G1,G3,G4)=0.624,$

$g_\lambda(G1,G2,G4)=g_\lambda(G2,G3,G4)=0.702$

根据方程（5－7）和方程（5－8），计算广义 Shapley 值分别为：

$\varphi_{g_\lambda}(G1)=\varphi_{g_\lambda}(G3)=0.2, \varphi_{g_\lambda}(G2)=\varphi_{g_\lambda}(G4)=0.258,$

$\varphi_{g_\lambda}(G1,G3)=0.433, \varphi_{g_\lambda}(G1,G2,G3,G4)=1,$

$\varphi_{g_\lambda}(G1,G2)=\varphi_{g_\lambda}(G1,G4)=\varphi_{g_\lambda}(G2,G3)=\varphi_{g_\lambda}(G3,G4)=0.496,$

$\varphi_{g_\lambda}(G1,G2)=\varphi_{g_\lambda}(G1,G4)=\varphi_{g_\lambda}(G2,G3)=\varphi_{g_\lambda}(G3,G4)=0.496,$

$\varphi_{g_\lambda}(G2,G4)=0.559, \varphi_{g_\lambda}(G1,G2,G3)=\varphi_{g_\lambda}(G1,G3,G4)=0.712,$

$\varphi_{g_\lambda}(G1,G2,G4)=\varphi_{g_\lambda}(G2,G3,G4)=0.776, \varphi_{g_\lambda}(G2,G4)=0.559$。

步骤 2　首先根据方程（5－2），计算每个 h_{ij} 的得分（见表 5－2）。

表 5－2　　犹豫模糊得分矩阵

	G1	G2	G3	G4
Y_1	0.433	0.533	0.54	0.52
Y_2	0.55	0.3	0.575	0.7
Y_3	0.5	0.425	0.575	0.525
Y_4	0.467	0.3	0.6	0.85

步骤 3 利用 $AHFGSC_{g_\lambda}(h_1, h_2, \cdots, h_n)$ 或 $GHFGSC_{g_\lambda}(h_1, h_2, \cdots, h_n)$ 集成算子对每个指标值进行集成，从而得到各方案的综合评价值。本章选用 $AHFGSC_{g_\lambda}$ 信息集成算子集成，以第四个方案 Y_4 的集成为例。

由步骤 2 可知，$h_{\sigma(1)} = h_{42}$，$h_{\sigma(2)} = h_{41}$，$h_{\sigma(3)} = h_{43}$，$h_{\sigma(4)} = h_{44}$，于是可得：

$$h_4 = AHFGSC_{g_\lambda}(h_{41}, h_{42}, h_{43}, h_{44})$$

$$= \bigcup_{\gamma_{\sigma(1)} \in h_{\sigma(1)}, \cdots, \gamma_{\sigma(4)} \in h_{\sigma(4)}} \left\{1 - \prod_{i=1}^{4} (1 - \gamma_{\sigma(i)})^{(\varphi_{g_\lambda}(A_{\sigma(i)}) - \varphi_{g_\lambda}(A_{\sigma(i+1)}))}\right\}$$

$$= \{0.514, 0.594, 0.539, 0.615, 0.570, 0.640, 0.548, 0.622, 0.571, 0.642, 0.600, 0.665, 0.569, 0.640, 0.592, 0.658, 0.619, 0.681, 0.553, 0.626, 0.576, 0.645, 0.604, 0.669, 0.584, 0.652, 0.606, 0.670, 0.632, 0.692, 0.604, 0.668, 0.624, 0.686, 0.649, 0.706\}$$

其他方案的综合集成结果类似可得。

步骤 4 由方程（5-2）计算每个方案的综合得分：

$s(h_1) = 0.554, s(h_2) = 0.600, s(h_3) = 0.538, s(h_4) = 0.62$

根据得分值大小可得方案的排序为 $s(h_4) > s(h_2) > s(h_1) > s(h_3)$。可见项目四为最优考虑候选项目，结果与文献［33］一致，因而证明本章的方法有效。

四、小结

本节针对犹豫模糊多指标评价过程中的信息集成方面的关键问题进行了研究，主要讨论指标间具有关联性的条件下犹豫模糊多指标综合评价问题，提出一种允许指标间存在交互性的新集成算子。首先，基于 g_λ 模糊测度，Shapley 值和 Choquet 积分，定义了两种犹豫模糊信息集成算子：$AHFGSC_{g_\lambda}$ 算子和 $GHFGSC_{g_\lambda}$ 算子。然后讨论了这些算子的一些优良性质，并将其应用于项目投资决策问题中。实例表明了本文所提的犹豫模糊集成方法的有效性和可行性，从而为解决基于犹豫模糊信息的多指标综合评价问题提供了一条有效途径，为促进其实际应用进行了有益的尝试。

第三节　基于正交设计的犹豫模糊综合评价方法

为了能处理更复杂的犹豫模糊信息，已有研究者先后提出了多种类型的犹豫模糊集成算子，如 Wang 和 Liu [18]提出了一系列犹豫模糊几何加权算子。Zhang [51]提出了各种可以结合所有决策参数以及它们之间关系的犹豫模糊幂集成算子。Wei [44]进一步提出了可以处理指标具有优先级别关系的犹豫模糊优先权平均算子和犹豫模糊优先权几何算子。Chen 等[36]和 Wei 等[46]提出了系列区间值犹豫模糊集成算子。Zhao 等[50]提出了犹豫三角模糊爱因斯坦加权平均算子、犹豫三角模糊爱因斯坦加权几何算子、犹豫三角模糊爱因斯坦有序加权平均算子、犹豫三角模糊爱因斯坦有序加权几何算子、犹豫三角模糊爱因斯坦混合平均算子和犹豫三角模糊爱因斯坦混合几何算子等。

针对犹豫模糊语言的情况，Lin 等[40]提出了犹豫模糊语言加权平均算子、犹豫模糊语言有序加权平均、犹豫模糊不确定性语言加权平均和犹豫模糊不确定性语言排序加权平均算子等。Ju 等[39]提出了双重犹豫模糊三角语言加权几何、双重犹豫模糊三角形语言有序加权几何、双重犹豫模糊三角语言混合几何算子等。

从上面的研究可以看出，犹豫模糊的集成方法得到了广大学者的持续关注，并得到了广泛的应用与推广。然而，现有的犹豫模糊集成规则计算量非常大，计算过程烦琐且集成结果相当复杂。例如，假设 $E=\{h_1,h_2\cdots,\ h_n\}$ 是 n 个犹豫模糊数构成的犹豫模糊集，其中 $h_i=\{\gamma_{i1},\gamma_{i2}\cdots,\gamma_{im}\}(i=1,2,\cdots,n)$，$\gamma_{ij}$是 h_i 中的第 j 个值。基于传统的犹豫模糊运算原则，如利用犹豫模糊加权几何（HFWG）算子对这些犹豫模糊数进行集成，得到的集成结果是一含有 m^n 个数值的复杂犹豫模糊数。如设 $n=5$ 和 $m=5$，那么集成结果值的数量将是 $m^n=3125$ 个。很明显，这种复杂的运算集成规则大大阻碍了犹豫模糊集在实际问题中的应用。

为此，本章提出了一种新的犹豫模糊集成规则来克服现有方法复杂性的缺点。基于新的犹豫模糊集成原理，可以有效地减少集成结果中数值的个数，同时可以得到与传统集成结果相似的犹豫模糊得分，并且将通过设计仿真验证来证明新的集成原理的可行性和有效性。

一、犹豫模糊传统集成规则与集成算子

在定义 5.4 的集成规则基础上，Xia 和 Xu[5]、Wei 等[44]、Yu 等[31]等提出了一系列的犹豫模糊数的集成方法。

定义 5.11[5]　令 $h_j(j=1,2,\cdots,n)$ 为一组犹豫模糊数，广义犹豫模糊加权平均（GHFWA）算子为：

$$GHFWA(h_1,h_2,\cdots,h_n)$$
$$=(\oplus_{j=1}^{n}(w_jh_j^{\lambda}))^{\frac{1}{\lambda}}$$
$$=U_{\gamma_1\in h_1,\gamma_2\in h_2,\cdots,\gamma_n\in h_n}\left\{\left(1-\prod_{j=1}^{n}(1-\gamma_j^{\lambda})^{w_j}\right)^{\frac{1}{\lambda}}\right\}\tag{5-13}$$

定义 5.12[5]　令 h_j（$j=1,2,\cdots,n$）为一组犹豫模糊数，则广义犹豫模糊加权几何（GHFWG）算子定义为：

$$GHFWG(h_1,h_2,\cdots,h_n)$$
$$=\frac{1}{\lambda}(\otimes_{j=1}^{n}(\lambda h_j)^{w_j})$$
$$=U_{\gamma_1\in h_1,\gamma_2\in h_2,\cdots,\eta_n\in h_n}\left\{1-\left(1-\prod_{j=1}^{n}(1-(1-\gamma_j)^{\lambda})^{w_j}\right)^{\frac{1}{\lambda}}\right\}\tag{5-14}$$

定义 5.13[5]　设 h_j（$j=1,2,\cdots,n$）是一组犹豫模糊数，$h_{\sigma(j)}$ 是它们中的第 j 大的元素，则广义犹豫模糊有序加权平均（GHFOWA）算子为：

$$GHFOWA(h_1,h_2,\cdots,h_n)$$
$$=(\oplus_{j=1}^{n}(w_jh_{\sigma(j)}^{\lambda}))^{\frac{1}{\lambda}}$$
$$=\cup_{\gamma_{\sigma(1)}\in h_{\sigma(1)},\gamma_{\sigma(2)}\in h_{\sigma(2)},\cdots,\gamma_{\sigma(n)}\in h_{\sigma(n)}}\times\left\{\left(1-\prod_{j=1}^{n}(1-\gamma_{\sigma(j)}^{\lambda})^{w_j}\right)^{\frac{1}{\lambda}}\right\}\tag{5-15}$$

定义 5.14[5]　设 $h_j(j=1,2,\cdots,n)$ 是为一组犹豫模糊数，而 $h_{\sigma(j)}$ 是它们中的第 j 大的元素，则广义犹豫模糊有序加权几何（GHFOWG）算子为：

$$GHFOWG(h_1,h_2,\cdots,h_n)$$
$$=\frac{1}{\lambda}(\otimes_{j=1}^{n}(\lambda h_{\sigma(j)})^{w_j})$$
$$=U_{\gamma_1\in h_1,\gamma_2\in h_2,\cdots,\eta_n\in h_n}\left\{1-\left(1-\prod_{j=1}^{n}(1-(1-\gamma_j)^{\lambda})^{w_j}\right)^{\frac{1}{\lambda}}\right\}\tag{5-16}$$

定义 5.15[31]　设 ρ 为 x 的模糊测度，$x_j \in X$ 和 $h(x_j)(j=1,2,\cdots,n)$ 是一组犹豫模糊数，则

$$HFCI(h(x_1),h(x_2)\cdots,h(x_n))$$

$$=\otimes_{j=1}^{n} h\ (x_{\sigma(j)})^{(\rho(B_{\sigma(i)})-\rho(B_{\sigma(i-1)}))}$$

$$=\cup_{\gamma_{\sigma(1)}\in h_{\sigma(1)},\gamma_{\sigma(2)}\in h_{\sigma(2)},\cdots,\gamma_{\sigma(n)}\in h_{\sigma(n)}} \times \left\{\prod_{j=1}^{n}(\gamma_{\sigma(j)})^{(\rho(B_{\sigma(i)})-\rho(B_{\sigma(i-1)}))}\right\} \tag{5-17}$$

为犹豫模糊奇异积分（Hesitant fuzzy choquet integral，HFCI）算子，其中 $(\sigma(1),\sigma(2),\cdots,\sigma(n))$ 是（$1,2,\cdots,n$）的一个排列，使 $h_{\sigma(1)}\geqslant h_{\sigma(2)}\geqslant\cdots\geqslant h_{\sigma(n)}$，$B_{\sigma(k)}=\{x_{\sigma(k)}\mid j\ k\}$，$k\cdots1$，$B_{\sigma(0)}=\varnothing$。

定义 5.16[31]　令 $h_j(j=1,2,\cdots n)$ 是一组犹豫模糊数，如果

$$HFPA(h_1,h_2,\cdots,h_n)$$

$$=\frac{\oplus_{i=1}^{n}(1+T(h_i))h_i}{\sum_{i=1}^{n}(1+T(h_i))}$$

$$=U_{\gamma_1\in h_1,\gamma_2\in h_2,\cdots,\gamma_n\in h_n}\left\{1-\prod_{i=1}^{n}(1-\gamma_i)^{\frac{(1+T(h_i))}{\sum_{i=1}^{n}(1+\tau_i)_i)}}\right\} \tag{5-18}$$

则 HFPA 叫作犹豫模糊幂均集成算子，其中 $T(h_i)=\sum_{j=1}^{n} Sup(h_i,h_j)(i\neq j)$，$Sup$（$h_i$，$h_j$）是 h_j 对 h_i 的支撑，具有以下三个性质：

（1）$Sup(h_i,h_j)\in[0,1]$；

（2）$Sup(h_i,h_j)=Sup(h_j,h_i)$；

（3）$Sup(h_i,h_j)\geqslant Sup(h_s,h_t)$，当 $d(h_i,h_j)<(h_s,h_t)$ 时，其中 $d(\cdot)$ 为两个犹豫单元之间的距离。

定义 5.17[51]　令 $h_j(j=1,2,\cdots,n)$ 为一组犹豫模糊数，如果：

$$HFPG(h_1,h_2,\cdots,h_n)$$

$$=\frac{\otimes_{i=1}^{n}(1+T(h_i))h_i}{\sum_{i=1}^{n}(1+T(h_i))}$$

$$=\cup_{\gamma_1\in h_1,\gamma_2\in h_2,\cdots,\gamma_n\in h_n}\left\{\prod_{i=1}^{n}(\gamma_i)^{\frac{(1+T(h_i))}{\sum_{i=1}^{n}(1+\tau_i)}}\right\} \tag{5-19}$$

则 HFPG 被称为犹豫模糊幂几何算子。

定义 5.18[51] 令 $h_j(j=1,2,\cdots,n)$ 为一组犹豫模糊数，广义犹豫模糊幂均（GHFPA）算子定义为：

$$GHFPA(h_1,h_2\cdots,h_n)$$

$$=\left(\frac{\oplus_{i=1}^{n}(1+T(h_i))h_i^{\lambda}}{\sum_{i=1}^{n}(1+T(h_i))}\right)^{\frac{1}{\lambda}}$$

$$=\cup_{\gamma_1\in h_2,\gamma_2\in h_2\cdots\gamma_n\in h_n}\left\{\left(1-\prod_{i=1}^{n}(1-\gamma_i^{\lambda})^{\frac{(1+T(h_i))}{\sum_{i=1}^{n}(1+T(h_i))}}\right)^{\frac{1}{\lambda}}\right\} \tag{5-20}$$

定义 5.19[51] 令 $h_j(j=1,2,\cdots,n)$ 为一组犹豫模糊数，则广义犹豫模糊幂几何（GHFPG）算子定义如下：

$$GHFPG(h_1,h_2,\cdots,h_n)$$

$$=\frac{1}{\lambda}\left(\otimes_{i=1}^{n}(\lambda h_i)^{\frac{1+r(h_i)}{\sum_{i=1}^{n}(1+r(h_i)}})\right)$$

$$=U_{\gamma_1\in h_1,\gamma_2}\in h_2,\cdots,\gamma_n\in h_n\left\{1-\left(1-\prod_{i=1}^{n}(1-(1-\gamma_i)^{\lambda})^{\frac{(1+T(k_i))}{\sum_{i=1}^{n}(1+\tau(k_i))}}\right)^{\frac{1}{\lambda}}\right\} \tag{5-21}$$

二、犹豫模糊数新集成运算规则

给定任意两个犹豫模糊数，可根据第一节定义 5.2 中的得分函数 $s(h)$ 来区别其大小，即得分越小，其值也较小。然而，在某些情况下，现有得分数函数无法完全识别两个犹豫模糊数之间的差异。如设 $h_1=\{0.4,0.5,0.6\}$ 和 $h_2=\{0.1,0.5,0.9\}$，则 $S(h_1)=S(h_2)=0.5$，两个犹豫模糊数得分一样，从而大小一样。但是显然，这两个犹豫模糊数的特征明显不同，h_1 的值比较集中，偏差较小，这表明决策者对自己的决定更有信心。而 h_2 中的数值差异较大，因而可以认为 h_1 比 h_2 更确定可靠。为此，我们首先定义一个新的指标函数来度量它的不确定性。

定义 5.20 对于犹豫模糊数 $h=\{\gamma_1,\gamma_2,\cdots,\gamma_m\}$，其隶属度不确定函数定义为 $T(h)=\frac{\sqrt{\sum_{i-1}^{m}(\gamma_i-S(h))^2}}{\#h}$，其中 $S(h)$ 为 h 的得分函数，$\#h$ 为 h

中元素的个数。

容易证明 $T(h)\cdots 0$。当两个犹豫模糊数的得分函数 $S(h)$ 相等时，$T(h)$ 的值越大，对应的数越小。

【例 5-1】 令 $h_1=\{0.4,0.5,0.6\}$，$h_2=\{0.3,0.4,0.6,0.7\}$ 和 $h_3=\{0.1,0.5,0.9\}$，有 $S(h_1)=S(h_2)=S(h_3)=0.5$。因此，根据得分函数 $s(h)$ 无法区分这三个犹豫模糊数的大小。为此需要根据定义 5.20 计算各自的不确定度，可得 $T(h_1)=0.047$，$T(h_2)=0.08$ 和 $T(h_3)=0.189$，可以看出 $T(h_3)>T(h_2)>T(h_1)$，从而得到 $h_1>h_2>h_3$。

注意到隶属函数的不确定性是由数值的离散程度来衡量的，隶属值越分散，元素的隶属度就越不确定。基于以上信息，我们可构建一套完整的犹豫模糊数大小比较体系。

定义 5.21　对于任意两个犹豫模糊数 h_1 和 h_2，如果 $S(h_1)<S(h_2)$，则 h_1 比 h_2 小；如果 $S(h_1)>S(h_2)$，那么 h_1 比 h_2 更大；如果 $S(h_1)=S(h_2)$，则

(1) 如果 $T(h_1)>T(h_2)$，则 $h_1>h_2$；

(2) 如果 $T(h_1)<T(h_2)$，则 $h_1<h_2$；

(3) 如果 $T(h_1)=T(h_2)$，则 $h_1=h_2$.

令 $E=\{h_1,h_2,\cdots,h_n\}$ 为 n 个犹豫模糊数集合，其中 $h_i=\{\gamma_{i1},\gamma_{i2},\cdots,\gamma_{im}\}$。根据现有的犹豫模糊集成方法（定义 5.3），集成结果 Θ_E 将包含 m^n 个值。当 m 或 n 都变大时，Θ_E 中的项（值）的数量会呈现指数级增加。例如，当 $n=5$，$m=4$ 时，根据 HFWG 方法得到的集成结果的项（值）数为 1024。显然，这个计算是非常复杂和繁重的。

为了克服这个缺点，下面我们提出一个新集成思路：通过定义 Θ_E 中的一个子集，这个子集的特征可以用来表述整个 Θ_E 的主要特征。通过下面的例子进一步说明这个方法。

【例 5-2】 令 $E=\{h_1,h_2,\cdots,h_n\}$ 为犹豫模糊数集，其中 $h_i=\{\gamma_{i1},\gamma_{i2}\}$ $(i=1,2,3)$。根据定义 5.4 的集成规则，若集成结果用 $\Theta_E=\{\Theta(\gamma_{11}\times\gamma_{21}\times\gamma_{31}),\Theta(\gamma_{11}\times\gamma_{21}\times\gamma_{32}),\Theta(\gamma_{11}\times\gamma_{22}\times\gamma_{31}),\Theta(\gamma_{11}\times\gamma_{22}\times\gamma_{32}),\Theta(\gamma_{12}\times\gamma_{21}\times\gamma_{31}),\Theta(\gamma_{12}\times\gamma_{21}\times\gamma_{32}),\Theta(\gamma_{12}\times\gamma_{22}\times\gamma_{31}),\Theta(\gamma_{12}\times\gamma_{22}\times\gamma_{32})\}$ 表示，其中 $\Theta(\gamma_{1i}\times\gamma_{2j}\times\gamma_{3k})$ 是表示不同的集成方法（如算术平均或几何加权）的结果。然后，根据 γ_{ij} 在 h_i 中的位置，我们可以用欧几里德空间来表示这 8 个

值空间（见图 5－1）。

如图 5－1 所示，三个轴分别代表三个犹豫模糊数中值的相对位置。每个顶点表示属于不同犹豫模糊数的值组合。每个面上有两个 Δ 顶点，每个边上有一个 Δ 顶点。Δ 顶点均匀地分布在立方体上。换句话说，Δ 顶点提供了 * －顶点的最佳近似值，即

$\hat{\Theta}_E=\{\Theta(\gamma_{11}\times\gamma_{21}\times\gamma_{31}),\Theta(\gamma_{11}\times\gamma_{22}\times\gamma_{32}),\Theta(\gamma_{12}\times\gamma_{21}\times\gamma_{32}),\Theta(\gamma_{12}\times\gamma_{22}\times\gamma_{31})\}$ 给出了 Θ_E 的一个完全近似值。因此，我们可以考虑用子集 $\hat{\Theta}_E$ 来逼近或近似代替整个 Θ_E。显然，$\hat{\Theta}_E$ 中的数量要比 Θ_E 中的数量少得多，这样计算量将大大降低。

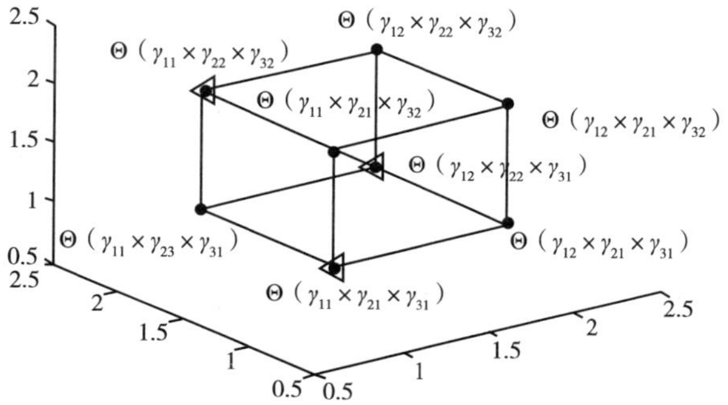

图 5－1　集成结果 Θ_E 的分布图

根据以上分析，我们提出一个新的犹豫模糊集成原则：

定义 5.22　设 $E=\{h_1,h_2\cdots,h_n\}$ 为一组犹豫模糊数集，$s=\{1,2\cdots,m\}$ 是一个符号集，$h_i=\{\gamma_{i1},\gamma_{i2},\cdots,\gamma_{im}\}$，$\hat{\Theta}$ 是 E 上面的一个映射函数 $\hat{\Theta}$：$[0,1]^n\to[0,1]$，则

$$\hat{\Theta}_E=\cup_{\gamma\in\{h_{1\sigma1}\times h_{2\sigma2}\times\cdots\times h_{n\sigma n}\}}\{\hat{\Theta}(\gamma)\} \tag{5-22}$$

其中 $h_{i\sigma_j}$ 是 h_i 的第 σ_j 个值，$(\sigma_1,\sigma_2,\cdots,\sigma_n)$ 为矩阵 SM 的行向量。SM 是与符号集 s 相关联的符号矩阵，满足以下两个条件：（1）在任意列中以相同的频率出现不同的数字；（2）所有可能的数字对在任意两列中以相同频率的行出现。

可以看出，定义 5.22 中的两个特征保证了 $\hat{\Theta}$ 中代表性犹豫模糊数的值

的任何搭配都是均衡的（即，每个搭配的频率在任意两列中都相同）。而且符号矩阵 *SM* 的构造方法非常灵活，可以采用不同的方法[38, 47, 52, 53]来构造不同类型的符号矩阵。如，我们可利用正交拉丁方阵来构造需满足定义 5.22 中两个条件的符号矩阵。

定义 5.23　n 阶的拉丁方阵 D 是一个具有 n 个元素的矩阵，且每个元素在每一行和每一列中仅出现一次。

定义 5.24　一对 n 阶的拉丁方是正交的，如果两个拉丁方配对形成的 n^2 对元素是完全不同的。

根据以上定义，符号矩阵的构造步骤如下：

步骤 1　根据犹豫模糊数中元素的个数 m，建立两个基本列（每列有行），其中每一行是不同的数字对在符号集中 $s=\{1,2,\cdots,m\}$。

步骤 2　找到 $m-1$ 个正交的拉丁方，将每个正交的拉丁方排列成一列，并将这些列附加到两个基本列的右侧。

步骤 3　选择行和任意 n 列作为符号矩阵 *SM*，其中 n 是犹豫模糊数的数量（n，$m+1$）。

【例 5-3】 令 $h_1=\{\gamma_{11},\gamma_{12},\gamma_{13}\}$，$h_2=\{\gamma_{21},\gamma_{22},\gamma_{23}\}$，$h_3=\{\gamma_{31},\gamma_{32},\gamma_{33}\}$ 为三个犹豫模糊数，则其相应的符号矩阵 *SM* 构造如下：

步骤 1　这里 $m=3$，故两个基本列的结构如下：

1	1
1	2
1	3
2	1
2	2
2	3
3	1
3	2
3	3

步骤 2　两个三阶的正交拉丁方定义如下：

1	2	3		1	3	2
2	3	1		2	1	3
3	1	2		3	2	1

然后，依次将两个正交拉丁方元素配对排列，即：

1 1

2 2

3 3

2 3

3 1

1 2

3 2

1 3

2 1

最后，我们得到正交数表，如下所示：

1 1 1 1

1 2 2 2

1 3 3 3

2 1 2 3

2 2 3 1

2 3 1 2

3 1 3 2

3 2 1 2

3 3 2 1

步骤 3 选择上面数表的 9 行和任意 3 列构造符号矩阵 SM：

$$SM = \begin{bmatrix} 1 & 1 & 1 \\ 1 & 2 & 2 \\ 1 & 3 & 3 \\ 2 & 1 & 2 \\ 2 & 2 & 3 \\ 2 & 3 & 1 \\ 3 & 1 & 3 \\ 3 & 2 & 1 \\ 3 & 3 & 2 \end{bmatrix}$$

进一步，如果我们选择 HFWG 算子对这三个犹豫模糊数进行集成，则集成结果为：

$$HFWG(h_1,h_2,h_3)=\{\gamma_{11}^{w_1}\gamma_{21}^{w_2}\gamma_{31}^{w_3},\gamma_{11}^{w_1}\gamma_{22}^{w_2}\gamma_{32}^{w_3},\gamma_{11}^{w_1}\gamma_{23}^{w_2}\gamma_{33}^{w_3},\gamma_{12}^{w_1}\gamma_{21}^{w_2}\gamma_{32}^{w_3},\gamma_{12}^{w_1}\gamma_{22}^{w_2}\gamma_{33}^{w_3},\gamma_{12}^{w_1}\gamma_{23}^{w_2}\gamma_{31}^{w_3},\gamma_{13}^{w_1}\gamma_{21}^{w_2}\gamma_{33}^{w_3},\gamma_{13}^{w_1}\gamma_{22}^{w_2}\gamma_{31}^{w_3},\gamma_{13}^{w_1}\gamma_{23}^{w_2}\gamma_{32}^{w_3}\}.$$

显然，依据集成规则，算子 $HFWG(h_1,h_2,h_3)$ 得到集成结果的元素数量仅为 9，比传统方法中得到的 27 个数值的方法小得多，从而极大简化了烦琐的计算过程。

三、仿真试验与分析

为了证明新集成规则的可行性和有效性，我们将进行对比与仿真实验分析。首先，我们定义一些不同类型的犹豫模糊数。令 $m\in\{2,3,4,5,6,7,8\}$，$n\in\{3,4,5,6,7,8\}$，每个犹豫模糊数的元素都是通过均匀分布随机生成。下面表 5－3 至表 5－5 列出了一些具有不同元素个数的犹豫模糊数。

表 5－3　$m=2$ 时的犹豫模糊数集

	h_1	h_2	h_3	h_4	h_5	h_6	h_7	h_8
s_1	(0.48,0.90)	(0.75,0.52)	(0.65,0.78)	(0.23,0.11)	(0.22,0.51)	(0.83,0.29)	(0.06,0.44)	(0.52,0.15)
s_2	(0.64,1.00)	(0.66,0.06)	(0.07,0.11)	(0.58,0.46)	(0.46,0.20)	(0.63,0.18)	(0.82,0.09)	(0.95,0.85)
s_3	(0.89,0.65)	(0.52,0.89)	(0.28,0.98)	(0.60,0.45)	(0.96,0.43)	(0.54,0.93)	(0.53,0.06)	(0.07,0.78)
s_4	(0.20,0.11)	(0.26,0.33)	(0.28,0.85)	(0.60,0.55)	(0.79,0.17)	(0.65,0.07)	(0.69,0.63)	(0.21,0.27)
s_5	(0.40,0.04)	(0.96,0.23)	(0.88,0.05)	(0.45,0.81)	(0.45,0.75)	(0.73,0.58)	(0.21,0.80)	(0.78,0.23)
s_6	(0.99,0.62)	(0.54,0.11)	(0.44,0.47)	(0.04,0.70)	(0.33,0.37)	(0.09,0.64)	(0.54,0.69)	(0.91,0.32)
s_7	(0.40,0.57)	(0.03,0.31)	(0.76,0.33)	(0.51,0.87)	(0.06,0.94)	(0.88,0.65)	(0.70,0.35)	(0.78,0.83)
s_8	(0.66,0.96)	(0.70,0.23)	(0.60,0.63)	(0.41,0.05)	(0.74,0.02)	(0.01,0.95)	(0.30,0.82)	(0.86,0.96)

表 5－4　$m=3$ 时的犹豫模糊数集

	h_1	h_2	h_3	h_4	h_5	h_6
s_1	(0.57,0.28,0.12)	(0.49,0.97,0.50)	(0.34,0.68,0.79)	(0.65,0.97,0.27)	(0.95,0.64,0.52)	(0.97,0.09,0.00)
s_2	(0.57,0.68,0.19)	(0.65,0.37,0.62)	(0.85,0.60,0.09)	(0.52,0.12,0.75)	(0.27,0.80,0.84)	(0.20,0.40,0.28)

续表

	h_1	h_2	h_3	h_4	h_5	h_6
s_3	(0.29,0.90,0.15)	(0.89,0.31,0.58)	(0.25,0.11,0.24)	(0.33,0.47,0.90)	(0.25,0.50,0.92)	(0.11,0.30,0.55)
s_4	(0.70,0.91,0.59)	(0.54,0.12,0.70)	(0.58,0.80,0.24)	(0.66,0.66,0.73)	(0.93,0.65,0.50)	(0.30,0.31,0.87)
s_5	(0.80,0.75,0.07)	(0.28,0.92,0.03)	(0.94,0.62,0.10)	(0.12,0.29,0.41)	(0.07,0.80,0.28)	(0.40,0.11,0.04)
s_6	(0.44,0.26,0.82)	(0.98,0.14,0.53)	(0.05,0.07,0.86)	(0.15,0.75,0.94)	(0.30,0.23,0.65)	(0.42,0.59,0.90)
s_7	(0.45,0.69,0.72)	(0.04,0.33,0.03)	(0.05,0.07,0.70)	(0.02,0.56,0.26)	(0.59,0.60,0.92)	(0.31,0.28,0.13)
s_8	(0.47,0.13,0.93)	(0.33,0.90,0.83)	(0.02,0.14,0.73)	(0.96,0.43,0.53)	(0.20,0.11,0.51)	(0.69,0.16,0.83)

表 5-5　$m=4$ 时的犹豫模糊数集

	h_1	h_2	h_3	h_4	h_5
s_1	(0.93,0.38,0.45,0.47)	(0.86,0.90,0.59,0.04)	(0.35,0.24,0.05,0.05)	(0.26,0.90,0.96,0.58)	(0.17,0.19,0.78,0.68)
s_2	(0.30,0.70,0.59,0.50)	(0.71,0.48,0.43,0.89)	(0.59,0.65,0.55,0.28)	(0.89,0.52,0.34,0.42)	(0.40,0.62,0.61,0.42)
s_3	(0.34,0.63,0.88,0.49)	(0.87,0.01,0.24,0.25)	(0.59,0.86,0.94,0.65)	(0.45,0.12,0.64,0.09)	(0.70,0.27,0.95,0.38)
s_4	(0.86,0.45,0.47,0.23)	(0.94,0.62,0.43,0.01)	(0.67,0.08,0.32,0.49)	(0.82,0.18,0.34,0.02)	(0.20,0.56,0.06,0.21)
s_5	(0.34,0.47,0.44,0.09)	(0.14,0.23,0.01,0.81)	(0.65,0.97,0.81,0.97)	(0.10,0.71,0.22,0.49)	(0.67,0.94,0.27,0.38)
s_6	(0.14,0.95,0.75,0.07)	(0.39,0.53,0.61,0.14)	(0.43,0.03,0.60,0.75)	(0.86,0.83,0.79,0.28)	(0.44,0.71,0.99,0.03)
s_7	(0.51,0.08,0.47,0.89)	(0.98,0.72,0.96,0.88)	(0.14,0.84,0.79,0.57)	(0.03,0.03,0.72,0.34)	(0.43,0.68,0.77,0.47)
s_8	(0.86,0.28,0.86,0.23)	(0.64,0.61,0.10,0.10)	(0.75,0.84,0.80,0.30)	(0.90,0.76,0.28,0.29)	(0.18,0.96,0.48,0.33)

其次，我们可以利用不同的集成算子对以上犹豫模糊数进行集成。不失一般性，我们选取常见的 GHFWA、GHFWG、GHFOWA、GHFOWG、WGHFPA 等广义犹豫模糊集成算子作为例子。设 $\lambda=3$，相应的权向量值为：$w_3=(0.1,0.3,0.6)$，$w_4=(0.1,0.25,0.35,0.3)$，$w_5=(0.1,0.25,0.15,0.3,0.2)$，$w_6=(0.1,0.25,0.15,0.3,0.2)$，$w_7=(0.1,0.25,0.12,0.13,0.1,0.2,0.1)$。

在此基础上，我们通过计算得分函数 $S(h)$ 和不确定性函数 $T(h)$ 来比较上述不同方法的集成结果之间的差异，进而讨论新的集成规则的可行性和有效性。为了方便起见，以下我们将把传统的集成规则（定义 5.8）称为规则Ⅰ，把本章新提出的集成规则（定义 5.22）称为规则Ⅱ。我们以表 5－3 中的犹豫模糊数为例，选择 GHFWA 算子，计算结果如表 5－6 和表 5－7 所示。t 检验显示规则Ⅰ和规则Ⅱ下集成结果的得分大小是没有差异的。

表 5－6　　基于 GHFWA 聚合的两个集成原则的分数

	s_1	s_2	s_3	s_4	s_5	s_6	s_7	s_8
规则Ⅰ	0.7129	0.7030	0.7866	0.5196	0.6739	0.5885	0.5067	0.657
规则Ⅱ	0.7118	0.7028	0.7782	0.5195	0.6665	0.5891	0.5059	0.656

表 5－7　　一致性检查（t 检验）

t 值	Sig.（2－tailed）
0.05	0.96

表 5－8 至表 5－15 给出了系列广义集成算子在两个不同集成规则下的集成结果和比较检验结果。

表 5－8　　基于 GHFWA 算子的集成结果

(m,n)	集成结果的元素个数		t 检验	
	规则 1	规则 2	t 值	p 值
(2,3)	8	4	0.05	0.96
(2,4)	16	8	0.03	0.98
(2,5)	32	8	0.003	0.99
(2,8)	256	12	0.003	0.99

续表

(m,n)	集成结果的元素个数		t 检验	
	规则 1	规则 2	t 值	p 值
(3,3)	27	9	0.003	0.99
(3,5)	243	18	0.003	0.99
(3,6)	729	18	0.02	0.99
(4,3)	64	16	0.03	0.98
(4,4)	256	16	0.09	0.93
(4,5)	1024	16	0.03	0.98
(4,7)	16	32	0.02	0.98
(5,4)	625	25	0.01	0.99
(7,5)	16807	49	-0.11	0.91
(8,4)	4096	64	-0.01	0.99

表 5-9　　　　基于 GHFWG 算子的集成结果

(m,n)	集成结果的元素个数		t 检验	
	规则 1	规则 2	t 值	p 值
(2,3)	8	4	0.05	0.96
(2,4)	16	8	0.04	0.97
(2,5)	32	8	0.18	0.86
(2,8)	256	12	0.02	0.99
(3,3)	27	9	0.003	0.99
(3,5)	243	18	0.003	0.99
(3,6)	729	18	0.02	0.99
(4,3)	64	16	0.04	0.97
(4,4)	256	16	0.06	0.95
(4,5)	1024	16	0.04	0.97
(4,7)	16	32	0.01	0.99
(5,4)	625	25	0.01	0.99
(7,5)	16384	49	0.01	0.99
(8,4)	4096	64	0.02	0.98

表 5-10　　基于 GHFOWA 算子的集成结果

(m,n)	集成结果的元素个数		t 检验	
	规则 1	规则 2	t 值	p 值
(2,3)	8	4	0.06	0.95
(2,4)	16	8	0.03	0.98
(2,5)	32	8	0.01	0.99
(2,8)	256	12	0.01	0.99
(3,3)	27	9	0.08	0.93
(3,5)	243	18	-0.04	0.97
(3,6)	729	18	0.01	0.99
(4,3)	64	16	0.07	0.95
(4,4)	256	16	0.11	0.91
(4,5)	1024	16	0.07	0.95
(4,7)	16	32	-0.01	0.99
(5,4)	625	25	0.03	0.98
(7,5)	16384	49	0.02	0.98
(8,4)	4096	64	0.05	0.96

表 5-11　　GHFOWG 算子的集成结果

(m,n)	集成结果的元素个数		t 检验	
	规则 1	规则 2	t 值	p 值
(2,3)	8	4	0.02	0.98
(2,4)	16	8	0.01	0.99
(2,5)	32	8	0.28	0.8
(2,8)	256	12	0.07	0.95
(3,3)	27	9	0.06	0.95
(3,5)	243	18	-0.03	0.98
(3,6)	729	18	0.01	0.99
(4,3)	64	16	0.03	0.98
(4,4)	256	16	0.08	0.94
(4,5)	1024	16	0.02	0.99
(4,7)	16	32	0.01	0.99
(5,4)	625	25	-0.01	0.99
(7,5)	16384	49	0.03	0.97
(8,4)	4096	64	0.01	0.99

表 5-12　　WGHFPA 算子的集成结果

(m,n)	集成结果的元素个数		t 检验	
	规则 1	规则 2	t 值	p 值
(2,3)	8	4	0.05	0.96
(2,4)	16	8	0.03	0.98
(2,5)	32	8	0.003	0.99
(2,8)	256	12	0.07	0.99
(3,3)	27	9	0.03	0.99
(3,5)	243	18	-0.03	0.99
(3,6)	729	18	0.01	0.99
(4,3)	64	16	0.05	0.98
(4,4)	256	16	0.1	0.92
(4,5)	1024	16	0.02	0.98
(4,7)	16	32	0.01	0.98
(5,4)	625	25	0.01	0.99
(7,5)	16384	49	-0.11	0.91
(8,4)	4096	64	-0.01	0.99

表 5-13　　WGHFPG 算子的集成结果

(m,n)	集成结果的元素个数		t 检验	
	规则 1	规则 2	t 值	p 值
(2,3)	8	4	0.05	0.96
(2,4)	16	8	0.04	0.97
(2,5)	32	8	0.18	0.86
(2,8)	256	12	0.07	0.99
(3,3)	27	9	0.003	0.99
(3,5)	243	18	0.003	0.99
(3,6)	729	18	0.01	0.99
(4,3)	64	16	0.05	0.97
(4,4)	256	16	0.1	0.95
(4,5)	1024	16	0.02	0.97
(4,7)	16	32	0.01	0.99
(5,4)	625	25	0.01	0.99
(7,5)	16384	49	0.003	0.99
(8,4)	4096	64	-0.02	0.98

如表 5－8 至表 5－13 所示，基于新集成规则下的集成结果的复杂性都大大降低，集成结果中的元素个数显著减少，且 t 检验显示两种集成规则得到的分数是无显著差异的。正如我们在表 5－14 和表 5－15 中所看到的，对于不同的集成算子和不同类型的犹豫模糊数，集成结果的顺序保持相当稳定。实际上，在两种集成规则下得到的结果，大多数排序是相同的。值得注意的是，即使有差异也是非常细微的，例如当 $m=3$ 和 $n=5$ 时，根据 GHF-WA 算子得到结果的得分 $s_4(S(s_4)=0.6855)$ 和 $s_8(S(s_8)=0.6882)$。事实上，由于两者偏差非常小，即便是 $s_4 \succ s_8$ 或者是 $s_8 \succ s_4$，都是合理的，更重要的是，不影响最大值和最小值的排序顺序（即最佳和最差的可选方案保持稳定）。

为进一步验证上述结论，我们进行更多次的仿真实验，即对上面（m，n）的不同组合随机生成 100 组不同的犹豫模糊数仿真实验，主要结果如表 5－14 所示。我们利用统计方法对在两种不同集成原则下的排序结果进行显著性检验，主要是检验最优方案及其排序在前三的方案的稳定性，其主要结果见表 5－15。

表 5－14　　排序比较

(m,n)	操作	规则 1	规则 2
(2,3)	GHFWA	$s_3 \succ s_1 \succ s_2 \succ s_5 \succ s_8 \succ s_6 \succ s_4 \succ s_7$	$s_3 \succ s_1 \succ s_2 \succ s_5 \succ s_8 \succ s_6 \succ s_4 \succ s_7$
	GHFWG	$s_1 \succ s_3 \succ s_8 \succ s_6 \succ s_4 \succ s_5 \succ s_7 \succ s_2$	$s_1 \succ s_3 \succ s_8 \succ s_6 \succ s_4 \succ s_5 \succ s_7 \succ s_4$
	GHFOWA	$s_3 \succ s_2 \succ s_1 \succ s_8 \succ s_5 \succ s_6 \succ s_7 \succ s_4$	$s_3 \succ s_2 \succ s_1 \succ s_8 \succ s_6 \succ s_5 \succ s_7 \succ s_4$
	GHFOWG	$s_1 \succ s_3 \succ s_8 \succ s_6 \succ s_7 \succ s_5 \succ s_4 \succ s_2$	$s_1 \succ s_3 \succ s_8 \succ s_6 \succ s_7 \succ s_4 \succ s_5 \succ s_2$
	WGHFPA	$s_3 \succ s_1 \succ s_2 \succ s_5 \succ s_8 \succ s_6 \succ s_4 \succ s_7$	$s_3 \succ s_1 \succ s_2 \succ s_5 \succ s_8 \succ s_6 \succ s_4 \succ s_7$
	WGHFPG	$s_1 \succ s_3 \succ s_8 \succ s_6 \succ s_4 \succ s_5 \succ s_7 \succ s_2$	$s_1 \succ s_3 \succ s_8 \succ s_6 \succ s_4 \succ s_7 \succ s_5 \succ s_2$
(2,4)	GHFWA	$s_3 \succ s_2 \succ s_5 \succ s_1 \succ s_8 \succ s_7 \succ s_6 \succ s_4$	$s_3 \succ s_2 \succ s_5 \succ s_1 \succ s_8 \succ s_7 \succ s_6 \succ s_4$
	GHFWG	$s_3 \succ s_1 \succ s_4 \succ s_8 \succ s_7 \succ s_5 \succ s_6 \succ s_2$	$s_3 \succ s_1 \succ s_4 \succ s_8 \succ s_7 \succ s_5 \succ s_6 \succ s_2$
	GHFOWA	$s_3 \succ s_2 \succ s_5 \succ s_1 \succ s_6 \succ s_8 \succ s_7 \succ s_4$	$s_3 \succ s_2 \succ s_5 \succ s_1 \succ s_6 \succ s_8 \succ s_7 \succ s_4$
	GHFOWG	$s_3 \succ s_1 \succ s_8 \succ s_7 \succ s_6 \succ s_4 \succ s_5 \succ s_2$	$s_3 \succ s_1 \succ s_8 \succ s_7 \succ s_6 \succ s_4 \succ s_5 \succ s_2$
	WGHFPA	$s_3 \succ s_2 \succ s_5 \succ s_1 \succ s_8 \succ s_7 \succ s_6 \succ s_4$	$s_3 \succ s_2 \succ s_5 \succ s_1 \succ s_7 \succ s_8 \succ s_6 \succ s_4$
	WGHFPG	$s_3 \succ s_1 \succ s_4 \succ s_8 \succ s_7 \succ s_5 \succ s_6 \succ s_2$	$s_3 \succ s_1 \succ s_4 \succ s_8 \succ s_7 \succ s_5 \succ s_6 \succ s_2$

续表

(m,n)	操作	规则 1	规则 2
(2,5)	GHFWA	$s_3 > s_2 > s_5 > s_7 > s_8 > s_6 > s_1 > s_4$	$s_3 > s_2 > s_5 > s_7 > s_8 > s_6 > s_1 > s_4$
	GHFWG	$s_3 > s_5 > s_4 > s_1 > s_6 > s_7 > s_2 > s_8$	$s_3 > s_5 > s_4 > s_8 > s_1 > s_7 > s_2 > s_6$
	GHFOWA	$s_3 > s_2 > s_5 > s_8 > s_7 > s_1 > s_6 > s_4$	$s_3 > s_2 > s_5 > s_8 > s_7 > s_1 > s_6 > s_4$
	GHFOWG	$s_3 > s_1 > s_6 > s_4 > s_7 > s_5 > s_8 > s_2$	$s_3 > s_1 > s_8 > s_5 > s_7 > s_6 > s_4 > s_2$
	WGHFPA	$s_3 > s_2 > s_5 > s_7 > s_8 > s_1 > s_6 > s_4$	$s_3 > s_2 > s_5 > s_7 > s_8 > s_1 > s_6 > s_4$
	WGHFPG	$s_3 > s_5 > s_4 > s_1 > s_6 > s_7 > s_2 > s_8$	$s_3 > s_5 > s_4 > s_8 > s_1 > s_7 > s_2 > s_6$
(2,8)	GHFWA	$s_2 > s_3 > s_8 > s_7 > s_5 > s_6 > s_1 > s_4$	$s_2 > s_3 > s_8 > s_7 > s_5 > s_6 > s_1 > s_4$
	GHFWG	$s_3 > s_5 > s_7 > s_6 > s_1 > s_4 > s_2 > s_8$	$s_3 > s_5 > s_7 > s_6 > s_4 > s_1 > s_2 > s_8$
	GHFOWA	$s_2 > s_3 > s_8 > s_6 > s_5 > s_7 > s_1 > s_4$	$s_2 > s_3 > s_8 > s_6 > s_5 > s_7 > s_1 > s_4$
	GHFOWG	$s_5 > s_3 > s_6 > s_7 > s_1 > s_4 > s_2 > s_8$	$s_5 > s_3 > s_6 > s_7 > s_1 > s_4 > s_2 > s_8$
	WGHFPA	$s_2 > s_3 > s_8 > s_7 > s_5 > s_6 > s_1 > s_4$	$s_2 > s_3 > s_8 > s_7 > s_5 > s_6 > s_1 > s_4$
	WGHFPG	$s_3 > s_5 > s_7 > s_6 > s_1 > s_4 > s_2 > s_8$	$s_3 > s_5 > s_7 > s_6 > s_4 > s_1 > s_2 > s_8$
(3,3)	GHFWA	$s_1 > s_5 > s_6 > s_4 > s_8 > s_2 > s_3 > s_7$	$s_1 > s_5 > s_8 > s_4 > s_6 > s_2 > s_3 > s_7$
	GHFWG	$s_1 > s_4 > s_2 > s_5 > s_8 > s_6 > s_3 > s_7$	$s_1 > s_4 > s_2 > s_5 > s_8 > s_6 > s_3 > s_7$
	GHFOWA	$s_5 > s_6 > s_4 > s_8 > s_2 > s_1 > s_3 > s_7$	$s_5 > s_4 > s_8 > s_6 > s_2 > s_1 > s_3 > s_7$
	GHFOWG	$s_4 > s_2 > s_1 > s_5 > s_6 > s_8 > s_3 > s_7$	$s_4 > s_2 > s_1 > s_5 > s_8 > s_6 > s_3 > s_7$
	WGHFPA	$s_1 > s_5 > s_6 > s_8 > s_4 > s_2 > s_3 > s_7$	$s_1 > s_5 > s_8 > s_6 > s_4 > s_2 > s_3 > s_7$
	WGHFPG	$s_1 > s_4 > s_2 > s_5 > s_8 > s_6 > s_3 > s_7$	$s_1 > s_4 > s_2 > s_5 > s_8 > s_6 > s_3 > s_7$
(3,5)	GHFWA	$s_1 > s_6 > s_4 > s_8 > s_3 > s_2 > s_5 > s_7$	$s_1 > s_6 > s_8 > s_4 > s_3 > s_2 > s_5 > s_7$
	GHFWG	$s_4 > s_1 > s_2 > s_3 > s_6 > s_8 > s_5 > s_7$	$s_4 > s_1 > s_2 > s_3 > s_8 > s_6 > s_5 > s_7$
	GHFOWA	$s_1 > s_4 > s_6 > s_8 > s_3 > s_5 > s_2 > s_7$	$s_1 > s_4 > s_6 > s_8 > s_3 > s_5 > s_2 > s_7$
	GHFOWG	$s_4 > s_1 > s_2 > s_3 > s_6 > s_8 > s_5 > s_7$	$s_4 > s_1 > s_2 > s_3 > s_8 > s_6 > s_5 > s_7$
	WGHFPA	$s_1 > s_6 > s_4 > s_8 > s_3 > s_2 > s_5 > s_7$	$s_1 > s_6 > s_4 > s_8 > s_3 > s_2 > s_5 > s_7$
	WGHFPG	$s_4 > s_1 > s_2 > s_3 > s_6 > s_8 > s_5 > s_7$	$s_4 > s_1 > s_2 > s_3 > s_8 > s_6 > s_5 > s_7$
(3,6)	GHFWA	$s_4 > s_1 > s_7 > s_8 > s_3 > s_6 > s_5 > s_2$	$s_4 > s_1 > s_7 > s_8 > s_3 > s_6 > s_5 > s_2$
	GHFWG	$s_8 > s_4 > s_1 > s_5 > s_7 > s_3 > s_2 > s_6$	$s_8 > s_4 > s_1 > s_7 > s_5 > s_3 > s_2 > s_6$
	GHFOWA	$s_4 > s_1 > s_8 > s_3 > s_7 > s_2 > s_6 > s_5$	$s_4 > s_1 > s_8 > s_3 > s_7 > s_2 > s_6 > s_5$
	GHFOWG	$s_8 > s_4 > s_1 > s_5 > s_2 > s_6 > s_7 > s_3$	$s_8 > s_4 > s_5 > s_1 > s_2 > s_6 > s_7 > s_3$
	WGHFPA	$s_4 > s_1 > s_7 > s_8 > s_3 > s_6 > s_5 > s_2$	$s_4 > s_1 > s_7 > s_8 > s_3 > s_6 > s_5 > s_2$
	WGHFPG	$s_8 > s_4 > s_1 > s_5 > s_7 > s_3 > s_2 > s_6$	$s_8 > s_4 > s_1 > s_5 > s_7 > s_3 > s_2 > s_6$

续表

(m,n)	操作	规则 1	规则 2
(4,3)	GHFWA	$s_5 > s_7 > s_3 > s_8 > s_2 > s_6 > s_4 > s_1$	$s_5 > s_7 > s_3 > s_8 > s_2 > s_4 > s_6 > s_1$
	GHFWG	$s_7 > s_2 > s_3 > s_8 > s_5 > s_6 > s_4 > s_1$	$s_7 > s_2 > s_8 > s_3 > s_5 > s_6 > s_4 > s_1$
	GHFOWA	$s_7 > s_3 > s_8 > s_5 > s_2 > s_4 > s_6 > s_1$	$s_7 > s_3 > s_8 > s_5 > s_2 > s_4 > s_6 > s_1$
	GHFOWG	$s_2 > s_7 > s_8 > s_3 > s_6 > s_4 > s_5 > s_1$	$s_2 > s_7 > s_8 > s_3 > s_6 > s_4 > s_5 > s_1$
	WGHFPA	$s_5 > s_7 > s_3 > s_8 > s_2 > s_6 > s_4 > s_1$	$s_7 > s_5 > s_3 > s_8 > s_2 > s_4 > s_1 > s_6$
	WGHFPG	$s_7 > s_2 > s_3 > s_8 > s_5 > s_6 > s_4 > s_1$	$s_7 > s_2 > s_3 > s_8 > s_5 > s_6 > s_4 > s_1$
(4,4)	GHFWA	$s_7 > s_5 > s_8 > s_1 > s_3 > s_6 > s_2 > s_4$	$s_7 > s_5 > s_1 > s_8 > s_3 > s_6 > s_2 > s_4$
	GHFWG	$s_2 > s_8 > s_6 > s_7 > s_3 > s_5 > s_4 > s_1$	$s_2 > s_8 > s_6 > s_7 > s_3 > s_5 > s_4 > s_1$
	GHFOWA	$s_8 > s_7 > s_1 > s_6 > s_3 > s_2 > s_5 > s_4$	$s_8 > s_7 > s_1 > s_6 > s_3 > s_2 > s_5 > s_4$
	GHFOWG	$s_2 > s_8 > s_6 > s_7 > s_3 > s_1 > s_4 > s_5$	$s_2 > s_8 > s_6 > s_7 > s_3 > s_1 > s_4 > s_5$
	WGHFPA	$s_7 > s_5 > s_1 > s_8 > s_3 > s_6 > s_4 > s_2$	$s_7 > s_5 > s_1 > s_8 > s_3 > s_6 > s_4 > s_2$
	WGHFPG	$s_2 > s_8 > s_6 > s_7 > s_3 > s_5 > s_1 > s_4$	$s_2 > s_8 > s_6 > s_7 > s_3 > s_5 > s_1 > s_4$

如表 5－15 和表 5－16 所示，在两种不同集成规则下，得到最佳方案排序相同的平均一致性率比例大于 95%，而前三种方案排列顺序一致的比例大于 90%。事实上，在大多数实际决策问题中，我们只需找到最优或最佳的方案即可。因此，当 m 或 n（或两者都）较大时，选择使用本章提出的集成规则比传统的方法将更简单有效，计算复杂度大大降低，同时两者得到的结果非常相似。

表 5－15　　　不同样本下最佳方案的平均一致性率

	5%	10%	15%	20%
GHFWA	96.9	96.3	95.2	97
GHFWG	96.9	96.3	95.2	97
GHFOWA	96.9	96.3	95.2	97
GHFOWG	96.9	96.3	95.2	97
WGHFPA	96.9	96.3	95.2	97
WGHFPG	96.9	96.3	95.2	97

表 5-16　　不同样本下排序前三方案相同的平均一致性率

	5%	10%	15%	20%
GHFWA	96.4	93	91.5	91
GHFWG	96.4	93	91.5	91
GHFOWA	96.4	93	91.5	91
GHFOWG	96.4	93	91.5	91
WGHFPA	96.4	93	91.5	91
WGHFPG	96.4	93	91.5	91

四、小结

本节研究了犹豫模糊数集成规则的计算复杂性的问题。当集成的犹豫模糊数的数量和每个数中的元素数量很大时，使用传统的集成规则计算量和计算复杂度都非常大。为了克服这个缺点，我们提出了一种新的犹豫模糊集成规则。首先，我们介绍了犹豫模糊数的不确定性指标，进而构建了犹豫模糊集的大小排序体系。其次，基于正交设计原理，我们提出了一种用于集成犹豫模糊数的新运算规则，可以有效地降低传统方法的计算复杂度，从而可有效减少集成结果中的数值个数。进一步，我们通过 t 检验证实了新集成方法与传统方法的集成结果的得分没有显著差异，进而通过仿真验证了该方法的可行性和有效性。结果表明，新的集成规则可以有效地减少集成结果中的元素的数量（集成得分几乎不变）。然而，尽管新的集成规则可以有效地减少集成结果中元素的数量，但是排序结果可能并不完全与传统方法一致。因此，需要进一步分析产生不一致的具体原因，这也是我们下一阶段的工作。

第四节　基于组合加权距离的犹豫模糊 TOPSIS 综合评价方法

距离测度是最常用的信息测度工具之一，主要用于反映变量或指标之间的差异程度或相似性，目前已在模糊识别、医疗诊断、聚类分析、图像处理和决策分析等多个领域得到广泛的应用。例如医生为病人诊断病情，需要先查看病人的病情，再与某种疾病的症状进行测度比对，从而对症下药；再如，在群体共识中，通常需要计算个体偏好值与群体意见之间的距离，然后根据距离偏差程度确认个体与群体的共识程度。常见的距离测度主要是基于加权平均视角而构建的，如加权平均汉明距离、加权平均欧氏距离等[56]。而最近基于有序加权视角的距离测度方法引起了广大学者的兴趣，如基于有序加权平均（Ordered weighted averaging，OWA）算子[57]的思路，Xu 和 Chen[58]首先提出了有序加权距离（Ordered weighted distance，OWD）测度，并研究了一种基于 OWD 的群体共识达成法，该方法的特点是专家可以根据实际问题的需要设置 OWD 测度的权重，进而增强或者缓解或大或小的差异在集成结果中的影响，从而能得到较理想的结果和较快达成共识。Merigó 和 Gil - Lafuente[56]则提出了有序加权平均距离测度，研究了其优良的特性和特殊形式，并将其应用于金融投资方案的决策中。在此基础上，诸多学者将 OWD 方法应用于不同的问题，如 Xu 和 Xia[48]将 OWD 方法应用于犹豫模糊情形中，提出了犹豫模糊 OWD（HFOWD）测度；Merigó 等[59]将之与诱导变量相结合，提出了基于诱导变量的有序加权测度方法，得到了诱导有序加权平均测度，并研究了该测度方法在群体决策中的应用。Zeng 和 Su[60]则提出了直觉模糊 OWD（IFOWD）测度并研究了其在金融决策中的应用；Zeng 等[61]研究了基于概率的有序加权距离测度方法及其在区间多属性决策中的应用。Liu 等[62]研究了基于二维区间信息的混合 OWD 测度并将之应用于医疗故障风险评价与分析。Zhou 等[63]从连续性方面研究了 OWD 测度。更多关于有序加权测度的理论和应用研究可见文献［64 - 69］。

由前面分析可以看出，有序加权距离测度的研究成果较为丰富，然而也存在一定的缺陷，其不能同时考虑位置权重和集成数据自身的权重，因而本文将从组合加权视角研究犹豫模糊距离测度方法，提出一种新的犹豫模糊距离测度，即组合加权的犹豫模糊距离（HFIWAD）测度，并在此基础上提出了一种基于 HFIWAD - TOPSIS 的犹豫模糊多指标综合评价方法，最后通过案例应用说明其可行性和有效性。

一、基于 HFWAD 的 TOPSIS 评价方法

不同犹豫模糊数所包含的元素个数不尽相同，为了能更好地测量两者之间的距离，通常需要把它们元素个数调整为相同。为此，Xia 和 Xu[5] 给出了如下的调整规则：假设$\#h_1$ 和$\#h_2$ 分别为犹豫模糊 h_1 和 h_2 的元素个数，$l=\max\{\#h_1, \#h_2\}$。首先将 h_1 和 h_2 中的元素从小到大排序，并设 $h_1^{\rho(i)}(i=1,2,\cdots,\#h_1)$ 和 $h_2^{\rho(i)}(i=1,2,\cdots,\#h_2)$ 分别是 h_1 和 h_2 中排第 i 大的元素。如果 $\#h_1<\#h_2$，即犹豫模糊数 h_1 的元素个数比 h_2 少，那么 h_1 中增加最小的元素，直至个数与 h_2 相同。反之，如果$\#h_1>\#h_2$，那么在 h_2 中添加元素，直至两者元素个数相同。在此基础上，我们可以定义两个犹豫模糊的距离如下：

$$d(h_1,h_2)=\sqrt{\frac{1}{l}\sum_{i=1}^{l}|h_1^{\rho(i)}-h_2^{\rho(i)}|^2} \tag{5-23}$$

在此基础上，Xia 和 Xu[5] 提出犹豫模糊加权平均距离（HFWAD）测度：

定义 5.25 设 $\tilde{A}=(h_1,h_2,\cdots,h_n)$ 和 $\tilde{B}=(h_1',h_2',\cdots,h_n')$ 为定义在 $X=\{x_1,x_2,\cdots,x_n\}$ 上的犹豫模糊集，则

$$HFWAD(\tilde{A},\tilde{B})=\sum_{j=1}^{n}w_j d(h_j,h'_j) \tag{5-24}$$

为犹豫模糊集 $\tilde{A}$ 和 $\tilde{B}$ 的加权平均距离（HFWAD），其中 $w=(w_1,w_2,\cdots,w_n)^T$ 为权向量，满足 $w_j\in[0,1]$，$\sum_{j=1}^{n}w_j=1$。

针对如下的犹豫模糊多指标综合评价，基于 HFWAD 的定义，Xu 和 Zhang[70] 提出了一种基于 HFWAD 的犹豫模糊 TOPSIS（HFWAD - TOPSIS）综合评价方法：

假设一个犹豫模糊多指标综合评价问题包括 m 个备选方案和 n 个评价指标。令 $A=\{A_1,A_2,\cdots,A_m\}$ 表示方案集，$C=\{c_1,c_2,\cdots,c_n\}$ 表示指标集，指标的权重向量为 $v=(v_1,v_2,\cdots,v_n)^T$ 满足 $\sum_{i=1}^{n}v_i=1$ 和 $v_i\in[0,1]$。方案 $A_i(i=1,2,\cdots,m)$ 在指标 $c_j(j=1,2,\cdots,n)$ 下的评估值为犹豫模糊数 $A_i=\{\langle x_j,h_{A_i}(x_j)\rangle \mid x_j\in X\}$，其中 $h_{A_i}(x_j)=\{\gamma\mid\gamma\in h_{A_i}(x_j),0\leqslant\lambda\leqslant1\}$，$i=1,2,\cdots,m;j=$

$1,2,\cdots,n$，从而可得犹豫模糊评价矩阵 $H=[h_{ij}]_{m\times n}$，即

$$H=\begin{pmatrix} h_{11} & h_{12} & \cdots & h_{1n} \\ h_{21} & h_{22} & \cdots & h_{2n} \\ \vdots & \vdots & \ddots & \vdots \\ h_{m1} & h_{m2} & \cdots & h_{mn} \end{pmatrix}$$

基于 HFWAD－TOPSIS 的犹豫模糊多指标综合评价方法如下：

步骤 1 构造犹豫模糊评价矩阵 $H=[h_{ij}]_{m\times n}$，其中矩阵中的元素 $h_{ij}(i=1,2,\cdots,m;j=1,2,\cdots,n)$ 是一个犹豫模糊数，为专家给出的方案 $A_i\in A$ 关于属性 $c_j\in C$ 下的评估值。

步骤 2 利用式（5－25）和式（5－26）计算方案的犹豫模糊正理想解 A^+ 和负理想解 A^-：

$$\begin{aligned} A^+ &= \{x_j,\max\langle h_{ij}^{\sigma(\lambda)}\rangle \mid j=1,2,\cdots,n\} \\ &= \{\langle x_1,((h_1^1)^+,(h_1^2)^+,\cdots,(h_1^l)^+)\rangle, \times\langle x_2,((h_2^1)^+,(h_2^2)^+,\cdots, \\ &\quad (h_2^l)^+)\rangle,\cdots,\langle x_n,((h_n^1)^+,(h_n^2)^+,\cdots,(h_n^l)^+)\rangle\} \end{aligned} \quad (5-25)$$

$$\begin{aligned} A^- &= \{x_j,\min\langle h_{ij}^{\sigma(\lambda)}\rangle \mid j=1,2,\cdots,n\} \\ &= \{\langle x_1,((h_1^1)^1,(h_1^2)^-,\cdots,(h_1^l)^-)\rangle, \times\langle x_2,((h_2^1)^-,(h_2^2)^-,\cdots, \\ &\quad (h_2^l)^-)\rangle,\cdots,\langle x_n,((h_n^1)^-,(h_n^2)^-,\cdots,(h_n^l)^-)\rangle\} \end{aligned} \quad (5-26)$$

步骤 3 利用方程（5－27）和方程（5－28）分别计算方案 A_i（$i=1,2,\cdots,m$）与正理想解 A^+ 和负理想解 A^- 的加权距离 d_i^+ 和 d_i^-：

$$d_i^+ = \sum_{j=1}^{n} v_j d(h_{ij},h_j^+) = \sum_{j=1}^{n} v_j \sqrt{\frac{1}{l}\sum_{\lambda=1}^{l} \left| h_{ij}^{\sigma(\lambda)} - (h_j^{\sigma(\lambda)})^+ \right|^2}, \quad i=1,2,\cdots,m \quad (5-27)$$

$$d_i^- = \sum_{j=1}^{n} v_j d(h_{ij},h_j^-) = \sum_{j=1}^{n} v_j \sqrt{\frac{1}{l}\sum_{\lambda=1}^{l} \left| h_{ij}^{\sigma(\lambda)} - (h_j^{\sigma(\lambda)})^- \right|^2}, \quad i=1,2,\cdots,m \quad (5-28)$$

步骤 4 计算方案 A_i 的贴近度函数 $\varsigma(A_i)(i=1,2,\cdots,m)$

$$\varsigma(A_i)=\frac{d_i^-}{d_i^+ + d_i^-} \quad (5-29)$$

步骤 5 根据贴近度 $\varsigma(A_i)$ 的大小对方案 $A_i(i=1,2,\cdots,m)$ 择优排序，$\varsigma(A_i)$ 越大，相应的方案 $A_i(i=1,2,\cdots,m)$ 则越优。

二、犹豫模糊组合加权平均距离（HFIWAD）测度

基于 OWA 算子[57]的思路，Xia 和 Xu[5]首先提出了犹豫模糊有序加权平均距离（HFOWAD）测度，定义如下：

定义 5.26 设 $\widetilde{A}=(h_1,h_2,\cdots,h_n)$ 和 $\widetilde{B}=(h'_1,h'_2,\cdots,h'_n)$ 为定义在 $X=\{x_1,x_2,\cdots,x_n\}$ 上的犹豫模糊集，则

$$HFOWAD(\widetilde{A},\widetilde{B})=\sum_{j=1}^{n}w_j d(h_{\sigma(j)},h'_{\sigma(j)}) \tag{5-30}$$

为犹豫模糊集 $\widetilde{A}$ 和 $\widetilde{B}$ 的有序加权平均距离（HFOWAD），其中 $w=(w_1,w_2,\cdots,w_n)^T$ 为与 HFOWAD 测度相关联的权向量，满足 $w_j\in[0,1]$，$\sum_{j=1}^{n}w_j=1$。$(\sigma(1),\sigma(2),\cdots,\sigma(n))$ 是 $(1,2,\cdots,n)$ 的一个置换，使 $\forall j\in[1,n]$，满足 $d(h_{\sigma(j-1)},h'_{\sigma(j-1)})\geqslant d(h_{\sigma(j)},h'_{\sigma(j)})$，$d(h_j,h'_j)$ 为 h_j 与 h'_j的距离。

由定义（5.24）和定义（5.25）可以看出，HFWAD 测度与 HFOWAD 测度的本质区别在权重向量的确定，前者中的权重分配侧重于反映评价者对指标属性重要程度的判断，而后者则强调待集成数据的序权重。两者均仅考虑了权重分配的某一方面，都有一定的片面性。为了克服上述缺点，本章提出一种新的组合加权犹豫模糊距离测度，定义如下：

定义 5.27 设 $\widetilde{A}=(h_1,h_2,\cdots,h_n)$ 和 $\widetilde{B}=(h'_1,h'_2,\cdots,h'_n)$ 为定义在 $X=\{x_1,x_2,\cdots,x_n\}$ 上的犹豫模糊集，则犹豫模糊组合加权平均距离（Hesitant fuzzy integrated weighted averaging distance，HFIWAD）定义如下：

$$HFIWAD((h_1,h'_1),\cdots,(h_n,h'_n))=\sum_{j=1}^{n}\hat{v}_j d(h_{\sigma(j)},h'_{\sigma(j)}) \tag{5-31}$$

其中 $(\sigma(1),\sigma(2),\cdots,\sigma(n))$ 是 $(1,2,\cdots,n)$ 的一个置换，使 $\forall j\in[1,n]$，满足 $d(h_{\sigma(j-1)},h'_{\sigma(j-1)})\geqslant d(h_{\sigma(j)},h'_{\sigma(j)})$，$d(h_j,h'_j)$ 为 h_j 与 h'_j的距离，其权重为 v_j 满足 $\sum_{j=1}^{n}v_j=1$ 和 $v_j\in[0,1]$。组合权重 $\hat{v}_j=\rho w_j+(1-\rho)v_j$，其中 $\rho\in[0,1]$，$w=(w_1,w_2,\cdots,w_n)^T$ 为与 HFIWAD 测度相关联的权向量，满足 $w_j\in[0,1]$，$\sum_{j=1}^{n}w_j=1$。

可以看出，组合加权犹豫模糊距离 HFIWAD 测度是 HFWAD 和 HFOWAD 的一个线性组合，因此其形式也可以写成如下：

$$HFIWAD((h_1,h'_1),\cdots,(h_n,h'_n))$$

$$=\rho\sum_{j=1}^{n}w_jd(h_{\sigma(j)},h'_{\sigma(j)})+(1-\rho)\sum_{i=1}^{n}v_jd(h_j,h'_j) \tag{5-32}$$

特别地，当$\rho=1$，HFIWAD 退化成犹豫模糊有序加权平均距离（HFOWAD）；当$\rho=0$时，变成 HFWAD。因此可以看出 HFWAD 和 HFOWAD 都是HFIWAD 的特例，因而 HFIWAD 不仅能考虑每个数据的自身重要性程度，而且还体现了该数据所在位置的重要性程度。特别地，根据权重向量的取值变化，我们可以得到一系列特殊的犹豫模糊距离测度：

- The maximum – HFWD（HFMaxD）当 $w_1=1$ 和 $w_j=0$，$\forall j\neq 1$；
- The minimum – HFWD（HFMinD）当 $w_n=1$ 和 $w_j=0$，$\forall j\neq 1$；
- step – HFIWAD 当 $w_k=1$ 和 $w_j=0$，$\forall j\neq k$。

三、基于 HFIWAD 的犹豫模糊 TOPSIS 综合评价方法

下面我们提出一种基于 HFIWAD 的犹豫模糊 TOPSIS 综合评价方法，其具体步骤如下：

步骤 1　构造犹豫模糊评价矩阵 $H=[h_{ij}]_{m\times n}$，其中矩阵中的元素 $h_{ij}(i=1,2,\cdots,m;\ j=1,2,\cdots,n)$ 是一个犹豫模糊数，为评价者给出的方案 $A_i\in A$ 关于指标 $c_j\in C$ 下的评价值。

步骤 2　利用式（5－25）和式（5－26）计算方案的模糊正理想解 A^+ 和负理想解 A^-。

步骤 3　利用方程（5－33）和方程（5－34）分别计算方案 $A_i(i=1,2,\cdots,m)$ 与正理想解 A^+ 和负理想解 A^- 的组合加权距离：

$$HFIWAD(A_i,A^+)=\sum_{j=1}^{n}\hat{v}_jd(h_{\sigma(ij)},h^+_{(j)}),\ i=1,2,\cdots,m \tag{5-33}$$

$$HFIWAD(A_i,A^-)=\sum_{j=1}^{n}\hat{v}_jd(h_{(ij)},h^-_{(j)}),\ i=1,2,\cdots,m \tag{5-34}$$

步骤 4　计算方案 A_i 的改进贴近度函数 $\theta(A_i)(i=1,2,\cdots,m)$

$$\theta(A_i)=\frac{HFIWAD(A_i,A^-)}{HFIWAD(A_i,A^+)+HFIWAD(A_i,A^-)} \tag{5-35}$$

步骤 5 根据贴近度 $\theta(A_i)$ 的大小对方案 $A_i(i=1,2,\cdots,m)$ 择优排序，$\theta(A_i)$ 越大，相应的方案 $A_i(i=1,2,\cdots,m)$ 则越优。

注：在第三步计算方案与正负理想方案的距离时，也可以考虑利用 HFIWAD 的不同形式，这样就可以得到基于 HFIWAD - TOPSIS 不同犹豫模糊加权距离的 TOPSIS 方法，如 HFMaxD - TOPSIS，HFMinD - TOPSIS，HFWAD - TOPSIS，HFOWAD - TOPSIS 和 Step - HFIWAD - TOPSIS 等，从而也可以看出 Xu 和 Zhang[70] 的方法是本节所提出方法的一个特例。

四、实例分析

近年来中国的高速铁路发展迅速，其快速便捷的特点受到越来越多的乘客欢迎，这为国内航空市场带来了巨大的挑战。特别是在 2008 年全球经济低迷之后，越来越多的航空公司都尝试通过降低价格来吸引顾客。但不幸的是，这并不是一个双赢的局面，只有良好的服务质量才是竞争生存的关键要素。为了改善国内航空公司的服务质量，民用航空局建立了一个决策委员会对国内主要的五大航空公司 $A_i(i=1,2,3,4,5)$ 开展评价研究。假设委员会根据以下 4 个主要指标来评估这五大航空公司：订票与售票服务（c_1）、安检与登机服务（c_2）、客舱服务（c_3）和响应性服务（c_4）。通过对 4 个评价指标重要性的问卷调查，确定指标的权重向量为 $\omega=(0.15,0.25,0.35,0.25)^T$。由于评价环境的复杂性和组织者自身知识、经验的有限性，本节假设该决策委员会用犹豫模糊形式来表达他们对五大航空公司在其各个指标下的评价值，具体见表 5-17。

表 5-17　　犹豫模糊评价矩阵

	C_1	C_2	C_3	C_4
A_1	{0.5,0.4,0.3}	{0.9,0.8,0.7,0.1}	{0.5,0.4,0.2}	{0.9,0.6,0.5,0.3}
A_2	{0.5,0.3}	{0.9,0.7,0.6,0.5,0.2}	{0.8,0.6,0.5,0.1}	{0.7,0.4,0.3}
A_3	{0.7,0.6}	{0.9,0.6}	{0.7,0.5,0.3}	{0.6,0.4}

续表

	C_1	C_2	C_3	C_4
A_4	{0.8,0.7,0.4,0.3}	{0.7,0.4,0.2}	{0.8,0.1}	{0.9,0.8,0.6}
A_5	{0.9,0.7,0.6,0.3,0.1}	{0.8,0.7,0.6,0.4}	{0.9,0.8,0.7}	{0.9,0.7,0.6,0.3}

从表 5 – 17 可以看出，专家给出的犹豫模糊数元素个数大多不同，因此我们首先需要将他们元素个数调整一致。这里我们采用悲观型法，即依次添加每个犹豫模糊中最小的元素，从而可得到表 5 – 18。

表 5 – 18　　拓展犹豫模糊评价矩阵

	C_1	C_2	C_3	C_4
A_1	{0.5,0.4,0.3,0.3,0.3}	{0.9,0.8,0.7,0.1,0.1}	{0.5,0.4,0.2,0.2,0.2}	{0.9,0.6,0.5,0.3,0.3}
A_2	{0.5,0.3,0.3,0.3,0.3}	{0.9,0.7,0.6,0.5,0.2}	{0.8,0.6,0.5,0.1,0.1}	{0.7,0.4,0.3,0.3,0.3}
A_3	{0.7,0.6,0.6,0.6,0.6}	{0.9,0.6,0.6,0.6,0.6}	{0.7,0.5,0.3,0.3,0.3}	{0.6,0.4,0.4,0.4,0.4}
A_4	{0.8,0.7,0.4,0.3,0.3}	{0.7,0.4,0.2,0.2,0.2}	{0.8,0.1,0.1,0.1,0.1}	{0.9,0.8,0.6,0.6,0.6}
A_5	{0.9,0.7,0.6,0.3,0.1}	{0.8,0.7,0.6,0.4,0.4}	{0.9,0.8,0.7,0.7,0.7}	{0.9,0.7,0.6,0.3,0.3}

依据上述评价信息，我们可计算出犹豫模糊正理想解 A^+ 和负理想解 A^-：

$A^+ = \{\langle 0.9,0.7,0.6,0.6,0.6\rangle,\langle 0.9,0.8,0.7,0.6,0.6\rangle,\langle 0.9,0.8,0.7,0.7,0.7\rangle,\langle 0.9,0.8,0.6,0.6,0.6\rangle\}$

$A^- = \{\langle 0.5,0.3,0.3,0.3,0.1\rangle,\langle 0.7,0.4,0.2,0.1,0.1\rangle,\langle 0.5,0.1,0.1,0.1,0.1\rangle,\langle 0.6,0.4,0.3,0.3,0.3\rangle\}$

设指标的权重向量为 $V=(0.23,0.25,0.32,0.20)^T$，与 HFIWAD 算子相关联的权重向量为：$W=(0.10,0.25,0.30,0.35)^T$，且不失一般性，设 $\rho=0.5$。则可根据定义（5.27）计算出计算方案 $A_i(i=1,2,\cdots,m)$ 与正理想解

A^+和负理想解A^-的组合加权距离$HFIWAD(A_i, A^+)$ 和$HFIWAD(A_i, A^-)$，并在此基础上分别计算每个方案的贴近度$\theta(A_i)$，结果如表5－19所示。

表5－19　　基于HFIWAD－TOPSIS的评价结果

	$HFIWAD(A_i, A^+)$	$HFIWAD(A_i, A^-)$	$\theta(A_i)$	排名
A_1	0.374	0.171	0.314	5
A_2	0.276	0.178	0.393	4
A_3	0.151	0.247	0.622	2
A_4	0.256	0.168	0.396	3
A_5	0.153	0.337	0.689	1

可见$A_5 > A_3 > A_4 > A_2 > A_1$，因此公司$A_5$为航空服务质量评价最高的航空公司。此外，我们还可以考虑利用不同的距离测度方法来计算评价方案与正负理想解的距离，从而构建不同的TOPSIS评价方法，具体如表5－20和表5－21所示。

表5－20　　基于HFIWAD－TOPSIS特殊形式的贴进度

	HFMaxD－TOPSIS	HFMinD－TOPSIS	HFWD－TOPSIS	HFOWAD－TOPSIS	Step－TOPSIS ($k=2$)
A_1	0.295	0.312	0.301	0.330	0.472
A_2	0.454	0.348	0.419	0.361	0.455
A_3	0.602	0.620	0.616	0.628	0.594
A_4	0.395	0.415	0.377	0.420	0.396
A_5	0.696	0.709	0.701	0.674	0.658

表5－21　　方案排序

HFIWAD－TOPSIS特殊形式	排序
HFMaxD－TOPSIS	$A_5 > A_3 > A_2 > A_4 > A_1$
HFMinD－TOPSIS	$A_5 > A_3 > A_4 > A_2 > A_1$
HFWD－TOPSIS	$A_5 > A_3 > A_2 > A_4 > A_1$
HFOWAD－TOPSIS	$A_5 > A_3 > A_4 > A_2 > A_1$
Step－TOPSIS($k=2$)	$A_5 > A_3 > A_1 > A_4 > A_2$

可以看出，不同的距离测度方法下的方案排序也各不相同。我们可进一步分析 HFIWAD 测度中的参数 ρ（$\rho \in [0,1]$）的变化对贴近度函数和方案排序结果的影响，如图 5 - 2 所示。根据 HFIWAD 中参数 ρ 的数学特征可发现，ρ 的大小主要可用于体现评价主体风险偏好的程度。随着参数 ρ 的变化，方案的贴近度函数也在变化，从而排序结果也会发生相应的变化。从图 5 - 2 可以看出，当 $\rho \in [0,0.48]$ 时，方案的排序顺序为 $A_5 > A_3 > A_2 > A_4 > A_1$；方案排序为 $A_5 > A_3 > A_4 > A_2 > A_1$，当 $\rho \in [0.48,1]$ 时。可以看到，最优方案都是 A_5，当 $\rho \in [0,1]$ 时，从而说明我们的方法具有一定的稳定性。

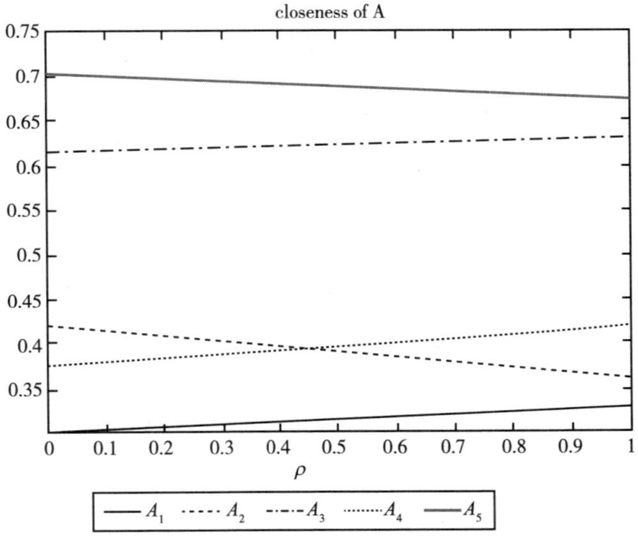

图 5 - 2　候选方案的贴近度函数（基于参数 ρ 的 HFIWAD - TOPSIS）

由以上分析可知，本文提出 HFIWAD - TOPSIS 方法具有良好的性质，主要体现在：（1）该方法不但考虑了集成数据的重要性，而且能体现数据所在位置的重要性，从而可以增加或减少偏差过大或者过小的数据对集成结果的影响；（2）专家可根据实际需要和偏好选择合适的参数 ρ，从而为决策者提供更多的选择机会，与其他方法相比更具决策柔性和灵活性。

五、小结

本节从组合加权视角研究了犹豫模糊距离测度方法及其应用。首先，在有序加权距离测度的基础上提出了组合加权的 HFIWAD 测度，其不仅能体现每个数据的自身重要性程度，而且还突出了该数据所在位置的重要程度。其次，提出了一种基于 HFIWAD 测度的犹豫模糊 TOPSIS 多指标综合评价方法（HFIWAD - TOPSIS），其核心是利用 HFIWAD 度量备选方案与正负理想解的距离，从而得到方案的贴近度，并根据其大小对方案进行排序与择优。该方法不仅计算简单，而且拓展了 HFIWAD 的应用范围，丰富了已有的犹豫模糊测度的研究成果。最后，案例分析结果也体现了本节所提方法具有很强的决策柔性和灵活性，决策者可以依据风险偏好和实际问题需要调节参数值，这一特性使该方法的适用范围更加广泛。

第五节　本章小结

基于犹豫模糊信息的综合评价方法的研究开始逐步引起了学者们的关注，并在信息测度、集成方法等领域取得了较为丰富的研究成果，但是现有的研究仍存在诸多不足且尚未引起重视。在前人的研究成果基础上，本章对犹豫模糊环境下的综合评价方法与应用进行了系统和深入的研究，在犹豫模糊信息集成和信息测度等方面提出了一些新的理论和方法。主要研究内容和成果如下：

（1）提出了犹豫模糊信息的若干集成方法。考虑到指标属性之间不独立、存在相互关联的情形，基于 g_λ 模糊测度、Shapley 值和 Choquet 积分，提出了两种犹豫模糊信息集成算子：$AHFGSC_{g_\lambda}$ 算子和 $GHFGSC_{g_\lambda}$ 算子，并讨论了这些算子的一些优良性质，将其应用于项目投资决策问题中。实例表明，本章提出新算子的有效性和可行性，从而为解决基于犹豫模糊信息的多指标评价问题提供了一条有效途径，也为促进其实际应用进行了有益的尝试。

（2）研究了犹豫模糊数集成规则的计算复杂性的问题。当集成的犹豫模糊数的数量和每个数中的元素数量很大时，使用传统的集成规则计算量和计算复杂度都非常大。为了克服这个缺点，我们提出了一种新的犹豫模糊集成规则。首先，我们介绍了犹豫模糊数的不确定性指标。然后，基于正交设计原理，我们提出了一种用于集成犹豫模糊数的新运算规则，可以有效地降低传统方法的计算复杂度，从而可以有效减少集成结果中的数值个数。进一步，我们通过 t 检验证实了新集成方法与传统方法的集成结果的得分没有显著差异，进而通过仿真验证了该方法的可行性和有效性。结果表明，新的集成规则可以有效地减少集成结果中的元素的数量（集成得分几乎不变）。

（3）提出了基于犹豫模糊组合加权测度方法。在有序加权距离测度的基础上提出了组合加权的 HFIWAD 测度，其不仅能体现每个数据的自身重要性程度，而且还突出了该数据所在位置的重要程度。然后，提出了一种基于 HFIWAD 测度的犹豫模糊 TOPSIS 多指标综合评价方法（HFIWAD - TOPSIS），其核心是利用 HFIWAD 度量备选方案与正负理想解的距离，从而得到方案的贴近度，并根据其大小对方案进行排序与择优。该方法不仅计算简单，而且拓展了 HFIWAD 的应用范围，丰富了已有的犹豫模糊测度的研究成果。

需要说明的是，本文的研究成果能够很容易地从以下方面进行拓展：第一，在本章所提出的群综合评价方法中，用到的犹豫模糊信息集结算子，如 HFWA、HFOWAWAD 算子等，可以拓展到用犹豫模糊加权几何（HFWG）、HFOWGWAD 等算子进行替换，从而得到对应的评价方法。第二，本章采用犹豫模糊数得分函数、精确函数、距离测度以及比较规则来进行以犹豫模糊数表示的方案综合评价值的比较。这种比较方式可以采用以犹豫模糊集的相容度、关联系数、熵等概念来替代。第三，尽管本章提出的新集成规则可以有效地减少集成结果中元素的数量，但是排序结果可能并不完全与传统方法一致。因此，需要进一步分析产生不一致的具体原因，这也是我们下一阶段的工作。

本章主要参考文献

[1] Zadeh L A. Fuzzy sets [J]. *Information and Control*, 1965, 8 (3): 338 - 353.

[2] Atanassov K. Intuitionistic fuzzy sets [J]. *Fuzzy Sets and Systems*, 1986, 20 (1): 87 - 96.

[3] Torra V, Narukawa Y. On hesitant fuzzy sets and decision [C]. *The 18th IEEE In-*

ternational ConferenceInt on Fuzzy Systems. Jeju Island, 2009: 1378 - 1382.

[4] Torra, V. Hesitant fuzzy sets [J]. *International Journal of Intelligent Systems*, 2010, 25 (6): 529 - 539.

[5] Xia M M, Xu Z S. Hesitant fuzzy information aggregation in decision making [J]. *International Journal of Approximate Reasoning*, 2011, 52 (3): 395 - 407.

[6] Zeng S Z, Chen S. The multi - criteria hesitant fuzzy group decision making with MULTIMOORA method [J]. *Economic Computer and Economic Cybernetics Studies and Research*, 2013, 47 (3): 171 - 184.

[7] Xu Z S, Xia M M. Hesitant fuzzy entropy and cross - entropy and their use in multi - attribute decision - making [J]. *International Journal of Intelligent Systems*, 2012, 27 (9): 799 - 822.

[8] 张小路．基于犹豫模糊信息的多属性决策方法研究 [D]．南京：东南大学，2015.

[9] 王应明，阙翠平，蓝以信．基于前景理论的犹豫模糊 TOPSIS 多属性决策方法 [J]．控制与决策，2017，32 (5)：864 - 870.

[10] He Y, Xu Z S. Error analysis methods for group decision making based on hesitant fuzzy preference relation [J]. *International Journal of Intelligent Systems*, 2016, 31 (11): 1104 - 1128.

[11] Chen N, Xu Z S. Hesitant fuzzy ELECTRE II approach: a new way to handle multi - criteria decision making problems [J]. *Information Sciences*, 2015 (292): 175 - 197.

[12] 刘小弟，朱建军，刘思峰．基于对称交互熵的犹豫模糊信息相似度及聚类应用 [J]．控制与决策，2014，29 (10)：1816 - 1822.

[13] Chen N, Xu Z S, Xia M M. Correlation coefficients of hesitant fuzzy sets and their applications to clustering analysis [J]. *Applied Mathematical Modelling*, 2013, 37 (4): 2197 - 2211.

[14] Zhao H, Xu Z S, Cui F. Generalized hesitant fuzzy harmonic mean operators and their applications in group decision making [J]. *International Journal of Fuzzy Systems*, 2016, 18 (4): 685 - 696.

[15] Farhadinia B. Information measures for hesitant fuzzy sets and interval - valued hesitant fuzzy sets [J]. *Information Sciences*, 2013 (240): 129 - 144.

[16] Xia M M, Xu Z S, Chen N. Induced aggregation under confidence levels [J]. *International Journal of Uncertainty, Fuzziness and Knowledge - Based Systems*, 2011, 19 (02): 201 - 227.

[17] Liao H C, Xu Z S. Some new hybrid weighted aggregation operators under hesitant fuzzy multi – criteria decision making environment [J]. *Journal of Intelligent & Fuzzy Systems*, 2014, 26 (4): 1601 – 1617.

[18] Wang W X, Liu X W. Some hesitant fuzzy geometric operators and their application to multiple attribute group decision making [J]. *Technological and Economic Development of Economy*, 2014, 20 (3): 371 – 390.

[19] Zhao X F, Li Q X, Wei G W. Model for multiple attribute decision making Based on the Einstein correlated Information Fusion with Hesitant Fuzzy Information [J]. *Journal of Intelligent & Fuzzy Systems*, 2014, 26 (6): 3057 – 3064.

[20] Zhang Z M. Hesitant fuzzy power aggregation operators and their application to multiple attribute group decision making [J]. *Information Sciences*, 2013, 234: 150 – 181.

[21] Zhu B, Xu Z S, Xia M M. Hesitant fuzzy geometric Bonferroni means [J]. *Information Sciences*, 2012 (205): 72 – 85.

[22] 曲国华，王彬宇，曲卫华．基于对偶犹豫模糊几何 Heronian 平均算子的多属性决策方法及其应用 [J]. 中国管理科学：1 – 13.

[23] 韩莉娜，刘小勇．可信度诱导犹豫模糊优先级平均算子及其应用 [J]. 统计与决策，2016 (21): 69 – 72.

[24] Sugeno, M. Theory of fuzzy integrals and its applications [J]. *doctoral thesis tokyo institute of technology*, 1974.

[25] Murofushi T, Sugeno M. Fuzzy Measuresand Integrals [M]. *New York*: *Physica Verlag*, 2000.

[26] Xu Z S. Choquet integrals of weighted intuitionistic fuzzy information [J]. *Information Sciences*, 2010 (180): 726 – 736.

[27] Tan C Q, Chen X H. Intuitionistic fuzzy Choquet integral operator for multi – criteria decision making [J]. *Expert Systems with Applications*, 2010, 37 (1): 149 – 157.

[28] De S K, Biswas R, Roy A R. Some operations on intuitionistic fuzzy sets [J]. *Fuzzy sets and Systems*, 2000, 114 (3): 477 – 484.

[29] Chen S M, Yang M W, Yang S W, et al. Multicriteria fuzzy decision making based on interval – valued intuitionistic fuzzy sets [J]. *Expert Systems with Applications*, 2012, 39 (15): 12085 – 12091.

[30] Tan C Q. A multi – criteria interval – valued intuitionistic fuzzy group decision making with Choquet integral – based TOPSIS [J]. *Expert Systems with Applications*, 2011, 38 (4): 3023 – 3033.

[31] Yu D J, Wu Y Y, Zhou W. Multi – criteria decision making based on Choquet integral under hesitant fuzzy environment [J]. *Journal of Computational Information Systems*, 2011, 7 (12): 4506 – 4513.

[32] XiaM M, Xu Z S, Chen N. Some hesitant fuzzy aggregation operators with their application in group decision making [J]. *Group Decision and Negotiation*, 2013, 22 (2): 259 – 279.

[33] Zhang X M, Xu Z S, Yu X H. Shapley value and Choquet integral – based operators for aggregating correlated intuitionistic fuzzy information [J]. *Information*, 2011, 14 (6): 1847 – 1858.

[34] Meng F Y, Zhang Q, Cheng H. Approaches to multiple – criteria group decision making based on interval – valued intuitionistic fuzzy Choquet integral with respect to the generalized λ – Shapley index [J]. *Knowledge – Based Systems*, 2013, 37: 237 – 249.

[35] Torra V, Narukawa Y. *Modeling Decisions: Information Fusion and Aggregation Operators* [M], 2007.

[36] Chen N, Xu Z S, Xia M M. Interval – valued hesitant preference relations and their applications to group decision making [J]. *Knowledge – based systems*, 2013, 37: 528 – 540.

[37] Gu X, Wang Y, Yang B. A method for hesitant fuzzy multiple attribute decision making and its application to risk investment [J]. *Journal of Convergence Information Technology*, 2011, 6 (6): 282 – 287.

[38] Hedayat A S, Sloane N J A, Stufken J. OrthogonalArrays Theory and Applications, Springer, 1999.

[39] Ju Y B, Yang S H, Liu X Y. A novel method for multiattribute decision making with dual hesitant fuzzy triangular linguistic information [J]. *Journal of Applied Mathematics*, 2014, 2014.

[40] Lin R, Zhao X F, Wei G X. Models for selecting an ERP system with hesitant fuzzy linguistic information [J]. *Journal of Intelligent & Fuzzy Systems*, 2014, 26 (5): 2155 – 2165.

[41] Qian G, Wang H, Feng X Q. Generalized hesitant fuzzy sets and their application in decision support system [J]. *Knowledge – Based Systems*, 2013, 37: 357 – 365.

[42] Rodriguez R M, Martinez L, Herrera F. Hesitant fuzzy linguistic term sets for decision making [J]. *IEEE Transactions on fuzzy systems*, 2011, 20 (1): 109 – 119.

[43] Verma R, Sharma B D. New operations over hesitant fuzzy sets [J]. *Fuzzy Information and Engineering*, 2013, 5 (2): 129 – 146.

[44] Wei GW. Hesitant fuzzy prioritized operators and their application to multiple attribute

decision making [J]. *Knowledge – Based Systems*, 2012, 31: 176 – 182.

[45] Wei G W, Zhang N. A multiple criteria hesitant fuzzy decision making with Shapley value – based VIKOR method [J]. *Journal of Intelligent & Fuzzy Systems*, 2014, 26 (2): 1065 – 1075.

[46] Wei G W, Zhao X F, Lin R. Some hesitant interval – valued fuzzy aggregation operators and their applications to multiple attribute decision making [J]. *Knowledge – Based Systems*, 2013, 46: 43 – 53.

[47] Kuhfeld W F, Tobias R D. Large factorial designs for product engineering and marketing research applications [J]. *Technometrics*, 2005, 47 (2): 132 – 141.

[48] Xu Z S, Xia M M. Distance and similarity measures for hesitant fuzzy sets [J]. *Information Sciences*, 2011, 181 (11): 2128 – 2138.

[49] Xu Z S, Xia M M. On distance and correlation measures of hesitant fuzzy information [J]. *International Journal of Intelligent Systems*, 2011, 26 (5): 410 – 425.

[50] Zhao X F, Lin R, Wei G W. Hesitant triangular fuzzy information aggregation based on Einstein operations and their application to multiple attribute decision making [J]. *Expert Systems with Applications*, 2014, 41 (4): 1086 – 1094.

[51] Zhang Z Z. Hesitant fuzzy power aggregation operators and their application to multiple attribute group decision making [J]. *Information Sciences*, 2013, 234: 150 – 181.

[52] Zhang Y S, Li W G, Mao S S, et al. A simple method for constructing orthogonal arrays by the Kronecker sum [J]. *Journal of Systems Science and Complexity*, 2006, 19 (2): 266 – 273.

[53] Zhang Y S, Duan L, Lu Y Q, et al. Construction of Generalized Hadamard Matrices D [J]. *Journal of statistical planning and inference*, 2002, 104 (2): 239 – 258.

[54] Zhang Z M, Wang C, Tian D Z, et al. Induced generalized hesitant fuzzy operators and their application to multiple attribute group decision making [J]. *Computers & Industrial Engineering*, 2014, 67: 116 – 138.

[55] Kosareva N, Krylovas A. Comparison of accuracy in ranking alternatives performing generalized fuzzy average functions [J]. *Technological and Economic Development of Economy*, 2013, 19 (1): 162 – 187.

[56] Merigo J M, Gil – Lafuente A M. New decision – making techniques and their application in the selection of financial products [J]. *Information Sciences*, 2010, 180 (11): 2085 – 2094.

[57] Yager R R. On ordered weighted averaging aggregation operators in multicriteria deci-

sion making [J]. *IEEE Transactions on systems, Man, and Cybernetics*, 1988, 18 (1): 183 – 190.

[58] Xu Z S, Chen J. Ordered weighted distance measure [J]. *Journal of Systems Science and Systems Engineering*, 2008, 17 (4): 432 – 445.

[59] Merigo J M, Casanovas M. Decision – making with distance measures and induced aggregationoperators [J]. *Computers & Industrial Engineering*, 2011, 60 (1): 66 – 76.

[60] Zeng S Z, Su W H. Intuitionistic fuzzy ordered weighted distance operator [J]. *Knowledge – Based Systems*, 2011, 24 (8): 1224 – 1232.

[61] Zeng S Z, Merigó T M, Su W H. The uncertain probabilistic OWA distance operator and its application in group decision making [J]. *Applied Mathematical Modelling*, 2013, 37 (5): 6266 – 6275.

[62] Liu H C, You J X, You X Y. Evaluating the risk of healthcare failure modes using interval 2 – tuple hybrid weighted distance measure [J]. *Computers & Industrial Engineering*, 2014, 78: 249 – 258.

[63] Zhou L G, Chen H Y, Liu J P. Continuous ordered weighted distance measure and its application to multiple attribute group decision making [J]. *Group Decision and Negotiation*, 2013, 22 (4): 739 – 758.

[64] Zeng S Z, Chen J P, Li X S. A hybrid method for Pythagorean fuzzy multiple – criteria decision making [J]. *International Journal of Information Technology & Decision Making*, 2016, 15 (2): 403 – 422.

[65] Buyukozkan G, Guleryuz S. Evaluation of Renewable Energy Resources in Turkey using an integrated MCDM approach with linguistic interval fuzzy preference relations [J]. *Energy*. 2017, 123: 149 – 163.

[66] Muhammad A, Turgrul U D. Selection of renewable energy technologies for a developing country: A case of Pakistan [J]. *Energy for Sustainable Development.* 2011, 15 (4): 420 – 435.

[67] Tahri M, Hakdaoui M, Maannan M. The evaluation of solar farm locations applying Geographic Information System and Multi – Criteria Decision making methods: Case study in southern Morocco [J]. *Renewable & Sustainable Energy Reviews*, 2015, 51 (10): 1354 – 1362.

[68] Wang B, Kocaoglu D F, Daim T U, Yang J. A decision model for energy resource selection in China [J]. *Energy Policy*, 2010, 38 (11): 7130 – 41.

[69] Afsordegan A, Sánchez M, Agell N, et al. Decision making under uncertainty using a qualitative TOPSIS method for selecting sustainable energy alternatives [J]. *International Journal*

of Environmental Science & Technology, 2016, 13 (6): 1419 - 32.

[70] Xu Z S, Zhang X L. Hesitant fuzzy multi - attribute decision making based on TOPSIS with incomplete weight information [J]. *Knowledge - Based Systems*, 2013, 52: 53 - 64.

[71] Haddad B, Liazid A, Ferreira P. A multi - criteria approach to rank renewables for the Algerian electricity system [J]. *Renewable energy*, 2017, 107: 462 - 472.

[72] Ahmad S, Tahar R M. Selection of renewable energy sources for sustainable development of electricity generation system using analytic hierarchy process: A case of Malaysia [J]. *Renewable Energy*, 2014; 63: 458 - 466.

[73] Wolfe A W. Social network analysis: Methods and applications [J]. *Contemporary Sociology*, 1995, 91 (435): 219 - 20.

[74] Ren R X, Tang M, Liao H C. Managing minority opinions in micro - grid planning by a social network analysis - based large scale group decision making method with hesitant fuzzy linguistic information [J]. *Knowledge - Based Systems*, 2020, 189.

[75] Wu J, Chang J L, Cao Q W. A trust propagation and collaborative filtering based method for incomplete information in social network group decision making with type - 2 linguistic trust [J]. *Computers & Industrial Engineering*, 2019, 127: 853 - 64.

[76] Wu J, Xiong R Y, Chiclana F. Uninorm trust propagation and aggregation methods for group decision making in social network with four tuple information [J]. *Knowledge - Based Systems*, 2016, 96: 29 - 39.

[77] Xu Z S, Zhou W. Consensus building with a group of decision makers under the hesitant probabilistic fuzzy environment [J]. *Fuzzy Optimization and decision making*, 2017, 16 (4): 481 - 503.

[78] Gao J, Xu Z S, Liao H C. A Dynamic Reference Point Method for Emergency Response Under Hesitant Probabilistic Fuzzy Environment [J]. *International Journal of Fuzzy Systems*, 2017, 19 (5): 1261 - 78.

[79] 熊若云. 基于社会网络信任的网商信用评价 [D]. 金华: 浙江师范大学, 2016.

[80] Perez I J, Cabrerizo F J, Alonso S. A New Consensus Model for Group Decision Making Problems With Non - Homogeneous Experts [J]. *IEEE Transactions on Systems Man & Cybernetics Systems*, 2017, 44 (4): 494 - 498.

[81] 代春艳, 张希良. 不确定性信息下的可再生能源规划决策路径研究 [J]. 生态经济, 2014, 30 (01): 20 - 22 + 73.

| 第六章 |

基于区间型复杂模糊信息的综合评价方法及应用

前面几章讨论了基于直觉模糊集（IFS）、毕达哥拉斯模糊集（PFS）和 Fermatean 模糊集（FFS）等复杂模糊数据的综合评价理论方法及其应用，可以看出，这几类复杂模糊集同时考虑了隶属度、非隶属度和犹豫度这三个方面的信息，因而它们比传统模糊集在处理不确定性和模糊性方面更具优势、灵活性和实用性。然而，由于客观事物的复杂性、不确定性和多样性，使在实际评价过程中评价主体往往很难精准地确定隶属度和非隶属度的大小，因而很难用精确的实数值来刻画，往往比较容易给出其大致范围，即给出隶属度和非隶属度的大致区间。为此，Atanassov 和 Gargov[1] 首先对 IFS 进行了推广，提出了区间直觉模糊集（IVIFS）的概念，并对区间直觉模糊集的运算法则、拓扑结构等基础理论进行了深入研究。Garg[2] 考虑到 PFS 的隶属度和非隶属度的取值往往不是一个确定的值，进而提出了区间毕达哥拉斯模糊集（IVPFS），它将 PFS 中的隶属度和非隶属度拓展为区间形式。Jeevaraj 于 2021 年提出了区间 Fermatean 模糊集（IVFFS）的概念[3]。目前众多学者对以上三种区间型模糊理论及应用的研究产生了浓厚的兴趣，相应的成果也较丰富，但是基于区间复杂模糊集的综合评价理论和方法等的研究尚不多见。

基于此，本章将对 IVIFS、IVPFS 和 IVFFS 三种区间型模糊集信息的集成方法、信息测度及评价理论方法和应用等方面进行研究。可以看出，本章研究是前面几章研究内容的推广与深化。

第一节　基于 Zhenyuan 积分的区间直觉模糊综合评价方法

为了能更加准确地度量复杂模糊环境的不确定信息，Atanassov 和 Gargov[1]对直觉模糊集（IFS）进行推广，提出了区间直觉模糊集（interval - valued intuitionistic fuzzy set，IVIFS）。随后，众多学者从不同角度对 IVIFS 的理论及应用等进行了研究，IVIFS 的集成方法研究的成果尤为丰富[4-15]，系列集成方法相继提出，如区间直觉模糊加权平均（IVIFWA）和区间直觉模糊几何平均（IVIFGA）算子[4]，诱导广义区间直觉模糊加权集成算子[16]，诱导广义区间直觉模糊混合 Shapley 平均（IG - IVIFHSA）算子[17]和诱导区间直觉模糊有序加权几何（I - IIFOWG）算子[18]等。

可以发现，以上关于 IVIFS 集成方法的研究都假定集成指标是相互独立、互不关联影响的。然而，在实际评价与决策问题中，指标属性间往往存在某种内在的影响作用，可能存在不同程度的关联性，或互补、冗余、偏好关系等。为解决此类问题，学者 Sugeno[19]于 1974 年提出了模糊积分的概念，他考虑了指标属性变量间的相互作用和依赖关系。作为模糊积分中的一类有效工具，Choquet 积分常常被用来处理评价过程中变量间的相互关联作用问题[20-25]。目前也有学者研究 IVIFS 环境下的 Choquet 积分集成方法，如区间直觉模糊关联几何（IVIFCG）算子[21]、广义区间直觉模糊几何集成（GIIFGA）算子[4]和几何区间直觉模糊广义 λ - Shapley Choquet（$GIVIFGSC_{g\lambda}$）算子[17]等。

尽管现有的基于 Choquet 积分的 IVIFS 集成方法可以有效地处理某些指标属性间的关联性，但如第三章第二节分析，Choquet 积分只考虑了部分指标属性之间的关联性，不能完全测度所有指标可能存在的相互关联影响。因此，为了克服这一缺陷，本文提出两种新的区间直觉模糊信息集成方法，即区间直觉模糊 Zhenyuan 平均（IVIFZA）算子和区间直觉模糊 Zhenyuan 几何（IVIFZG）算子，其可反映所有指标属性组合间的总体相互关联关系，并在此基础上提出了一种基于新集成技术的区间直觉模糊综合评价方法。

一、预备知识

Atanassov 和 Gargov[1]首次提出了区间直觉模糊集的概念。

定义 6.1 设 Y 为非空有限集，[0,1] 的所有闭合子区间的集合表示为 $D[0,1]$。则 Y 上的 IVIFS B 表示为：

$$B = \{\langle y, \tilde{\mu}_B(y), \tilde{\nu}_B(y)\rangle \mid y \in Y\} \quad (6-1)$$

其中对于 Y 中所有元素 y 满足 $\tilde{\mu}_B(y) \subset D[0,1]$，$\tilde{\nu}_B(y) \subset D[0,1]$，且 $0 \leqslant sup\tilde{\mu}_B(y) + sup\tilde{\nu}_B(y) \leqslant 1$。

为了计算方便，可将（$\tilde{\mu}_B(y), \tilde{\nu}_B(y)$）称为区间直觉模糊数（Interval - valued intuitionistic fuzzy number，IVIFN），用（$[m,n],[o,p]$）表示，其中 $[m,n] \subset [0,1]$，$[o,p] \subset [0,1]$，$n+p \leqslant 1$，设 f 表示所有 IVIFN 的集合。

Xu[5]给出了区间直觉模糊数的如下运算规则：

命题 6.1 设 $\tilde{\beta}_1 = ([m_1,n_1],[o_1,p_1])$ 和 $\tilde{\beta}_2 = ([m_2,n_2],[o_2,p_2])$ 为任意两个 IVIFNs，则：

（1）$\tilde{\beta}_1 \oplus \tilde{\beta}_2 = ([m_1+m_2-m_1m_2, n_1+n_2-n_1n_2],[o_1o_2, p_1p_2])$；

（2）$\tilde{\beta}_1 \otimes \tilde{\beta}_2 = ([m_1m_2, n_1n_2],[o_1+o_2-o_1o_2, p_1+p_2-p_1p_2])$；

（3）$\gamma\tilde{\beta}_1 = ([1-(1-m_1)^\gamma, (1-(1-n_1)^\gamma],[O_1^\gamma, p_1^\gamma]), \gamma>0$；

（4）$(\tilde{\beta}_1)^\gamma = ([m_1^\gamma, n_1^\gamma],[1-(1-o_1)^\gamma, (1-(1-p_1)^\gamma]), \gamma>0$。

定义 6.2[4] 设 $\tilde{\beta}_1 = ([m_1,n_1],[o_1,p_1])$ 和 $\tilde{\beta}_2 = ([m_2,n_2],[o_2,p_2])$ 为任意两个 IVIFNs，γ_1，$\gamma_2>0$，则：

（1）$\tilde{\beta}_1 \oplus \tilde{\beta}_2 = \tilde{\beta}_2 \oplus \tilde{\beta}_1$；

（2）$\tilde{\beta}_1 \otimes \tilde{\beta}_2 = \tilde{\beta}_2 \otimes \tilde{\beta}_1$；

（3）$\gamma_1(\tilde{\beta}_1 \oplus \tilde{\beta}_2) = \gamma_1\tilde{\beta}_1 \oplus \gamma_1\tilde{\beta}_2$；

（4）$(\tilde{\beta}_1 \otimes \tilde{\beta}_2)^{\gamma_1} = (\tilde{\beta}_1)^{\gamma_1} \otimes (\tilde{\beta}_2)^{\gamma_1}$；

（5）$(\gamma_1+\gamma_2)\tilde{\beta}_1 = \gamma_1\tilde{\beta}_1 \oplus \gamma_2\tilde{\beta}_1$；

（6）$(\tilde{\beta}_1)^{(\gamma_1+\gamma_2)} = (\tilde{\beta}_1)^{\gamma_1} \otimes (\tilde{\beta}_1)^{\gamma_2}$。

特别的，本章定义 $0 \otimes \tilde{\beta}_1 = ([0,0],[1,1]),(\tilde{\beta}_1)^0 = ([1,1],[0,0])$。为了比较 IVIFN 的大小，Xu[4]定义如下的比较规则：

定义 6.3　对于任一 IVIFN $\tilde{\beta} = ([m,n],[o,p])$，其得分函数和准确函数分别为 $S(\tilde{\beta}) = \frac{1}{2}(m-o+n-p)$ 和 $H(\tilde{\beta}) = \frac{1}{2}(m+n+o+p)$。则对于任意两个 $\tilde{\beta}_1$和 $\tilde{\beta}_2$，若 $S(\tilde{\beta}_1) > S(\tilde{\beta}_2)$，则 $\tilde{\beta}_1 > \tilde{\beta}_2$；若 $S(\tilde{\beta}_1) = S(\tilde{\beta}_2)$，

（1）若 $H(\tilde{\beta}_1) > H(\tilde{\beta}_2)$，则 $\tilde{\beta}_1 > \tilde{\beta}_2$；

（2）若 $H(\tilde{\beta}_1) < H(\tilde{\beta}_2)$，则 $\tilde{\beta}_1 < \tilde{\beta}_2$。

然而，在某些情况下，Xu[4]的得分函数和准确函数仍不能完全区分两个 IVIFN 大小。为此，Wang 等[26]提出了 IVIFS 的隶属不确定性和犹豫不确定性的概念，定义如下：

定义 6.4[26]　对任一 IVIFN $\tilde{\beta} = ([m,n],[o,p])$，其隶属不确定性函数定义为 $T(\tilde{\beta}) = (n+o-m-p)$。

定义 6.5[26]　对任一 IVIFN $\tilde{\beta} = ([m,n],[o,p])$，其犹豫不确定性函数定义为 $G(\tilde{\beta}) = (n+p-m-o)$。

定义 6.6[26]　对于任意两个 IVIFN $\tilde{\beta}_1$和 $\tilde{\beta}_2$，若 $S(\tilde{\beta}_1) > S(\tilde{\beta}_2)$，则 $\tilde{\beta}_1 > \tilde{\beta}_2$；若 $S(\tilde{\beta}_1) = S(\tilde{\beta}_2)$，

（1）若 $H(\tilde{\beta}_1) > H(\tilde{\beta}_2)$，则 $\tilde{\beta}_1 > \tilde{\beta}_2$；

（2）若 $H(\tilde{\beta}_1) < H(\tilde{\beta}_2)$，则 $\tilde{\beta}_1 < \tilde{\beta}_2$；

（3）若 $H(\tilde{\beta}_1) = H(\tilde{\beta}_2)$，则

（i）若 $T(\tilde{\beta}_1) > T(\tilde{\beta}_2)$，则 $\tilde{\beta}_1 > \tilde{\beta}_2$；

（ii）若 $T(\tilde{\beta}_1) < T(\tilde{\beta}_2)$，则 $\tilde{\beta}_1 < \tilde{\beta}_2$；

（iii）若 $T(\tilde{\beta}_1) = T(\tilde{\beta}_2)$，则

(a) 若 $G(\tilde{\beta}_1) > G(\tilde{\beta}_2)$，则 $\tilde{\beta}_1 > \tilde{\beta}_2$；

(b) 若 $G(\tilde{\beta}_1) < G(\tilde{\beta}_2)$，则 $\tilde{\beta}_1 < \tilde{\beta}_2$；

(c) 若 $G(\tilde{\beta}_1) = G(\tilde{\beta}_2)$，则 $\tilde{\beta}_1 = \tilde{\beta}_2$。

基于定义 6.6，我们可得以下结论：

定理 6.1 设 $\tilde{\beta}_1 = ([m_1, n_1], [o_1, p_1])$ 和 $\tilde{\beta}_2 = ([m_2, n_2], [o_2, p_2])$ 为任意两个 IVIFNs，当且仅当 $m_1 = m_2$，$n_1 = n_2$，$o_1 = o_2$，$p_1 = p_2$ 时，$\tilde{\beta}_1 = \tilde{\beta}_2$。

二、区间直觉模糊 Zhenyuan 积分集成方法

如第二章所述，Zhenyuan 积分[27-28]是一种新的非线性积分方法，与传统的 Choquet 积分相比，其考虑了集成指标的所有可能组合的关联性，因而能更客观全面地反映不同指标属性之间的相互关联作用。基于此，本节研究基于 Zhenyuan 积分的区间直觉模糊集成方法，并提出两种新的 IVIFS 集成方法。

定义 6.7 设 $\tilde{\alpha}(y_i) = ([a(y_i), b(y_i)], [c(y_i), d(y_i)])\ (i = 1, 2, \cdots, n)$ 是一组 IVIFN，Y 指标为指标集，η 为 Y 上的一个模糊测度，满足 $\eta(\varnothing) = 0$，则区间直觉模糊 Zhenyuan 平均（IVIFZA）算子定义如下：

$$(W)\int \tilde{\alpha}\, d\eta = IVIFZA(\tilde{\alpha}(y_1), \cdots, \tilde{\alpha}(y_n))$$

$$= \max\{\oplus_{j=1}^{2^n-1} \lambda_j \eta(G_j) \mid \tilde{\alpha}(y_i) = \oplus_{j=1}^{2^n-1} \lambda_j \chi_{G_j}\} \qquad (6-2)$$

其中 $\lambda_j = ([a_{\lambda_j}, b_{\lambda_j}], [c_{\lambda_j}, d_{\lambda_j}])$ 是一个 IVIFN，χ 表示特征函数，$G_j = \left\{y_i \,\middle|\, \frac{j}{2^i} - \left[\frac{j}{2^i}\right] \geqslant \frac{1}{2},\ 1 \leqslant i \leqslant n\right\} \subseteq Y$，$j = 1, 2, \cdots, 2^n - 1$。

【例 6-1】 设评价者对某方案的三个指标 y_1、y_2 和 y_3 给出的评价值分别为 $\tilde{\alpha}(y_1) = ([0.2, 0.3], [0.5, 0.6])$、$\tilde{\alpha}(y_2) = ([0.2, 0.5], [0.1, 0.3])$ 和 $\tilde{\alpha}(y_3) = ([0.5, 0.7], [0.1, 0.3])$，且指标属性间的测度关系为：$\eta(\{y_1\}) = \eta(\{y_2\}) = 0.5$，$\eta(\{y_3\}) = 0.3$，$\eta(\{y_1, y_2\}) = 0.8$，$\eta(\{y_1, y_3\}) = 0.7$，$\eta(\{y_2, y_3\}) = 0.7$ 和 $\eta(\{y_1, y_2, y_3\}) = 1$。下面考虑用定义 6.7 中的 IVIFZA 算子对该方案的三个指标评价值进行集结，则有：

$$IVIFZA(\tilde{\alpha}(y_1), \tilde{\alpha}(y_2), \tilde{\alpha}(y_3)) = \max\{\oplus_{j=1}^{7}\lambda_j\eta(G_j)\}$$

$$s.t. \begin{cases} \lambda_1 \oplus \lambda_3 \oplus \lambda_5 \oplus \lambda_7 = \tilde{\alpha}(y_1), \\ \lambda_2 \oplus \lambda_3 \oplus \lambda_6 \oplus \lambda_7 = \tilde{\alpha}(y_2), \\ \lambda_4 \oplus \lambda_5 \oplus \lambda_6 \oplus \lambda_7 = \tilde{\alpha}(y_3). \end{cases} \tag{6-3}$$

其中 $\lambda_j = ([a_{\lambda_j}, b_{\lambda_j}], [c_{\lambda_j}, d_{\lambda_j}])(j=1,2,\cdots,7)$ 是 IVIFN。

根据定义 6.2、命题 6.1 和定理 6.1，式（6－3）可转化为式（6－4）的优化问题。此外，假设 $f_i(x)$ 是非负函数，则函数 $\omega = \sum_{i=1}^{n}\ln(f_i(x))$ 和 $z = \sum_{i=1}^{n} f_i(x)$ 在相同的 x 值达到绝对最小值。设 $u_j^a = \ln(1-a_{\lambda_j})$，$u_j^b = \ln(1-b_{\lambda_j})$，$v_j^c = \ln(c_{\lambda_j})$，$v_j^d = \ln(d_{\lambda_j})$，则式（6－4）又可变成一个相对简单的线性规划问题，求解可得：

$$\min\left\{\prod_{j=1}^{7}(1-a_{\lambda_j})^{\eta(G_j)} + \prod_{j=1}^{7}(1-b_{\lambda_j})^{\eta(G_j)} + \prod_{j=1}^{7}(c_{\lambda_j})^{\eta(G_j)} + \prod_{j=1}^{7}(d_{\lambda_j})^{\eta(G_j)}\right\}$$

$$s.t. \begin{cases} (1-a_{\lambda_1})(1-a_{\lambda_3})(1-a_{\lambda_5})(1-a_{\lambda_7}) = 1-a(y_1), \\ (1-b_{\lambda_1})(1-b_{\lambda_3})(1-b_{\lambda_5})(1-b_{\lambda_7}) = 1-b(y_1), \\ (1-a_{\lambda_2})(1-a_{\lambda_3})(1-a_{\lambda_6})(1-a_{\lambda_7}) = 1-a(y_2), \\ (1-b_{\lambda_2})(1-b_{\lambda_3})(1-b_{\lambda_6})(1-b_{\lambda_7}) = 1-b(y_2), \\ (1-a_{\lambda_4})(1-a_{\lambda_5})(1-a_{\lambda_6})(1-a_{\lambda_7}) = 1-a(y_3), \\ (1-b_{\lambda_2})(1-b_{\lambda_3})(1-b_{\lambda_6})(1-b_{\lambda_7}) = 1-b(y_2), \\ c_{\lambda_1}c_{\lambda_3}c_{\lambda_5}c_{\lambda_7} = c(y_1), \\ d_{\lambda_1}d_{\lambda_3}d_{\lambda_5}d_{\lambda_7} = d(y_1), \\ c_{\lambda_2}c_{\lambda_3}c_{\lambda_6}c_{\lambda_7} = c(y_2), \\ d_{\lambda_2}d_{\lambda_3}d_{\lambda_6}d_{\lambda_7} = d(y_2), \\ c_{\lambda_4}c_{\lambda_5}c_{\lambda_6}c_{\lambda_7} = c(y_3), \\ d_{\lambda_4}d_{\lambda_5}d_{\lambda_6}d_{\lambda_7} = d(y_3), \\ 0 < b_{\lambda_j} + d_{\lambda_j} \leqslant 1, j=1,2,\cdots,7 \end{cases} \tag{6-4}$$

$$IVIFZA(\tilde{\alpha}(y_1), \tilde{\alpha}(y_2), \tilde{\alpha}(y_3))$$

$$
= \left(\left[1 - e^{\sum_{j=1}^{7} u_j^a \eta(G_j)}, 1 - e^{\sum_{j=1}^{7} u_j^b \eta(G_j)} \right], \left[e^{\sum_{j=1}^{7} v_j^c \eta(G_j)}, e^{\sum_{j=1}^{7} v_j^d \eta(G_j)} \right] \right)
$$

$$
= ([0.36, 0.56], [0.15, 0.38])
$$

下面进一步分析 IVIFZA 方法在处理指标间相互关联性问题上的优越性。

【例 6 - 2】 设某机构拟基于 3 个评价指标：产品性能 C_1、服务性能 C_2 和产品质量 C_3，从 8 个备选方案中 B_i（$i=1,2,\cdots,8$）选出最好的潜在供应商。表 6 - 1 列出了 8 个备选方案的区间直觉模糊评价矩阵，且根据实际情况，对指标间的模糊测度做如下假定：$\eta(\{C_1\})=0.2$，$\eta(\{C_2\})=\{0.1, 0.3, 0.5\}$，$\eta(\{C_3\})=0.30$，$\eta(\{C_1,C_2\})=0.4$，$\eta_{13}=\eta(\{C_1,C_3\})\in\{0.1, 0.3, 0.6\}$，$\eta(\{C_2,C_3\})=0.7$，$\eta(\{C_1,C_2,C_3\})=1$，$\eta(\varnothing)=0$。

表 6 - 1　　区间直觉模糊评价矩阵

	C_1	C_2	C_3
B_1	([0.7,0.8],[0.1,0.2])	([0.6,0.7],[0.2,0.3])	([0.2,0.5],[0.2,0.4])
B_2	([0.6,0.7],[0.1,0.3])	([0.5,0.6],[0.1,0.2])	([0.5,0.6],[0.2,0.3])
B_3	([0.5,0.7],[0.2,0.3])	([0.4,0.5],[0.1,0.2])	([0.4,0.6],[0.2,0.3])
B_4	([0.5,0.7],[0.1,0.2])	([0.6,0.7],[0.1,0.2])	([0.5,0.6],[0.3,0.4])
B_5	([0.3,0.5],[0.1,0.2])	([0.4,0.5],[0.2,0.3])	([0.3,0.4],[0.3,0.5])
B_6	([0.4,0.5],[0.2,0.3])	([0.3,0.6],[0.4,0.5])	([0.2,0.3],[0.3,0.4])
B_7	([0.2,0.4],[0.3,0.4])	([0.2,0.5],[0.4,0.5])	([0.2,0.4],[0.4,0.5])
B_8	([0.4,0.6],[0.1,0.3])	([0.2,0.4],[0.1,0.3])	([0.1,0.2],[0.5,0.7])

下面分别利用本章提出的 IVIFZA，以及现有集成方法 IVIFCG[4]、GIIF-GA[21] 和 GIVIFGSC[17] 等对备选方案进行集成，并根据备选方案的综合得分大小进行排序，结果如表 6 - 2 所示。

表 6 - 2　　基于不同集成方法的方案排序

集成方法	(η_2, η_{13})	排序
IVIFZA	(0.1,0.1)	$B_3>B_2>B_4>B_1>B_5>B_6>B_8>B_7$
	(0.1,0.3)	$B_3>B_4>B_1>B_2>B_5>B_7>B_6>B_8$
	(0.1,0.6)	$B_2>B_4>B_1>B_3>B_5>B_6>B_8>B_7$
	(0.3,0.3)	$B_2>B_4>B_3>B_1>B_5>B_6>B_7>B_8$
	(0.5,0.7)	$B_2>B_4>B_1>B_3>B_5>B_8>B_6>B_7$

续表

集成方法	(η_2,η_{13})	排序
IVIFCG[4]	(0.1,0.1)	$B_2>B_4>B_1>B_3>B_5>B_6>B_7>B_8$
	(0.1,0.3)	$B_2>B_4>B_1>B_3>B_5>B_6>B_7>B_8$
	(0.1,0.6)	$B_2>B_4>B_1>B_3>B_5>B_6>B_7>B_8$
	(0.3,0.3)	$B_2>B_4>B_1>B_3>B_5>B_6>B_7>B_8$
	(0.5,0.7)	$B_2>B_4>B_1>B_3>B_5>B_6>B_7>B_8$
GIIFGA[21]	(0.1,0.1)	$B_4>B_1>B_2>B_3>B_5>B_6>B_7>B_8$
	(0.1,0.3)	$B_4>B_1>B_2>B_3>B_5>B_6>B_7>B_8$
	(0.1,0.6)	$B_4>B_1>B_2>B_3>B_5>B_6>B_7>B_8$
	(0.3,0.3)	$B_4>B_1>B_2>B_3>B_5>B_6>B_7>B_8$
	(0.5,0.7)	$B_4>B_1>B_2>B_3>B_5>B_6>B_7>B_8$
GIVIFGSC[17]	(0.1,0.1)	$B_4>B_2>B_1>B_3>B_5>B_6>B_8>B_7$
	(0.1,0.3)	$B_4>B_2>B_1>B_3>B_5>B_6>B_8>B_7$
	(0.1,0.6)	$B_4>B_2>B_1>B_3>B_5>B_6>B_8>B_7$
	(0.3,0.3)	$B_4>B_2>B_1>B_3>B_5>B_6>B_8>B_7$
	(0.5,0.7)	$B_4>B_2>B_1>B_3>B_5>B_6>B_8>B_7$

由表6－2可知，当指标的模糊测度发生变化时，基于IVIFCG、GIIFGA和GIVIFGSC的方案排序并没有发生相应的变化。而基于本章提出的IVIFZA的方案排序会随指标间模糊测度的不同而发生变化。事实上，随着指标集的某些组合间的重要性发生变化时，特别是在发生重大变化的情况下，方案排序在一定程度上应该发生变化。显然，现有的方法并不能完全体现这样的变化，从而导致集成结果的偏差，本章提出的IVIFZA方法则可以有效弥补此类缺陷。

特别的，可以证明现有的IVIFWA[4]是IVIFZA算子的特例。

定理6.2　设η是集合Y上的一个模糊测度，对任意的M，$N\subseteq Y$和$M\cap N=\varnothing$，若$\eta(Y)=1$且$\eta(M\cup N)=\eta(M)+\eta(N)$，则IVIFZA退化为IVIF加权平均（IVIFWA）算子。

证明：由于对任意的M，$N\subseteq Y$且$M\cap N=\varnothing$，有$\eta(M\cup N)=\eta(M)+\eta(N)$，则$\eta(G_j)=\sum_{y_i\in G_j}\eta(\{y_i\})$，其中$G_j\subseteq Y$。而且$\oplus_{i=1}^{n}(\lambda\tilde{\alpha}(y_i))=\lambda(\oplus_{i=1}^{n}\tilde{\alpha}(y_i))$，

因此有：

$$
\begin{aligned}
& IVIFZA(\tilde{\alpha}(y_1),\cdots,\tilde{\alpha}(y_n)) \\
& = \max\{\oplus_{j=1}^{2^n-1}\lambda_j\eta(G_j)\mid\tilde{\alpha}(y_i)=\oplus_{j=1}^{2^n-1}\lambda_j\chi_{G_j}\} \\
& = \max\{\oplus_{i=1}^{n}(\oplus_{j=1}^{2^n-1}\lambda_j\chi_{G_j})\eta(y_i)\mid\tilde{\alpha}(y_i)=\oplus_{j=1}^{2^n-1}\lambda_j\chi_{G_j}\} \\
& = \max\{\oplus_{i=1}^{n}\tilde{\alpha}(y_i)\eta(y_i)\} \\
& = \oplus_{i=1}^{n}\tilde{\alpha}(y_i)\eta(y_i) \\
& = IVIFWA(\tilde{\alpha}(y_1),\cdots,\tilde{\alpha}(y_n))
\end{aligned}
$$

命题6.2 设 $\tilde{\alpha}(y_i)=([a_{\tilde{\alpha}}(y_i),b_{\tilde{\alpha}}(y_i)],[c_{\tilde{\alpha}}(y_i),d_{\tilde{\alpha}}(y_i)])(i=1,2,\cdots,n)$，$\tilde{\beta}(y_i)=([a_{\tilde{\beta}}(y_i),b_{\tilde{\beta}}(y_i)],[c_{\tilde{\beta}}(y_i),d_{\tilde{\beta}}(y_i)])(i=1,2,\cdots,n)$ 是两组 IVIFNs，η 是定义在集合 Y 上的一个模糊测度，若对任意的 i（$i=1,2,\cdots,n$），有 $\tilde{\alpha}(y_i)\leqslant\tilde{\beta}(y_i)$，即 $[a_{\tilde{\alpha}}(y_i),b_{\tilde{\alpha}}(y_i)]\leqslant[a_{\tilde{\beta}}(y_i),b_{\tilde{\beta}}(y_i)]$和$[c_{\tilde{\alpha}}(y_i),d_{\tilde{\alpha}}(y_i)]\geqslant[c_{\tilde{\beta}}(y_i),d_{\tilde{\beta}}(y_i)]$，则有

$$IVIFZA(\tilde{\alpha}(y_1),\cdots,\tilde{\alpha}(y_n))\leqslant IVIFZA(\tilde{\beta}(y_1),\cdots,\tilde{\beta}(y_n)) \tag{6-5}$$

证明：基于定义6.6、定义6.11以及定理6.2，上式显然成立。

命题6.3 设 $\tilde{\alpha}(y_i)=([a(y_i),b(y_i)],[c(y_i),d(y_i)])(i=1,2,\cdots,n)$ 是一组 IVIFN，η 是集合 Y 上的一个模糊测度，若（$\hat{\tilde{\alpha}}(y_1),\cdots,\hat{\tilde{\alpha}}(y_n)$）是（$\tilde{\alpha}(y_1),\cdots,\tilde{\alpha}(y_n)$）的任一置换，则

$$IVIFZA(\tilde{\alpha}(y_1),\cdots,\tilde{\alpha}(y_n))=IVIFZA(\hat{\tilde{\alpha}}(y_1),\cdots,\hat{\tilde{\alpha}}(y_n)) \tag{6-6}$$

证明：基于定义6.6、定义6.11以及定理6.2，上式显然成立。

命题6.4 设 $\tilde{\alpha}(y_i)=([a(y_i),b(y_i)],[c(y_i),d(y_i)])(i=1,2,\cdots,n)$ 是一组 IVIFN，η 是集合 Y 上的一个模糊测度，若 $t>0$，则有：

$$IVIFZA(t\tilde{\alpha}(y_1),\cdots,t\tilde{\alpha}(y_n))=tIVIFZA(\tilde{\alpha}(y_1),\cdots,\tilde{\alpha}(y_n)) \tag{6-7}$$

证明：根据上述 IVIFN 运算性质，可得 $t[\oplus_{i=1}^{n}\tilde{\alpha}(y_i)]=\oplus_{i=1}^{n}t\tilde{\alpha}(y_i)$，则：

$$IVIFZA(t\alpha(y_1),\cdots,t\alpha(y_n))$$

$$=\max\{\oplus_{j=1}^{2^n-1}\lambda_j\eta(G_j)\mid t\tilde{\alpha}(y_i)=\oplus_{j=1}^{2^n-1}\lambda_j\chi_{G_j}\}$$

$$=\max\{\oplus_{j=1}^{2^n-1}\lambda_j\eta(G_j)\mid \tilde{\alpha}(y_i)=\oplus_{j=1}^{2^n-1}\frac{1}{t}\lambda_j\chi_{G_j}\}$$

设 $k_j=\frac{1}{t}\lambda_j$，则

$$IVIFZA(t\tilde{\alpha}(y_1),\cdots,t\tilde{\alpha}(y_n))$$

$$=\max\{\oplus_{j=1}^{2^n-1}tk_j\eta(G_j)\mid \tilde{\alpha}(y_i)=\oplus_{j=1}^{2^n-1}k_j\chi_{G_j}\}$$

$$=t\max\{\oplus_{j=1}^{2^n-1}k_j\eta(G_j)\mid \tilde{\alpha}(y_i)=\oplus_{j=1}^{2^n-1}k_j\chi_{G_j}\}$$

$$=tIVIFZA(\tilde{\alpha}(y_1),\cdots,\tilde{\alpha}(y_n))$$

证毕。

定理 6.3 设 $\tilde{\alpha}(y_i)=([a(y_i),b(y_i)],[c(y_i),d(y_i)])(i=1,2,\cdots,n)$ 一组 IVIFN，η 是集合 Y 上的一个模糊测度，则基于 IVIFZA 算子的集成结果仍为 IVIFN，且

$$IVIFZA(\tilde{\alpha}(y_1),\cdots,\tilde{\alpha}(y_n))$$

$$=\begin{cases}\max\left\{\left(\left[1-\prod_{j=1}^{2^n-1}(1-a_{\lambda_j})^{\eta(G_j)},1-\prod_{j=1}^{2^n-1}(1-b_{\lambda_j})^{\eta(G_j)}\right],\right.\right.\\ \left.\left.\left[\prod_{j=1}^{2^n-1}c_{\lambda_j}^{\eta(G_j)},\prod_{j=1}^{2^n-1}d_{\lambda_j}^{\eta(G_j)}\right]\right)\right\}\\ s.t.\ \tilde{\alpha}(y_i)=\left(1-\prod_{j=1}^{2^n-1}(1-a_{\lambda_j})^{\chi_{G_j}},1-\prod_{j=1}^{2^n-1}(1-b_{\lambda_j})^{\chi_{G_j}}\right],\\ \left.\left[\prod_{j=1}^{2^n-1}c_{\lambda_j}^{\chi_{G_j}},\prod_{j=1}^{2^n-1}d_{\lambda_j}^{\chi_{G_j}}\right]\right)\end{cases}\tag{6-8}$$

其中 $G_j=\left\{y_i\left|\frac{j}{2^i}-\left[\frac{j}{2^i}\right]\geqslant\frac{1}{2},1\leqslant i\leqslant n\right.\right\}\subseteq Y,j=1,2,\cdots,2^n-1,\lambda_j=([a_{\lambda_j},b_{\lambda_j}],[c_{\lambda_j},d_{\lambda_j}])$ 是 IVIFN。

基于 IVIFZA 算子的集成规则，下面提出基于区间直觉模糊 Zhenyuan 积分几何（IVIFZG）集成方法。

定义 6.8 设 $\tilde{\alpha}(y_i)=([a(y_i),b(y_i)],[c(y_i),d(y_i)])(i=1,2,\cdots,n)$ 是 IVIFN 的一个集合，设 Y 为属性集，η 为 Y 上的一个模糊测度，满足 $\eta(\varnothing)=0$，则区间直觉模糊 Zhenyuan 几何（IVIFZG）算子定义为：

$$(W')\int\tilde{\alpha}\,d\eta = IVIFZG(\tilde{\alpha}(y_1),\cdots,\tilde{\alpha}(y_n))$$

$$=\max\{\otimes_{j=1}^{2^n-1}\lambda_j^{\eta(G_j)}\mid\tilde{\alpha}(y_i)=\otimes_{j=1}^{2^n-1}\lambda_j^{\chi_{G_j}}\}\tag{6-9}$$

其中 $\lambda_j=([a_{\lambda_j},b_{\lambda_j}],[c_{\lambda_j},d_{\lambda_j}])$ 是一个 IVIFN，χ 表示特征函数，$G_j=\left\{y_i\,\middle|\,\frac{j}{2^i}-\left[\frac{j}{2^i}\right]\geqslant\frac{1}{2},\ 1\leqslant i\leqslant n\right\}\subseteq Y,j=1,2,\cdots,2^n-1$。

以下定理说明，当指标相互独立时，IVIFZG 算子退化成 IVIFWG[4] 算子。

定理 6.4 设 η 是集合 Y 上的一个模糊测度，对任意的 M，$N\subseteq Y$ 和 $M\cap N=\varnothing$，若 $\eta(Y)=1$ 且 $\eta(M\cup N)=\eta(M)+\eta(N)$，则 IVIFZG 算子退化为 IVIF 加权几何（IVIFWG）算子。

证明：由于对任意的 M，$N\subseteq Y$ 且 $M\cap N=\varnothing$，有 $\eta(M\cup N)=\eta(M)+\eta(N)$，则 $\eta(G_j)=\sum_{y_i\in G_j}\eta(\{y_i\})$，其中 $G_j\subseteq Y$。因此有

$$IVIFZG(\tilde{\alpha}(y_1),\cdots,\tilde{\alpha}(y_n))$$

$$=\max\{\otimes_{j=1}^{2^n-1}\lambda_j^{\eta(G_j)}\mid\tilde{\alpha}(y_i)=\otimes_{j=1}^{2^n-1}\lambda_j^{\chi_{G_j}}\}$$

$$=\max\{\otimes_{i=1}^{n}[\oplus_{j=1}^{2^n-1}\lambda_j^{\chi_{G_j}}]^{\eta(y_i)}\mid\tilde{\alpha}(y_i)=\otimes_{j=1}^{2^n-1}\lambda_j^{\chi_{G_j}}\}$$

$$=\max\{\otimes_{i=1}^{n}\tilde{\alpha}(y_i)^{\eta(y_i)}\}$$

$$=\otimes_{i=1}^{n}\tilde{\alpha}(y_i)^{\eta(y_i)}$$

$$=IVIFWA(\tilde{\alpha}(y_1),\cdots,\tilde{\alpha}(y_n))$$

证毕。

命题 6.5 设 $\tilde{\alpha}(y_i)=([a_{\tilde{\alpha}}(y_i),b_{\tilde{\alpha}}(y_i)],[c_{\tilde{\alpha}}(y_i),d_{\tilde{\alpha}}(y_i)])(i=1,2,\cdots,n)$，$\tilde{\beta}(y_i)=([a_{\tilde{\beta}}(y_i),b_{\tilde{\beta}}(y_i)],[c_{\tilde{\beta}}(y_i),d_{\tilde{\beta}}(y_i)])(i=1,2,\cdots,n)$ 是两组 IVIFNs，η 是定义在集合 Y 上的一个模糊测度，若对任意的 i（$i=1,2,\cdots,n$），有 $\tilde{\alpha}(y_i)\leqslant\tilde{\beta}(y_i)$，即 $[a_{\tilde{\alpha}}(y_i),b_{\tilde{\alpha}}(y_i)]\leqslant[a_{\tilde{\beta}}(y_i),b_{\tilde{\beta}}(y_i)]$ 和

$[c_{\tilde{\alpha}}(y_i), d_{\tilde{\alpha}}(y_i)] \geqslant [c_{\tilde{\beta}}(y_i), d_{\tilde{\beta}}(y_i)]$，则有

$$IVIFZG(\tilde{\alpha}(y_1), \cdots, \tilde{\alpha}(y_n)) \leqslant IVIFZG(\tilde{\beta}(y_1), \cdots, \tilde{\beta}(y_n)) \tag{6-10}$$

命题 6.6　设 $\tilde{\alpha}(y_i) = ([a(y_i), b(y_i)], [c(y_i), d(y_i)])(i = 1, 2, \cdots, n)$ 是一组 IVIFN，η 是集合 Y 上的一个模糊测度，若 $(\hat{\tilde{\alpha}}(y_1), \cdots, \hat{\tilde{\alpha}}(y_n))$ 是 $(\tilde{\alpha}(y_1), \cdots, \tilde{\alpha}(y_n))$ 的任一置换，则

$$IVIFZG(\tilde{\alpha}(y_1), \cdots, \tilde{\alpha}(y_n)) = IVIFZG(\hat{\tilde{\alpha}}(y_1), \cdots, \hat{\tilde{\alpha}}(y_n)) \tag{6-11}$$

命题 6.7　设 $\tilde{\alpha}(y_i) = ([a(y_i), b(y_i)], [c(y_i), d(y_i)])(i = 1, 2, \cdots, n)$ 是一组 IVIFN，η 是集合 Y 上的一个模糊测度，若 $t > 0$，则

$$IVIFZG(\tilde{\alpha}(y_1), \cdots, \tilde{\alpha}(y_n))^t = [IVIFZA(\tilde{\alpha}(y_1), \cdots, \tilde{\alpha}(y_n))]^t \tag{6-12}$$

证明：根据上述 IVIFN 的性质，有 $[\otimes_{i=1}^{n} \tilde{\alpha}]^t = \otimes_{i=1}^{n} (\tilde{\alpha})^t, [\tilde{\alpha}(y)^t]^s = [\tilde{\alpha}(y)^s]^t = \tilde{\alpha}(y)^{(st)}$，$s$，$t > 0$，则：

$$\begin{aligned} & IVIFZG((\tilde{\alpha}(y_1))^t, \cdots, (\tilde{\alpha}(y_n))^t) \\ & = \max\{\otimes_{j=1}^{2^n-1} \lambda_j^{\eta(G_j)} \mid (\tilde{\alpha}(y_i))^t = \otimes_{j=1}^{2^n-1} \lambda_j^{\chi_{G_j}}\} \\ & = \max\{\otimes_{j=1}^{2^n-1} \lambda_j^{\eta(G_j)} \mid \tilde{\alpha}(y_i) = \otimes_{j=1}^{2^n-1} \lambda_j^{\frac{\chi_{G_j}}{t}}\} \end{aligned}$$

设 $k_j = \lambda_j^{\frac{1}{t}}$，则有

$$\begin{aligned} & IVIFZG((\tilde{\alpha}(y_1))^t, \cdots, (\tilde{\alpha}(y_n))^t) \\ & = \max\{\otimes_{j=1}^{2^n-1} (k_j^{\eta(G_j)})^t \mid \tilde{\alpha}(y_i) = \otimes_{j=1}^{2^n-1} k_j^{\chi_{G_j}}\} \\ & = \max\{[\otimes_{j=1}^{2^n-1} k_j^{\eta(G_j)}]^t \mid \tilde{\alpha}(y_i) = \otimes_{j=1}^{2^n-1} k_j^{\chi_{G_j}}\} \\ & = [IVIFZG(\tilde{\alpha}(y_1), \cdots, \tilde{\alpha}(y_n))]^t \end{aligned}$$

证毕。

定理 6.5　设 $\tilde{\alpha}(y_i) = ([a(y_i), b(y_i)], [c(y_i), d(y_i)])(i = 1, 2, \cdots, n)$ 是一组 IVIFN，η 是集合 Y 上的一个模糊测度，则基于 IVIFZG 算子的集成结果仍为 IVIFN，且

$$IVIFZG(\tilde{\alpha}(y_1),\cdots,\tilde{\alpha}(y_n))$$

$$=\begin{cases}\max\left\{\left(\left[\prod_{j=1}^{2^n-1}a_{\lambda_j}^{\eta(G_j)},\prod_{j=1}^{2^n-1}b_{\lambda_j}^{\eta(G_j)}\right],\left[1-\prod_{j=1}^{2^n-1}(1-c_{\lambda_j})^{\eta(G_j)},\right.\right.\right.\\ \left.\left.\left.1-\prod_{j=1}^{2^n-1}(1-d_{\lambda_j})^{\eta(G_j)}\right]\right)\right\} \\ s.t.\ \tilde{\alpha}(y_i)=\left(\left[\prod_{j=1}^{2^n-1}a_{\lambda_j}^{\chi_{G_j}},\prod_{j=1}^{2^n-1}b_{\lambda_j}^{\chi_{G_j}}\right],\left[1-\prod_{j=1}^{2^n-1}(1-c_{\lambda_j})^{\chi_{G_j}},\right.\right.\\ \left.\left.1-\prod_{j=1}^{2^n-1}(1-d_{\lambda_j})^{\chi_{G_j}}\right]\right)\end{cases} \tag{6-13}$$

其中 $G_j=\left\{y_i\left|\frac{j}{2^i}-\left[\frac{j}{2^i}\right]\geqslant\frac{1}{2},1\leqslant i\leqslant n\right.\right\}\subseteq Y,j=1,2,\cdots,2^n-1,\lambda_j=([a_{\lambda_j},b_{\lambda_j}],[c_{\lambda_j},d_{\lambda_j}])$ 是 IVIFN。

三、基于 IVIFZA 和 IVIFZG 的区间直觉模糊综合评价方法

鉴于实际的评价问题中指标属性间可能存在相互关联性，且区间直觉模糊数能够表达属性的不确定性，本书提出一种基于 IVIFZA（IVIFZG）集成方法的区间直觉模糊信息的多指标综合评价方法。

设 $H=\{H_1,H_2,\cdots,H_m\}$ 为方案集，$R=\{R_1,R_2,\cdots,R_n\}$ 为指标属性集，评价专家对备选方案的评估矩阵 DM 如下：

$$DM=\begin{pmatrix}\tilde{\beta}_{11} & \tilde{\beta}_{12} & \cdots & \tilde{\beta}_{1n}\\ \tilde{\beta}_{21} & \tilde{\beta}_{22} & \cdots & \tilde{\beta}_{2n}\\ \vdots & \vdots & \ddots & \vdots\\ \tilde{\beta}_{m1} & \tilde{\beta}_{m2} & \cdots & \tilde{\beta}_{mn}\end{pmatrix}$$

其中 $\tilde{\beta}_{ij}=([a(x_{ij}),b(x_{ij})],[c(x_{ij}),d(x_{ij})])(i=1,2,\cdots,m,j=1,2,\cdots,n)$ 是一个 IVIFN，为评价专家给出的方案 H_i 关于指标属性 R_j 下的评估值。基于以上信息，所提出的综合评价方法的步骤总结如下：

步骤 1 专家在每个指标 $R_j(j=1,2,\cdots,n)$ 下对备选方案 $H_i(i=1,2,\cdots,$

m）进行评估，相应的评价值为 $\tilde{\beta}_{ij}=([a(x_{ij}),b(x_{ij})],[c(x_{ij}),d(x_{ij})])$ $(i=1,2,\cdots,m,j=1,2,\cdots,n)$，进而构建区间直觉模糊评价矩阵 DM。

步骤 2 测算指标集 $R=\{R_1,R_2,\cdots,R_n\}$ 各指标间关联度。

步骤 3 利用 IVIFZA（或 IVIFZG）算子集结评价矩阵的每一行指标评价值 $\tilde{\beta}_{ij}=([a(x_{ij}),b(x_{ij})],[c(x_{ij}),d(x_{ij})])(\mathrm{j}=1,2,\cdots,n)$，可得备选方案 H_i 的综合评价值 $\tilde{\beta}_i=([a(x_{ij}),b(x_{ij})],[c(x_{ij}),d(x_{ij})])(i=1,2,\cdots,m)$，其中

$$\tilde{\beta}_i=IVIFZA(\tilde{\beta}_{i1},\cdots,\tilde{\beta}_{in})\text{或}\ \tilde{\beta}_i=IVIFZG(\tilde{\beta}_{i1},\cdots,\tilde{\beta}_{in}) \tag{6-14}$$

步骤 4 基于方案的综合评价值 $\tilde{\beta}_i(i=1,2,\cdots,n)$ 得分大小，对备选方案方案 H_i 进行排序并择优。

四、案例分析

本节以美国中西部制造公司（MAMC）信息管理指导委员会的评价问题为例[41]。通过前期调研分析，该委员会筛选出 10 个信息技术改进项目 $S=\{s_i\mid i=1,2,\cdots,10\}$ 用于开发和实施。其中 10 个项目分别为：s_1 为质量管理；s_2 为库存控制；s_3 为客户订单跟踪；s_4 为材料采购管理；s_5 为车队管理；s_6 为设计变更管理；s_7 为电子邮件；s_8 为客户退货和投诉；s_9 为员工技能跟踪；s_{10}为预算分析。委员会希望根据这些项目对公司在行业中获得竞争优势的战略目标的潜在贡献，从高到低进行排列。对于每个项目的潜在贡献的评估，考虑以下 3 个因素：$C=\{C_1,C_2,C_3\}=\{$生产率,差异性,管理$\}$，其中：（1）生产率因素反映了项目提高公司制造和服务运营效率的潜力；（2）差异化因素评估项目从根本上将公司的产品和服务与竞争对手区分开来，并使其更受顾客欢迎的潜力；（3）管理因素评估项目的潜力，以协助管理层改进其规划、控制和决策活动。

基于第四节提出的基于 IVIFZA（IVIFZG）的综合评价步骤，具体计算过程如下：

步骤 1 专家对项目 $S=\{s_i\mid i=1,2,\cdots,10\}$ 下的各指标属性 $C_j(j=1,2,3)$ 进行评估，得到如表 6－3 所示的区间直觉模糊评价矩阵。

表 6-3 区间直觉模糊评价矩阵

	C_1	C_2	C_3
s_1	([0.7,0.8],[0.1,0.2])	([0.8,0.9],[0.01,0.1])	([0.6,0.9],[0.01,0.1])
s_2	([0.6,0.7],[0.1,0.3])	([0.7,0.8],[0.1,0.2])	([0.5,0.6],[0.2,0.3])
s_3	([0.4,0.5],[0.3,0.4])	([0.6,0.7],[0.2,0.3])	([0.4,0.6],[0.1,0.2])
s_4	([0.5,0.7],[0.1,0.2])	([0.6,0.7],[0.1,0.2])	([0.5,0.6],[0.3,0.4])
s_5	([0.3,0.4],[0.4,0.5])	([0.4,0.6],[0.2,0.3])	([0.3,0.4],[0.3,0.5])
s_6	([0.4,0.5],[0.2,0.3])	([0.3,0.6],[0.1,0.2])	([0.5,0.8],[0.1,0.2])
s_7	([0.2,0.3],[0.4,0.6])	([0.3,0.5],[0.4,0.5])	([0.2,0.4],[0.4,0.5])
s_8	([0.4,0.6],[0.1,0.3])	([0.5,0.7],[0.1,0.3])	([0.7,0.8],[0.1,0.2])
s_9	([0.4,0.5],[0.3,0.4])	([0.7,0.8],[0.1,0.2])	([0.2,0.3],[0.1,0.3])
s_{10}	([0.1,0.3],[0.5,0.7])	([0.6,0.7],[0.2,0.3])	([0.3,0.5],[0.3,0.4])

步骤 2 委员会根据实际情况确定评价指标属性不同组合的重要性，并设 $\mu(\phi)=0$，$\mu(\{C_1\})=\mu(\{C_2\})=0.40$，$\mu(\{C_3\})=0.30$，$\mu(\{C_1,C_2\})=0.60$，$\mu(\{C_1,C_3\})=0.8$，$\mu(\{C_2,C_3\})=0.8$，$\mu(\{C_1,C_2,C_3\})=1$。

步骤 3 利用 IVIFZA 或 IVIFZG 算子对备选方案各指标的评价值进行集结，进而得到各项目的综合评价值 $\tilde{\beta}_i(i=1,2,\cdots,10)$。本章仅以 IVIFZG 算子以例，同时将集成结果与 IVIFCG[4]、GIIFGA[21] 和 GIVIFG[17] 算子得到结果进行对比分析，如表 6-4 所示。

表 6-4 备选方案的综合评价值

	IVIFZG	IVIFCG	GIIFGA	GIVIFG
$\tilde{\beta}_1$	([0.72,0.85],[0.05,0.16])	([0.69,0.88],[0.02,0.12])	([0.71,0.87],[0.04,0.13])	([0.71,0.86],[0.04,0.14])
$\tilde{\beta}_2$	([0.57,0.68],[0.15,0.27])	([0.59,0.69],[0.14,0.26])	([0.61,0.71],[0.13,0.26])	([0.60,0.70],[0.13,0.27])
$\tilde{\beta}_3$	([0.45,0.59],[0.23,0.32])	([0.47,0.62],[0.18,0.28])	([0.47,0.60],[0.21,0.31])	([0.46,0.59],[0.21,0.31])
$\tilde{\beta}_4$	([0.52,0.61],[0.19,0.32])	([0.54,0.66],[0.19,0.29])	([0.54,0.67],[0.15,0.25])	([0.53,0.67],[0.16,0.26])

续表

	IVIFZG	IVIFCG	GIIFGA	GIVIFG
$\tilde{\beta}_5$	([0.31,0.43], [0.33,0.43])	([0.34,0.47], [0.31,0.43])	([0.34,0.47], [0.30,0.43])	([0.33,0.46], [0.31,0.43])
$\tilde{\beta}_6$	([0.37,0.62], [0.15,0.15])	([0.37,0.63], [0.14,0.24])	([0.38,0.62], [0.13,0.23])	([0.38,0.61], [0.14,0.24])
$\tilde{\beta}_7$	([0.22,0.36], [0.43,0.55])	([0.24,0.41], [0.40,0.52])	([0.24,0.44], [0.40,0.54])	([0.23,0.43], [0.40,0.54])
$\tilde{\beta}_8$	([0.50,0.71], [0.12,0.26])	([0.53,0.71], [0.10,0.27])	([0.51,0.69], [0.10,0.27])	([0.50,0.69], [0.10,0.27])
$\tilde{\beta}_9$	([0.36,0.46], [0.20,0.29])	([0.38,0.49], [0.14,0.28])	([0.42,0.53], [0.18,0.30])	([0.41,0.52], [0.18,0.31])
$\tilde{\beta}_{10}$	([0.24,0.43], [0.39,0.51])	([0.32,0.52], [0.31,0.44])	([0.28,0.48], [0.34,0.49])	([0.26,0.47], [0.35,0.51])

步骤4　计算所有方案 s_i 综合评价值 $\tilde{\beta}_i$ 的得分 $S(\tilde{\beta}_i)$，并根据其大小对方案进行排序（如有必要还需计算 $H(\tilde{\beta}_i)$，$T(\tilde{\beta}_i)$ 等），结果如表6-5和表6-6所示。

表6-5　　方案的综合得分值

	$S(\tilde{\beta}_1)$	$S(\tilde{\beta}_2)$	$S(\tilde{\beta}_3)$	$S(\tilde{\beta}_4)$	$S(\tilde{\beta}_5)$	$S(\tilde{\beta}_6)$	$S(\tilde{\beta}_7)$	$S(\tilde{\beta}_8)$	$S(\tilde{\beta}_9)$	$S(\tilde{\beta}_{10})$
IVIFZG	0.68	0.42	0.24	0.31	-0.02	0.34	-0.21	0.42	0.17	-0.12
IVIFCG	0.72	0.44	0.32	0.36	0.04	0.31	-0.14	0.44	0.23	0.05
GIIFGA	0.70	0.47	0.28	0.40	0.04	0.32	-0.13	0.42	0.24	-0.04
GIVIFG	0.69	0.69	0.26	0.39	0.03	0.31	-0.14	0.41	0.22	-0.07

表6-6　　方案排序结果

	方案排序
IVIFZG	$s_1 > s_2 > s_8 > s_6 > s_4 > s_3 > s_9 > s_5 > s_{10} > s_7$
IVIFCG	$s_1 > s_2 > s_8 > s_4 > s_3 > s_6 > s_9 > s_{10} > s_5 > s_7$
GIIFGA	$s_1 > s_2 > s_8 > s_4 > s_6 > s_3 > s_9 > s_5 > s_{10} > s_7$
GIVIFG	$s_1 > s_2 > s_8 > s_4 > s_6 > s_3 > s_9 > s_5 > s_{10} > s_7$

从表 6 - 6 可以看出，不同集成方法得到最优方案都一致，但是方案整体的排序有所差异，其主要原因是不同的集成方法算子对指标属性间相互重要性测度方法不同，因此所得的方案整体排序上存在一定的差异。

五、小结

基于现有区间直觉模糊 Choquet 积分集成方法只考虑了指标属性间的部分关联关系，无法处理实际情况下指标属性间的所有关联影响，本文提出了两种区间直觉模糊新集成方法，即 IVIFZA 算子和 IVIFZG 算子。与现有的区间直觉模糊集成方法相比，本节所提出算子的优点在于能充分考虑指标属性间的复杂关联关系，因此能更全面地测度指标的相互作用影响。此外，本节还讨论了所提出集成算子的一些重要性质，并在此基础上提出了一种基于 IVIFZA 和 IVIFZG 的区间直觉模糊多指标综合评价方法。最后，通过一个实例和对比分析验证了所提出方法的有效性和优越性。

第二节　基于置信水平的区间毕达哥拉斯模糊综合评价方法

考虑到在实际评价问题中，专家往往难以给出隶属度和非隶属度的精确值，在 Yager[29] 的毕达哥拉斯模糊集（PFS）的基础上，Peng 和 Yuan[30] 进一步提出了区间毕达哥拉斯模糊集（IVPFS），它将隶属度和非隶属度取值由精确数拓展为区间形式，能更灵活和便捷地处理模糊环境下多指标评价问题。目前，IVPFS 的集成方法和大小排序体系得到了广大学者的关注，如李进军等[31] 提出了区间毕达哥拉斯模糊 Heronian 平均算子、区间毕达哥拉斯模糊几何 Heronian 平均算子。王耀武[32] 研究了基于区间毕达哥拉斯模糊 TOPSIS 的多属性决策方法。Wei 等[33] 提出了区间毕达哥拉斯模糊加权平均算子，并在区间毕达哥拉斯模糊集框架中使用偏差最大化的概念来解决模群体多指标综合评价问题。Rahman 等[34] 提出了区间毕达哥拉斯模糊爱因斯坦混合加权平均算子应用于模糊多属性群决策问题中。Zhang[35] 将毕达哥拉斯犹豫模糊环境扩展到区间毕达哥拉斯犹豫模糊环境，提出了区间毕达哥拉斯犹豫模糊集的概念，该概念允许每个对象的成员是若干对可能的区间毕达哥拉斯模糊元素的集合。Liang 等[36]考虑到属性之间关系的分区结构，将扩展 Bonferroni 均值（EBM）引入区间毕达哥拉斯模糊环境中，并提出了区间毕达哥拉斯模糊扩展 Bonferroni 均值和加权区间毕达哥拉斯模糊扩展 Bonferroni 均值算子。

自信是一种能够反映专家知识和经验的心理行为[37]，专家对评价对象的熟悉度或自信度在实际评价与决策问题中得到了高度的重视。曾守桢等[38]考虑专家对评价对象的熟悉程度和给出评价值的置信度，提出了置信诱导的毕达哥拉斯模糊混合加权集成算子。Xia 等[39]提出了两种融合评价值和置信水平的简便方法，即置信诱导加权平均（CIWA）算子和置信诱导加权几何（CIWG）算子，并研究了该方法在犹豫模糊信息多指标评价问题中的应用。Yu[40]将置信水平的信息融入到直觉模糊情形中，提出了一系列的置信直觉模糊信息集成方法，如置信直觉模糊有序加权平均算子和置信直觉模糊爱因斯坦加权平均算子等，并研究了这些算子在博士论文评审中的应用。Ji[41]等提出了 4 个融合置信度的区间毕达哥拉斯加权算子，分别是置信区间毕达哥拉斯模糊加权平均（SC－IPFWA）、有序加权平均（SC－IP-FOWA）算子、置信区间毕达哥拉斯模糊加权几何（SC－IPFWG）和有序加权几何（SC－IPFOWG）算子。

区间毕达哥拉斯模糊数的大小比较方法也引起了广大学者的关注，如 Yager 和 Abbasov[42]首先提出了 IVPFS 的得分函数和精确函数来识别毕达哥拉斯模糊数。在前者的基础上，Peng 和 Yuan[30]也提出了得分函数 $S(\psi)$ 和精确函数 $H(\psi)$ 用于区分区间毕达哥拉斯模糊数，对备选方案进行排序。Garg[43]发现 Peng 和 Yuan[30]的 $S(\psi)$ 和 $H(\psi)$ 并不能区分所有毕达哥拉斯模糊数，进而提出了新的比较函数 $M(\psi)$ 或 $K(\psi)$[43,44]，但是其仍不能区分所有的区间毕达哥拉斯模糊数。

基于此，本章在现有研究的基础上，通过定义 IVPFS 的隶属度不确定性函数和犹豫度不确定性函数，进而构建一套完整的区间毕达哥拉斯模糊数的大小比较体系。同时，考虑到算术加权和几何加权集成算子经常会在某些情形下出现不合理的结果缺陷（详见下文分析），本章结合两种方法的优点，提出基于置信度水平下的区间毕达哥拉斯混合加权算子。最后提出一种区间毕达哥拉斯模糊的多指标综合评价方法，并通过实际算例验证所提方法的有效性和可靠性。

一、预备知识

区间毕达哥拉斯模糊集由 Peng 和 Yuan[30]首次提出，其定义如下：

定义 6.9[30]　设 $D([0,1])$ 表示 $[0,1]$ 中所有闭区间的集合，Y 为非空有限集，区间毕达哥拉斯模糊集（IVPFS）M 表示为：

$$M=\{(y,\mu_M(y),\nu_M(y))\mid y\in Y\} \tag{6-15}$$

式中，对每一个 $y\in Y$，函数 $\mu_M(y)=[a,b]$，$\nu_M(y)=[c,d]\subseteq D([0,1])$，且满足 $b^2+d^2\leqslant 1$。下文我们将区间毕达哥拉斯模糊数（IVPFS）ψ 表示为 $\langle[a,b],[c,d]\rangle$。

定义 6.10[30]　设 $\lambda>0$，则区间毕达哥拉斯模糊数 $\psi_i=\langle[a_i,b_i],[c_i,d_i]\rangle(i=1,2,3)$ 的运算法则表示如下：

（1）$\psi_1\oplus\psi_2=\langle[\sqrt{a_1^2+a_2^2-a_1^2a_2^2},\sqrt{b_1^2+b_2^2-b_1^2b_2^2}],[c_1c_2,d_1d_2]\rangle$；

（2）$\psi_1\otimes\psi_2=\langle[a_1a_2,b_1b_2],[\sqrt{c_1^2+c_2^2-c_1^2c_2^2},\sqrt{d_1^2+d_2^2-d_1^2d_2^2}]\rangle$；

（3）$\psi_3^\lambda=\langle[a_3^\lambda,b_3^\lambda],[\sqrt{1-(1-c_3^2)^\lambda},\sqrt{1-(1-d_3^2)^\lambda}]\rangle$；

（4）$\lambda\psi_3=\langle[\sqrt{1-(1-a_3^2)^\lambda},\sqrt{1-(1-b_3^2)^\lambda}],[c_3^\lambda,d_3^\lambda]\rangle$.

定义 6.11[30]　当且仅当 $a_1=a_2$，$b_1=b_2$，$c_1=c_2$，$d_1=d_2$ 满足时，两个区间毕达哥拉斯模糊数 $\psi_1=\langle[a_1,b_1],[c_1,d_1]\rangle$ 和 $\psi_2=\langle[a_2,b_2],[c_2,d_2]\rangle$ 相等，即 $\psi_1=\psi_2$。

为了区分区间毕达哥拉斯模糊数大小，Peng 和 Yuan[30]提出了以下比较函数：

定义 6.12　对于区间毕达哥拉斯模糊数 $\psi=\langle[a,b],[c,d]\rangle$，$S(\psi)=\frac{1}{2}(a^2+b^2-c^2-d^2)$ 称为 ψ 的得分函数，其中 $S(\psi)\in[-1,1]$。

定义 6.13　对于区间毕达哥拉斯模糊数 $\psi=\langle[a,b],[c,d]\rangle$，$H(\psi)=\frac{1}{2}(a^2+b^2+c^2+d^2)$ 称为 ψ 的精确函数，其中 $H(\psi)\in[0,1]$。

得分函数 $S(\psi)$ 越大，其相应的区间毕达哥拉斯模糊数也大。精确函数 $H(\psi)$ 度量区间毕达哥拉斯模糊数信息量的准确度，当两个区间毕达哥拉斯模糊数的 $S(\psi)$ 值相等时，较大的 $H(\psi)$ 的区间毕达哥拉斯模糊数也较大。

Garg[43]发现，Peng 和 Yuan[30]的得分函数和精确函数并不能完全区分所有 IVPFN 的大小，或在某些情况下得到错误的排序。为此 Garg[43]提出了 IVPFS 的犹豫度函数：$M(\psi)=\frac{1}{2}(a^2-\sqrt{1-a^2-c^2}+b^2-\sqrt{1-b^2-d^2})$，其中 $M(\psi)\in[-1,1]$。基于以上 $S(\psi)$、$H(\psi)$ 和 $M(\psi)$ 三个函数，Garg[43]提出了区间毕达哥拉斯模糊数的一种比较规则：

定义 6.14　对于区间毕达哥拉斯模糊数 ψ_1 和 ψ_2：

（1）若 $S(\psi_1)>S(\psi_2)$，则 $\psi_1>\psi_2$；

（2）若 $S(\psi_1)<S(\psi_2)$，则 $\psi_1<\psi_2$；

（3）若 $S(\psi_1)=S(\psi_2)$，

1）若 $H(\psi_1)>H(\psi_2)$，则 $\psi_1>\psi_2$；

2）若 $H(\psi_1)<H(\psi_2)$，则 $\psi_1<\psi_2$；

3）若 $H(\psi_1)=H(\psi_2)$，

（a）若 $M(\psi_1)>M(\psi_2)$，则 $\psi_1>\psi_2$；

（b）若 $M(\psi_1)<M(\psi_2)$，则 $\psi_1<\psi_2$；

（c）若 $M(\psi_1)=M(\psi_2)$，则 $\psi_1\sim\psi_2$。

虽然犹豫度函数 $M(\psi)$ 的提出能较好地帮助区间毕达哥拉斯模糊数之间的大小比较，但是仍存在区间毕达哥拉斯模糊数无法区分的情况。

【例 6－3】 设有如下 4 个区间毕达哥拉斯模糊数 $\psi_1=\langle[0.5000,0.5916],[0.5916,0.7416]\rangle$，$\psi_2=\langle[0.4472,0.6325],[0.6325,0.7071]\rangle$，$\psi_3=\langle[0.5292,0.5657],[0.5657,0.7616]\rangle$，$\psi_4=\langle[0.4690,0.6164],[0.6164,0.7211]\rangle$。

根据定义 6.14，计算可得 $S(\psi_1)=S(\psi_2)=S(\psi_3)=S(\psi_4)=-0.15$，因 4 个 IVPFNs 的得分函数相同，因此需要再计算 IVPFN 的精确函数 $H(\psi)$，需要根据定义 6.12，可得 $H(\psi_1)=H(\psi_2)=H(\psi_3)=H(\psi_4)=0.75$。很明显，这 4 个 IVPFN 的得分函数 $S(\psi)$ 与精确函数 $H(\psi)$ 都相等的，因此需继续计算犹豫度函数 $M(\psi)$，可得 $M(\psi_1)=M(\psi_2)=M(\psi_3)=M(\psi_4)=-0.17$。

由以上计算可以发现，这 4 个区间毕达哥拉斯模糊数的得分函数 $S(\psi)$、精确函数 $H(\psi)$ 和犹豫度函数 $M(\psi)$ 都相等，但显然其隶属度与非隶属度区间不是完全相等的，存在明显区别，因而通过上述 Garg[43] 提出的比较规则得出的结果是明显有误的。

为改进现有区间毕达哥拉斯模糊数排序方法的缺陷，下面我们提出了两个新的 IVPFS 比较函数，进而构建一个完整的区间毕达哥拉斯模糊数的大小排序体系。

二、区间毕达哥拉斯模糊数排序比较体系

事实上，当得分函数 $S(\psi)$ 和精确函数 $H(\psi)$ 不能区分两个 IVPFN 的时候，我们可以考虑隶属度与非隶属度之间的差异，进而提出如下隶属度的不确定性函数。

定义 6.15 对任意区间毕达哥拉斯模糊数 $\psi=\langle[a,b],[c,d]\rangle$，其隶属度不确定性函数定义为 $MU(\psi)=b^2-a^2-(d^2-c^2)$。

显然，$MU(\psi)\in[-1,1]$，且 $MU(\psi)$ 值越大，隶属度不确定性越大，相应的区间毕达哥拉斯模糊数就越小。

然而，基于得分函数 $S(\psi)$、精确函数 $H(\psi)$ 和新提出的隶属度不确定性函数 $MU(\psi)$ 还是并不能识别所有的区间毕达哥拉斯模糊数大小，如例 6－4 所示。

【例 6－4】 设有如下 3 个区间毕达哥拉斯模糊数 $\psi_1=\langle[0.4472,0.5477],[0.6325,0.7071]\rangle$，$\psi_2=\langle[0.3162,0.6325],[0.5477,0.7746]\rangle$，$\psi_3=\langle[0.3873,0.5916],[0.5916,0.7416]\rangle$。

根据定义 6.14 得到 $S(\psi_1)=S(\psi_2)=S(\psi_3)=-0.2$，由定义 6.15 得到 $H(\psi_1)=H(\psi_2)=H(\psi_3)=0.7$，根据定义 6.7 得到 $MU(\psi_1)=MU(\psi_2)=MU(\psi_3)=0$。

但是，这 3 个区间毕达哥拉斯模糊数的隶属度区间与非隶属度区间是明显不同的。为此，我们必须考虑犹豫度区间 $\pi_\psi=[\pi_\psi^L,\pi_\psi^U]$ 对 IVPFN 的影响，进而提出区间毕达哥拉斯模糊数 ψ 的犹豫度不确定性函数 $HU(\psi)$，如定义 6.16 所示。

定义 6.16　对于任意区间毕达哥拉斯模糊数 $\psi=\langle[a,b],[c,d]\rangle$，其犹豫度不确定性函数定义为 $HU(\psi)=b^2-a^2+d^2-c^2$，其中 $HU(\psi)\in[0,1]$。

对于 $S(\psi)$、$H(\psi)$ 和 $MU(\psi)$ 都相等的 IVPFN，我们可以计算其犹豫度不确定性函数 $HU(\psi)$，$HU(\psi)$ 越大则 IVPFN 越小。下面我们证明，对于所有的 IVPFN，都可以根据 $S(\psi)$、$H(\psi)$、$MU(\psi)$ 和 $HU(\psi)$ 的大小进行大小排序。事实上，对于任意 $\psi=\langle[a,b],[c,d]\rangle$，根据 $S(\psi)$、$H(\psi)$、$MU(\psi)$ 和 $HU(\psi)$ 的定义，即有如下线性方程组：

$$\begin{cases}a^2+b^2-c^2-d^2=S(\psi),\\ a^2+b^2+c^2+d^2=H(\psi),\\ -a^2+b^2+c^2-d^2=MU(\psi),\\ -a^2+b^2-c^2+d^2=HU(\psi).\end{cases}\tag{6-16}$$

从方程（6-16）对应的行阶梯矩阵 $\hat{D}$ 可知，方程（6-16）系数矩阵的秩等于其增广矩阵的秩，并且等于其未知数的个数，故有唯一解：

$$\hat{D}=\begin{pmatrix}1 & 1 & -1 & -1 & S(\psi)\\ 0 & 2 & 0 & -2 & MU(\psi)+S(\psi)\\ 0 & 0 & 2 & 2 & H(\psi)-S(\psi)\\ 0 & 0 & 0 & 4 & H(\psi)+HU(\psi)-MU(\psi)-S(\psi)\end{pmatrix}$$

因此，基于 $S(\psi)$、$H(\psi)$、$MU(\psi)$ 和 $HU(\psi)$ 的定义，下面我们提出一套完整的 IVPFN 的大小比较规则，其可以区分任意 IVPFN 的大小。

定义 6.17　对于两个区间毕达哥拉斯模糊数 ψ_1 和 ψ_2，

（1）若 $S(\psi_1)>S(\psi_2)$，则 $\psi_1>\psi_2$；

（2）若 $S(\psi_1)<S(\psi_2)$，则 $\psi_1<\psi_2$；

（3）若 $S(\psi_1)=S(\psi_2)$，

1）若 $H(\psi_1)>H(\psi_2)$，则 $\psi_1>\psi_2$；

2）若 $H(\psi_1)<H(\psi_2)$，则 $\psi_1<\psi_2$；

3）若 $H(\psi_1)=H(\psi_2)$，

（a）若 $MU(\psi_1)>MU(\psi_2)$，则 $\psi_1>\psi_2$；

（b）若 $MU(\psi_1)<MU(\psi_2)$，则 $\psi_1<\psi_2$；

（c）若 $MU(\psi_1)=MU(\psi_2)$，

a）若 $HU(\psi_1)<HU(\psi_2)$，则 $\psi_1>\psi_2$；

b）若 $HU(\psi_1)>HU(\psi_2)$，则 $\psi_1<\psi_2$；

c）若 $HU(\psi_1)=HU(\psi_2)$，则 $\psi_1=\psi_2$。

定义 6.18 令 $[a,b],[c,d]\subseteq D[0,1]$，符号"≤"可作如下定义：若 $c\geqslant a$，$d\geqslant b$，则 $[c,d]\geqslant[a,b]$。

同理，对于任意两个区间毕达哥拉斯模糊数 ψ_1，ψ_2，若 $\psi_1<\psi_2$ 或 $\psi_1=\psi_2$，可用上述符号简单表示为 $\psi_1\leqslant\psi_2$。

定理 6.6 对于任意两个区间毕达哥拉斯模糊数 $\psi_1=\langle[a_1,b_1],[c_1,d_1]\rangle$，$\psi_2=\langle[a_2,b_2],[c_2,d_2]\rangle$，若 $[c_1,d_1]\geqslant[c_2,d_2],[a_2,b_2]\geqslant[a_1,b_1]$，则 $\psi_1\leqslant\psi_2$。

由定理 6.1 和定义 6.10 可得到如下引理：

引理 6.1 对于区间毕达哥拉斯模糊数 $\psi_j=\langle[a_j,b_j],[c_j,d_j]\rangle(j=1,2,3,4)$，若 $\psi_1\leqslant\psi_2$，$\psi_3\leqslant\psi_4$，则有

（1）$\psi_1\oplus\psi_3\leqslant\psi_2\oplus\psi_4$；

（2）$\psi_1\otimes\psi_3\leqslant\psi_2\otimes\psi_4$；

（3）$\lambda\psi_1\leqslant\lambda\psi_2(\lambda>0)$；

（4）$\psi_1^{\lambda}\leqslant\psi_2^{\lambda}(\lambda>0)$。

【例 6－5】 根据例 6－4 中的数据，已经计算得到 $S(\psi_1)=S(\psi_2)=S(\psi_3)=-0.2$，$H(\psi_1)=H(\psi_2)=H(\psi_3)=0.7$，$MU(\psi_1)=MU(\psi_2)=MU(\psi_3)=0$。再根据定义 6.16，可以得到 $HU(\psi_1)=0.1999$，$HU(\psi_2)=0.5888$，$HU(\psi_3)=0.4000$，则有 $\psi_2>\psi_3>\psi_1$，从而实现了对着三个 IVPFNs 大小的正确排序。

三、置信区间毕达哥拉斯模糊混合加权集成方法

为了融入评价过程中专家的自信程度的影响，Ji[41] 定义了 4 个 IVPFS 的置信加权方法，分别是置信区间毕达哥拉斯模糊加权平均（SC－IPFWA）算子、有序加权平均（SC－IPFOWA）算子、置信区间毕达哥拉斯模糊加权几何（SC－IPFWG）算子和有序加权几何（SC－IPFOWG）算子：

定义 6.19 设 $\psi_i=\langle[a_i,b_i],[c_i,d_i]\rangle(i=1,2,\cdots,n)$ 是一组 IVPFN，l_i 是 ψ_i 对应的置信度，则置信区间毕达哥拉斯模糊加权平均（SC－IPFWA）

算子的定义如下：

$$SC-IPFWA((l_1,\psi_1),(l_2,\psi_2),\cdots,(l_n,\psi_n))$$
$$=\left\langle\left[\sqrt{1-\prod_{i=1}^{n}(1-(a_i)^2)^{l_iw_i}},\sqrt{1-\prod_{i=1}^{n}(1-(b_i)^2)^{l_iw_i}}\right],\left[\prod_{i=1}^{n}(c_i)^{l_iw_i},\prod_{i=1}^{n}(d_i)^{l_iw_i}\right]\right\rangle \quad (6-17)$$

其中，w_i 是区间毕达哥拉斯模糊数 ψ_i 的权重，且满足 $0\leqslant w_i\leqslant 1$，$\sum_{i=1}^{n}w_i=1$。

定义 6.20 设 $\psi_i=\langle[a_i,b_i],[c_i,d_i]\rangle(i=1,2,\cdots,n)$ 是一组 IVPFN，置信区间毕达哥拉斯模糊有序加权平均（SC－IPFOWA）算子的定义如下：

$$SC-IPFOWA((l_1,\psi_1),(l_2,\psi_2),\cdots,(l_n,\psi_n))$$
$$=\bigoplus_{i=1}^{n}w_i(l_{\delta(i)}\psi_{\delta(i)})$$
$$=\left\langle\left[\sqrt{1-\prod_{i=1}^{n}(1-(a_{\delta(i)})^2)^{l_{\delta(i)}w_i}},\sqrt{1-\prod_{i=1}^{n}(1-(b_{\delta(i)})^2)^{l_{\delta(i)}w_i}}\right],\left[\prod_{i=1}^{n}(c_{\delta(i)})^{l_{\delta(i)}w_i},\prod_{i=1}^{n}(d_{\delta(i)})^{l_{\delta(i)}w_i}\right]\right\rangle \quad (6-18)$$

其中，w_i 是 $\psi_{\delta(i)}$ 的权重，有 $0\leqslant w_i\leqslant 1$ 且 $\sum_{i=1}^{n}w_i=1$，$l_{\delta(i)}$ 是 $\psi_{\delta(i)}$ 对应的置信度，$l_{\delta(i)}\in[0,1]$，而（$\delta(1),\delta(2),\cdots,\delta(n)$）是（$1,2,\cdots,n$）任意排列组合，且满足 $\psi_{\delta(i-1)}\geqslant\psi_{\delta(i)}$。

定义 6.21 设 $\psi_i=\langle[a_i,b_i],[c_i,d_i]\rangle(i=1,2,\cdots,n)$ 是一组 IVPFN，l_i 是 ψ_i 对应的置信度，则置信区间毕达哥拉斯模糊加权几何（SC－IPFWG）算子的定义如下：

$$SC-IPFWG((l_1,\psi_1),(l_2,\psi_2),\cdots,(l_n,\psi_n))$$
$$=\left\langle\left[\prod_{i=1}^{n}(a_i)^{l_iw_i},\prod_{i=1}^{n}(b_i)^{l_iw_i}\right],\left[\sqrt{1-\prod_{i=1}^{n}(1-(c_i)^2)^{l_iw_i}},\sqrt{1-\prod_{i=1}^{n}(1-(d_i)^2)^{l_iw_i}}\right]\right\rangle \quad (6-19)$$

定义 6.22 令 $\psi_i=\langle[a_i,b_i],[c_i,d_i]\rangle(i=1,2,\cdots,n)$ 是 IVPFN，则置信区间毕达哥拉斯模糊有序加权几何（SC－IPFOWG）算子的定义如下：

$$
\begin{aligned}
&SC-IPFOWG((l_1,\psi_1),(l_2,\psi_2),\cdots,(l_n,\psi_n))\\
&=\otimes_{i=1}^{n}(((\psi_{\delta(i)})^{l_{\delta(i)}})^{w_i}\\
&=\left\langle\left[\prod_{i=1}^{n}(a_{\delta(i)})^{l_{\delta(i)}w_i},\prod_{i=1}^{n}(b_{\delta(i)})^{l_{\delta(i)}w_i}\right],\left[\sqrt{1-\prod_{i=1}^{n}(1-(c_{\delta(i)})^2)^{l_{\delta(i)}w_i}},\right.\right.\\
&\left.\left.\sqrt{1-\prod_{i=1}^{n}(1-(d_{\delta(i)})^2)^{l_{\delta(i)}w_i}}\right]\right\rangle
\end{aligned}
\tag{6-20}
$$

其中，w_i 是 $\psi_{\delta(i)}$ 的权重，有 $0\leqslant w_i\leqslant 1$ 且 $\sum_{i=1}^{n} w_i=1$，$l_{\delta(i)}$ 是 $\psi_{\delta(i)}$ 对应的置信度，$l_{\delta(i)}\in[0,1]$，而（$\delta(1),\delta(2),\cdots,\delta(n)$）是（$1,2,\cdots,n$）任意排列组合，且满足 $\psi_{\delta(i-1)}\geqslant\psi_{\delta(i)}$。

但以上 4 种 IVPFS 的置信加权方法存在一些缺陷，可通过例 6－6 来说明。

【例 6－6】 设 3 个 IVPFN 分别为 $\psi_1=\langle[0.4472,0.5477],[0.6325,0.7071]\rangle$，$\psi_2=\langle[0.3162,0.6235],[0.5477,0.7746]\rangle$，$\psi_3=\langle[0.3873,0.5916],[0.5916,0.7416]\rangle$。其权重向量为 $w=(0.3,0.4,0.3)^T$，且设专家对这 3 个 IVPFN 的置信度 $l=(0.7,0,6,0.8)^T$。

根据定义 6.19 和定义 6.21 计算可得：

$SC-IPFWA=\langle[0.3243,0.5065],[0.6930,0.8140]\rangle$，

$SC-IPFWG=\langle[0.5102,0.6937],[0.5064,0.6536]\rangle$。

根据定义 6.20 和定义 6.22 可得：

$SC-IPFOWA=\langle[0.3369,0.5031],[0.6959,0.8067]\rangle$，

$SC-IPFOWG=\langle[0.5167,0.6841],[0.5167,0.6507]\rangle$。

从上述计算结果可以看出，不论是 SC－IPFWA 和 SC－IPFWG，还是 SC－IPFOWA 和 SC－IPFOWG，其集成结果的隶属度区间和非隶属度区间都不存在重合的区间，集成结果差异性大，这不仅会引起评价结果的不稳定性，还使得评价结果可信度大大降低。

为改进现有方法的缺陷，结合算术加权和几何加权两种方法的优点，本章提出置信区间毕达哥拉斯模糊混合加权平均几何（SC－IPFHWAWG）和有序混合加权平均几何（SC－IPFOHWAWG）两种新集成算子，相关定义如下：

定义 6.23 令 $\psi_i=\langle[a_i,b_i],[c_i,d_i]\rangle(i=1,2,\cdots,n)$ 是 n 个 IVPFNs，l_i 是区间毕达哥拉斯模糊数 ψ_i 的置信度，则置信区间毕达哥拉斯模糊混合加

权平均几何（SC－IPFHWAWG）算子的定义如下：

$$SC-IPFHWAWG((l_1,\psi_1),(l_2,\psi_2),\cdots,(l_n,\psi_n))$$

$$=(\oplus_{i=1}^{n}w_i(l_i\psi_i))^{\theta}(\otimes_{i=1}^{n}((\psi_i)^{l_i})^{w_i})^{(1-\theta)}$$

$$=\Bigg\langle\Bigg[\left(\sqrt{1-\prod_{i=1}^{n}(1-(a_i)^2)^{l_iw_i}}\right)^{\theta}\left(\prod_{i=1}^{n}(a_i)^{l_iw_i}\right)^{(1-\theta)},$$

$$\left(\sqrt{1-\prod_{i=1}^{n}(1-(b_i)^2)^{l_iw_i}}\right)^{\theta}\left(\prod_{i=1}^{n}(b_i)^{l_iw_i}\right)^{(1-\theta)}\Bigg],$$

$$\Bigg[\sqrt{1-\left(1-\prod_{i=1}^{n}(c_i)^{2l_iw_i}\right)^{\theta}\left(\prod_{i=1}^{n}(1-(c_i)^2)^{l_iw_i}\right)^{(1-\theta)}},$$

$$\sqrt{1-\left(1-\prod_{i=1}^{n}(d_i)^{2l_iw_i}\right)^{\theta}\left(\prod_{i=1}^{n}(1-(d_i)^2)^{l_iw_i}\right)^{(1-\theta)}}\Bigg]\Bigg\rangle \qquad (6-21)$$

其中，w_i 是区间毕达哥拉斯模糊数 ψ_i 的权重，且有 $0\leqslant w_i\leqslant 1$，$\sum_{i=1}^{n}w_i=1$。$\theta$ 是区间［0,1］的一个实数。

可以发现，Ji[41]提出的 SC－IPFWG 和 SC－IPFWA 是本文构建的 SC－IPFHWAWG 方法的特例，因为当 $\theta=0$ 时，SC－IPFHWAWG 就退化成了 SC－IPFWG；当 $\theta=1$ 时，SC－IPFHWAWG 就退化成了 SC－IPFWA；当 θ 取 0.5 时，SC－IPFHWAWG 就是 SC－IPFWG 和 SC－IPFWA 的均值，所以 SC－IPFWA 和 SC－IPFWG 是 SC－IPFHWAWG 的特例情况。SC－IPFHWAWG 也具备如下一些性质：

性质 6－1（幂等性）：设 $l_i(i=1,2,\cdots,n)$ 是 ψ_i 的相应的置信度，若 $\psi_i=\psi$，则有：

$$SC-IPFHWAWG((l_1,\psi_1),\cdots,(l_n,\psi_n))$$

$$=(\oplus_{i=1}^{n}w_i(l_i\psi_i))^{\theta}(\otimes_{i=1}^{n}((\psi_i)^{l_i})^{w_i})^{(1-\theta)}=\psi \qquad (6-22)$$

性质 6－2（有界性）：设 $(l_i,\psi_i)(i=1,2,\cdots,n)$ 是一组带有置信度的区间毕达哥拉斯模糊数的值，则有：

$$\min_i(\psi_i)\leqslant SC-IPFHWAWG((l_1,\psi_1),\cdots,(l_n,\psi_n))\leqslant\max_i(\psi_i) \qquad (6-23)$$

性质 6－3（单调性）：每一个 $i(i=1,2,\cdots,n)$，若 $\psi_i\leqslant\psi_i^*$ 都成立，则有：

$$SC-IPFHWAWG((l_1,\psi_1),\cdots,(l_n,\psi_n))$$

$$\leqslant SC-IPFHWAWG((l_1,\psi_1^*),\cdots,(l_n,\psi_n^*)) \qquad (6-24)$$

定义 6.24 令 $\psi_i=\langle[a_i,b_i],[c_i,d_i]\rangle(i=1,2,\cdots,n)$ 是 n 个 IVPFNs，w_i 是区间毕达哥拉斯模糊数 $\psi_{\delta(i)}$ 的权重，有 $0\leqslant w_i\leqslant 1$ 且 $\sum_{i=1}^{n}w_i=1$，而 $l_{\delta(i)}$ 是区间毕达哥拉斯模糊数 $\psi_{\delta(i)}$ 的置信度，$l_{\delta(i)}\in[0,1]$，$(\delta(1),\delta(2),\cdots,\delta(n))$ 是 $(1,2,\cdots,n)$ 任意排列组合，且满足 $\psi_{\delta(i-1)}\geqslant\psi_{\delta(i)}$，则置信区间毕达哥拉斯模糊有序混合加权平均几何（SC－IPFOHWAWG）算子的定义如下：

$$
\begin{aligned}
&SC-IPFOHWAWG((l_1,\psi_1),\cdots,(l_n,\psi_n))\\
&=(\oplus_{i=1}^{n}w_i(l_{\delta(i)}\psi_{\delta(i)}))^{\theta}(\otimes_{i=1}^{n}((\psi_{\delta(i)})^{l_{\delta(i)}})^{w_i})^{(1-\theta)}\\
&=\Bigg\langle\Bigg[\left(\sqrt{1-\prod_{i=1}^{n}(1-(a_{\delta(i)})^2)^{l_{\delta(i)}w_i}}\right)^{\theta}\left(\prod_{i=1}^{n}(a_{\delta(i)})^{l_{\delta(i)}w_i}\right)^{(1-\theta)},\\
&\left(\sqrt{1-\prod_{i=1}^{n}\left(1-(b_{\delta(i)})^2\right)^{l_{\delta(i)}w_i}}\right)^{\theta}\left(\prod_{i=1}^{n}(b_{\delta(i)})^{l_{\delta(i)}w_i}\right)^{(1-\theta)}\Bigg],\\
&\Bigg[\sqrt{1-\left(1-\prod_{i=1}^{n}(c_{\delta(i)})^{2l_{\delta(i)}w_i}\right)^{\theta}\left(\prod_{i=1}^{n}\left(1-(c_{\delta(i)})^2\right)^{l_{\delta(i)}w_i}\right)^{(1-\theta)}},\\
&\sqrt{1-\left(1-\prod_{i=1}^{n}(d_{\delta(i)})^{2l_{\delta(i)}w_i}\right)^{\theta}\left(\prod_{i=1}^{n}(1-(d_{\delta(i)})^2)^{l_{\delta(i)}w_i}\right)^{(1-\theta)}}\Bigg]\Bigg\rangle
\end{aligned}
\tag{6－25}
$$

这里需要补充的是，$\psi_{\delta(i)}$ 表示的是第 i 大的区间毕达哥拉斯模糊数，$l_{\delta(i)}$ 表示的是第 i 大的区间毕达哥拉斯模糊数所对应的置信度。区间毕达哥拉斯模糊数的大小通过上面第二部分所提出的新的比较方法进行比较。

【例 6－7】 遵循可比性的原则，使用与上述例 6－4 相同的数据。对于 $\psi_1=\langle[0.4472,0.5477],[0.6325,0.7071]\rangle$，$\psi_2=\langle[0.3162,0.6235],[0.5477,0.7746]\rangle$，$\psi_3=\langle[0.3873,0.5916],[0.5916,0.7416]\rangle$，设相应的权重是 $w=(0.3,0.4,0.3)^T$，其对应的置信度是 $l=(0.7,0,6,0.8)^T$。由例 6－4中计算得出：

$SC-IPFWA=\langle[0.3243,0.5065],[0.6930,0.8140]\rangle$，

$SC-IPFOWA=\langle[0.3369,0.5031],[0.6959,0.8067]\rangle$，

$SC-IPFWG=\langle[0.5102,0.6937],[0.5064,0.6536]\rangle$，

$SC-IPFOWG=\langle[0.5167,0.6841],[0.5167,0.6507]\rangle$.

现利用定义 6.23 中的 $SC-IPFHWAWG$（设 $\theta=0.5$）对 3 个 IVPFNs 进

行集结，可得到如下结果：

$SC-IPFHWAWG((l_1,\psi_1),(l_2,\psi_2),(l_3,\psi_3)) = \langle[0.4068,0.5927],[0.6151,0.7485]\rangle$

又知 $\psi_{\delta(1)}=\psi_3$，$\psi_{\delta(2)}=\psi_1$，$\psi_{\delta(3)}=\psi_2$，则根据定义 6.24 的 SC - IPFOHWAWG 方法，可得到：

$SC-IPFOHWAWG((l_1,\psi_1),(l_2,\psi_2),(l_3,\psi_3)) = \langle[0.4172,0.5867],[0.6206,0.7425]\rangle$

可以发现，SC - IPFWA 和 SC - IPFWG 集成结果的置信度区间与非置信度区间不存在重合的区域，SC - IPFOWA 与 SC - IPFOWG 集成结果的置信区间与非置信度区间也不存在重合的区域，从而导致集成结果的稳定性也难以得到保证，使得最终评价结果的可信度大大下降。而本章提出的 SC - IPFHWAWG 和 SC - IPFOHWAWG 有效融合了算术加权与几何加权的优点，最终得出的集成值的置信度区间与非置信度区间涵盖了 SC - IPFWA 和 SC - IPFWG、SC - IPFOWA 与 SC - IPFOWG 置信度区间与非置信度区间所显露的信息。

四、基于 SC - IPFHWAWG（SC - IPFOHWAWG）的综合评价方法应用研究

“双一流”建设包括世界一流大学和一流学科建设，是由中共中央、国务院所提出的一项重大决策项目，这不仅担负着中国高等教育综合实力和国际竞争力能否显著提升的重任，还紧密承担着中华民族伟大复兴中国梦的使命。习近平总书记在党的十九大报告中着重强调，“加快一流大学和一流学科建设，实现高等教育内涵式发展”，也在北京大学讲话中重点说明“走内涵式发展道路是我国高等教育发展的必由之路”。而“双一流”建设的顺利展开，需要重点突破两个方面，一是需要建立起有秩序的、有保障的高校评价分类制度；二是需要以世界一流高校和一流学科标准提高“双一流”建设高校评估的水平。另外，也要有效融合世界一流高校的发展与国内高校基本情况，淘汰发展，来进一步巩固高校“双一流”的评估体系与标准。

为丰富高校等级分类评价，实现我国大学特色发展，本章从“双一流”高校的人才投入产出这一层面出发，来评估 A、B、C、D 这四所高校中人才建

设效果，从而选出最有“双一流”发展潜质的高校。根据文献［44－45］中提出的高校的人才投入产出评价指标为：H_1：高层次人才量，H_2：科研投入，H_3：科研成果和 H_4：教学成果，设指标的权重是 $w=(0.2, 0.1, 0.4, 0.3)^T$。基于上述4个指标，相关教育专家以及高校评价人员通过区间毕达哥拉斯模糊数对四所高校 A、B、C、D 进行了评估，具体评价数据如表6－7所示。

表6－7　专家评价信息

	H_1	H_2	H_3	H_4
A	〈[0.1,0.7],[0.5,0.7]〉	〈[0.5,0.6],[0.3,0.7]〉	〈[0.2,0.4],[0.3,0.8]〉	〈[0.4,0.6],[0.5,0.7]〉
B	〈[0.2,0.6],[0.7,0.8]〉	〈[0.3,0.5],[0.4,0.7]〉	〈[0.7,0.8],[0.3,0.5]〉	〈[0.5,0.9],[0.3,0.4]〉
C	〈[0.4,0.5],[0.6,0.7]〉	〈[0.3,0.7],[0.2,0.6]〉	〈[0.1,0.6],[0.4,0.5]〉	〈[0.6,0.7],[0.3,0.7]〉
D	〈[0.1,0.4],[0.2,0.5]〉	〈[0.2,0.4],[0.3,0.8]〉	〈[0.4,0.6],[0.5,0.8]〉	〈[0.7,0.8],[0.1,0.4]〉

具体评价流程步骤如下：

步骤1　由于4个评价指标都是效益性，故不需要对矩阵进行规范化处理。

步骤2　设评价者对4个指标的熟悉程度给出对应的置信度为 $l=(0.8, 0.7, 0.9, 0.6)^T$，利用本文提出的 SC－IPFHWAWG 和 SC－IPFOHWAWG 方法对各方案的4个指标评估值进行集结，得到高效的综合评价值，如表6－8所示。

表6－8　备选方案综合评价值

	SC－IPFHWAWG	SC－IPFOHWAWG
A	〈[0.2832,0.5444],[0.4204,0.7500]〉	〈[0.2951,0.5991],[0.4408,0.7321]〉
B	〈[0.4156,0.6048],[0.3505,0.6638]〉	〈[0.4066,0.6843],[0.4806,0.6489]〉
C	〈[0.3250,0.6172],[0.4313,0.6149]〉	〈[0.3535,0.6162],[0.4428,0.6319]〉
D	〈[0.4156,0.6048],[0.3505,0.6638]〉	〈[0.4272,0.5986],[0.3512,0.6850]〉

步骤3　计算方案综合评价值的得分，并基于本文所提出的 IVPFN 的比较规则，进而根据得备选方案的得分大小等进行比较排序，结果如表6－9所示。

表 6-9　　方案得分与排序表

	得分值	排序结果
SC-IPFHWAWG	$S_A=-0.1814$ $S_B=0.1681$ $S_C=-0.0388$ $S_D=-0.0125$	$B>D>C>A$
SC-IPFOHWAWG	$S_A=-0.1421$ $S_B=-0.0092$ $S_C=-0.0453$ $S_D=-0.0259$	$B>D>C>A$

步骤 4　根据排序结果，选出绩效最高的高校。根据表 6-9 的排序结果，可以发现两种方法得出的结果一致，即高校 *B* 的人才投入产出绩效最高。因此，*B* 高校是最符合“双一流”条件的高校，而 *A* 高校是距离“双一流”条件最远的一所。

下面通过与现有方法进行对比分析，从而验证本文提出 SC-IPFHWAWG 和 SC-IPFOHWAWG 方法的有效性和优越性。依据上述高校“双一流”评选的案例，本章选择区间毕达哥拉斯模糊加权平均（IPFWA）[30]、区间毕达哥拉斯模糊加权平均（IPFWA）[30]、Yi 等所提出的 SC-IPFWA[41] 和 SC-IPFOWA[41] 集成方法作为比较对象，具体结果如表 6-10 所示。

表 6-10　　方案得分与排序

集成方法	综合评价值	得分值	排序结果
IPFWA[30]	$\psi_A=\langle[0.3077,0.5640],[0.3873,0.7384]\rangle$ $\psi_B=\langle[0.5581,0.8007],[0.3658,0.5313]\rangle$ $\psi_C=\langle[0.4081,0.6299],[0.3713,0.6025]\rangle$ $\psi_D=\langle[0.4925,0.6447],[0.2441,0.5915]\rangle$	$S_A=-0.1412$ $S_B=0.2683$ $S_C=0.0312$ $S_D=0.1244$	$B>D>C>A$
IPFWG[30]	$\psi_A=\langle[0.2349,0.5261],[0.4170,0.7459]\rangle$ $\psi_B=\langle[0.4525,0.7465],[0.4427,0.5961]\rangle$ $\psi_C=\langle[0.2521,0.6153],[0.4173,0.6255]\rangle$ $\psi_D=\langle[0.3345,0.5792],[0.3562,0.6800]\rangle$	$S_A=-0.1991$ $S_B=0.1054$ $S_C=-0.0616$ $S_D=-0.0710$	$B>C>D>A$

续表

集成方法	综合评价值	得分值	排序结果
SC - IPFWA[41]	$\psi_A=\langle[0.2561,0.4958],[0.4708,0.7973]\rangle$ $\psi_B=\langle[0.5144,0.7291],[0.4624,0.6218]\rangle$ $\psi_C=\langle[0.3342,0.5592],[0.4767,0.6659]\rangle$ $\psi_D=\langle[0.4144,0.5651],[0.3658,0.6895]\rangle$	$S_A=-0.2730$ $S_B=0.0978$ $S_C=-0.1231$ $S_D=-0.0591$	$B>D>C>A$
SC - IPFWG[41]	$\psi_A=\langle[0.3131,0.5977],[0.3595,0.6890]\rangle$ $\psi_B=\langle[0.5516,0.7949],[0.3963,0.5405]\rangle$ $\psi_C=\langle[0.3161,0.6812],[0.3778,0.5522]\rangle$ $\psi_D=\langle[0.4168,0.6474],[0.3343,0.6352]\rangle$	$S_A=-0.0743$ $S_B=0.2434$ $S_C=0.0581$ $S_D=0.0388$	$B>C>D>A$
本文方法 SC - IPFHWAWG	$\psi_A=\langle[0.2832,0.5444],[0.4204,0.7500]\rangle$ $\psi_B=\langle[0.4156,0.6048],[0.3505,0.6638]\rangle$ $\psi_C=\langle[0.3250,0.6172],[0.4313,0.6149]\rangle$ $\psi_D=\langle[0.4156,0.6048],[0.3505,0.6638]\rangle$	$S_A=-0.1814$ $S_B=0.1681$ $S_C=-0.0388$ $S_D=-0.0125$	$B>D>C>A$
SC - IPFOWA[41]	$\psi_A=\langle[0.2703,0.5342],[0.5051,0.7923]\rangle$ $\psi_B=\langle[0.3607,0.6466],[0.5306,0.6974]\rangle$ $\psi_C=\langle[0.3390,0.5446],[0.4996,0.6953]\rangle$ $\psi_D=\langle[0.4040,0.5461],[0.3852,0.7240]\rangle$	$S_A=-0.2623$ $S_B=-0.1098$ $S_C=-0.1608$ $S_D=-0.1055$	$D>B>C>A$
SC - IPFOWG[41]	$\psi_A=\langle[0.3222,0.6719],[0.3584,0.6493]\rangle$ $\psi_B=\langle[0.4584,0.7241],[0.4205,0.5894]\rangle$ $\psi_C=\langle[0.3686,0.6973],[0.3725,0.5490]\rangle$ $\psi_D=\langle[0.4517,0.6561],[0.3343,0.6352]\rangle$	$S_A=0.0026$ $S_B=0.1051$ $S_C=0.0910$ $S_D=0.0596$	$B>C>D>A$
本文方法 SC - IPFOHWAWG	$\psi_A=\langle[0.2951,0.5991],[0.4408,0.7321]\rangle$ $\psi_B=\langle[0.4066,0.6843],[0.4806,0.6489]\rangle$ $\psi_C=\langle[0.3535,0.6162],[0.4428,0.6319]\rangle$ $\psi_D=\langle[0.4272,0.5986],[0.3512,0.6850]\rangle$	$S_A=-0.1421$ $S_B=-0.0092$ $S_C=-0.0453$ $S_D=-0.0259$	$B>D>C>A$

从表 6 – 10 可以看出，除 SC – IPFOWA 方法外，其余 7 种集成方法所得出的结论都是高校 B 排名第一，且所有集成方法都显示高校 A 在人才投入产出建设领域是表现最不突出的。进一步可发现，SC – IPFHWAWG 与 SC – IPFOHWAWG 所得出的排序结果与 IPFWA 和 SC – IPFWA 是完全一致的，而与 IPFWG，SC – IPFWG 和 SC – IPFOWG 仅仅在于第二排位与第三排位有些许不同。另外，SC – IPFOWA 方法受到有序加权的很大影响，与其他方法的结果存在很大出入，进一步验证了其存在不稳定性等缺陷。而本章所提出的两种新集成算子融合了专家置信度、算术加权与几何加权等优点，所得结果具有稳定性的特点，使最后的评价结果更加具有可信度与可靠性。

五、小结

通过分析现有区间毕达哥拉斯模糊数现存比较规则的缺陷，本节首先提出了两种 IVPFN 新的比较函数，并与传统得分函数与精确函数相结合，构建了较为完整的区间毕达哥拉斯模糊数的比较体系，从而实现了任意两个区间毕达哥拉斯模糊数都能被正确排序。另外，考虑到 Garg[43] 和 Ji 等[41] 所提出的 IVPF 置信集成方法缺乏可信度与稳定性等缺点，本节进一步提出了 SC – IPFHWAWG 和 SC – IPFOHWAWG 两种新集成置信方法，其综合了算术加权与几何加权方法的特点，使集成结果更具有一致性，最终得出的结论也更可靠和更具借鉴性。此外，本节提出的新集成方法更具灵活性，可以根据实际问题需要选择参数 θ 的取值，从而给决策者提供更多的选择。最后通过实际案例验证了该方法的有效性。

第三节　基于社会网络分析的区间 Fermatean 模糊综合评价方法

相较于 Atanassov[46] 的直觉模糊集（IFS）和 Yager[47] 的毕达哥拉斯模糊集（PFS），Senapati 等[48] 提出的 Fermatean 模糊集（FFS）所能表达模糊信

息的范围更为广泛。考虑到实际复杂的评价环境，专家无法准确给出相应的隶属度和非隶属度值，Jeevaraj 于 2021 年提出区间 Fermatean 模糊集（Interval - valued Fermatean fuzzy set，IVFFS）的概念[49]。由于 IVFFS 能够有效克服 IVIFS、IVPFS 和 FFS 表达范围和表达能力局限的缺陷，因而在表达模糊信息方面具有更大的优势。

关于群组综合评价理论的研究，一个新的研究趋势是与社会网络分析（SNA）理论相结合，主要是考虑社会网络中专家间信任关系对专家权重与共识达成的影响[50-57]。关于 SNA 环境下的专家权重的研究，现有文献以基于相应评价环境的信任网络获取专家权重居多[50-54]。关于共识达成的研究，主要研究意见反馈机制，即研究未达成共识专家的评价意见的调整方向问题。如 Wu 等[50]提出一种基于信任的建议生成机制，旨在根据群组综合评价意见对未达成共识的专家意见进行调整。Tian 等[54]提出一种双重反馈机制对未达成共识的专家进行意见和权重的双重修改。Wu 等[51,52,55]提出一种反馈推荐机制以提高群组共识度，其中专家意见向群组综合评价意见或其余专家综合评价意见方向调整。Liu 等[58]提出了一种信任诱导推荐机制，其中由共识度构造专家间的信任关系，进而根据信任关系调整未达成共识的专家意见。

由于区间 Fermatean 模糊理论是 2021 年提出的一种新复杂模糊集，目前关于区间 Fermatean 模糊的理论和方法研究还不多，且在综合评价领域的研究存在以下两个方面的缺陷：（1）关于区间 Fermatean 模糊的集成方法研究不足，目前仅 Rani 和 Mishra[59]提出了两种 IVFF 信息的加权平均/几何方法；（2）现有关于群组专家意见的反馈机制虽然结合了专家的信任关系特征，但主要侧重将未达成共识专家的评价意见向群组综合评价意见方向调整，并未真正发挥信任关系在意见反馈机制中的作用，未考虑评价专家对反馈意见的接受意愿。事实上，专家更愿意相信其信任的专家的评价意见。少数文献虽结合信任专家进行意见调整，但忽略了未达成共识的专家对其他专家信任程度的差异化问题，且目前未见基于社会网络分析的区间 Fermatean 模糊评价方法的相关研究。

综上，本章以表达范围更广、表达能力更强的 IVFFS 为评价环境，提出一种基于 IVFFS 信任网络的群组综合评价方法。具体而言，首先，提出了一种基于区间 Fermatean 模糊的 Frank 集成方法，弥补了现有 IVFF 集成方法无法体现灵活性特征的不足。其次，设计群组评价专家的个性化反馈机制，进一步提出信任共识交互模型，弥补了意见反馈阶段信任关系的作用无法真正体现的缺陷，同时权衡了专家对反馈意见的接受意愿。再次，针对未知的评价专家和指标权重，利用信任网络计算专家权重，并提出 IVFF 熵权法计算评价指标权重。最后，在上述研究的基础上，提出了基于区间 Fermatean 模糊的群组信任网络综合评价模型，并研究了其在本科生统计设计能力评价中的应用。

一、预备知识

本节简要回顾 FFS、IVFFS 和 Frank 算子的相关理论知识，并给出了 IVFFS 的得分函数、精确函数以及距离测度等定义。

定义 6.25[48]　设 $\Im=\{Y_1,Y_2,\cdots,Y_n\}$ 为一论域，则定义在 $\Im$ 上的一个 FFS 可表示为：

$$F=\{\langle Y,\mu_F(Y),\nu_F(Y)\rangle \mid Y\in\Im\} \tag{6-26}$$

其中，$\mu_F:Y\to[0,1]$，$\nu_F:Y\to[0,1]$，$\mu_F(Y)$ 和 $\nu_F(Y)$ 分别表示元素 Y 属于集合 F 的隶属度和非隶属度，且满足条件 $(\mu_F(Y))^3+(\nu_F(Y))^3\leqslant 1$，其中 $0\leqslant\mu_F(Y)\leqslant 1$，$0\leqslant\nu_F(Y)\leqslant 1$。犹豫度或不确定度表示为 $\pi_F(Y)=\sqrt[3]{1-(\mu_F(Y))^3-(\nu_F(Y))^3}$。为了便于应用，Senapati 和 Yager[48] 将 $F=\langle\mu_F,\nu_F\rangle$ 称为一个 Fermatean 模糊数（FFN）。

定义 6.26[49]　设 $\Im=\{Y_1,Y_2,\cdots,Y_n\}$ 为一论域，则定义在 $\Im$ 上的一个区间 Fermatean 模糊（IVFFS）可表示成式（6－26）的形式，其中 $\mu_F:Y\to Int[0,1]$，$\nu_F:Y\to Int[0,1]$，$\mu_F(Y)$ 和 $\nu_F(Y)$ 分别表示元素 Y 属于集合 F 的隶属度和非隶属度，且满足条件 $\sup_Y(\mu_F(Y))^3+\sup_Y(\nu_F(Y))^3\leqslant 1$。由于 $\mu_F(Y)$ 和 $\nu_F(Y)$ 为 $[0,1]$ 上的子区间，故可表示成上下界的形式，即 $\mu_F(Y)=[\mu_{F_L}(Y),\mu_{F_U}(Y)]$，$\nu_F(Y)=[\nu_{F_L}(Y),\nu_{F_U}(Y)]$。因此，IVFFS 又可以表示为：

$$F=\{\langle Y,[\mu_{F_L}(Y),\mu_{F_U}(Y)],[\nu_{F_L}(Y),\nu_{F_U}(Y)]\rangle \mid Y\in\Im\} \tag{6-27}$$

其中 $(\mu_{F_U}(Y))^3+(\nu_{F_U}(Y))^3\leqslant 1$，且 IVFFS 的犹豫度记为 $\pi_F(Y)=[\pi_{F_L}(Y),$

$\pi_{F_U}(Y)] = [\sqrt[3]{1-(\mu_{F_U}(Y))^3-(\nu_{F_U}(Y))^3}, \sqrt[3]{1-(\mu_{F_L}(Y))^3-(\nu_{F_L}(Y))^3}]$。为了便于计算，Jeevaraj[5]将 $F=\langle[\mu_{F_L},\mu_{F_U}],[\nu_{F_L},\nu_{F_U}]\rangle$ 称为一个区间 Fermatean 模糊数（IVFFN）。显然，当 $\mu_{F_L}=\mu_{F_U}$ 且 $\nu_{F_L}=\nu_{F_U}$ 时，IVFFN 退化成 Fermatean 模糊数（FFN）。

为比较 IVFFN 的大小关系，本章定义一种基于得分函数和精确函数的大小比较体系。

定义 6.27 设 $F=\langle[\mu_{F_L},\mu_{F_U}],[\nu_{F_L},\nu_{F_U}]\rangle$ 为一个 IVFFN，则其得分函数定义为：

$$S(F)=\frac{2+\mu_{F_L}^3+\mu_{F_U}^3-\nu_{F_L}^3-\nu_{F_U}^3}{4}\in[0,1] \tag{6-28}$$

精确函数定义为：

$$H(F)=\frac{\mu_{F_L}^3+\mu_{F_U}^3+\nu_{F_L}^3+\nu_{F_U}^3}{2}\in[0,1] \tag{6-29}$$

则对于任意两个 IVFFNs $F_1=\langle[\mu_{F_{L_1}},\mu_{F_{U_1}}],[\nu_{F_{L_1}},\nu_{F_{U_1}}]\rangle$ 和 $F_2=\langle[\mu_{F_{L_2}},\mu_{F_{U_2}}],[\nu_{F_{L_2}},\nu_{F_{U_2}}]\rangle$，有

（1）若 $S(F_1)>S(F_2)$，则 $F_1>F_2$；

（2）若 $S(F_1)=S(F_2)$，则

1）若 $H(F_1)=H(F_2)$，则 $F_1\sim F_2$；

2）若 $H(F_1)>H(F_2)$，则 $F_1>F_2$。

定义 6.28 设 $F_1=\langle[\mu_{F_{L_1}},\mu_{F_{U_1}}],[\nu_{F_{L_1}},\nu_{F_{U_1}}]\rangle$ 和 $F_2=\langle[\mu_{F_{L_2}},\mu_{F_{U_2}}],[\nu_{F_{L_2}},\nu_{F_{U_2}}]\rangle$，其距离测度定义为：

$$\begin{aligned}d(F_1,F_2)=\frac{1}{4}[&|\mu_{F_{L_1}}^3-\mu_{F_{L_2}}^3|+|\mu_{F_{U_1}}^3-\mu_{F_{U_2}}^3|+|\nu_{F_{L_1}}^3-\nu_{F_{L_2}}^3|\\&+|\nu_{F_{U_1}}^3-\nu_{F_{U_2}}^3|+|\pi_{F_{L_1}}^3-\pi_{F_{L_2}}^3|+|\pi_{F_{U_1}}^3-\pi_{F_{U_2}}^3|]\end{aligned} \tag{6-30}$$

定义 6.29[14] Frank T－模和 Frank S－模的定义如下：

$$T_\gamma(x,y)=\log_\gamma\left(1+\frac{(\gamma^x-1)(\gamma^y-1)}{\gamma-1}\right),x,y\in[0,1],\gamma\in(1,+\infty) \tag{6-31}$$

$$S_\gamma(x,y)=1-\log_\gamma\left(1+\frac{(\gamma^{1-x}-1)(\gamma^{1-y}-1)}{\gamma-1}\right),x,y\in[0,1],\gamma\in(1,+\infty) \tag{6-32}$$

Frank$T$－模和S－模的两大优点：一是Frank T－模和S－模具有一般T－模和S－模的特性；二是公式中含有参数γ，评价专家可根据实际偏好选择合适参数值，更具灵活性。

二、区间 Fermatean 模糊 Frank 集成方法

我们首先给出区间 Fermatean 模糊数的运算规则。

定义 6.30　设 $F=\langle[\mu_{F_L},\mu_{F_U}],[\nu_{F_L},\nu_{F_U}]\rangle$ 和 $F_i=\langle[\mu_{F_{L_i}},\mu_{F_{U_i}}],[\nu_{F_{L_i}},\nu_{F_{U_i}}]\rangle(i=1,2)$ 为三个 IVFFNs，则有：

（1）$F_1\oplus F_2$

$$=\left\langle\left[\sqrt[3]{1-\log_\gamma\left(1+\frac{(\gamma^{1-\mu^3_{F_{L_1}}}-1)(\gamma^{1-\mu^3_{F_{L_2}}}-1)}{\gamma-1}\right)},\sqrt[3]{1-\log_\gamma\left(1+\frac{(\gamma^{1-\mu^3_{F_{U_1}}}-1)(\gamma^{1-\mu^3_{F_{U_2}}}-1)}{\gamma-1}\right)}\right],\left[\sqrt[3]{\log_\gamma\left(1+\frac{(\gamma^{\nu^3_{F_{L_1}}}-1)(\gamma^{\nu^3_{F_{L_2}}}-1)}{\gamma-1}\right)},\sqrt[3]{\log_\gamma\left(1+\frac{(\gamma^{\nu^3_{F_{U_1}}}-1)(\gamma^{\nu^3_{F_{U_2}}}-1)}{\gamma-1}\right)}\right]\right\rangle;$$

（2）$F_1\otimes F_2$

$$=\left\langle\left[\sqrt[3]{\log_\gamma\left(1+\frac{(\gamma^{\mu^3_{F_{L_1}}}-1)(\gamma^{\mu^3_{F_{L_2}}}-1)}{\gamma-1}\right)},\sqrt[3]{\log_\gamma\left(1+\frac{(\gamma^{\mu^3_{F_{U_1}}}-1)(\gamma^{\mu^3_{F_{U_2}}}-1)}{\gamma-1}\right)}\right],\left[\sqrt[3]{1-\log_\gamma\left(1+\frac{(\gamma^{1-\nu^3_{F_{L_1}}}-1)(\gamma^{1-\nu^3_{F_{L_2}}}-1)}{\gamma-1}\right)},\sqrt[3]{1-\log_\gamma\left(1+\frac{(\gamma^{1-\nu^3_{F_{U_1}}}-1)(\gamma^{1-\nu^3_{F_{U_2}}}-1)}{\gamma-1}\right)}\right]\right\rangle;$$

（3）$\lambda F=$

$$\left\langle\left[\sqrt[3]{1-\log_\gamma\left(1+\frac{(\gamma^{1-\mu^3_{F_L}}-1)^\lambda}{(\gamma-1)^{\lambda-1}}\right)},\sqrt[3]{1-\log_\gamma\left(1+\frac{(\gamma^{1-\mu^3_{F_U}}-1)^\lambda}{(\gamma-1)^{\lambda-1}}\right)}\right],\left[\sqrt[3]{\log_\gamma\left(1+\frac{(\gamma^{\nu^3_{F_L}}-1)^\lambda}{(\gamma-1)^{\lambda-1}}\right)},\sqrt[3]{\log_\gamma\left(1+\frac{(\gamma^{\nu^3_{F_U}}-1)^\lambda}{(\gamma-1)^{\lambda-1}}\right)}\right]\right\rangle,\ \lambda>0;$$

(4) $F^{\lambda}=\left\langle\left[\sqrt[3]{\log_{\gamma}\left(1+\frac{(\gamma^{\mu_{F_L}^3}-1)^{\lambda}}{(\gamma-1)^{\lambda-1}}\right)},\ \sqrt[3]{\log_{\gamma}\left(1+\frac{(\gamma^{\mu_{F_U}^3}-1)^{\lambda}}{(\gamma-1)^{\lambda-1}}\right)}\right],\right.$

$\left.\left[\sqrt[3]{1-\log_{\gamma}\left(1+\frac{(\gamma^{1-\nu_{F_L}^3}-1)^{\lambda}}{(\gamma-1)^{\lambda-1}}\right)},\ \sqrt[3]{1-\log_{\gamma}\left(1+\frac{(\gamma^{1-\nu_{F_U}^3}-1)^{\lambda}}{(\gamma-1)^{\lambda-1}}\right)}\right]\right\rangle$,

$\lambda>0$。

定义 6.31 设 $F_i=\langle[\mu_{F_{L_i}},\mu_{F_{U_i}}],[\nu_{F_{L_i}},\nu_{F_{U_i}}]\rangle\ (i=1,2)$ 为任意两个 IVFFNs，且 λ，λ_1，$\lambda_2>0$，则有：

(1) $F_1\oplus F_2=F_2\oplus F_1$;

(2) $F_1\otimes F_2=F_2\otimes F_1$;

(3) $\lambda(F_1\oplus F_2)=\lambda F_1\oplus\lambda F_2$;

(4) $\lambda_1F_1\oplus\lambda_2F_1=(\lambda_1+\lambda_2)F_1$;

(5) $F_1^{\lambda}\otimes F_2^{\lambda}=(F_1\otimes F_2)^{\lambda}$;

(6) $F_1^{\lambda_1}\otimes F_1^{\lambda_2}=F_1^{\lambda_1+\lambda_2}$。

以上性质容易根据数学归纳法证明成立。

基于以上区间 Fermatean 模糊数的运算规则，下面我们提出一种基于 Frank 算子的区间 Fermatean 模糊集成方法。

定义 6.32 设 $F_i=\langle[\mu_{F_{L_i}},\mu_{F_{U_i}}],[\nu_{F_{L_i}},\nu_{F_{U_i}}]\rangle\ (i=1,2,\cdots,n)$ 为一组 IVFFN，$\omega=(\omega_1,\omega_2,\cdots,\omega_n)^T$ 为权重向量，$\omega_i\in[0,1]$，$\sum_{i=1}^{n}\omega_i=1$，则区间 Fermatean 模糊 Frank 加权平均（IVFFFWA）算子定义如下：

$$IVFFFWA(F_1,F_2,\cdots,F_n)=\bigoplus_{i=1}^{n}\omega_iF_i=\omega_1F_1\oplus\omega_2F_2\oplus\cdots\oplus\omega_nF_n \tag{6-33}$$

定理 6.7 设 $F_i=\langle[\mu_{F_{L_i}},\mu_{F_{U_i}}],[\nu_{F_{L_i}},\nu_{F_{U_i}}]\rangle\ (i=1,2,\cdots,n)$ 为一组 IVFFN，则 IVFFFWA 的集成结果仍然为 IVFFN，且有：

$$\begin{aligned}&IVFFFWA(F_1,\cdots,F_n)\\&=\bigoplus_{i=1}^{n}\omega_iF_i\\&=\left\langle\left[\sqrt[3]{1-\log_{\gamma}\left(1+\prod_{i=1}^{n}(\gamma^{1-\mu_{F_{L_i}}^3}-1)^{\omega_i}\right)},\sqrt[3]{1-\log_{\gamma}\left(1+\prod_{i=1}^{n}(\gamma^{1-\mu_{F_{U_i}}^3}-1)^{\omega_i}\right)}\right],\right.\\&\left.\left[\sqrt[3]{\log_{\gamma}\left(1+\prod_{i=1}^{n}(\gamma^{\nu_{F_{L_i}}^3}-1)^{\omega_i}\right)},\sqrt[3]{\log_{\gamma}\left(1+\prod_{i=1}^{n}(\gamma^{\nu_{F_{U_i}}^3}-1)^{\omega_i}\right)}\right]\right\rangle\end{aligned} \tag{6-34}$$

下面利用数学归纳法对式（6－34）进行证明，过程如下：

（1）当 $n=1$ 时，式（6－34）显然成立，即 $\omega F=1\cdot F=F=\langle[\mu_{F_L},\mu_{F_U}],[\nu_{F_L},\nu_{F_U}]\rangle$。

（2）当 $n=2$ 时，有：

$$\omega_1 F_1$$

$$=\left\langle\left[\sqrt[3]{1-\log_\gamma\left(1+\frac{(\gamma^{1-\mu^3_{F_{L_1}}}-1)^{\omega_1}}{(\gamma-1)^{\omega_1-1}}\right)},\sqrt[3]{1-\log_\gamma\left(1+\frac{(\gamma^{1-\mu^3_{F_{U_1}}}-1)^{\omega_1}}{(\gamma-1)^{\omega_1-1}}\right)}\right],\right.$$

$$\left.\left[\sqrt[3]{\log_\gamma\left(1+\frac{(\gamma^{\nu^3_{F_{L_1}}}-1)^{\omega_1}}{(\gamma-1)^{\omega_1-1}}\right)},\sqrt[3]{\log_\gamma\left(1+\frac{(\gamma^{\nu^3_{F_{U_1}}}-1)^{\omega_1}}{(\gamma-1)^{\omega_1-1}}\right)}\right]\right\rangle$$

$$\omega_2 F_2$$

$$=\left\langle\left[\sqrt[3]{1-\log_\gamma\left(1+\frac{(\gamma^{1-\mu^3_{F_{L_2}}}-1)^{\omega_2}}{(\gamma-1)^{\omega_2-1}}\right)},\sqrt[3]{1-\log_\gamma\left(1+\frac{(\gamma^{1-\mu^3_{F_{U_1}}}-1)^{\omega_2}}{(\gamma-1)^{\omega_2-1}}\right)}\right],\right.$$

$$\left.\left[\sqrt[3]{\log_\gamma\left(1+\frac{(\gamma^{\nu^3_{F_{L_1}}}-1)^{\omega_2}}{(\gamma-1)^{\omega_2-1}}\right)},\sqrt[3]{\log_\gamma\left(1+\frac{(\gamma^{\nu^3_{F_{U_1}}}-1)^{\omega_2}}{(\gamma-1)^{\omega_2-1}}\right)}\right]\right\rangle$$

从而有：

$$\omega_1 F_1\oplus\omega_2 F_2$$

$$=\left\langle\left[\sqrt[3]{1-\log_\gamma\left(1+\frac{\frac{(\gamma^{1-\mu^3_{F_{L_1}}}-1)^{\omega_1}}{(\gamma-1)^{\omega_1-1}}\cdot\frac{(\gamma^{1-\mu^3_{F_{L_2}}}-1)^{\omega_2}}{(\gamma-1)^{\omega_2-1}}}{\gamma-1}\right)},\right.\right.$$

$$\left.\sqrt[3]{1-\log_\gamma\left(1+\frac{\frac{(\gamma^{1-\mu^3_{F_{U_1}}}-1)^{\omega_1}}{(\gamma-1)^{\omega_1-1}}\cdot\frac{(\gamma^{1-\mu^3_{F_{U_2}}}-1)^{\omega_2}}{(\gamma-1)^{\omega_2-1}}}{\gamma-1}\right)}\right],$$

$$\left[\sqrt[3]{\log_\gamma\left(1+\frac{\frac{(\gamma^{\nu^3_{F_{L_1}}}-1)^{\omega_1}}{(\gamma-1)^{\omega_1-1}}\cdot\frac{(\gamma^{\nu^3_{F_{L_2}}}-1)^{\omega_2}}{(\gamma-1)^{\omega_2-1}}}{\gamma-1}\right)},\right.$$

$$\left.\left.\sqrt[3]{\log_\gamma\left(1+\frac{\frac{(\gamma^{\nu^3_{F_{U_1}}}-1)^{\omega_1}}{(\gamma-1)^{\omega_1-1}}\cdot\frac{(\gamma^{\nu^3_{F_{U_2}}}-1)^{\omega_2}}{(\gamma-1)^{\omega_2-1}}}{\gamma-1}\right)}\right]\right\rangle$$

$$= \left\langle \left[\sqrt[3]{1-\log_\gamma\left(1+\frac{(\gamma^{1-\mu_{F_{L_1}}^3}-1)^{\omega_1}(\gamma^{1-\mu_{F_{L_2}}^3}-1)^{\omega_2}}{(\gamma-1)^{\omega_1+\omega_2-1}}\right)}, \right.\right.$$

$$\left. \sqrt[3]{1-\log_\gamma\left(1+\frac{(\gamma^{1-\mu_{F_{U_1}}^3}-1)^{\omega_1}(\gamma^{1-\mu_{F_{U_2}}^3}-1)^{\omega_2}}{(\gamma-1)^{\omega_1+\omega_2-1}}\right)} \right],$$

$$\left[\sqrt[3]{\log_\gamma\left(1+\frac{(\gamma^{\nu_{F_{L_1}}^3}-1)^{\omega_1}(\gamma^{\nu_{F_{L_2}}^3}-1)^{\omega_2}}{(\gamma-1)^{\omega_1+\omega_2-1}}\right)}, \right.$$

$$\left.\left. \sqrt[3]{\log_\gamma\left(1+\frac{(\gamma^{\nu_{F_{U_1}}^3}-1)^{\omega_1}(\gamma^{\nu_{F_{U_2}}^3}-1)^{\omega_2}}{(\gamma-1)^{\omega_1+\omega_2-1}}\right)} \right] \right\rangle$$

$$= \langle [\sqrt[3]{1-\log_\gamma(1+(\gamma^{1-\mu_{F_{L_1}}^3}-1)^{\omega_1}(\gamma^{1-\mu_{F_{L_2}}^3}-1)^{\omega_2})},$$

$$\sqrt[3]{1-\log_\gamma(1+(\gamma^{1-\mu_{F_{U_1}}^3}-1)^{\omega_1}(\gamma^{1-\mu_{F_{U_2}}^3}-1)^{\omega_2})}],$$

$$[\sqrt[3]{\log_\gamma(1+(\gamma^{\nu_{F_{L_1}}^3}-1)^{\omega_1}(\gamma^{\nu_{F_{L_2}}^3}-1)^{\omega_2})},$$

$$\sqrt[3]{\log_\gamma(1+(\gamma^{\nu_{F_{U_1}}^3}-1)^{\omega_1}(\gamma^{\nu_{F_{U_2}}^3}-1)^{\omega_2})}]\rangle$$

因此，当 $n=2$ 时，式（6－34）也成立。

（3）假设当 $n=k$ 时，式（6－34）成立，则当 $n=k+1$ 时，有：

$IVFFFWA(F_1,\cdots,F_n)$

$$=\bigoplus_{i=1}^{k}\omega_i F_i \oplus \omega_{k+1}F_{k+1}$$

$$= \left\langle \left[\sqrt[3]{1-\log_\gamma\left(1+\frac{\prod_{i=1}^{k}(\gamma^{1-\mu_{F_{L_i}}^3}-1)^{\omega_i}}{(\gamma-1)^{\sum_{i=1}^{k}\omega_i-1}}\right)}, \sqrt[3]{1-\log_\gamma\left(1+\frac{\prod_{i=1}^{k}(\gamma^{1-\mu_{F_{U_i}}^3}-1)^{\omega_i}}{(\gamma-1)^{\sum_{i=1}^{k}\omega_i-1}}\right)} \right], \right.$$

$$\left. \left[\sqrt[3]{\log_\gamma\left(1+\frac{\prod_{i=1}^{k}(\gamma^{\nu_{F_{L_i}}^3}-1)^{\omega_i}}{(\gamma-1)^{\sum_{i=1}^{k}\omega_i-1}}\right)}, \sqrt[3]{\log_\gamma\left(1+\frac{\prod_{i=1}^{k}(\gamma^{\nu_{F_{U_i}}^3}-1)^{\omega_i}}{(\gamma-1)^{\sum_{i=1}^{k}\omega_i-1}}\right)} \right] \right\rangle$$

$$\oplus \left\langle \left[\sqrt[3]{1-\log_\gamma\left(1+\frac{(\gamma^{1-\mu_{F_{L_{k+1}}}^3}-1)^{\omega_{k+1}}}{(\gamma-1)^{\omega_{k+1}-1}}\right)}, \sqrt[3]{1-\log_\gamma\left(1+\frac{(\gamma^{1-\mu_{F_{U_{k+1}}}^3}-1)^{\omega_{k+1}}}{(\gamma-1)^{\omega_{k+1}-1}}\right)} \right], \right.$$

$$\left. \left[\sqrt[3]{\log_\gamma\left(1+\frac{(\gamma^{\nu_{F_{L_{k+1}}}^3}-1)^{\omega_{k+1}}}{(\gamma-1)^{\omega_{k+1}-1}}\right)}, \sqrt[3]{\log_\gamma\left(1+\frac{(\gamma^{\nu_{F_{U_{k+1}}}^3}-1)^{\omega_{k+1}}}{(\gamma-1)^{\omega_{k+1}-1}}\right)} \right] \right\rangle$$

$$= \left\langle \left[\sqrt[3]{1 - \log_{\gamma}\left(1 + \frac{\dfrac{\prod_{i=1}^{k}(\gamma^{1-\mu_{F_{L_i}}^{3}} - 1)^{\omega_i} \cdot (\gamma^{1-\mu_{F_{L_{k+1}}}^{3}} - 1)^{\omega_{k+1}}}{(\gamma - 1)^{\sum_{i=1}^{k}\omega_i - 1} \cdot (\gamma - 1)^{\omega_{k+1} - 1}}}{\gamma - 1}\right)}, \right.\right.$$

$$\left. \sqrt[3]{1 - \log_{\gamma}\left(1 + \frac{\dfrac{\prod_{i=1}^{k}(\gamma^{1-\mu_{F_{U_i}}^{3}} - 1)^{\omega_i} \cdot (\gamma^{1-\mu_{F_{U_{k+1}}}^{3}} - 1)^{\omega_{k+1}}}{(\gamma - 1)^{\sum_{i=1}^{k}\omega_i - 1} \cdot (\gamma - 1)^{\omega_{k+1} - 1}}}{\gamma - 1}\right)} \right],$$

$$\left[\sqrt[3]{\log_{\gamma}\left(1 + \frac{\dfrac{\prod_{i=1}^{k}(\gamma^{\nu_{F_{L_i}}^{3}} - 1)^{\omega_i} \cdot (\gamma^{\nu_{F_{L_{k+1}}}^{3}} - 1)^{\omega_{k+1}}}{(\gamma - 1)^{\sum_{i=1}^{k}\omega_i - 1} \cdot (\gamma - 1)^{\omega_{k+1} - 1}}}{\gamma - 1}\right)}, \right.$$

$$\left.\left. \sqrt[3]{\log_{\gamma}\left(1 + \frac{\dfrac{\prod_{i=1}^{k}(\gamma^{\nu_{F_{U_i}}^{3}} - 1)^{\omega_i} \cdot (\gamma^{\nu_{F_{U_{k+1}}}^{3}} - 1)^{\omega_{k+1}}}{(\gamma - 1)^{\sum_{i=1}^{k}\omega_i - 1} \cdot (\gamma - 1)^{\omega_{k+1} - 1}}}{\gamma - 1}\right)} \right] \right\rangle$$

$$= \left\langle \left[\sqrt[3]{1 - \log_{\gamma}\left(1 + \frac{\prod_{i=1}^{k+1}(\gamma^{1-\mu_{F_{L_i}}^{3}} - 1)^{\omega_i}}{(\gamma - 1)^{\sum_{i=1}^{k+1}\omega_i - 1}}\right)}, \sqrt[3]{1 - \log_{\gamma}\left(1 + \frac{\prod_{i=1}^{k+1}(\gamma^{1-\mu_{F_{U_i}}^{3}} - 1)^{\omega_i}}{(\gamma - 1)^{\sum_{i=1}^{k+1}\omega_i - 1}}\right)} \right], \right.$$

$$\left. \left[\sqrt[3]{\log_{\gamma}\left(1 + \frac{\prod_{i=1}^{k+1}(\gamma^{\nu_{F_{L_i}}^{3}} - 1)^{\omega_i}}{(\gamma - 1)^{\sum_{i=1}^{k+1}\omega_i - 1}}\right)}, \sqrt[3]{\log_{\gamma}\left(1 + \frac{\prod_{i=1}^{k+1}(\gamma^{\nu_{F_{U_i}}^{3}} - 1)^{\omega_i}}{(\gamma - 1)^{\sum_{i=1}^{k+1}\omega_i - 1}}\right)} \right] \right\rangle$$

$$=\left\langle\left[\sqrt[3]{1-\log_\gamma\left(1+\prod_{i=1}^{k+1}\left(\gamma^{1-\mu^3_{F_{L_i}}}-1\right)^{\omega_i}\right)},\sqrt[3]{1-\log_\gamma\left(1+\prod_{i=1}^{k+1}\left(\gamma^{1-\mu^3_{F_{U_i}}}-1\right)^{\omega_i}\right)}\right],\right.$$

$$\left.\left[\sqrt[3]{\log_\gamma\left(1+\prod_{i=1}^{k+1}\left(\gamma^{\nu^3_{F_{L_i}}}-1\right)^{\omega_i}\right)},\sqrt[3]{\log_\gamma\left(1+\prod_{i=1}^{k+1}\left(\gamma^{\nu^3_{F_{U_i}}}-1\right)^{\omega_i}\right)}\right]\right\rangle$$

所以，当 $n=k+1$ 时，式（6－34）仍成立。

因此对于任意的 n，式（6－34）成立。此外，

$$\left[\sqrt[3]{1-\log_\gamma\left(1+\prod_{i=1}^{n}\left(\gamma^{1-\mu^3_{F_{U_i}}}-1\right)^{\omega_i}\right)}\right]^3+\left[\sqrt[3]{\log_\gamma\left(1+\prod_{i=1}^{n}\left(\gamma^{\nu^3_{F_{U_i}}}-1\right)^{\omega_i}\right)}\right]^3$$

$$=1-\log_\gamma\left(1+\prod_{i=1}^{n}\left(\gamma^{1-\mu^3_{F_{U_i}}}-1\right)^{\omega_i}\right)+\log_\gamma\left(1+\prod_{i=1}^{n}\left(\gamma^{\nu^3_{F_{U_i}}}-1\right)^{\omega_i}\right)$$

$$\leqslant 1-\log_\gamma\left(1+\prod_{i=1}^{n}\left(\gamma^{1-\mu^3_{F_{U_i}}}-1\right)^{\omega_i}\right)+\log_\gamma\left(1+\prod_{i=1}^{n}\left(\gamma^{1-\mu^3_{F_{U_i}}}-1\right)^{\omega_i}\right)$$

$$=1(\mu^3_{F_{U_i}}+\nu^3_{F_{U_i}}\leqslant 1\Rightarrow\nu^3_{F_{U_i}}\leqslant 1-\mu^3_{F_{U_i}})$$

而且有：

$$0\leqslant 1-\log_\gamma\left(1+\prod_{i=1}^{n}\left(\gamma^{1-\mu^3_{F_{L_i}}}-1\right)^{\omega_i}\right),1-\log_\gamma(1+\prod_{i=1}^{n}(\gamma^{1-\mu^3_{F_{U_i}}}-1)^{\omega_i})\leqslant 1,$$

$$0\leqslant\log_\gamma\left(1+\prod_{i=1}^{n}\left(\gamma^{\nu^3_{F_{L_i}}}-1\right)^{\omega_i}\right),\log_\gamma\left(1+\prod_{i=1}^{n}\left(\gamma^{\nu^3_{F_{U_i}}}-1\right)^{\omega_i}\right)\leqslant 1。$$

因此，IVFFFWA 算子的集成结果仍为 IVFFN。

定理 6.8 设 $F_i=\langle[\mu_{F_{L_i}},\mu_{F_{U_i}}],[v_{F_{L_i}},v_{F_{U_i}}]\rangle(i=1,2,\cdots,n)$ 为一组 IVFFN，则 IVFFFWA 算子具有以下性质：

（1）幂等性：若对于 $\forall i$，有 $F_i=F=\langle[\mu_{F_L},\mu_{F_U}],[\nu_{F_L},\nu_{F_U}]\rangle$，则有：

$IVFFFWA(F_1,F_2,\cdots,F_n)=F$

（2）交换性：若 $\{F'_1,F'_2,\cdots,F'_n\}$ 为集合 $\{F_1,F_2,\cdots,F_n\}$ 中元素的任意排列组合，则：

$IVFFFWA(F_1,F_2,\cdots,F_n)=IVFFFWA(F'_1,F'_2,\cdots,F'_n)$

（3）单调性：若对于 $\forall i$，有 $\mu_{F_{L_i}}\leqslant\mu'_{F_{L_i}}$，$\mu_{F_{U_i}}\leqslant\mu'_{F_{U_i}}$，$\nu_{F_{L_i}}\geqslant\nu'_{F_{L_i}}$，$\nu_{F_{U_i}}\geqslant\nu'_{F_{U_i}}$，则：

$IVFFFWA(F_1,F_2,\cdots,F_n)\leqslant IVFFFWA(F'_1,F'_2,\cdots,F'_n)$

（4）有界性：若 $F^-=([\min\limits_{1\leqslant i\leqslant n}(\mu_{F_{L_i}}),\min\limits_{1\leqslant i\leqslant n}(\mu_{F_{U_i}})],[\max\limits_{1\leqslant i\leqslant n}(\nu_{F_{L_i}}),\max\limits_{1\leqslant i\leqslant n}(\nu_{F_{U_i}})])$，$F^+=([\max\limits_{1\leqslant i\leqslant n}(\mu_{F_{L_i}}),\max\limits_{1\leqslant i\leqslant n}(\mu_{F_{U_i}})],[\min\limits_{1\leqslant i\leqslant n}(\nu_{F_{L_i}}),\min\limits_{1\leqslant i\leqslant n}(\nu_{F_{U_i}})])$，则有：

$F^{-} \leqslant IVFFFWA(F_1, F_2, \cdots, F_n) \leqslant F^{+}$

限于篇幅，以上性质的证明省略。下面研究 IVFF 的加权几何方法。

定义 6.33　设 $F_i = \langle [\mu_{F_{L_i}}, \mu_{F_{U_i}}], [\nu_{F_{L_i}}, \nu_{F_{U_i}}] \rangle$ $(i = 1, 2, \cdots, n)$ 为一组 IVFFN，$\omega = (\omega_1, \omega_2, \cdots, \omega_n)^T$ 为权重向量，$\omega_i \in [0, 1]$，$\sum_{i=1}^{n} \omega_i = 1$，则区间 Fermatean 模糊 Frank 加权几何（IVFFFWG）算子定义如下：

$$IVFFFWG(F_1, F_2, \cdots, F_n) = \bigotimes_{i=1}^{n} F_i^{\omega_i} = F_1^{\omega_1} \otimes F_2^{\omega_2} \otimes \cdots \otimes F_n^{\omega_n} \tag{6-35}$$

定理 6.9　设 $F_i = \langle [\mu_{F_{L_i}}, \mu_{F_{U_i}}], [\nu_{F_{L_i}}, \nu_{F_{U_i}}] \rangle$ $(i = 1, 2, \cdots, n)$ 为一组 IVFFN，则 IVFFFWG 算子的集成结果仍然为 IVFFN，且有：

$$\begin{aligned} & IVFFFWG(F_1, F_2, \cdots, F_n) \\ & = \bigotimes_{i=1}^{n} F_i^{\omega_i} \\ & = \left\langle \left[\sqrt[3]{\log_\gamma \left(1 + \prod_{i=1}^{n} (\gamma^{\mu^3_{F_{L_i}}} - 1)^{\omega_i}\right)}, \sqrt[3]{\log_\gamma \left(1 + \prod_{i=1}^{n} (\gamma^{\mu^3_{F_{U_i}}} - 1)^{\omega_i}\right)} \right], \right. \\ & \left. \left[\sqrt[3]{1 - \log_\gamma \left(1 + \prod_{i=1}^{n} (\gamma^{1-\nu^3_{F_{L_i}}} - 1)^{\omega_i}\right)}, \sqrt[3]{1 - \log_\gamma \left(1 + \prod_{i=1}^{n} (\gamma^{1-\nu^3_{F_{U_i}}} - 1)^{\omega_i}\right)} \right] \right\rangle \end{aligned}$$

定理 6.9 的证明与 IVFFFWA 算子类似，限于篇幅，此处省略。

下面讨论 IVFFFWA 和 IVFFFWG 算子的一些特殊情形。

（1）当 $\gamma \to 1$ 时，IVFFFWA 算子退化成区间 Fermatean 模糊加权平均（IVFFWA）算子[59]，即：

$$\begin{aligned} & IVFFWA(F_1, F_2, \cdots, F_n) \\ & = \left\langle \left[\sqrt[3]{1 - \prod_{i=1}^{n} (1 - \mu^3_{F_{L_i}})^{\omega_i}}, \sqrt[3]{1 - \prod_{i=1}^{n} (1 - \mu^3_{F_{U_i}})^{\omega_i}} \right], \left[\prod_{i=1}^{n} \nu^{\omega_i}_{F_{L_i}}, \prod_{i=1}^{n} \nu^{\omega_i}_{F_{U_i}} \right] \right\rangle \end{aligned}$$

（2）当 $\gamma \to +\infty$ 时，则有 IVFFFWA 算子退化成传统的区间加权平均（IVWA）算子，即：

$$\begin{aligned} & IVWA(F_1, F_2, \cdots, F_n) \\ & = \left\langle \left[\sum_{i=1}^{n} \omega_i \mu_{F_{L_i}}, \sum_{i=1}^{n} \omega_i \mu_{F_{U_i}} \right], \left[\sum_{i=1}^{n} \omega_i \nu_{F_{L_i}}, \sum_{i=1}^{n} \omega_i \nu_{F_{U_i}} \right] \right\rangle \end{aligned}$$

（3）当 $\gamma \to 1$ 时，IVFFFWG 算子退化成区间 Fermatean 模糊加权几何（IVFFWG）算子[59]，即：

$$IVFFWG(F_1, F_2, \cdots, F_n)$$
$$= \left\langle \left[\prod_{i=1}^{n} \mu_{F_{L_i}}^{\omega_i}, \prod_{i=1}^{n} \mu_{F_{U_i}}^{\omega_i} \right], \left[\sqrt[3]{1 - \prod_{i=1}^{n} (1 - \nu_{F_{L_i}}^{3})^{\omega_i}}, \sqrt[3]{1 - \prod_{i=1}^{n} (1 - \nu_{F_{U_i}}^{3})^{\omega_i}} \right] \right\rangle$$

（4）当 $\gamma \to +\infty$ 时，则有 IVFFFWG 算子退化成传统的区间加权平均（IVWA）算子，即：

$$IVWA(F_1, F_2, \cdots, F_n)$$
$$= \left\langle \left[\sum_{i=1}^{n} \omega_i \mu_{F_{L_i}}, \sum_{i=1}^{n} \omega_i \mu_{F_{U_i}} \right], \left[\sum_{i=1}^{n} \omega_i \nu_{F_{L_i}}, \sum_{i=1}^{n} \omega_i \nu_{F_{U_i}} \right] \right\rangle$$

三、基于网络信任的评价专家权重与共识交互模型

在群组综合评价过程中，评价专家间或多或少都存在一定程度的信任关系，将信任关系集合与评价专家集合组成的网络结构，称为信任网络。随着 web2.0 技术的普及，专家间的联系更加紧密，将群组综合评价与信任网络结合研究是目前群组综合评价理论的一个新的研究趋势。由于评价过程中不同专家背景和经验的差异性导致难以就初始评价意见达成一致，由此产生的共识达成问题。基于未达成共识的评价信息做出的决策，其结果的科学性和合理性难以保证，因此群体共识达成对决策结果至关重要。如前文所述，基于信任网络影响的共识达成的机理受到了越来越多的关注。

专家信任网络可记为 $G = \langle E, TR \rangle$，其中 E 表示评价专家集，TR 表示信任关系的集合，如图 6－1 所示（假设有 4 位评价专家）。

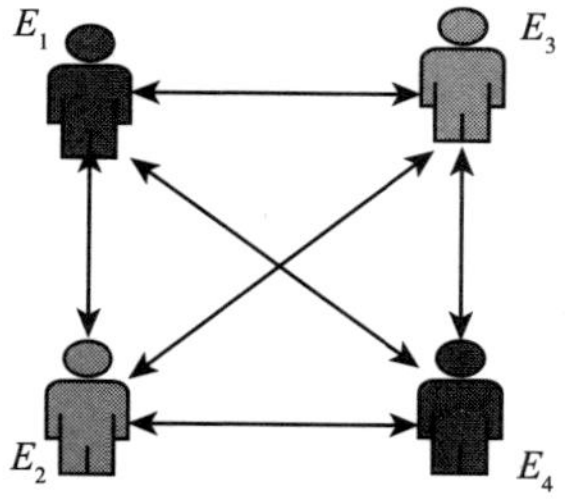

图 6－1　专家间的信任关系网络

图 6－1 表示在群体评价专家中，$E = \{E_1, E_2, E_3, E_4\}$，$TR = \{TR_{12}, TR_{21}, TR_{13}, TR_{31}, TR_{14}, TR_{41}, \cdots, TR_{34}, TR_{43}\}$，有向箭头表示评价专家间的信

任关系。由于评价专家通常采用“非常信任”，“比较信任”，“一般信任”等语言术语表达对他人的信任程度[60]，因此本章利用语言术语表达评价专家间的信任关系。设 $S=\{s_{-\tau},s_{-\tau+1},\cdots,s_{-1},s_0,s_1,\cdots,s_{\tau-1},s_{\tau}\}$ 为语言术语集，其中 τ 为正整数，则评价专家间的信任网络可表示成如下的信任关系矩阵形式：

$$TR=\begin{pmatrix} - & TR_{12} & TR_{13} & TR_{14} \\ TR_{21} & - & TR_{23} & TR_{24} \\ TR_{31} & TR_{32} & - & TR_{34} \\ TR_{41} & TR_{42} & TR_{43} & - \end{pmatrix}$$

其中，信任关系 $TR_{st}(s,t=1,2,3,4)$ 用语言术语 $s_{\alpha}(\alpha=-\tau,-\tau+1,\cdots,0,\cdots,\tau-1,\tau)$ 来表示。

由于定性语言变量无法适用于定量的评价专家权重的求解过程，因此本章利用文献[60]中的转化方法将语言术语定量化，转化为如下信任程度形式，表达式如下：

$$TD_{st}=\frac{\alpha_{TR_{st}}+\tau}{2\tau} \tag{6-36}$$

其中，$\alpha_{TR_{st}}$表示用语言术语 s_t 表示信任关系 TR_{st}时 s_t 的下标，进而可将信任关系矩阵 TR 转化为信任程度矩阵 TD：

$$TD=\begin{pmatrix} - & TD_{12} & TD_{13} & TD_{14} \\ TD_{21} & - & TD_{23} & TD_{24} \\ TD_{31} & TD_{32} & - & TD_{34} \\ TD_{41} & TD_{42} & TD_{43} & - \end{pmatrix}$$

基于上述 TD 矩阵，可得评价专家 E_t 权重为：

$$\omega_t=\frac{\sum_{s=1,s\neq t}^{4}TD_{st}}{\sum_{t=1}^{4}\sum_{s=1,s\neq t}^{4}TD_{st}} \tag{6-37}$$

显然，$0\leqslant\omega_t\leqslant1$ 且 $\sum_{t=1}^{4}\omega_t=1$。

下面从共识度度量、识别与个性化反馈机制三个方面出发，提出一种基于信任网络的 IVFF 共识交互模型，以弥补现有共识交互模型未发挥信任关系在共识达成中的真正作用的缺陷，同时充分考虑了评价专家对意见的接受意愿。

设某评价问题有 m 个备选方案 $Z_i(i=1,2,\cdots,m)$，n 个评价指标 $C_j(j=1,2,\cdots,n)$，K 个专家 $E_t(t=1,2,\cdots,K)$，相应的 IVFF 评价矩阵为 $F^t=(F_{ij}^t)_{m\times n}$（$t=1,2,\cdots,K$），则共识度度量可分为指标、方案和专家三个层次：

层次 1 从指标层面出发，专家 E_t 对方案 Z_i 在指标 C_j 下的共识度为：

$$\begin{aligned}CE_{ij}^t &= 1-d(F_{ij}^t,\overline{F}_{ij})\\ &= 1-\frac{1}{4}\Big[\,|\mu_{F_{L_t}}^3-\mu_{\overline{F}_L}^3|+|\mu_{F_{U_t}}^3-\mu_{\overline{F}_U}^3|+|\nu_{F_{L_t}}^3-\nu_{\overline{F}_L}^3|+|\nu_{F_{U_t}}^3-\nu_{\overline{F}_U}^3|+\\ &\quad |\pi_{F_{L_t}}^3-\pi_{\overline{F}_L}^3|+|\pi_{F_{U_t}}^3-\pi_{\overline{F}_U}^3|\,\Big]\end{aligned} \tag{6-38}$$

其中，$\overline{F}_{ij}$为群组综合评价意见；$d(F_{ij}^t,\ \overline{F}_{ij})$ 为专家 E_t 的评价意见 F_{ij}^t与群组综合评价意见 $\overline{F}_{ij}$的距离测度，可由式（6－30）计算得到。

层次 2 从方案层面出发，专家 E_t 对方案 Z_i 的共识度为：

$$CA_i^t=\frac{1}{n}\sum_{j=1}^{n}CE_{ij}^t \tag{6-39}$$

层次 3 从专家层面出发，专家 E_t 的共识度为：

$$CI^t=\frac{1}{m}\sum_{i=1}^{m}CA_i^t \tag{6-40}$$

基于式（6－38）至式（6－40）可得各评价专家的共识度，进而可根据以下三个层次的共识度识别模型，识别出未达成共识的专家的评价意见，同样分为指标、方案和专家三个层次：

层次 1 找出所有共识度低于共识阈值 δ 的评价专家，表示如下：

$$EXPCH=\{t\mid CI^t<\delta\} \tag{6-41}$$

层次 2 基于层次 1，找出所有共识度低于共识阈值 δ 的方案，表示如下：

$$ALT=\{(t,i)\mid t\in EXPCH\wedge CA_i^t<\delta\} \tag{6-42}$$

层次 3 基于层次 2，找出所有共识度低于共识阈值 δ 的指标信息：

$$APS=\{(t,i,j)\mid (t,i)\in ALT\wedge CE_{ij}^t<\delta\} \tag{6-43}$$

根据式（6－41）至式（6－43）识别出未达成共识的专家的评价意见

后，需对其进行意见调整以提高群组共识度。下面提出一种个性化反馈机制调整专家评价意见，表达式如下：

$$FF_{ij}^{t}=(1-\vartheta)\cdot F_{ij}^{t}\oplus\vartheta\cdot\tilde{F},\ 0\leqslant\vartheta\leqslant 1 \tag{6-44}$$

其中，

$$\tilde{F}=([\tilde{\mu}_{F_{ij}},\tilde{\mu}_{F_{U_{ij}}}],[\tilde{\nu}_{F_{L_{ij}}},\tilde{\nu}_{F_{U_{ij}}}])=\rho_1 F_{t1}\oplus\rho_2 F_{t2}\oplus\cdots\oplus\rho_l F_{tl} \tag{6-45}$$

式（6-45）中 l 表示专家 E_t 有 l 个信任的专家，$\rho_r(r=1,2,\cdots,l)$，$l\leqslant K$ 表示专家 E_t 对专家 E_r 的信任程度占专家 E_t 对所有信任专家信任程度之和的比重，假设专家 E_t 对专家 $E_r(r=1,2,\cdots,l)$，$l\leqslant K$ 的信任程度用 $TD_{tr}(r=1,2,\cdots,l)$ 表示，则

$$\rho_r=\frac{TD_{tr}}{\sum_{r=1}^{l}TD_{tr}} \tag{6-46}$$

四、基于区间 Fermatean 模糊的信任网络群组综合评价方法

在构建信任网络群组综合评价方法之前，还需对评价指标权重进行计算，否则无法获得各方案的综合评价值。本章将根据文献［61］中提出的 Fermatean 模糊熵，提出一种基于 IVFF 熵的指标权重计算方法，具体过程如下：

首先，定义各指标的 IVFF 熵，表达式如下：

$$E_j(\overline{F}_{ij})=-\frac{1}{\ln n}\sum_{i=1}^{m}[S(\overline{F}_{ij})\cdot\ln(S(\overline{F}_{ij}))],j=1,2,\cdots,n \tag{6-47}$$

其中，$S(\overline{F}_{ij})$ 为 IVFF $\overline{F}_{ij}$的得分函数，由式（6-28）计算得到。

进而，基于式（6-47）可得评价指标权重，表达式如下：

$$w_j=\frac{1-E_j(\overline{F}_{ij})}{\sum_{j=1}^{n}(1-E_j(\overline{F}_{ij}))} \tag{6-48}$$

可以看出，$0\leqslant w_j\leqslant 1$ 且 $\sum_{j=1}^{n}w_j=1$。

结合 IVFF 信息的集成、评价专家权重、指标权重和 IVFF 信任共识交互模型，下面提出一种 IVFF 环境下的信任网络群组综合评价方法，具体过程如下：

步骤1 构建评价专家间基于语言术语的信任网络，基于式（6－36）和式（6－37）计算评价专家权重 ω_t，然后集结评价专家个体评价矩阵，得到群组综合评价矩阵 $\overline{F}$。

步骤2 利用式（6－38）至式（6－40）计算评价专家共识度，进而基于式（6－41）至式（6－44）识别未达成共识的专家的评价意见，然后通过式（6－45）和式（6－46）对未达成共识的专家评价意见进行调整。

步骤3 若调整后评价专家共识度都大于共识度阈值，则继续步骤4；否则，重复步骤2中的计算过程，直至评价专家共识度都大于共识度阈值为止。

步骤4 基于共识达成后的群组综合评价矩阵，结合式（6－47）和式（6－48）计算评价指标权重，进而基于式（6－28）或式（6－29）计算各方案的综合评价值。

步骤5 根据方案的综合评价值对方案进行排序、择优。

所提出方法的流程图表示如图6－2所示。

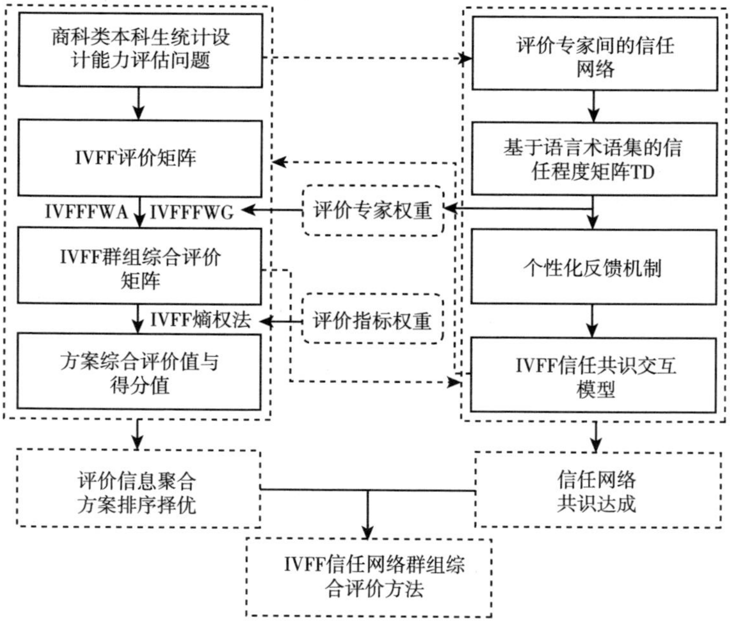

图6－2 IVFF信任网络群组综合评价方法

五、案例应用与比较分析

1. 案例应用

统计学是商科类专业，如经济学、金融学等各专业本科生的一门核心课程。在经济社会管理中，人们每天都要处理大量的数据，通过对数据的分析，找出事物发展的内在规律，以便为生产和经营决策提供客观的依据。那么，怎样获得所需的数据？有了数据之后采用什么样方法进行分析？这些正是统计学这门课程可以解决的问题。随着社会经济的发展，统计在金融、经济和管理等领域有着越来越广泛的应用，对提高商科类本科生收集数据、整理数据、分析数据、从数据中得出结论的能力具有极为重要的意义。然而，如何评价本科生的统计设计能力一直是学术界的难题，因为评价过程充满了模糊性，评价指标体系的构建也存在较大的分歧。事实上，对高校商科类本科生统计设计能力的评估是一个典型的群组综合评价问题，由多位评估专家根据多个评价指标对各备选方案进行综合评估。

为进一步提高商科类专业本科生对统计学的学习兴趣，加强统计思维和统计素养的培养，统计设计能力的提高，某高校商学院对统计学的教学目标、教学内容、教学方法等进行了一系列改革。在课程定位方面，虽然在统计学中需要用到大量的数学理论、方法、技巧，但统计学更多地侧重于数据、侧重于应用。因此在统计学中不着重统计方法数学原理的推导，而是侧重于阐明统计方法背后隐含的统计思想，以及这些方法在实际各领域中的具体应用。在教学方法上，注重将理论与实际相结合，倡导学生自主学习、自主踊跃讨论，着重提高学生应用统计方法解决实际问题的能力。在教学内容方面，从商科类专业学生实际出发，为他们量身定制教学内容，侧重于统计思想、方法的讲解、统计软件工具的使用，并结合实际经济社会管理中的案例进行统计分析，使学生真正意识到统计是一个非常有用的工具。

为了检验统计学课程建设和改革等方面的效果，下面根据统计类学科相关特征，结合文献［62－64］的研究结果，首先提出高校商科类专业本科生统计设计能力的综合评价指标体系如下：

(1) 数据收集能力 C_1。经过统计学课程的学习，学生应当掌握各类数据收集方法和渠道，具备收集、存储和转换各种形式信息的能力。同时，面对数量繁多、类型多样的调查类数据信息，学生还应具备统计调查问卷设计能力，以保证调查问卷数据收集方法的有效性和科学性。

(2) 数据分析能力 C_2。是指利用统计分析方法并结合数据分析工具（如 SAS、SPSS 等），对所收集的数据信息进行统计描述和分析整理，进而以图表化等丰富多样的形式展示数据的特征。

(3) 统计处理能力 C_3。是指依据合适的统计方法构建统计模型，探索数据背后的规律、逻辑关系和其他特征，进而对经济、社会发展现象进行接受并进行趋势预测分析。

(4) 应用能力 C_4。是指学生将数据的收集、分析和处理的结果进行归纳总结和应用，进而对社会现象和问题进行更深层次的分析，并以此提出有价值的建议，其中可以展示学生对社会现象的敏锐洞察力和统计拓展能力。

(5) 数据伦理道德 C_5。是指学生在数据的收集、处理等过程中的道德和伦理问题，学生应树立正确的法治理念，遵守相关道德规范，不收集使用未经授权的数据信息，不得随意公开、泄露隐私数据，同时要做到数据收集的真实性，不得弄虚作假、随意篡改等。

现邀请 4 位统计学专业领域专家，采用上述 5 个评价指标对某高校商学院金融 A_1、经济 A_2、会计 A_3和国际贸易 A_4 4 个专业的本科生统计设计能力进行综合评估。其中 4 位专家基于 IVFFS 的评价矩阵如表 6 – 11 至表 6 – 14 所示。

表 6 – 11　　　　专家 E_1的评价矩阵

E_1	C_1	C_2	C_3	C_4	C_5
A_1	[(0.7,0.8),(0.3,0.5)]	[(0.4,0.6),(0.5,0.7)]	[(0.8,0.9),(0.3,0.4)]	[(0.2,0.3),(0.5,0.7)]	[(0.1,0.3),(0.6,0.8)]
A_2	[(0.5,0.6),(0.2,0.4)]	[(0.4,0.7),(0.5,0.6)]	[(0.6,0.7),(0.1,0.2)]	[(0.3,0.4),(0.7,0.8)]	[(0.3,0.5),(0.6,0.7)]
A_3	[(0.3,0.5),(0.6,0.7)]	[(0.4,0.5),(0.6,0.8)]	[(0.3,0.4),(0.6,0.7)]	[(0.4,0.7),(0.3,0.5)]	[(0.4,0.8),(0.5,0.6)]
A_4	[(0.4,0.6),(0.5,0.8)]	[(0.5,0.6),(0.3,0.4)]	[(0.5,0.7),(0.5,0.6)]	[(0.3,0.6),(0.4,0.7)]	[(0.3,0.5),(0.4,0.7)]

表 6-12 专家 E_2 的评价矩阵

E_2	C_1	C_2	C_3	C_4	C_5
A_1	[(0.5,0.6),(0.3,0.4)]	[(0.5,0.7),(0.3,0.4)]	[(0.6,0.7),(0.3,0.5)]	[(0.1,0.3),(0.4,0.7)]	[(0.2,0.4),(0.6,0.7)]
A_2	[(0.5,0.7),(0.3,0.4)]	[(0.6,0.8),(0.2,0.4)]	[(0.4,0.6),(0.1,0.2)]	[(0.1,0.2),(0.5,0.8)]	[(0.3,0.4),(0.7,0.9)]
A_3	[(0.6,0.9),(0.4,0.5)]	[(0.5,0.6),(0.2,0.3)]	[(0.4,0.5),(0.6,0.8)]	[(0.2,0.3),(0.5,0.6)]	[(0.5,0.7),(0.3,0.4)]
A_4	[(0.3,0.5),(0.6,0.7)]	[(0.4,0.5),(0.1,0.2)]	[(0.4,0.5),(0.6,0.8)]	[(0.2,0.4),(0.5,0.7)]	[(0.4,0.5),(0.6,0.7)]

表 6-13 专家 E_3 的评价矩阵

E_3	C_1	C_2	C_3	C_4	C_5
A_1	[(0.1,0.2),(0.7,0.9)]	[(0.2,0.3),(0.4,0.7)]	[(0.1,0.3),(0.6,0.8)]	[(0.6,0.9),(0.1,0.2)]	[(0.5,0.7),(0.2,0.3)]
A_2	[(0.2,0.3),(0.4,0.5)]	[(0.2,0.2),(0.2,0.3)]	[(0.5,0.8),(0.2,0.3)]	[(0.4,0.6),(0.2,0.2)]	[(0.5,0.8),(0.1,0.2)]
A_3	[(0.3,0.6),(0.4,0.6)]	[(0.5,0.7),(0.2,0.4)]	[(0.3,0.4),(0.5,0.7)]	[(0.4,0.5),(0.3,0.6)]	[(0.2,0.3),(0.6,0.8)]
A_4	[(0.2,0.3),(0.3,0.4)]	[(0.3,0.3),(0.4,0.5)]	[(0.2,0.3),(0.7,0.9)]	[(0.1,0.2),(0.8,0.9)]	[(0.8,0.9),(0.1,0.3)]

表 6-14 专家 E_4 的评价矩阵

E_4	C_1	C_2	C_3	C_4	C_5
A_1	[(0.4,0.5),(0.3,0.4)]	[(0.6,0.7),(0.2,0.3)]	[(0.5,0.8),(0.4,0.4)]	[(0.2,0.2),(0.4,0.6)]	[(0.1,0.3),(0.7,0.9)]
A_2	[(0.3,0.5),(0.5,0.7)]	[(0.7,0.8),(0.4,0.5)]	[(0.5,0.6),(0.2,0.3)]	[(0.3,0.4),(0.6,0.7)]	[(0.3,0.3),(0.7,0.8)]
A_3	[(0.6,0.8),(0.3,0.4)]	[(0.4,0.6),(0.5,0.7)]	[(0.2,0.3),(0.5,0.7)]	[(0.5,0.6),(0.3,0.4)]	[(0.5,0.7),(0.2,0.3)]
A_4	[(0.4,0.6),(0.7,0.8)]	[(0.5,0.5),(0.3,0.4)]	[(0.3,0.3),(0.6,0.7)]	[(0.3,0.5),(0.4,0.6)]	[(0.4,0.6),(0.5,0.7)]

设专家间的信任社会矩阵表示如下（设 $\tau=3$）：

$$TR=\begin{pmatrix} - & S_{-1} & S_2 & S_{-1} \\ S_2 & - & S_{-2} & S_3 \\ S_1 & S_0 & - & S_{-3} \\ S_{-3} & S_2 & S_{-2} & - \end{pmatrix}$$

基于以上信息，具体的评价步骤如下：

步骤 1 将语言型 *TR* 矩阵转化为数值型 *TD* 矩阵，表示如下：

$$TD=\begin{pmatrix} - & 1/3 & 5/6 & 1/3 \\ 5/6 & - & 1/6 & 1 \\ 2/3 & 1/2 & - & 0 \\ 0 & 5/6 & 1/6 & - \end{pmatrix}$$

则基于式（6－35）至式（6－36）可得评价专家权重：

$\omega=(0.265,0.294,0.206,0.235)^T$

不失一般性，设 $\gamma=2$，然后利用式（6－33）中的 IVFFWA 算子集结专家个体意见，可得群组综合评价矩阵如表 6－15 所示。

表 6－15　　群组综合评价矩阵

	C_1	C_2	C_3	C_4	C_5
A_1	[(0.5319,0.6294),(0.3592,0.5069)]	[(0.4767,0.6310),(0.3321,0.4906)]	[(0.6284,0.7748),(0.3713,0.4958)]	[(0.3727,0.6124),(0.3202,0.5276)]	[(0.3091,0.4793),(0.5007,0.6566)]
A_2	[(0.4290,0.5842),(0.3231,0.4795)]	[(0.5540,0.7267),(0.3009,0.4436)]	[(0.5099,0.6834),(0.1358,0.2392)]	[(0.3006,0.4329),(0.4765,0.5940)]	[(0.3629,0.5671),(0.4578,0.6152)]
A_3	[(0.5075,0.7727),(0.4174,0.5405)]	[(0.4561,0.6044),(0.3340,0.5102)]	[(0.3226,0.4194),(0.5540,0.7286)]	[(0.3970,0.5669),(0.3492,0.5207)]	[(0.4407,0.6963),(0.3619,0.4845)]
A_4	[(0.3470,0.5344),(0.5167,0.6723)]	[(0.4440,0.5074),(0.2308,0.3424)]	[(0.3930,0.5281),(0.5910,0.7393)]	[(0.2525,0.4784),(0.4958,0.7136)]	[(0.5499,0.6823),(0.3596,0.5928)]

步骤 2 根据式（6－38）至式（6－40）计算评价专家共识度：

$CI^1=0.850, CI^2=0.893, CI^3=0.783, CI^4=0.867$

同时可得方案共识度：

$CA^1=(0.809,0.880,0.833,0.877)$，$CA^2=(0.917,0.839,0.893,0.925)$，

$CA^3=(0.706,0.820,0.873,0.735)$，$CA^4=(0.839,0.842,0.910,0.877)$。

指标层面上的共识度计算如下：

$$CE^1=\begin{pmatrix}0.772&0.844&0.736&0.853&0.840\\0.954&0.883&0.946&0.731&0.885\\0.760&0.721&0.950&0.912&0.823\\0.853&0.919&0.861&0.918&0.834\end{pmatrix},$$

$$CE^2=\begin{pmatrix}0.928&0.946&0.911&0.873&0.925\\0.905&0.913&0.911&0.836&0.628\\0.824&0.930&0.874&0.881&0.955\\0.941&0.964&0.940&0.963&0.819\end{pmatrix}$$

$$CE^3=\begin{pmatrix}0.552&0.837&0.657&0.668&0.813\\0.878&0.691&0.893&0.849&0.788\\0.821&0.924&0.948&0.955&0.717\\0.745&0.918&0.769&0.622&0.622\end{pmatrix},$$

$$CE^4=\begin{pmatrix}0.852&0.900&0.909&0.867&0.668\\0.838&0.812&0.945&0.879&0.737\\0.910&0.851&0.919&0.930&0.937\\0.751&0.962&0.892&0.897&0.882\end{pmatrix}$$

假设$\delta=0.8$，则根据式（6－41）至式（6－43），可得评价专家E_3的共识度$CI^3<\delta$，进而可得如下专家意见需要调整：

$F_{11}^3,F_{13}^3,F_{14}^3,F_{41}^3,F_{43}^3,F_{44}^3,F_{45}^3$，

基于式（6－44）、式（6－45），评价意见的修正如下：

$F_{11}^3:[(0.1,0.2),(0.7,0.9)]\rightarrow[(0.5130,0.6053),(0.4630,0.6507)]$，

$F_{13}^3:[(0.1,0.3),(0.6,0.8)]\rightarrow[(0.6026,0.7130),(0.4265,0.5996)]$，

$F_{14}^3:[(0.6,0.9),(0.1,0.2)]\rightarrow[(0.4864,0.7763),(0.2142,0.3796)]$，

$F_{41}^3:[(0.2,0.3),(0.3,0.4)]\rightarrow[(0.3047,0.4714),(0.4041,0.5551)]$，

$F_{43}^3:[(0.2,0.3),(0.7,0.9)]\rightarrow[(0.3788,0.5275),(0.6166,0.7865)]$，

$F_{44}^3:[(0.1,0.2),(0.8,0.9)]\rightarrow[(0.2152,0.4537),(0.5996,0.7968)]$，

$F_{45}^3:[(0.8,0.9),(0.1,0.3)]\rightarrow[(0.6753,0.7932),(0.2196,0.4630)]$，

步骤 3 意见修改后可得评价专家新的共识度，即

$CI^1=0.862$，$CI^2=0.894$，$CI^3=0.848$，$CI^4=0.876$

此时，所有专家共识度均大于阈值 $\delta=0.8$，因此无须进一步调整。

步骤 4 基于步骤 3 可得共识达成后的群组综合评价矩阵，见表 6－16。

表 6－16　　共识达成后的群组综合评价矩阵

	C_1	C_2	C_3	C_4	C_5
A_1	[(0.5605,0.6601),(0.3283,0.4702)]	[(0.4767,0.6310),(0.3321,0.4906)]	[(0.6597,0.8010),(0.3453,0.4650)]	[(0.3063,0.5073),(0.3739,0.5980)]	[(0.3091,0.4793),(0.5007,0.6566)]
A_2	[(0.4290,0.5842),(0.3231,0.4795)]	[(0.5540,0.7267),(0.3009,0.4436)]	[(0.5099,0.6834),(0.1358,0.2392)]	[(0.3006,0.4329),(0.4765,0.5940)]	[(0.3629,0.5671),(0.4578,0.6152)]
A_3	[(0.5075,0.7727),(0.4174,0.5405)]	[(0.4561,0.6044),(0.3340,0.5102)]	[(0.3226,0.4194),(0.5540,0.7286)]	[(0.3970,0.5669),(0.3492,0.5207)]	[(0.4407,0.6963),(0.3619,0.4845)]
A_4	[(0.3580,0.5512),(0.5482,0.7157)]	[(0.4440,0.5074),(0.2308,0.3424)]	[(0.4121,0.5546),(0.5753,0.7176)]	[(0.2618,0.4987),(0.4650,0.6944)]	[(0.4784,0.6179),(0.4216,0.6448)]

根据表 6－16 的群组综合评价矩阵，结合式（6－47）和式（6－48）计算评价指标权重向量：

$\omega=(0.2153,0.2380,0.2312,0.1448,0.1707)^T$

进而结合式（6－24）计算各方案的综合评价值，可得

$F_{A_1}=[(0.5234,0.6626),(0.3650,0.5201)]$,

$F_{A_2}=[(0.4662,0.6353),(0.2926,0.4332)]$,

$F_{A_3}=[(0.4355,0.6409),(0.4025,0.5590)]$,

$F_{A_4}=[(0.4092,0.5490),(0.4230,0.5920)]$.

步骤 5 计算各待评方案的得分值，可得

$S_{A_1}=0.5612, S_{A_2}=0.5628, S_{A_3}=0.5265, S_{A_4}=0.4877$

则方案排序为：

$A_2 > A_1 > A_3 > A_4$

因此，方案 A_2 为最优方案，即经济类专业的本科生统计设计能力最强。

2. 灵敏度分析

在上面我们假定参数 $\gamma=2$ 对方案进行排序与择优，下面讨论参数 γ 的

变化对方案排序结果的影响，分别取 $\gamma=2$，5，10，20，50，100 计算方案排序情况，具体结果列于表 6－17。

表 6－17　　参数 γ 变化对方案排序的影响

γ	IVFFFWA	IVFFFWG
2	$A_2>A_1>A_3>A_4$	$A_2>A_3>A_1>A_4$
5	$A_2>A_1>A_3>A_4$	$A_2>A_3>A_1>A_4$
10	$A_2>A_1>A_3>A_4$	$A_2>A_3>A_1>A_4$
20	$A_2>A_1>A_3>A_4$	$A_2>A_1>A_3>A_4$
50	$A_2>A_1>A_3>A_4$	$A_2>A_1>A_3>A_4$
100	$A_2>A_1>A_3>A_4$	$A_2>A_1>A_3>A_4$

从表 6－17 可以看出，随着参数 γ 的增大，基于 IVFFFWA 算子的信任网络群组综合评价方法下的方案排序保持不变，始终为 $A_2>A_1>A_3>A_4$，最优方案都为 A_2，说明基于 IVFFFWA 算子的信任网络群组综合评价方法具有一定的稳定性，同时参数 γ 的变化对方案的排序并不敏感。而基于 IVFFF-WG 算子的信任网络群组综合评价方法下的方案排序存在一定的变化，从 $A_2>A_3>A_1>A_4$ 到 $A_2>A_1>A_3>A_4$，说明基于 IVFFFWG 算子的信任网络群组综合评价方法下的方案排序随参数 γ 的变化而变化，但不管方案排序如何变化，最优方案都为 A_2。

3. 对比分析

为了验证本文方法（以基于 IVFFFWA 算子的信任网络群组综合评价方法为例）的可行性和优越性，现与其他方法进行对比分析。首先根据文献［49］提出的 IVFFWA 算子集成专家评价信息，然后利用文献［50］提出的共识交互模型调整未达成共识的专家评价意见，主要步骤如下：

首先，利用 IVFFWA 算子[49]集成各专家的评价矩阵，可得群组综合评价矩阵，见表 6－18。

然后，利用共识交互模型调整未达成共识的专家评价意见，具体如下，先计算各专家共识度，可得

$CI^1=0.848$，$CI^2=0.891$，$CI^3=0.784$，$CI^4=0.865$

其中，专家 E_3 的共识度 $CI^3<\delta=0.8$，专家 E_3 在方案和指标层面的共识度分别为：

$$CE^3=\begin{pmatrix}0.550 & 0.836 & 0.650 & 0.678 & 0.822\\ 0.877 & 0.688 & 0.894 & 0.856 & 0.793\\ 0.816 & 0.924 & 0.948 & 0.955 & 0.715\\ 0.749 & 0.918 & 0.766 & 0.619 & 0.631\end{pmatrix},$$

$CA^3=(0.707,0.822,0.871,0.737)$

表 6-18　　　　群组综合评价矩阵

	C_1	C_2	C_3	C_4	C_5
A_1	[(0.5351,0.6343),(0.3572,0.5015)]	[(0.4780,0.6329),(0.3313,0.4866)]	[(0.6334,0.7801),(0.3702,0.4927)]	[(0.3756,0.6290),(0.3189,0.5215)]	[(0.3104,0.4831),(0.4961,0.6461)]
A_2	[(0.4298,0.5863),(0.3224,0.4777)]	[(0.5568,0.7299),(0.3001,0.4423)]	[(0.5106,0.6850),(0.1358,0.2392)]	[(0.3008,0.4345),(0.4724,0.5827)]	[(0.3635,0.5735),(0.4501,0.6008)]
A_3	[(0.5092,0.7784),(0.4163,0.5386)]	[(0.4563,0.6052),(0.3319,0.5037)]	[(0.3228,0.4198),(0.5536,0.7280)]	[(0.3976,0.5694),(0.3486,0.5197)]	[(0.4412,0.6991),(0.3602,0.4801)]
A_4	[(0.3472,0.5354),(0.5139,0.6669)]	[(0.4444,0.5083),(0.2305,0.3416)]	[(0.3936,0.5315),(0.5901,0.7360)]	[(0.2526,0.4797),(0.4927,0.7110)]	[(0.5573,0.6912),(0.3569,0.5879)]

进而可得如下需要调整的专家意见：

F^3_{11}，F^3_{13}，F^3_{14}，F^3_{41}，F^3_{43}，F^3_{44}，F^3_{45}，

基于文献［16］的意见生成机制可将评价意见修改为：

$F^3_{11}:[(0.1,0.2),(0.7,0.9)]\to[(0.4313,0.5198),(0.5000,0.6718)]$，

$F^3_{13}:[(0.1,0.3),(0.6,0.8)]\to[(0.5152,0.6582),(0.4713,0.6278)]$，

$F^3_{14}:[(0.6,0.9),(0.1,0.2)]\to[(0.5172,0.8187),(0.1786,0.3230)]$，

$F^3_{41}:[(0.2,0.3),(0.3,0.4)]\to[(0.2927,0.4522),(0.3926,0.5165)]$，

$F^3_{43}:[(0.2,0.3),(0.7,0.9)]\to[(0.3266,0.4492),(0.6427,0.8139)]$，

$F^3_{44}:[(0.1,0.2),(0.8,0.9)]\to[(0.2048,0.3928),(0.6278,0.7999)]$，

$F^3_{45}:[(0.8,0.9),(0.1,0.3)]\to[(0.7145,0.8311),(0.1889,0.4200)]$，

意见修改后评价专家新的共识度为：

$CI^1=0.857$，$CI^2=0.894$，$CI^3=0.836$，$CI^4=0.873$

所有评价专家共识度均大于阈值，因此无须进一步调整，进而基于共识达

成后的群组综合评价矩阵，结合评价指标权重，可得各方案的综合评价值，

$F_{A_1}=[(0.5185,0.6639),(0.3655,0.5166)]$,

$F_{A_2}=[(0.4673,0.6387),(0.2925,0.4301)]$,

$F_{A_3}=[(0.4368,0.6474),(0.3996,0.5532)]$,

$F_{A_4}=[(0.4142,0.5527),(0.4183,0.5832)]$.

进而计算各方案的得分值，可得

$S_{A_1}=0.5613$，$S_{A_2}=0.5645$，$S_{A_3}=0.5304$，$S_{A_4}=0.4921$

因此，方案排序结果为 $A_2>A_1>A_3>A_4$，与本文方法排序结果一致，最优方案均为 A_2，说明本章方法是可行的。

可以看出，与现有方法相比，本文提出的方法存在以下两点优势：(1) 本文提出的 IVFFFWA 算子的集成结果更具灵活性和鲁棒性，且专家可根据实际决策环境选择合适的参数 γ。此外 IVFFFWA 算子是 IVFFWA 算子的一般形式，因此适用的范围更具一般性；(2) 本文所提出的共识交互模型考虑了专家间的信任关系对评价意见调整的影响作用，同时考虑了未达成共识的专家对不同信任专家的信任程度的影响。而文献［50］的共识交互模型以群组综合评价意见为意见调整方向，未考虑信任关系的影响作用。

六、小结

本节提出了一种基于 IVFF 信息的信任网络群组综合评价方法，并用以解决高校商科类本科生统计设计能力的评估问题，其创新点主要体现在以下几个方面：(1) 考虑到专家对群组其他专家信任关系表达的偏好习惯，构造了基于语言变量的信任网络，进而转化为信任程度矩阵以计算专家权重；(2) 利用 IVFFS 表达模糊信息的广泛性，结合 Frank 算子的灵活性和鲁棒性，提出了 IVFFFWA 算子和 IVFFFWG 算子；(3) 考虑到信任关系对共识达成的影响作用，提出信任共识交互模型调整专家评价意见，提高群组共识度；(4) 提出 IVFF 熵权法获取评价指标权重，结果更为客观。

下一阶段，笔者将在意见反馈阶段考虑未达成共识的专家对信任专家的反馈意见可能存在拒绝的情况[65]，即针对专家的调整意愿设计意见调节机制，通过意见反馈和调节机制构建信任共识交互模型。

第四节　本章小结

由于客观事物的复杂性和不确定性，以及问题的复杂性和多样性，使评价专家很难精准地给出隶属度和非隶属度的大小，往往比较容易的给出其大致范围，即给出隶属度和非隶属度的大致区间，从而得到了一系列区间型复杂模糊集，如区间直觉模糊集（IVIFS）、区间毕达哥拉斯模糊（IVPFS）和区间 Fermatean 模糊集（IVFFS）。本章对以上三类区间型复杂模糊的集成方法、信息测度及其应用等方面进行研究，主要内容有：(1) 针对指标属性间存在相互关联影响的 IVIFS 综合评价问题，首先提出了区间直觉模糊 Zhenyuan 平均算子和区间直觉模糊 Zhenyuan 几何算子两种集成方法，其充分考虑了不同属性组合的重要性，因此适用于解决属性间具有相互作用或依赖关系的评价问题。其次，探讨了这些算子的一些性质，并提出一种基于区间直觉模糊信息的多指标综合评价方法。最后，通过一个实例验证所提出方法的有效性和适用性。(2) 通过分析现有 IVPFS 现存比较规则的缺陷，提出了两种新的比较函数，并与传统得分函数与精确函数相结合，构建了较为完整的区间毕达哥拉斯模糊数的比较体系，从而实现了任意两个区间毕达哥拉斯模糊数的正确排序。在此基础上，本章进一步提出了两种 IVPF 新置信集成方法，其不仅考虑了专家对各项指标的掌握程度，而且综合了算术加权与几何加权方法的特点，使得集成结果更具有一致性，最终得出的结论也更可靠和借鉴性。最后通过实际案例验证了该方法的有效性。(3) 研究了基于 IVFFS 的信任网络群组综合评价方法，考虑到专家对他人信任关系表达的偏好习惯，构造基于语言变量的信任网络，进而转化为信任程度矩阵以计算专家权重；利用 IVFFS 表达模糊信息的广泛性，结合 Frank 算子的灵活性和鲁棒性，提出 IVFFFWA 和 IVFFFWG 两种 IVFFS 的新集成方法；考虑到信任关系对共识达成的影响作用，设计群组评价专家的个性化反馈机制，进一步提出信任共识交互模型，弥补了意见反馈阶段信任关系的作用无法真正体现的缺陷，同时权衡了专家对反馈意见的接受意愿，提高群组共识度。最后通过对大学生统计设计能力的评估问题验证了所提方法的有效性。

下一阶段，我们将在意见反馈阶段考虑未达成共识的专家对信任专家的反馈意见可能存在拒绝的情况，即针对专家的调整意愿设计意见调节机制，通过意见反馈和调节机制构建区间型复杂信息的信任共识交互模型和评价方法。

本章主要参考文献

[1] Atanassov K, Gargov G. Interval - valued intuitionistic fuzzy sets [J]. *Fuzzy Sets and Systems*, 1989, 31 (4): 343 - 349.

[2] Garg H. A novel accuracy function under interval - valued Pythagorean fuzzy environment for solving multicriteria decision making problem [J]. *Journal of Intelligent & Fuzzy Systems*, 2016, 31 (1): 529 - 540.

[3] Jeevaraj S. Ordering of interval - valued Fermatean fuzzy sets and its applications [J]. *Expert Systems with Applications*, 2021, 185: 115613.

[4] 徐泽水. 直觉模糊信息集成理论及应用 [M]. 北京: 科学出版社, 2007.

[5] Xu Z S. Methods for aggregating interval - valued intuitionistic fuzzy information and their application to decision making [J]. *Control and Decision*, 2007, 22: 215 - 219.

[6] Chen T Y. Comparative analysis of SAW and TOPSIS based on interval - valued fuzzy sets: Discussions on score functions and weight constraints [J]. *Expert Systems with Applications*, 2012, 39 (2): 1848 - 1861.

[7] Zeng S Z, Chen S M, Fan K Y. Interval - valued intuitionistic fuzzy multiple attribute decision making based on nonlinear programming methodology and TOPSIS method [J]. *Information Sciences*, 2020, 506: 424 - 442.

[8] 曾守桢, 骆丹丹. 基于投影模型的区间直觉模糊多属性决策方法研究 [J]. 运筹与管理, 2020, 29 (3): 10 - 15.

[9] 赵丽丽, 王雪青, 陈超. 区间直觉模糊信息下的监理工程师信用评价 [J]. 运筹与管理, 2018, 27 (1): 125 - 131.

[10] Li D F. TOPSIS - based nonlinear - programming methodology for multiattribute decision making with interval - valued intuitionistic fuzzy sets [J]. *IEEE Transactions on Fuzzy Systems*, 2010, 18 (2): 299 - 311.

[11] Chen S M, Yang S W, Liau C J. Multicriteria fuzzy decision making based on interval - valued intuitionistic fuzzy sets [J]. *Expert Systems with Applications*, 2012, 39: 12085 - 12091.

[12] Weng N F, Diao X C, Cao J J. Uncertain Schema Matching Based on Fuzzy Decision Making [J]. *Information - an International Interdisciplinary journal*, 2012, 15: 5125 - 5136.

[13] Yano H. Interactive fuzzy decision making for hierarchical multiobjective linear programming problems using reference membership intervals [J]. *IAENG International Journal of Applied Mathematics*, 2010, 40: 178 - 184.

[14] Saidi Mehrabad M, Anvari M. Provident decision making by considering dynamic and fuzzy environment for FMS evaluation [J]. *International Journal of Production Research*, 2010, 48 (15): 4555 - 4584.

[15] Xu Z S, Chen J. Approach to group decision making based on interval - valued intuitionistic judgment matrices [J]. *Systems Engineering Theory and Practice*, 2007, 27: 126 - 133.

[16] Xu Y J, Wang H M. The induced generalized aggregation operators for intuitionistic fuzzy sets and their application in group decision making [J]. *Applied Soft Computing*, 2012, 12: 1168 - 1179.

[17] Meng F Y, Zhang Q. Approaches to multiple - criteria group decision making based on interval - valued intuitionistic fuzzy Choquet integral with respect to the generalized λ - Shapley index [J]. *Knowledge - Based Systems*, 2013, 37: 237 - 249.

[18] Meng F Y, Tan C Q, Zhang Q. The induced generalized interval - valued intuitionistic fuzzy hybrid Shapley averaging operator and its application in decision making [J]. *Knowledge - Based Systems*, 2013, 42: 9 - 19.

[19] Sugeno M. Theory of fuzzy integrals and its applications [J]. doctoral thesis tokyo institute of technology, 1974.

[20] Tan C Q, Chen X H. Intuitionistic fuzzy Choquet integral operator for multi - criteria decision making [J]. *Expert Systems with Applications*, 2010, 37: 149 - 157.

[21] Tan C Q. A multi - criteria interval - valued intuitionistic fuzzy group decision making with Choquet integral - based TOPSIS [J]. *Expert Systems with Applications*, 2011, 38: 3023 - 3033.

[22] Yang W, Chen Z P. New aggregation operators based on the Choquet integral and 2 - tuple linguistic information [J]. *Expert Systems with Applications*, 2012, 39: 2662 - 2668.

[23] Labreuche C, Grabisch M. The Choquet integral for the aggregation of interval scales in multicriteria decision making [J]. *Fuzzy Sets and Systems*, 2003, 137 (1): 11 - 26.

[24] Wu J Z, Chen F, Nie C P, Zhang Q. Intuitionistic fuzzy - valued Choquet integral and its application in multicriteria decision making [J]. *Information Sciences*, 2013, 222: 509 - 527.

[25] Tuzkaya G. An intuitionistic fuzzy Choquet integral operator based methodology for environmental criteria integrated supplier evaluation process [J]. *International Journal of Environmental Science and Technology*, 2013, 10 (3): 423 - 432.

[26] Wang Z J, Li K W, Wang W Z. An approach to multiattribute decision making with interval - valued intuitionistic fuzzy assessments and incomplete weights [J]. *Information Sciences*, 2009, 179: 3026 - 3040.

[27] Wang Z Y, Leung K S, Wong M L, Fang J. A new type of nonlinear integrals and the computational algorithm [J]. *Fuzzy Sets and Systems*, 2000, 112 (2): 223 - 231.

[28] Mu Z M, Zeng S Z. Some novel intuitionistic fuzzy information fusion methods in decision making with interaction among attributes [J]. *Soft Computing*, 2019, 23 (20): 10439 - 10448.

[29] Yager R R. Pythagorean Membership Grades in Multicriteria Decision Making [J]. *IEEE Transactions on Fuzzy Systems*, 2014, 22 (4): 958 - 965.

[30] Peng X D, Yuan H Y. Fundamental Properties of Pythagorean Fuzzy Aggregation Operators [J]. *Fundamenta Informaticae*, 2016, 147 (4): 415 - 446.

[31] 李进军，包玉娥，李晨松．区间毕达哥拉斯模糊 Heronian 平均算子及其决策应用 [J]. 模糊系统与数学，2019，33 (4): 134 - 148.

[32] 王耀武．基于区间值毕达哥拉斯模糊数的 TOPSIS 方法及其在学生推优中的应用 [J]. 数学的实践与认识，2018，48 (5): 108 - 117.

[33] Wei L, Zhang X L, Liu M F, Papashinopoulos G. The maximizing deviation method based on interval - valued pythagorean fuzzy weighted aggregating operator for multiple criteria group decision analysis [J]. *Discrete Dynamics in Nature and Society*, 2015, 2015: 1 - 15.

[34] Rahman K, Abdullah S, Ali A, Amin F. Interval - valued Pythagorean fuzzy Einstein hybrid weighted averaging aggregation operator and their application to group decision making [J]. *Complex & Intelligent Systems*, 2019, 5 (1): 41 - 52.

[35] Zhang M Y, Zheng T T, Zheng W R, Zhou L G, Guo L Z. Interval - valued Pythagorean hesitant fuzzy set and its application to multiattribute group decision - making [J]. *Complexity*, 2020, 2020.

[36] Liang D C, Darko A P, Xu Z S. Interval - valued Pythagorean fuzzy extended Bonferroni mean for dealing with heterogenous relationship among attributes [J]. *International Journal of Intelligent Systems*, 2018, 33 (7): 1381 - 1411.

[37] Liu W Q, Dong Y C, Chiclana F, Cabrerizo F J, Herrera - Viedma E. Group decision - making based on heterogeneous preference relations with self - confidence [J]. *Fuzzy Opti-*

mization and Decision Making, 2017, 16 (4): 429 – 447.

[38] 曾守桢，张崇辉．基于置信水平的毕达哥拉斯模糊综合评价方法 [J]. 统计与信息论坛，2018，33 (10): 3 –9.

[39] Xia M M, Xu Z S, Chen N. Induced aggregation under confidence levels [J]. *International Journal of Uncertainty, Fuzziness and Knowledge – Based Systems*, 2011, 19 (2): 201 – 227.

[40] Yu D J. Intuitionistic fuzzy information aggregation under confidence levels [J]. *Applied Soft Computing Journal*, 2014, 19: 147 – 160.

[41] Ji Y, Xu Y, Qu S J, Xu Z S, Wu Z, Nabe M. A novel two – stage multi – criteria decision – making method based on interval – valued Pythagorean fuzzy aggregation operators with self – confidence levels [J]. *Arabian Journal for Science and Engineering*, 2021, 46 (2): 1561 – 1584.

[42] Yager R R, Abbasov M A. Pythagorean Membership Grades, Complex Numbers, and Decision Making [J]. *International Journal of Intelligent Systems*, 2013, 28 (5): 436 – 452.

[43] Garg H. A novel improved accuracy function for interval valued Pythagorean fuzzy sets and its applications in the decision - making process [J]. *International Journal of Intelligent Systems*, 2017, 32 (12): 1247 – 1260.

[44] 吴睿怡，陕西省 211 高校人才队伍建设投入绩效评价研究 [D]. 西安：西安理工大学，2020.

[45] Mu Z M, Zeng S Z, Wang P Y. Novel approach to multi – attribute group decision – making based on interval – valued Pythagorean fuzzy power Maclaurin symmetric mean operator [J]. *Computers & Industrial Engineering*, 2021, 155: 107049.

[46] Atanassov K T. Intuitionistic fuzzy sets [J]. *Fuzzy Sets and Systems*, 1986, 20 (1): 87 – 96.

[47] Yager R R. Pythagorean membership grades in multicriteria decision making [J]. *Fuzzy Systems IEEE Transactions on*, 2014, 22 (4): 958 – 965.

[48] Senapati T, Yager R R. Fermatean fuzzy weighted averaging geometric operators and its application in multi – criteria decision – making methods [J]. *Engineering Applications of Artificial Intelligence*, 2019, 85: 112 – 121.

[49] Jeevaraj S. Ordering of interval – valued Fermatean fuzzy sets and its applications [J]. *Expert Systems with Applications*, 2021, 185: 115613.

[50] Wu J, Chiclana F, Fujita H, et al. A visual interaction consensus model for social network group decision making with trust propagation [J]. *Knowledge – Based Systems*, 2017, 122: 39 – 50.

[51] Wu J, Chiclana F, Herrera – Viedma E. Trust based consensus model for social network in an incomplete linguistic information context [J]. *Applied Soft Computing*, 2015, 35: 827 – 839.

[52] Wu J, Chiclana F. A social network analysis trust – consensus based approach to group decision – making problems with interval – valued fuzzy reciprocal preference relations [J]. *Knowledge – Based Systems*, 2014, 59: 97 – 107.

[53] Ji Y, Xu Y, Qu S J, et al. A novel twostage multicriteria decisionmaking method based on intervalvalued Pythagorean fuzzy aggregation operators with selfconfdence levels [J]. *Arabian Journal for Science and Engineering*, 2020, 46 (2): 1561 – 1584.

[54] Tian Z P, Nie R X, Wang J Q, Zhang H Y. A two – fold feedback mechanism to support consensus – reaching in social network group decision – making [J]. *Knowledge – Based Systems*, 2018, 162: 74 – 91.

[55] Wu J, Chang J L, Cao Q W, Liang C. A trust propagation and collaborative filtering based method for incomplete information in social network group decision making with type – 2 linguistic trust [J]. *Computers & Industrial Engineering*, 2019, 127: 853 – 864.

[56] 向南，豆亚杰，姜江，等．基于专家信任网络的不完全信息武器选择决策 [J]. 系统工程理论与实践，2021，41 (3): 759 – 770.

[57] 金飞飞，刘金培，陈华友，等．基于信任关系和信息测度的概率语义社会网络群决策模型 [J]. 中国管理科学，2021，29 (10): 178 – 190.

[58] Liu Y, Liang C, Chiclana F, Wu J. A trust induced recommendation mechanism for reaching consensus in group decision making [J]. *Knowledge – Based Systems*, 2017, 119: 221 – 231.

[59] Rani P, Mishra A R. Interval – valued Fermatean fuzzy sets with multi – criteria weighted aggregated sum product assessment – based decision analysis framework [J]. *Neural Computing and Applications*, 2022: 1 – 17.

[60] 周晓阳，王黎琴，冯平平，等．WSR 方法论视角下基于信任关系、前景理论和犹豫模糊偏好的群决策研究 [J]. 管理评论，2020，32 (7): 66 – 75.

[61] Zhao M W, Wei G W, Wei C, Wu J. TODIM method for intervalvalued Pythagorean fuzzy MAGDM based on cumulative prospect theory and its application to green supplier selection [J]. *Arabian Journal for Science and Engineering*, 2021, 46: 1899 – 1910.

[62] 徐刘靖，沈婷婷．高校图书馆员数据素养内涵及培养机制研究 [J]. 图书馆建设，2016 (5): 89 – 94.

[63] 惠恭健，曾磊．智能时代的数据素养：模型构建、指标体系与培养路径—基于

国内外模型的比较分析［J］．远程教育杂志，2021，39（4）：52－61.

［64］钱瑛，徐绪堪，朱昌平，等．面向图书情报专业硕士的数据素养能力评价指标体系构建［J］．情报理论与实践，2022，1－10.

［65］张恒杰，王芳，董庆兴，等．群体共识决策的研究进展与展望［J］．电子科技大学学报（社科版），2021，23（2）：26－37.

| 第七章 |

基于单值中智集的综合评价方法研究及应用

模糊集、直觉模糊集和犹豫模糊集等在处理某些复杂信息的时候也存在不足，如在某问卷调查的多项选择问题中，被调查人需要在正确、不正确和不确定三项中至少选择一项。由于知识背景、对问题的认知等因素，此时被调查人往往会在正确与不确定两个选项中犹豫，可能会同时选择两项，导致最终的统计结果为“选择正确的比例是 0.6，选择不确定的比例是 0.5，选择不正确的比例为 0.4”，三者比例之和大于 1[1]。显然，上述模糊集都无法描述此类情形下的决策信息。于是 Smarandache[2] 提出一种新的模糊集，称为中智集（Neutrosophic Set，NS）。中智集理论是在直觉模糊集基础上增加了独立的不确定度，由肯定度、不确定度和否定度三个单元组成，是模糊集和直觉模糊集的一种有效推广。中智集的这三个隶属度函数是相互独立的，因此可以利用中智集来处理比以前的模糊集更多的、不同的模糊事件。由于中智集的每个隶属度函数都是非标准区间的非标准子集，因而在实际问题的应用中导致计算量复杂且烦琐。为此，在中智集的基础上，Wang 等[3] 提出了单值中智集（Single - valued Neutrosophic Set，SVNS）的概念，其包含的肯定度、不确定度和否定度均为［0,1］内的标准实数。根据单值中智集理论，上例中的评价信息可以描述为一个中智模糊数：(0.6,0.5,0.4)。

鉴于在度量描述不确定信息方面的优势，单值中智集已被广泛应用于各类评价与决策实际问题中。如彭娟娟和田超[1] 提出了改进的单值中智信息加权算子对专家的偏好值进行，进而构建了基于单值中智信息的社会网络大规模决策方法。Ye[4] 提出了单值中智集的相关性测度方法并研究其在群体决策问题中的应用。Liu 等[5]提出了单值中智信息下的二元语义 Dombi 幂 Heronian 集成方法。Liu 等[6]提出了基于幂 muirhead 平均的单值中智信息集成方法，并讨论了它们在金融投资决策问题上的应用。Liu 等[7]提出了犹豫区间中智不确定语言信息下的群决策技术。Ye[8]介绍了 SVNS 的交叉熵，并讨论了它们在多属性决策问题中的应用。

在现有研究的基础上，本章将对基于单值中智评价信息的综合评价方法进行深入研究，以丰富和推动模糊综合评价理论和应用领域的研究。

第一节　单值中智集基础知识

定义 7.1[2]　设 X 为一有限集，则 X 上的一个中智集 A（neutrosophic set，NS）定义如下：

$$A=\{\langle x,T_A(x),I_A(x),F_A(x)\rangle \mid x\in X\} \tag{7-1}$$

其中，$T_A(x)$，$I_A(x)$ 和 $F_A(x)$ 分别表示集合 A 上元素 x 的肯定度、不确定度和否定度，且 $T_A(x)$，$I_A(x)$ 和 $F_A(x)$ 为 $[0^-,1^+]$ 上的标准和非标准子集，并满足以下约束条件：

$$0^-\leqslant \sup T_A(x)+\sup I_A(x)+\sup F_A(x)\leqslant 3^+ \tag{7-2}$$

需要说明的是，定义 7.1 中的非标准有限数 $1^+=1+\varepsilon$ 与 $0^-=0-\varepsilon$，无穷小数 $\varepsilon>0$ 是非标准部分，1 和 0 是标准部分，$]0^-$ 和 $1^+[$ 是非标准的单位子区间，其左右边界是模糊的。NS 中的不确定隶属度函数 $I_A(x)$ 不仅能表示不确定，还可以表示不一致、不可靠、不明确和未知等模糊信息，这就使得 NS 在处理不确定信息的能力进一步加强。但在中智集的定义中，隶属度取值于位非标准的单位子区间，因其边界的模糊性，故并不适合直接应用于现实中不确定信息测度和计算。为提高 NS 的计算效能和有效性，Wang 等[3]提出单值中智集（single-valued neutrosophic set，SVNS）的概念，具体定义如下：

定义 7.2[3]　设 X 为一有限集，则 X 上的一个单值中智集 B（single-valued neutrosophic set，SVNS）定义如下：

$$B=\{\langle x,T_B(x),I_B(x),F_B(x)\rangle \mid x\in X\} \tag{7-3}$$

其中，$T_B(x)$，$I_B(x)$ 和 $F_B(x)$ 分别表示集合 B 上元素 x 的肯定、不确定和否定隶属度函数，且三者满足以下条件：

$$0 \leqslant T_B(x), I_B(x), F_B(x) \leqslant 1, 0 \leqslant T_B(x) + I_B(x) + F_B(x) \leqslant 3 \tag{7-4}$$

为了计算方便，我们可将单值中智数（single - valued neutrosophic number，SVNN）记为三元数组 $\beta = (T_\beta, I_\beta, F_\beta)$。

令 $y = (T_y, I_y, F_y)$ 和 $v = (T_v, I_v, F_v)$ 是两个单值中智数，Ye[4] 介绍了单值中智信息的如下运算法则：

（1）$y \oplus v = (T_y + T_v - T_y * T_v, I_y * T_v, F_y * F_v)$；

（2）$\lambda y = (1 - (1 - T_y)^\lambda, (I_y)^\lambda, (F_y)^\lambda), \lambda > 0$；

（3）$y^c = (F_x, 1 - T_x, T_x)$；

（4）$y \cup v = (\max\{T_y, T_v\}, \min\{I_y, I_v\}, \min\{F_y, F_v\})$；

（5）$y \cap v = (\min\{T_y, T_v\}, \max\{I_y, I_v\}, \max\{F_y, F_v\})$.

下面介绍两种常用的单值中智信息集成方法。

定义 7.3[3]　设 $\beta_i = \langle T_{\beta_i}, I_{\beta_i}, F_{\beta_i} \rangle (i = 1, 2, \cdots, n)$ 是一组单值中智数，则单值中智加权平均（SVNWA）算子定义如下：

$$\begin{aligned} & SVNWA(\beta_1, \cdots, \beta_n) \\ & = \sum_{i=1}^{n} w_i \beta_i \\ & = \left\langle 1 - \prod_{j=1}^{n} (1 - T_{\beta_i})^{w_i}, \prod_{j=1}^{n} (I_{\beta_i})^{w_i}, \prod_{j=1}^{n} (F_{\beta_i})^{w_i} \right\rangle \end{aligned} \tag{7-5}$$

其中 $w_i (i = 1, 2, \cdots, n)$ 为 $\beta_i = \langle T_{\beta_i}, I_{\beta_i}, F_{\beta_i} \rangle$ 的权重值，$w_i \geqslant 0$ 且 $\sum_{i=1}^{n} w_i = 1$。

定义 7.4[3]　$\beta_i = \langle T_{\beta_i}, I_{\beta_i}, F_{\beta_i} \rangle (i = 1, 2, \cdots, n)$ 是一组单值中智数，则单值中智加权几何（SVNWG）算子定义如下：

$$\begin{aligned} & SVNWG(\beta_1, \cdots, \beta_n) \\ & = \sum_{i=1}^{n} (\beta_i)^{w_i} \\ & = \left\langle \prod_{i=1}^{n} (T_{\beta_i})^{w_i}, 1 - \prod_{i=1}^{n} (1 - I_{\beta_i})^{w_i}, 1 - \prod_{i=1}^{n} (1 - F_{\beta_i})^{w_i} \right\rangle \end{aligned} \tag{7-6}$$

其中 $w_i (i = 1, 2, \cdots, n)$ 为 $\beta_i = \langle T_{\beta_i}, I_{\beta_i}, F_{\beta_i} \rangle$ 的权重值，$w_i \geqslant 0$ 且 $\sum_{i=1}^{n} w_i = 1$。

定义 7.5[3] 设 $y=(T_y, I_y, F_y)$ 和 $v=(T_v, I_v, F_v)$ 是两个单值中智数，其距离测度定义如下：

$$d_{SVN}(y,v)=\frac{1}{3}(|T_y-T_v|+|I_y-I_v|+|F_y-F_v|) \tag{7-7}$$

第二节 基于新相关系数的单值中智 TOPSIS 综合评价方法

逼近理想解排序法（TOPSIS）[9]是一种较为常用的评价与决策方法，其核心思想是根据备选方案与正负理想解之间的距离和贴进度确定最佳方案。迄今为止，TOPSIS 方法已经在各类不确定模糊环境下的评价问题中得到了广泛的研究[10-16]。目前已有作者将 TOPSIS 方法拓展到 SVNS 环境中，如 Nancy 和 Garg[17]根据新的发散度方法提出了一种新的单值中智 TOPSIS 方法。Peng 和 Dai[18]提出了一种新的 SVNS 距离测度，并与经典的 TOPSIS 方法结合提出了一种新的 SVN 综合评价方法。Biswas 等[19]根据 SVNS 欧氏距离测度构建了基于 SVN 评价信息的 TOPSIS 综合评价模型。值得注意的是，现有基于 SVNS 的 TOPSIS 评价方法主要是基于 SVNS 距离测度来计算相对贴近程度，进而根据贴进度大小对方案进行排序。事实上，根据备选方案与正负理想方案间距离测度来计算相对贴近度是目前各类 TOPSIS 模型的核心思想[20]。

与距离测度一样，相关系数也是一种常用的信息测度工具，主要用于衡量两个变量（向量）之间的相似性程度。为了衡量单值中智集之间的相关关系，Ye[4]首先提出了 SVN 相关系数的概念，并将其应用于多指标综合决策分析中。随后，Ye[8]提出了一些新的相关系数公式，以改进其之前提出的 SVNS 相关系数测度方法存在的不足。但是，现有 SVN 相关系数[4,8]的测度值位于区间 [0,1]，即相关系数的大小都是非负值，这与统计学中经典的相关系数取值区间位于 [-1,1] 不一致。也就是说，现有的 SVN 相关系数测度结果均为正，只能描述变量之间的正相关情形，而忽略了负相关的情况，这往往和实际情况不符，从而降低了理论科学性和适用性。

基于此，本节首先提出一种单值中智集的相关性测度方法，其相关系数的取值介于区间［-1,1］，从而可综合测度变量之间的正负相关性。为了融合评价指标属性的重要性，我们进一步提出了加权SVN相关系数，并在此基础上，提出了一种基于SVN新相关系数的TOPSIS综合评价方法，核心是根据SVN相关系数的贴近度测度来衡量备选方案与正理想解之间的相似性。最后，通过数值算例和相关比较，验证了所提TOPSIS方法的有效性和可行性。

一、预备知识

首先介绍Ye[4]定义的SVN相关系数的概念，定义如下：

定义7.6[4]　设 $P=(p_1,p_2,\cdots,p_n)$ 和 $S=(s_1,s_2,\cdots,s_n)$ 是定义在非空实数集 Y 中的两个单值中智集（SVNS）。则 P 和 S 之间的SVN相关系数 $K(P,S)$ 定义如下：

$$K(P,S)=\frac{\sum_{i=1}^{n}(T_{p_i}T_{s_i}+I_{p_i}I_{s_i}+F_{p_i}F_{s_i})}{\sqrt{\sum_{i=1}^{n}[(T_{p_i})^2+(I_{p_i})^2+(F_{p_i})^2]}\sqrt{\sum_{i=1}^{n}[(T_{s_i})^2+(I_{s_i})^2+(F_{s_i})^2]}}. \tag{7-8}$$

容易证明，定义7.6中的相关系数 $K(P,S)$ 满足以下性质：

（1）$K(P,S)=K(S,P)$；

（2）$K(P,S)=1$ if $P=S$；

（3）$0\leqslant K(P,S)\leqslant 1$.

【例7-1】 令 $P=(\langle 0.7,0.2,0.3\rangle,\langle 0.6,0.1,0.5\rangle,\langle 0.7,0.2,0.2\rangle,\langle 0.6,0,0.2\rangle)$ 和 $S=(\langle 0.5,0.3,0.4\rangle,\langle 0.3,0.2,0.4\rangle,\langle 0.5,0.2,0.6\rangle,\langle 0.8,0.2,0.5\rangle)$ 是两个SVNS，则根据式（7-8）计算 P 和 S 之间的相关系数为 $K(P,S)=0.6292$。

然而，Ye[8]指出定义7.6中的SVNS相关系数存在一些缺陷，因而由该方法得到相关系数计算结果在某些情况下与实际不符，或者可能呈现无法定义的现象。为了克服这些局限性，Ye[8]提出了一种改进的SVNS相关系数。

定义7.7[8]　设 $P=(p_1,p_2,\cdots,p_n)$ 和 $S=(s_1,s_2,\cdots,s_n)$ 为两个单值中

智集（$SVNS$），则 P 和 S 之间的 SVN 相关系数 $M(P,S)$ 定义如下：

$$M(P,S)=\frac{1}{3n}\sum_{i=1}^{n}[\alpha_i(1-\Delta T_i)+\beta_i(1-\Delta I_i)+\chi_i(1-\Delta F_i)] \quad (7-9)$$

其中，$\alpha_i=\frac{3-\Delta T_i-\Delta T_{\max}}{3-\Delta T_{\min}-\Delta T_{\max}}$，$\beta_i=\frac{3-\Delta I_i-\Delta I_{\max}}{3-\Delta I_{\min}-\Delta I_{\max}}$，$\chi_i=\frac{3-\Delta F_i-\Delta F_{\max}}{3-FI_{\min}-\Delta F_{\max}}$，

$\Delta T=|T_{p_i}-T_{s_i}|$，$\Delta I=|I_{p_i}-I_{s_i}|$，$\Delta F=|F_{p_i}-F_{s_i}|$，

$\Delta T_{\min}=\min\limits_i|T_{p_i}-T_{s_i}|$，$\Delta T_{\max}=\min\limits_i|T_{p_i}-T_{s_i}|$，

$\Delta I_{\min}=\min\limits_i|I_{p_i}-I_{s_i}|$，$\Delta I_{\max}=\min\limits_i|I_{p_i}-I_{s_i}|$，

$\Delta F_{\min}=\min\limits_i|F_{p_i}-F_{s_i}|$，$\Delta F_{\max}=\min\limits_i|F_{p_i}-F_{s_i}|$.

容易证明相关系数 $M(P,S)$ 满足以下性质：

（1）$M(P,S)=M(S,P)$；

（2）$M(P,S)=1$ 当且仅当 $P=S$；

（3）$0\leqslant M(P,S)\leqslant 1$.

【例 7－2】（续例 7－1），令 $P=(\langle 0.7,0.2,0.3\rangle,\langle 0.6,0.1,0.5\rangle,\langle 0.7,0.2,0.2\rangle,\langle 0.6,0,0.2\rangle)$ 和 $S=(\langle 0.5,0.3,0.4\rangle,\langle 0.3,0.2,0.4\rangle,\langle 0.5,0.2,0.6\rangle,\langle 0.8,0.2,0.5\rangle)$ 是两个 SVNS，根据式（7－9）计算 P 和 S 之间的相似性，可得 $K(P,S)=0.7935$。

虽然上述提出的公式可以克服现有相关系数的缺点，但根据其定义可以看出，相关系数大小仍然位于单位区间［0，1］。即上述 SVN 的两种相关系数都只能描述 SVNS 之间的正相关关系，而不能反映其负相关的情况。在经典的随机变量情况下，变量之间相关系数的值应在［－1,1］之间变化。另外，针对犹豫模糊集和毕达哥拉斯模糊集的相似性测度方法存在的类似缺陷，Chen[20] 和 Liao 等[21] 提出了相应的改进方法，提出了犹豫模糊集和毕达哥拉斯模糊新相关系数，其值位于区间［－1,1］。针对单值中智集相关性测度的不足，在下一节中，我们将提出一个新的 SVN 相关系数，使其取值位于区间［－1,1］。

二、SVN 新相关系数

经典的实数集之间的 Pearson 相关系数，它描述了集合之间相关关系的

强度，可以是正相关、负相关和不相关。值得注意的是，基于 Pearson 相关系数方法，Chen[20] 提出了毕达哥拉斯模糊集和区间值毕达哥拉斯模糊（IVPF）集的类 Pearson 相关系数。受现有研究的启发，下面我们将提出一种新的 SVN 相关系数。

定义 7.8　设 $P=(p_1,p_2,\cdots,p_n)$ 和 $S=(s_1,s_2,\cdots,s_n)$ 是两个 SVNS。则 P 和 S 之间的相关系数 $r(P,S)$ 定义如下：

$$r(P,S)=\frac{1}{3}(r_T(P,S)+r_I(P,S)+r_F(P,S)) \tag{7-10}$$

其中，

$$r_T(P,S)=\frac{\sum_{i=1}^{n}(T_{p_i}-\overline{T}_p)(T_{s_i}-\overline{T}_s)}{\sqrt{\sum_{i=1}^{n}(T_{p_i}-\overline{T}_p)^2}\sqrt{\sum_{i=1}^{n}(T_{q_i}-\overline{T}_s)^2}}, \tag{7-11}$$

$$r_I(P,S)=\frac{\sum_{i=1}^{n}(I_{p_i}-\overline{I}_p)(I_{s_i}-\overline{I}_s)}{\sqrt{\sum_{i=1}^{n}(I_{p_i}-\overline{I}_p)^2}\sqrt{\sum_{i=1}^{n}(I_{s_i}-\overline{I}_s)^2}}, \tag{7-12}$$

$$r_N(P,S)=\frac{\sum_{i=1}^{n}(F_{p_i}-\overline{F}_p)(F_{s_i}-\overline{F}_s)}{\sqrt{\sum_{i=1}^{n}(F_{p_i}-\overline{F}_p)^2}\sqrt{\sum_{i=1}^{n}(F_{s_i}-\overline{F}_s)^2}}. \tag{7-13}$$

其中，$\overline{T}_p=\sum_{i=1}^{n}T_{p_i}/n,\overline{T}_s=\sum_{i=1}^{n}T_{s_i}/n,\overline{I}_p=\sum_{i=1}^{n}I_{p_i}/n,\overline{I}_s=\sum_{i=1}^{n}I_{s_i}/n,\overline{F}_p=\sum_{i=1}^{n}F_{p_i}/n$ 和 $\overline{F}_s=\sum_{i=1}^{n}F_{s_i}/n$。

定理 7.1　SVN 相关系数 $r(P,S)$ 中的确定隶属部分 $r_T(P,S)$ 具有以下性质：

（1）$r_T(P,S)=r_T(S,P)$；

（2）如果 $\forall i\in[1,n]$，$T_{p_i}=T_{s_i}$，那么 $r_T(P,S)=1$；

（3）$|r_T(P,S)|\leqslant 1$。

证明：

（1）通过公式（7-11），性质（1）显然成立。

（2）如果 $\forall i\in[1,n]$，有 $T_{p_i}=T_{s_i}$，进而 $\overline{T}_p=\overline{T}_s$，那么

$$r_T(P,S)=\frac{\sum_{i=1}^{n}(T_{p_i}-\overline{T}_p)(T_{s_i}-\overline{T}_s)}{\sqrt{\sum_{i=1}^{n}(T_{p_i}-\overline{T}_p)^2}\sqrt{\sum_{i=1}^{n}(T_{p_i}-\overline{T}_s)^2}}=\frac{\sum_{i=1}^{n}(T_{p_i}-\overline{T}_p)^2}{\sum_{i=1}^{n}(T_{p_i}-\overline{T}_p)^2}=1$$

（3）根据定义 7.8，$\forall i\in[1,n]$ 有 $0\leqslant T_{p_i}$，$T_{s_i}\leqslant 1$ 和 $0\leqslant\overline{T}_p$，$\overline{T}_s\leqslant 1$。那么，$-1\leqslant T_{p_i}-\overline{T}_p\leqslant 1$，$-1\leqslant T_{s_i}-\overline{T}_s\leqslant 1$，$(T_{p_i}-\overline{T}_p)^2\leqslant 1$ 和 $(T_{s_i}-\overline{T}_s)^2\leqslant 1$。因此，我们可以得到 $-n\leqslant\sum_{i=1}^{n}(T_{p_i}-\overline{T}_p)(T_{s_i}-\overline{T}_s)\leqslant n$ 和 $\sqrt{\sum_{i=1}^{n}(T_{p_i}-\overline{T}_p)^2}\sqrt{\sum_{i=1}^{n}(T_{s_i}-\overline{T}_s)^2}\leqslant\sqrt{n}\cdot\sqrt{n}=n$。因此，$-1\leqslant r_E(P,Q)\leqslant 1$，即 $|r_E(P,Q)|\leqslant 1$。

根据定理 7.1，我们可以得到定理 7.2 和定理 7.3。

定理 7.2 SVN 相关系数 $r(P,S)$ 中的不确定性隶属部分 $r_I(P,S)$ 具有以下性质：

（1）$r_I(P,S)=r_I(S,P)$；

（2）如果 $\forall i\in[1,n]$，$I_{p_i}=I_{s_i}$，那么 $r_I(P,S)=1$；

（3）$|r_I(P,Q)|\leqslant 1$。

定理 7.3 SVN 相关系数 $r(P,S)$ 中的否定隶属部分 $r_F(P,S)$ 具有以下性质：

（1）$r_F(P,S)=r_F(S,P)$；

（2）如果 $\forall i\in[1,n]$，$F_{p_i}=F_{s_i}$，那么 $r_F(P,S)=1$；

（3）$|r_F(P,S)|\leqslant 1$。

根据以上分析，我们可以得到 SVN 相关系数 $r(P,S)$ 的性质。

定理 7.4 P 和 S 之间的 SVN 相关系数 $r(P,S)$ 满足以下性质：

（1）$r(P,S)=r(S,P)$；

（2）如果 $\forall i\in[1,n]$，$p_i=s_i$，那么 $r(P,S)=1$；

（3）$-1\leqslant r(P,Q)\leqslant 1$。

证明：性质（1）和（3）是显然的，此处从略。下面证明性质（2）：

如果对于 $\forall i\in[1,n]$，$p_i=s_i$，则 $T_{p_i}=T_{s_i}$，$I_{p_i}=I_{s_i}$ 和 $F_{p_i}=F_{s_i}$。通过定理 7.1 至定理 7.3，我们可以直接得到 $r_T(P,S)=1$，$r_I(P,S)=1$ 和 $r_F(P,S)=$

1。因此，$r(P,S)=\frac{1}{3}\times(1+1+1)=1$ 得证。

【例 7－3】（续例 7－2），令 $P=(\langle 0.7,0.2,0.3\rangle,\langle 0.6,0.1,0.5\rangle,\langle 0.7,0.2,0.2\rangle,\langle 0.6,0,0.2\rangle)$ 和 $S=(\langle 0.5,0.3,0.4\rangle,\langle 0.3,0.2,0.4\rangle,\langle 0.5,0.2,0.6\rangle,\langle 0.8,0.2,0.5\rangle)$ 是定义在 $Y=\{y_1,y_2,y_3,y_4\}$ 上的两个 SVNS。如果我们利用式（7－10）来计算 P 和 S 之间的 SVN 相关系数 $r(P,S)$，可得 $r(P,S)=-0.1188$。

从定理 7.4 和例 7－3 可以看出，本章提出的相关系数取值可以是正的，也可以是负的。因此，变量之间的正负相关关系都可以被描绘出来，这是它与现有方法相比的显著优势。

在很多实际应用中还需要考虑评价指标的重要性，这种情况下有必要在相关系数中融入指标的权重。为了解决这个问题，下面我们提出加权 SVN 相关系数，定义如下：

定义 7.9 令 Y 是一个非空固定集，w_i 是 y_i 的权重，满足 $\sum_{i=1}^{n} w_i=1$ 和 $w_i\in[0,1]$。$P=(p_1,p_2,\cdots,p_n)$ 和 $S=(s_1,s_2,\cdots,s_n)$ 是 Y 上的两个 SVNs。则 P 和 S 之间的加权 SVN 相关系数 $r^w(P,S)$ 定义如下：

$$r^w(P,S)=\frac{1}{3}(r_T^w(P,S)+r_I^w(P,S)+r_F^w(P,S)) \tag{7-14}$$

其中

$$r_T^w(P,S)=\frac{\sum_{i=1}^{n} w_i(T_{p_i}-\bar{T}_p)(T_{s_i}-\bar{T}_s)}{\sqrt{\sum_{i=1}^{n} w_i(T_{p_i}-\bar{T}_p)^2}\sqrt{\sum_{i=1}^{n} w_i(T_{p_i}-\bar{T}_s)^2}}, \tag{7-15}$$

$$r_I^w(P,S)=\frac{\sum_{i=1}^{n} w_i(I_{p_i}-\bar{I}_p)(I_{s_i}-\bar{I}_s)}{\sqrt{\sum_{i=1}^{n} w_i(I_{p_i}-\bar{I}_p)^2}\sqrt{\sum_{i=1}^{n} w_i(I_{s_i}-\bar{I}_s)^2}}, \tag{7-16}$$

$$r_N^w(P,S)=\frac{\sum_{i=1}^{n} w_i(F_{p_i}-\bar{F}_p)(F_{s_i}-\bar{F}_s)}{\sqrt{\sum_{i=1}^{n} w_i(F_{p_i}-\bar{F}_p)^2}\sqrt{\sum_{i=1}^{n} w_i(F_{s_i}-\bar{F}_s)^2}}. \tag{7-17}$$

定理 7.5 SVN 加权相关系数 $r^w(P,S)$ 具有如下重要性质：

（1）$r^w(P,S)=r^w(S,P)$；

（2）如果 $\forall i\in[1,n]$，$p_i=q_i$，那么 $r^w(P,S)=1$；

（3）$|r^w(P,S)|\leqslant 1$；

（4）如果 $\forall i\in[1,n]$，$w_i=1/n$，那么 $r^w(P,S)=r(P,S)$。

注：定理 7.5 的证明类似于定理 7.4，此处从略。

根据以上定理可以看出，（加权）SVN 相关系数 $r^w(P,S)$（或 $r(P,S)$））位于区间 $[-1,1]$，且 $r^w(P,S)>0$（或 $r(P,S)>0$）表示 P 和 S 之间正相关，$r^w(P,S)<0$（或 $r(P,S)<0$）表示 P 和 S 之间负相关。显然，$|r^w(P,S)|$（或 $|r(P,S)|$）的值越大，P 和 S 之间的相关性越强。

三、基于 SVN 相关系数的 TOPSIS 综合评价方法

下面研究新的（加权）SVN 相关系数在多指标综合评价问题中的应用，并提出了一种基于 SVN 相关系数的 TOPSIS 综合评价方法。

考虑 SVN 环境下的多指标综合问题。令 $A=\{A_1,A_2,\cdots,A_m\}$ 表示备选方案集，$C=\{C_1,C_2,\cdots,C_n\}$ 表示评价指标（属性）集，指标权重向量为 $w^T=(w_1,w_2,\cdots,w_n)^T$，满足 $\sum_{j=1}^{n}w_j=1$ 和 $w_j\in[0,1]$。设专家关于备选方案 $A_i\in A$ 在指标 $C_j\in C$ 下的评价信息用 SVNN $y_{ij}=(T_{ij},I_{ij},F_{ij})$ 表示，其中 T_{ij}，I_{ij}，$F_{ij}\in[0,1]$，$0\leqslant T_{ij}+I_{ij}+F_{ij}\leqslant 1$。因此，专家关于方案的 SVNN 综合评价矩阵可以表示为：

$$R=(y_{ij})_{m\times n}=\begin{pmatrix} y_{11} & \cdots & y_{1n} \\ \vdots & \ddots & \vdots \\ y_{m1} & \cdots & y_{mn} \end{pmatrix} \tag{7-18}$$

为了计算方便，关于备选方案 A_i 的 SVN 的评价值向量表示为：

$$Y_i=\{y_{i1},y_{i2},\cdots,y_{in}\}=\{(T_{i1},I_{i1},F_{i1}),(T_{i2},I_{i2},F_{i2}),\cdots,(T_{in},I_{in},F_{in})\} \tag{7-19}$$

一般地，在多指标综合评价问题中可能会出现效益型指标属性（指标值越大越好）和成本型指标属性（指标值越小越好），为此我们定义如下的

SVN 正理想方案（PID）和负理想方案（NID）的方法：

$$y_j^+ = (T_j^+, I_j^+, F_j^+) = \begin{cases} (\max_i\{T_{ij}\}, \min_i\{I_{ij}\}, \min_i\{T_{ij}\}), \text{效益型属性 } C_j \\ (\min_i\{T_{ij}\}, \max_i\{I_{ij}\}, \max_i\{T_{ij}\}), \text{成本型属性 } C_j \end{cases}, \tag{7-20}$$

$$y_j^- = (T_j^-, I_j^-, F_j^-) = \begin{cases} (\min_i\{T_{ij}\}, \max_i\{I_{ij}\}, \max_i\{T_{ij}\}), \text{效益型属性 } C_j \\ (\max_i\{T_{ij}\}, \min_i\{I_{ij}\}, \min_i\{T_{ij}\}), \text{成本型属性 } C_j \end{cases}. \tag{7-21}$$

令 $r^w(Y_i, y^+)$ 和 $r^w(Y_i, y^-)$ 分别表示为评价向量 Y_i（备选方案 A_i 的评价信息）和 PID $y^+ = \{y_1^+, y_2^+, \cdots, y_n^+\}$ 以及 NID $y^- = \{y_1^-, y_2^-, \cdots, y_n^-\}$ 之间的加权 SVN 相关系数。如前所述，$r^w(Y_i, y^+)$ 和 $r^w(Y_i, y^-)$ 的值位于区间 $[-1,1]$。此外，$r^w(Y_i, y^+)$ 的值越大，则方案 A_i 和 PID y^+之间相关越强，从而方案 A_i 越优。然而，离 y^+越接近的方案 A_i，可能并不是离 y^-越远的。为了解决这一关键问题，我们提出了一种基于 SVN 相关系数的综合指数 $\xi(Y_i)$，其可以识别与 PID y^+相关性最强同时与 NID y^-相关性最弱的备选方案：

$$\xi(Y_i) = \frac{1 + r^w(Y_i, y^+)}{1 + \max_i\{r^w(Y_i, y^+)\}} - \frac{1 + r^w(Y_i, y^-)}{1 + \min_i\{r^w(Y_i, y^-)\}} \tag{7-22}$$

由式（7－22）可以看出，$\xi(Y_i) \leqslant 0$，且 $\xi(Y_i)$ 的值越大，相应的方案 A_i 越优。特别地，如果方案 A_i 同时满足 $1 + r^w(Y_i, y^+) = 1 + \max_i\{r^w(Y_i, y^+)\}$ 和 $1 + r^w(Y_i, y^-) = 1 + \min_i\{r^w(Y_i, y^-)\}$，则方案 A_i 是最优的备选方案，因为它不仅与 PID 的相关性最强，而且与 NID 的相关性最弱。

在上述分析的基础上，我们提出了一种基于 SVN 相关系数的 TOPSIS 方法，主要步骤总结如下：

步骤 1　构建 SVN 评价矩阵 $R = (y_{ij})_{m \times n}$，其中元素 y_{ij}表示备选方案 A_i 关于属性 $C_j \in C$ 的评价值，用 SVNN 表示。

步骤 2　根据式（7－20）和式（7－21）分别确定 SVN 正负理想方案 PID $y^+ = \{y_1^+, y_2^+, \cdots, y_n^+\}$ 和 NID $y^- = \{y_1^-, y_2^-, \cdots, y_n^-\}$。

步骤 3 计算备选方案 $A_i \in A$ 的加权 SVN 相关系数 $r^w(p_i, p^+)$ 和 $r^w(p_i, p^-)$。

步骤 4 利用式（7 - 22）计算备选方案 $A_i \in A$ 的综合贴进度系数 $\xi(Y_i)$。

步骤 5 根据 $\xi(Y_i)$ 的值确定备选方案 $A_i(i=1,2,\cdots,n)$ 的排列顺序和最优的方案。显然，$\xi(Y_i)$ 的值越大，方案 A_i 越优。

四、实例分析

假设一家旅行社想要找到一家最合适的信息技术软件开发企业，该企业可以为客户提供在线预订等方便的相关服务[17]。在前期市场调查的基础上，根据技术专长（C_1）、项目管理（C_2）、行业经验（C_3）、服务质量（C_4）四个方面表现，旅行社将五家公司 A_i（$i=1,2,\cdots,5$）视为潜在的候选企业。

下面列出了在所提出的方法中寻找最佳备选方案，详细计算步骤如下。

步骤 1 用 SVNN 表示专家提供的评估信息，具体如表 7 - 1 所示。

表 7 - 1　　SVN 评价矩阵

	C_1	C_2	C_3	C_4
A_1	(0.5,0.3,0.4)	(0.3,0.2,0.1)	(0.2,0.2,0.6)	(0.5,0.2,0.5)
A_2	(0.7,0.3,0.6)	(0.5,0.2,0.2)	(0.4,0.5,0.2)	(0.7,0.0,0.2)
A_3	(0.5,0.3,0.4)	(0.5,0.1,0.3)	(0.6,0.1,0.1)	(0.6,0.2,0.4)
A_4	(0.7,0.0,0.3)	(0.6,0.4,0.2)	(0.6,0.3,0.2)	(0.7,0.2,0.3)
A_5	(0.4,0.1,0.3)	(0.4,0.3,0.6)	(0.4,0.1,0.5)	(0.5,0.1,0.2)

由于所有指标都属于效益型，因此不用对表 7 - 1 进行规范化处理。

步骤 2 根据表 7 - 1 中的评价信息，可计算 PID $y^+ = \{y_1^+, y_2^+, \cdots, y_n^+\}$ 和 SVN NID $y^- = \{y_1^-, y_2^-, \cdots, y_n^-\}$：

$$y^+ = \{(0.7,0.0,0.2),(0.6,0.1,0.1),(0.7,0.1,0.1),(0.6,0.0,0.2)\},$$

$$y^- = \{(0.4,0.3,0.6),(0.3,0.4,0.6),(0.2,0.5,0.6),(0.5,0.2,0.5)\}.$$

以 y_2^+ 和 y_3^- 为例，

$$y_2^+ = (0.6, 0.1, 0.1)$$
$$= (\max\{0.3, 0.5, 0.5, 0.6, 0.4), \min\{0.2, 0.2, 0.1, 0.4, 0.3),$$
$$\min\{0.1, 0.2, 0.3, 0.2, 0.6\}),$$
$$y_3^- = (0.2, 0.5, 0.6)$$
$$= (\min\{0.2, 0.4, 0.6, 0.6, 0.4), \max\{0.2, 0.5, 0.1, 0.3, 0.1\},$$
$$\max\{0.6, 0.2, 0.1, 0.2, 0.5\}).$$

步骤 3　设指标的权向量为 $w = (0.2, 0.25, 0.3, 0.0.25)^T$，通过式（7－14）至式（7－17）可以得到方案 $A_i(i=1,2,\cdots,5)$ 的加权 SVN 相关系数 $r^w(Y_i, y^+)$ 和 $r^w(Y_i, y^-)$，具体如表 7－2 所示。

表 7－2　　加权相关系数和贴进度

	$r^w(Y_i, y^+)$	$r^w(Y_i, y^-)$	$\xi(Y_i)$
A_1	－0.4384	0.1962	－1.701
A_2	0.3878	0.7111	－2.055
A_3	－0.0215	－0.4202	－0.368
A_4	0.5489	0.2687	－1.188
A_5	－0.2767	0.5869	－2.270

步骤 4　式（7－22）计算备选方案 $A_i(i=1,2,\cdots,5)$ 的综合贴进度系数 ξ（Y_i），具体计算结果如表 7－2 所示。

步骤 5　根据表 7－2 的计算结果，可以发现方案 $A_i(i=1,2,\cdots,5)$ 的综合指数 $\xi(Y_i)$ 为：

$$\xi(Y_1) = -1.701, \xi(Y_2) = -2.055, \xi(Y_3) = -0.368, \xi(Y_4) = -1.188,$$
$$\xi(Y_1) = -2.270.$$

如前所述，$\xi(Y_i)$ 的值越大，备选方案 A_i 越优。因此，方案排序为 $A_3 > A_4 > A_1 > A_2 > A_5$，即方案 A_3 是最优备选方案。

需要注意的是，Lin 等[10]提出了一种新的 IVPF 相关系数，其取值大小也介于［－1,1］之间，并在此基础上提出了基于新相关系数的 TOPSIS 综合评价方法，构建了基于相关性的贴进度系数。为了进行比较分析，我们将 Lin 等[10]的方法扩展到 SVN 的环境下，并定义方案 A_i（$i=1,2,\cdots,5$）的基于 SVN 相关系数 $I(Y_i)$ 的贴进度系数如下：

$$I(Y_i)=\lambda CC_1^w(Y_i)+(1-\lambda)CC_2^w(Y_i), \tag{7-23}$$

其中 $CC_1^w(Y_i)$ 和 $CC_2^w(Y_i)$ 如下所示：

$$CC_1^w(Y_i)=\frac{1-r^w(Y_i,p^-)}{2-r^w(Y_i,p^+)-r^w(Y_i,p^-)}, \tag{7-24}$$

$$CC_2^w(Y_i)=\frac{1+r^w(Y_i,p^+)}{2+r^w(Y_i,p^+)+r^w(Y_i,p^-)}. \tag{7-25}$$

参数 λ（$0\leqslant\lambda\leqslant1$）可以根据决策者的态度来调整 $CC_1^w(Y_i)$ 和 $CC_2^w(Y_i)$ 之间的重要性影响。显然，$I(Y_i)$ 的值位于区间 $[0,1]$。此外，如果 $\lambda=1$ 和 $\lambda=0$，那么 $I(Y_i)$ 将分别退化为 $CC_1^w(Y_i)$ 和 $CC_2^w(Y_i)$。

根据式（7-23）计算方案 $A_i(i=1,2,\cdots,5)$ 的综合指数 $I(Y_i)$ 的计算结果（不失一般性，令 $\lambda=0.5$）：

$I(Y_1)=0.3390, I(Y_2)=0.3842, I(Y_3)=0.6048, I(Y_4)=0.5841,$

$I(Y_1)=0.2788.$

$I(Y_i)$ 的值越大，方案 A_i 就越优。因此，方案 A_3 为最优选择，这与本文所提方法得到的结果是一致的。但是，该方法的难点之一是参数 λ 的选择机制，如何针对不同的实际问题选择合适的参数是目前的一大难题。由图 7-1 可以看出，方案的排列顺序会随着参数 λ 的变化而变化，相应的最优方案也会发生变化。

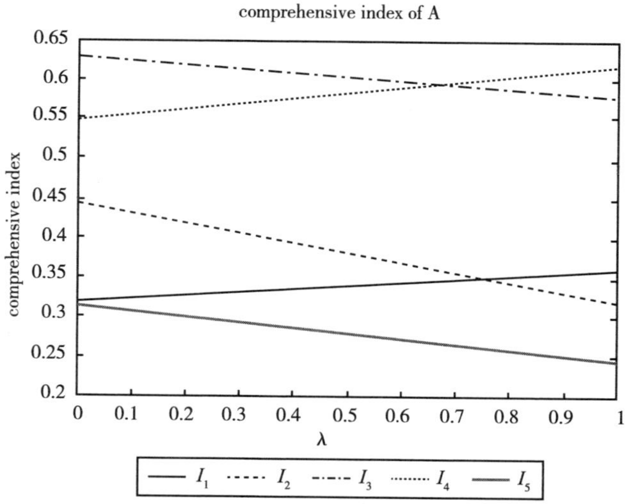

图 7-1　不同参数 λ 下的方案效用值

具体来说，当参数 λ 位于区间 [0, 0.68] 时，方案的排序结果为 $A_3 > A_4 > A_2 > A_1 > A_5$，这种情况下的最优选择是方案 A_3。当参数 λ 分别位于区间 (0.68,0.77] 和 (0.77,1] 时，方案的排序结果由 $A_4 > A_3 > A_2 > A_1 > A_5$ 变为 $A_4 > A_3 > A_1 > A_2 > A_5$。因此，如果参数 λ 位于区间 (0.68, 1]，最优方案就是 A_4。

如前文所述，现有 SVN 的 TOPSIS 综合评价方法大多是基于距离测度构建的，如 Nancy 和 Garg[17]介绍了 SVN 的几种距离测度方法，并在此基础上构建了基于距离的 TOPSIS 模型；Peng 和 Dai[18]，Biswas 等[19]利用 SVN 的欧氏距离构建了单值中智的 TOPSIS 综合评价模型。Chen 等[22]在 SVN 语言环境中提出了一种基于有序加权距离的 TOPSIS 方法。表 7－3 列出了这些基于 SVN 距离测度的 TOPSIS 方法的排序结果。

表 7－3　　基于 SVN 距离的 TOPSIS 方法的备选方案排序

基于 SVN 距离的 TOPSIS 方法	方案排序
Nancy 和 Harish[17]	$A_4 > A_3 > A_1 > A_5 > A_2$
Peng 和 Dai[18]，Biswas 等[19]	$A_3 > A_1 > A_4 > A_2 > A_5$
Chen 等[22]	$A_1 > A_3 > A_4 > A_5 > A_2$

由表 7－3 不难发现，基于不同的 SVN 距离测度的 TOPSIS 方法得到了不同的方案排序和最优方案。事实上，由于现有研究中有关 SVNS 的距离测度方法多种多样，都是从不同角度对 SVNS 的偏差进行度量，这使决策者在实际评价过程中很难区分哪一种方法更适合。然而，本文提出的基于 SVN 相关系数的 TOPSIS 方法比现有的基于距离的 TOPSIS 模型具有更高的吸引力，因为它通过引入新的相关系数在计算方面具有更大的灵活性，且该方法还能同时度量备选方案与正、负理想解之间的相关度，有效克服了现有 TOPSIS 方法的缺陷。此外，处理过程相对简单，有效地避免了原始 SVN 不确定信息的丢失。

五、小结

单值中智集 SVN 是处理复杂不确定信息的一种极有效的工具，其相关性测度方法也越来越受到学者的关注。但现有文献的关于 SVN 相关系数的取值均在区间 [0,1]，无法描述 SVNS 之间的负相关关系。为了克服现有相关系数的缺点，本节提出了一种新 SVN 相关系数，其主要优点是它位于区间 [-1,1]，这与统计学中的传统相关系数一致。我们还提出了 SVNS 之间的加权相关系数，并在此基础上构建了一种新的基于 SVN 相关系数的 TOPSIS 方法。为了验证所提方法的有效性和优越性，通过数值算例以及与已有方法的比较，证明所提方法可以有效地应用于解决 SVN 多指标综合评价问题。

在未来的工作中，我们将考虑对所提出的方法进行更广泛的应用，如投资选择、教学评估和信用风险评估。此外，我们还将应用该方法处理一些大型群体决策问题。

第三节　基于组合赋权和 EDAS 的单值中智多指标综合评价方法

基于平均距离解评价法（Evaluation Based on Distance from Average Solution，EDAS）首先由 Ghorabaee 等在 2015 年提出[23]，它根据各评价信息与平均方案的正负距离来确立各个方案的综合评价值，具有计算量小、稳定性高的特点，因而近年来逐渐被应用于多属性评价中。如 Kahraman 等[24]提出直觉模糊环境下的 EDAS 法；张伟业把 EDAS 法扩展到犹豫模糊语言决策环境中[25]；刘铮和刘虎沉又提出犹豫模糊环境下结合 EDAS 的失效模式及影响分析[26]。本节将研究指标权重未知情形下的单值中智 EDAS 综合评价方法与应用。

一、基于 BWM 和 SVN 熵的指标组合赋权

主观权重与客观权重是计算权重的两种方法，前者可以客观反映决策者对指标重要性的主观认识，后者可以挖掘评价数据中的客观信息，而二者结合得到的指标组合权重实现了主观性与客观性的统一。因此本节首先提出一种基于主客观结合的指标权重计算方法，使得到的指标权重更加可靠、可信。

1. 基于 BWM 的主观权重确定方法

BWM（Best - Worst Method）是 Rezaei 在 2015 年提出的基于向量方法的

主观权重法[27]，通过有限的指标之间的比较，计算出决策者对各项指标主观权重态度。相较于应用广泛的层次分析法（AHP），BWM需要更少的指标之间成对比较，在计算上更加简便。目前，BWM以及在技术创新要素研究[28]、工程方案选择[29]、企业资源分配[30]等问题上有了广泛应用。

在确定评价指标体系后，运用BWM获取指标主观权重的具体步骤如下：

步骤1　决策者首先选出最优准则 C_B 和最劣准则 C_W。

步骤2　根据表7-4，分别构造基于最优准则 C_B 和最劣准则 C_W 的比较向量 $\{a_{B1},a_{B2},\cdots,a_{Bn}\}$ 和 $\{a_{1W},a_{2W},\cdots,a_{nW}\}$，$a_{Bi}$ 和 a_{iW} 分别代表指标 C_i 与 C_B 和 C_W 相比的重要程度。

步骤3　构建数学规划问题：

$$\min\xi$$
$$s.t.\begin{cases}\forall i,|\varphi_B/\varphi_i-a_{Bi}|\leqslant\xi\\ \forall i,|\varphi_i/\varphi_W-a_{iW}|\leqslant\xi\\ \varphi_i>0,\sum c=1\end{cases}\tag{7-26}$$

求解该数学规划问题，得到指标的主观权重 $\{\varphi_1,\varphi_2,\cdots,\varphi_n\}$。

表7-4　比较向量标度含义

标度	含义
1	指标与指标相比，同样重要
3	指标与指标相比，稍微重要
5	指标与指标相比，明显重要
7	指标与指标相比，非常重要
9	指标与指标相比，极端重要
2,4,6,8	上述相邻判断的中间值

2. 基于SVN熵的指标客观权重

设 $R=(r_{ij})_{m\times n}$ 是方案集 $A=\{A_1,A_2,\cdots,A_m\}$ 在指标 $C=\{C_1,C_2,\cdots,C_n\}$ 下的综合评价评价值。则根据SVN熵测度，可计算每个指标 $C_j(j=1,2,\cdots,n)$ 的权重 ω_j：

$$\omega_j=\frac{1-H_j}{n-\sum_{j=1}^{n}H_j}\tag{7-27}$$

其中，$\omega_j \in [0,1]$ 且 $\sum_{j=1}^{n} \omega_j = 1$。SVN 熵 H_j 的计算方法如下[19]：

$$H_j = \frac{1}{m}\sum_{i=1}^{m}(1 - |2I_{ij} - 1| \times (T_{ij} + F_{ij})) \tag{7-28}$$

3. 基于 BWM 和熵的指标组合权重

根据 BWM 方法和熵权法分别计算指标的主观权重 $w = (w_1, w_2, \cdots, w_n)^T$ 和客观权重 $\omega = (\omega_1, \omega_2, \cdots, \omega_n)^T$，计算指标的组合权重 $\overline{\omega} = (\overline{\omega}_1, \overline{\omega}_2, \cdots, \overline{\omega}_n)^T$，其中：

$$\overline{\omega}_j = (w_j\omega_j) / \left(\sum_{j=1}^{n} w_j\omega_j\right) \tag{7-29}$$

二、基于组合赋权和 EDAS 的单值中智多指标综合评价模型

考虑 SVN 环境下的多指标综合评价问题。令 $A = \{A_1, A_2, \cdots, A_m\}$ 为备选方案集，$C = \{C_1, C_2, \cdots, C_n\}$ 表示评价属性集。评价专家集 $E = \{e_1, e_2, \cdots, e_h\}$，专家权重向量为 $\lambda = \{\lambda_1, \lambda_2, \cdots, \lambda_h\}$。设评价专家 $e_k(k = 1, 2, \cdots, h)$ 关于备选方案 $A_i \in A$ 在指标属性 $C_j \in C$ 下的评价信息用 SVNN $y_{ij}^k = (T_{ij}^k, I_{ij}^k, F_{ij}^k)$ 表示，其中 T_{ij}^k，I_{ij}^k，$F_{ij}^k \in [0,1]$，$0 \leqslant T_{ij}^k + I_{ij}^k + F_{ij}^k \leqslant 1$。因此，专家 $e_k(k = 1, 2, \cdots, h)$ 的 SVN 评价矩阵可表示如下：

$$R^k = (y_{ij}^k)_{m \times n} = \begin{pmatrix} y_{11}^k & \cdots & y_{1n}^k \\ \vdots & \ddots & \vdots \\ y_{m1}^k & \cdots & y_{mn}^k \end{pmatrix} \tag{7-30}$$

根据以上信息，则基于组合赋权和 EDAS 的单值中智多指标综合评价具体过程如下：

步骤 1 专家 $e_k(k = 1, 2, \cdots, h)$ 根据实际情况给出相应的评价矩阵 $R^k = (y_{ij}^k)_{m \times n}$，$y_{ij}^k = (T_{ij}^k, I_{ij}^k, F_{ij}^k)$ 为 SVNN。

步骤 2 利用定义 7.3 中的 SVNWA 算子对专家个体意见进行集成，得到群体综合评价矩阵 $R = (y_{ij})_{m \times n}$，其中 $y_{ij} = (T_{ij}, I_{ij}, F_{ij})$。

步骤 3 计算各指标感知效用值的平均方案矩阵 $AV = (AV_j)_{1 \times j}$：其中，

$$AV_j = (\langle T_1^*, I_1^*, F_1^* \rangle, \langle T_2^*, I_2^*, F_2^* \rangle, \cdots, \langle T_n^*, I_n^*, F_n^* \rangle) \tag{7-31}$$

其中 $T_j^* = \frac{\sum_{i=1}^{m} T_{ij}}{m}, I_j^* = \frac{\sum_{i=1}^{m} I_{ij}}{m}$ 且 $F_j^* = \frac{\sum_{i=1}^{m} F_{ij}}{m}$。

步骤 4　设 J_1 是效益型指标的集合，J_2 是成本型指标的集合。分别计算 SVN 正向距离矩阵 $PDA = (\tilde{d}_{ij}^+)$ 和反向距离矩阵 $NDA = (\tilde{d}_{ij}^-)$，其中：

$$\tilde{d}_{ij}^+ = \langle T_{ij}^+, I_{ij}^+, F_{ij}^+ \rangle = \begin{cases} \left\langle \frac{\max(0,(T_{ij}-T^*))}{x_j^*}, \frac{\max(0,(I_{ij}-I^*))}{x_j^*}, \frac{\max(0,(F_{ij}-F^*))}{x_j^*} \right\rangle, \\ j \in J_1 \\ \left\langle \frac{\max(0,(T^*-T_{ij}))}{x_j^*}, \frac{\max(0,(I^*-I_{ij}))}{x_j^*}, \frac{\max(0,(F^*-F_{ij}))}{x_j^*} \right\rangle, \\ j \in J_2 \end{cases} \tag{7-32}$$

$$\tilde{d}_{ij}^- = \langle T_{ij}^-, I_{ij}^-, F_{ij}^- \rangle = \begin{cases} \left\langle \frac{\max(0,(T^*-T_{ij}))}{x_j^*}, \frac{\max(0,(I^*-I_{ij}))}{x_j^*}, \frac{\max(0,(F^*-F_{ij}))}{x_j^*} \right\rangle, \\ j \in J_1 \\ \left\langle \frac{\max(0,(T_{ij}-T^*))}{x_j^*}, \frac{\max(0,(I_{ij}-I^*))}{x_j^*}, \frac{\max(0,(F_{ij}-F^*))}{x_j^*} \right\rangle, \\ j \in J_2 \end{cases} \tag{7-33}$$

其中 $\tilde{x}_j^* = \max\left(\frac{\sum_{i=1}^{m} T_{ij}}{m}, \frac{\sum_{i=1}^{m} I_{ij}}{m}, \frac{\sum_{i=1}^{m} F_{ij}}{m}\right)$。

对于只含有正向指标的综合评价问题，PDA 和 NDA 可用如下方程计算：

$$\tilde{d}_{ij}^+ = \langle T_{ij}^+, I_{ij}^+, F_{ij}^+ \rangle = \left\langle \frac{\max(0,(T_{ij}-T^*))}{x_j^*}, \frac{\max(0,(I_{ij}-I^*))}{x_j^*}, \frac{\max(0,(F_{ij}-F^*))}{x_j^*} \right\rangle \tag{7-34}$$

$$\tilde{d}_{ij}^{-}=\langle T_{ij}^{-},I_{ij}^{-},F_{ij}^{-}\rangle$$
$$=\left\langle\frac{\max(0,(T^{*}-T_{ij}))}{x_j^{*}},\frac{\max(0,(I^{*}-I_{ij}))}{x_j^{*}},\frac{\max(0,(F^{*}-F_{ij}))}{x_j^{*}}\right\rangle \tag{7-35}$$

步骤 5 分别根据 BWM 方法和 SVN 熵权法分别计算指标的主观权重 $w=(w_1,w_2,\cdots,w_n)^T$ 和客观权重 $\omega=(\omega_1,\omega_2,\cdots,\omega_n)^T$，并在此基础上计算指标的组合权重 $\varpi=(\varpi_1,\varpi_2,\cdots,\varpi_n)^T$。

步骤 6 对 *PDA* 和 *NDA* 进行加权，计算备选方案 $A_i(i=1,2,\cdots,n)$ 的正负距离加权和 $\tilde{Q}_i^{+}=\langle T_i^{+},I_i^{+},F_i^{+}\rangle$ 与正负距离加权和 $\tilde{Q}_i^{-}=\langle T_i^{-},I_i^{-},F_i^{-}\rangle$：

$$\tilde{Q}_i^{+}=\sum_{j=1}^{n}w_j\tilde{d}_{ij}^{+}=\left\langle 1-\prod_{j=1}^{n}(1-T_{ij}^{+})^{w_j},\prod_{j=1}^{n}(I_{ij}^{+})^{w_j},\prod_{j=1}^{n}(F_{ij}^{+})^{w_j}\right\rangle \tag{7-36}$$

$$\tilde{Q}_i^{-}=\sum_{j=1}^{n}w_j\tilde{d}_{ij}^{-}=\left\langle 1-\prod_{j=1}^{n}(1-T_{ij}^{-})^{w_j},\prod_{j=1}^{n}(I_{ij}^{-})^{w_j},\prod_{j=1}^{n}(F_{ij}^{-})^{w_j}\right\rangle \tag{7-37}$$

步骤 7 为了归一化 $\tilde{Q}_i^{+}$ 和 $\tilde{Q}_i^{-}$，需要将步骤 6 中得到的 SVN 值进行转换，本文使用得分函数来进行转换。假设 $x=\langle T_i,I_i,F_i\rangle$ 是一个 SVNN，则 x 的得分函数 s_x 如下[3]：

$$s_x=\frac{1+T_i-2I_i-F_i}{2} \tag{7-38}$$

分别计算 $\tilde{Q}_i^{+}$ 和 $\tilde{Q}_i^{-}$ 的得分大小 $S(\tilde{Q}_i^{+})$ 和 $S(\tilde{Q}_i^{-})$，在此基础上计算标准化值：

$$\begin{cases} S_i^{+}=\dfrac{S(Q_i^{+})}{\max\limits_{k}S(Q_i^{+})} \\ S_i^{-}=1-\dfrac{S(Q_i^{-})}{\max\limits_{k}S(Q_i^{-})} \end{cases} \tag{7-39}$$

步骤 8 计算备选方案 $A_i(i=1,2,\cdots,m)$ 最终评价评分值 S_i：

$$S_i=\frac{1}{2}(S_i^{+}+S_i^{-}) \tag{7-40}$$

步骤 9　根据评价分数对备选方案进行排序。评价分数最高的方案是备选方案中的最佳方案。

三、应用案例分析

气候变化是人类生存的挑战，在全球环境危机日趋严重的今天，创新成为我国能源企业在保持经济效益的前提下，有效地缓解环境问题的重要途径。此外，企业能对自身的创新能力进行准确的评估与定位，则是提高其核心竞争力、实现生产可持续发展的重要依据与保障。目前，我国已经明确提出有关“碳中和”的目标——“二氧化碳排放力争于 2030 年前达到峰值，努力争取 2060 年前实现碳中和”。并且为了达到这个目标做出了总体布局，表明了能源转型对实现“碳达峰、碳中和”目标的重要性。

在碳中和提出后，我国要实现碳达峰、碳中和，就必须大力推进能源企业的创新以及变革，以绿色、低碳发展为核心，推进全产业链、全方位、全生命周期的能源革命。今后的发展方向是以优化能源结构为主导，推动建立更加高效的能源系统。

近年来，许多大型能源公司，如中国石化、中国石油等，都已经开始涉足新能源。在“碳达峰、碳中和”目标的推进下，传统能源企业开始加大新能源的创新发展力度。但是由于我国对于能源企业创新能力指标评价体系的系统研究还不充分，尤其是在碳中和环境下，更是缺乏相关的研究。因此，本文基于文献研究成果，研究基于碳中和背景和能源企业创新的内涵[31-33]，构建了一套相对完整的能源企业创新能力评价指标体系，主要包括：投入能力、R&D 能力、制造能力、产出能力、市场推广能力、组织管理能力 6 个一级指标。

投入能力（C_1）：主要是指企业对进行创新活动的各项资源的投入情况，企业的投入能力一般指的是人力、资金等投入程度。其主要内容包括：人才资源，具体指某个能源企业中从事创新工程的员工数量；新能源发展资金投入能力，即企业对于创新工程投入的资金；新能源发展技术投入能力，具体指技术创新。

R&D 能力（C_2）：企业的研发系统是企业持续发展的根本动力，主要从专利数量、新能源研发能力、研究室合作能力等方法进行衡量。

制造能力（C_3）：制造能力是支撑，考虑到能源企业的特殊性，主要从以下几方面进行测度该指标：一是能源开发设备先进程度，其指的是能源企业在开发能源的过程中所用到的设备是否持续创新，是否先进；二是能源加工转换先进程度，指能源企业在对开发的能源进行加工转换时，是否考虑到低碳责任，转换率程度。

产出能力（C_4）：创新产品 CO_2 减排效果是指在能源结构变革时期，能源企业生产的创新产品是否参与达到“碳中和”的目标。

市场推广能力（C_5）：是指企业的创新产品进入市场后带来的各方面的影响效果，包括能源企业转型的形象、贸易市场占有率、服务品牌影响力等。

组织管理能力（C_6）：主要从企业内部管理及企业文化进行评价，包括仓储、能源输送有效利用率、企业内部有效管理、企业创新、低碳责任意识等因素。

假设某行业协会拟对 5 家能源企业（A_1、A_2、A_3、A_4 和 A_5）的创业能力进行评估，邀请了 5 位行业领域的评审专家 $e_k(k=1,2,3,4,5)$（专家权重分别为 $\lambda_1=0.17$，$\lambda_2=0.20$，$\lambda_3=0.18$，$\lambda_4=0.23$，$\lambda_5=0.22$）根据 6 个指标维度下对 5 家企业进行评价。则具体流程步骤如下：

步骤 1 构建 SVN 评价矩阵。5 位评审专家 $e_k(k=1,2,3,4,5)$ 根据 6 个指标维度对 5 家企业的评价信息如表 7-5 至表 7-9 所示。

表 7-5 专家 e_1 给出的评价矩阵 R^1

	C_1	C_2	C_3
A_1	⟨0.70,0.25,0.30⟩	⟨0.15,0.65,0.85⟩	⟨0.25,0.65,0.70⟩
A_2	⟨0.65,0.30,0.35⟩	⟨0.55,0.45,0.50⟩	⟨0.75,0.20,0.15⟩
A_3	⟨0.60,0.45,0.40⟩	⟨0.60,0.40,0.45⟩	⟨0.70,0.25,0.30⟩
A_4	⟨0.45,0.40,0.55⟩	⟨0.35,0.65,0.70⟩	⟨0.55,0.60,0.65⟩
A_5	⟨0.55,0.60,0.40⟩	⟨0.40,0.55,0.65⟩	⟨0.60,0.50,0.45⟩

续表

	C_4	C_5	C_6
A_1	⟨0.65,0.45,0.50⟩	⟨0.65,0.50,0.45⟩	⟨0.70,0.25,0.35⟩
A_2	⟨0.65,0.40,0.50⟩	⟨0.60,0.55,0.50⟩	⟨0.65,0.40,0.35⟩
A_3	⟨0.60,0.50,0.55⟩	⟨0.70,0.30,0.35⟩	⟨0.60,0.55,0.45⟩
A_4	⟨0.45,0.65,0.60⟩	⟨0.65,0.50,0.45⟩	⟨0.35,0.60,0.65⟩
A_5	⟨0.70,0.30,0.35⟩	⟨0.45,0.65,0.60⟩	⟨0.55,0.45,0.40⟩

表 7-6　　专家 e_2 给出的评价矩阵 R^2

	C_1	C_2	C_3
A_1	⟨0.65,0.35,0.40⟩	⟨0.35,0.65,0.70⟩	⟨0.35,0.55,0.65⟩
A_2	⟨0.70,0.25,0.20⟩	⟨0.65,0.40,0.35⟩	⟨0.80,0.10,0.15⟩
A_3	⟨0.65,0.30,0.35⟩	⟨0.50,0.55,0.45⟩	⟨0.70,0.25,0.30⟩
A_4	⟨0.50,0.45,0.45⟩	⟨0.40,0.65,0.60⟩	⟨0.60,0.35,0.40⟩
A_5	⟨0.60,0.50,0.45⟩	⟨0.35,0.70,0.60⟩	⟨0.55,0.45,0.65⟩
	C_4	C_5	C_6
A_1	⟨0.60,0.45,0.50⟩	⟨0.55,0.40,0.45⟩	⟨0.70,0.25,0.35⟩
A_2	⟨0.60,0.45,0.50⟩	⟨0.70,0.25,0.35⟩	⟨0.65,0.40,0.35⟩
A_3	⟨0.45,0.65,0.60⟩	⟨0.65,0.50,0.45⟩	⟨0.60,0.45,0.40⟩
A_4	⟨0.50,0.55,0.60⟩	⟨0.60,0.55,0.50⟩	⟨0.45,0.55,0.50⟩
A_5	⟨0.75,0.20,0.25⟩	⟨0.50,0.45,0.65⟩	⟨0.50,0.55,0.60⟩

表 7-7　　专家 e_3 给出的评价矩阵 R^3

	C_1	C_2	C_3
A_1	⟨0.55,0.60,0.40⟩	⟨0.20,0.60,0.80⟩	⟨0.30,0.65,0.75⟩
A_2	⟨0.65,0.30,0.35⟩	⟨0.65,0.40,0.35⟩	⟨0.60,0.45,0.50⟩
A_3	⟨0.75,0.20,0.20⟩	⟨0.60,0.35,0.40⟩	⟨0.65,0.35,0.45⟩
A_4	⟨0.35,0.65,0.60⟩	⟨0.35,0.65,0.70⟩	⟨0.55,0.50,0.65⟩
A_5	⟨0.50,0.45,0.45⟩	⟨0.30,0.70,0.65⟩	⟨0.45,0.65,0.50⟩

续表

	C_4	C_5	C_6
A_1	⟨0.50,0.60,0.65⟩	⟨0.60,0.55,0.50⟩	⟨0.75,0.20,0.30⟩
A_2	⟨0.65,0.35,0.45⟩	⟨0.65,0.50,0.45⟩	⟨0.70,0.25,0.35⟩
A_3	⟨0.65,0.35,0.45⟩	⟨0.60,0.55,0.50⟩	⟨0.65,0.40,0.35⟩
A_4	⟨0.55,0.45,0.65⟩	⟨0.45,0.65,0.60⟩	⟨0.40,0.60,0.55⟩
A_5	⟨0.40,0.55,0.65⟩	⟨0.35,0.65,0.70⟩	⟨0.55,0.45,0.40⟩

表 7-8　　专家 e_4 给出的评价矩阵 R^4

	C_1	C_2	C_3
A_1	⟨0.65,0.35,0.40⟩	⟨0.25,0.60,0.75⟩	⟨0.40,0.55,0.65⟩
A_2	⟨0.80,0.10,0.15⟩	⟨0.70,0.20,0.25⟩	⟨0.75,0.20,0.15⟩
A_3	⟨0.65,0.25,0.35⟩	⟨0.75,0.20,0.20⟩	⟨0.65,0.35,0.40⟩
A_4	⟨0.70,0.20,0.30⟩	⟨0.45,0.50,0.55⟩	⟨0.45,0.55,0.60⟩
A_5	⟨0.60,0.40,0.50⟩	⟨0.40,0.55,0.65⟩	⟨0.35,0.65,0.70⟩

	C_4	C_5	C_6
A_1	⟨0.60,0.45,0.55⟩	⟨0.50,0.55,0.60⟩	⟨0.70,0.25,0.35⟩
A_2	⟨0.50,0.65,0.60⟩	⟨0.80,0.15,0.20⟩	⟨0.60,0.50,0.45⟩
A_3	⟨0.65,0.35,0.45⟩	⟨0.70,0.25,0.35⟩	⟨0.65,0.45,0.40⟩
A_4	⟨0.65,0.40,0.50⟩	⟨0.65,0.45,0.50⟩	⟨0.50,0.55,0.60⟩
A_5	⟨0.70,0.25,0.35⟩	⟨0.50,0.55,0.60⟩	⟨0.45,0.55,0.50⟩

表 7-9　　专家 e_5 给出的评价矩阵 R^5

	C_1	C_2	C_3
A_1	⟨0.55,0.35,0.50⟩	⟨0.35,0.70,0.60⟩	⟨0.45,0.65,0.50⟩
A_2	⟨0.75,0.15,0.20⟩	⟨0.70,0.20,0.25⟩	⟨0.70,0.25,0.30⟩
A_3	⟨0.60,0.40,0.50⟩	⟨0.60,0.35,0.40⟩	⟨0.65,0.45,0.35⟩
A_4	⟨0.65,0.25,0.35⟩	⟨0.25,0.60,0.75⟩	⟨0.50,0.70,0.65⟩
A_5	⟨0.55,0.50,0.60⟩	⟨0.20,0.65,0.75⟩	⟨0.40,0.60,0.65⟩

续表

	C_4	C_5	C_6
A_1	⟨0.65,0.35,0.45⟩	⟨0.70,0.35,0.25⟩	⟨0.65,0.40,0.35⟩
A_2	⟨0.65,0.45,0.35⟩	⟨0.75,0.30,0.25⟩	⟨0.55,0.45,0.50⟩
A_3	⟨0.70,0.25,0.35⟩	⟨0.65,0.40,0.35⟩	⟨0.45,0.55,0.50⟩
A_4	⟨0.55,0.45,0.65⟩	⟨0.50,0.55,0.60⟩	⟨0.60,0.50,0.45⟩
A_5	⟨0.80,0.10,0.15⟩	⟨0.60,0.50,0.45⟩	⟨0.50,0.55,0.60⟩

步骤 2　利用 SVNWA 算子和专家权重对专家的个体评价信息进行集成，得到方案综合评价矩阵，见表 7－10。

表 7－10　　　　群体评价矩阵

	C_1	C_2	C_3
A_1	⟨0.6230,0.3642,0.4001⟩	⟨0.2701,0.6394,0.7278⟩	⟨0.3613,0.6049,0.6375⟩
A_2	⟨0.7229,0.1929,0.2277⟩	⟨0.6592,0.2987,0.3196⟩	⟨0.7292,0.2116,0.2170⟩
A_3	⟨0.6530,0.3052,0.3502⟩	⟨0.6246,0.3446,0.3562⟩	⟨0.6694,0.3266,0.3567⟩
A_4	⟨0.5621,0.3436,0.4227⟩	⟨0.3647,0.6013,0.6519⟩	⟨0.5289,0.5286,0.5791⟩
A_5	⟨0.5640,0.4807,0.4814⟩	⟨0.3322,0.5971,0.6601⟩	⟨0.4698,0.5675,0.5925⟩
	C_4	C_5	C_6
A_1	⟨0.6047,0.4484,0.5235⟩	⟨0.6044,0.4597,0.4306⟩	⟨0.6997,0.2663,0.3404⟩
A_2	⟨0.6098,0.4588,0.4730⟩	⟨0.7165,0.2997,0.3177⟩	⟨0.6290,0.3971,0.4011⟩
A_3	⟨0.6212,0.3909,0.4667⟩	⟨0.6629,0.3786,0.3924⟩	⟨0.5938,0.4764,0.4184⟩
A_4	⟨0.5512,0.4853,0.5941⟩	⟨0.5782,0.5325,0.5283⟩	⟨0.4757,0.5552,0.5419⟩
A_5	⟨0.7003,0.2323,0.3036⟩	⟨0.4928,0.5486,0.5884⟩	⟨0.5074,0.5127,0.4992⟩

步骤 3　计算各指标感知效用值的平均方案矩阵 $AV=(AV_j)_{1\times j}$：

$$AV=\begin{pmatrix}\langle 0.6250,\ 0.3373,\ 0.3764\rangle,\ \langle 0.4502,\ 0.4962,\ 0.5431\rangle,\\ \langle 0.5517,\ 0.4478,\ 0.4766\rangle,\ \langle 0.6174,\ 0.4031,\ 0.4722\rangle,\\ \langle 0.6110,\ 0.4438,\ 0.4515\rangle,\ \langle 0.5811,\ 0.4415,\ 0.4402\rangle\end{pmatrix}$$

步骤 4　分别计算各指标属性感知效用值与平均值的正距离矩阵 PDA 和负距离矩阵 NDA，见表 7－11 和表 7－12。

表 7－11　PDA

	C_1	C_2	C_3
A_1	〈0,0.0430,0.0379〉	〈0,0.2636,0.3400〉	〈0,0.2847,0.2917〉
A_2	〈0.1566,0,0〉	〈0.3849,0,0〉	〈0.3217,0,0〉
A_3	〈0.0448,0,0〉	〈0.3212,0,0〉	〈0.2133,0,0〉
A_4	〈0,0.0100,0.0740〉	〈0,0.1935,0.2003〉	〈0,0.1464,0.1859〉
A_5	〈0,0.2294,0.1680〉	〈0,0.1857,0.2154〉	〈0,0.2169,0.2101〉

	C_4	C_5	C_6
A_1	〈0,0.0733,0.0831〉	〈0,0.0260,0〉	〈0.2041,0,0〉
A_2	〈0,0.0901,0.0013〉	〈0.1727,0,0〉	〈0.0824,0,0〉
A_3	〈0.0061,0,0〉	〈0.0850,0,0〉	〈0.0218,0.0600,0〉
A_4	〈0,0.1331,0.1975〉	〈0,0.1451,0.1257〉	〈0,0.1956,0.1750〉
A_5	〈0.1342,0,0〉	〈0,0.1715,0.2241〉	〈0,0.1225,0.1015〉

表 7－12　NDA

	C_1	C_2	C_3
A_1	〈0.0032,0,0〉	〈0.3315,0,0〉	〈0.3451,0,0〉
A_2	〈0,0.2311,0.2380〉	〈0,0.3637,0.4115〉	〈0,0.4282,0.4705〉
A_3	〈0,0.0514,0.0420〉	〈0,0.2792,0.3442〉	〈0,0.2197,0.2172〉
A_4	〈0.1006,0,0〉	〈0.1574,0,0〉	〈0.0414,0,0〉
A_5	〈0.0976,0,0〉	〈0.2172,0,0〉	〈0.1485,0,0〉

	C_4	C_5	C_6
A_1	〈0.0206,0,0〉	〈0.0107,0,0.0342〉	〈0,0.3016,0.1717〉
A_2	〈0.0124,0,0〉	〈0,0.2359,0.2190〉	〈0,0.0765,0.0673〉
A_3	〈0,0.0198,0.0089〉	〈0,0.1068,0.0967〉	〈0,0,0.0375〉
A_4	〈0.1073,0,0〉	〈0.0536,0,0〉	〈0.1814,0,0〉
A_5	〈0,0.2767,0.2730〉	〈0.1934,0,0〉	〈0.1269,0,0〉

步骤 5　首先根据 BWM 计算指标的主观权重 $w=(w_1,w_2,\cdots,w_n)^T$。经过讨论，评价小组选出最重要指标为 C_1，最不重要指标为 C_6。表 7－13 为其他指标与 C_1 和 C_6 的比较信息，并以此构建该问题的线性模型（7－41）。

表 7－13　　指标重要性比较向量

	C_1	C_2	C_3	C_4	C_5	C_6
C_1	1	2	4	3	5	6
C_6	1/6	1/5	1/3	1/4	1/2	1

$$\min\xi$$

$$\begin{cases}|w_1/w_2-2|\leqslant\xi,|w_1/w_3-4|\leqslant\xi,\\|w_1/w_4-3|\leqslant\xi,|w_1/w_5-5|\leqslant\xi,\\|w_1/w_6-6|\leqslant\xi,|w_2/w_6-5|\leqslant\xi,\\|w_3/w_6-3|\leqslant\xi,|w_4/w_6-4|\leqslant\xi,\\|w_5/w_6-2|\leqslant\xi,\\\sum_{i=1}^{6}w_i=1.\end{cases}\tag{7-41}$$

求解以上模型可得各项指标主观权重，见表 7－14。

表 7－14　　指标权重

方法	C_1	C_2	C_3	C_4	C_5	C_6
主观权重 w	0.370	0.225	0.117	0.171	0.063	0.054
客观权重 ω	0.225	0.193	0.185	0.142	0.131	0.124
组合权重 ϖ	0.444	0.232	0.115	0.129	0.044	0.036

同时根据熵权法可求解指标的客观权重 $\omega=(\omega_1,\omega_2,\cdots,\omega_n)^T$，并在此基础上计算指标的组合权重 $\varpi=(\varpi_1,\varpi_2,\cdots,\varpi_n)^T$，结果如表 7－14 所示。

步骤 6　根据表 7－14 指标权重计算结果对 PDA 和 NDA 进行加权，得到 $\tilde{Q}_i^+$ 和 $\tilde{Q}_i^-$。对其得分值进行归一化得到 S_i^+ 和 S_i^-，最后计算最终评价得分值 S_i 并根据评价得分值对备选方案进行排序，结果如表 7－15 所示。

表 7－15　　组合权重下的计算结果及方案排序

	$\tilde{Q}_i^+$		$\tilde{Q}_i^-$		S_i^+	S_i^-	S_i	排名
	SVNN	$S(\tilde{Q}_i^+)$	SVNN	$S(\tilde{Q}_i^-)$				
A_1	⟨0.0082,0,0⟩	0.504	⟨0.1365,0,0⟩	0.568	0.829	0.000	0.414	4
A_2	⟨0.2169,0,0⟩	0.608	⟨0.0016,0,0⟩	0.501	1.000	0.119	0.559	1
A_3	⟨0.1335,0,0⟩	0.567	⟨0,0,0.0698⟩	0.465	0.931	0.182	0.557	2
A_4	⟨0,0.0474,0.1242⟩	0.390	⟨0.1095,0,0⟩	0.555	0.642	0.024	0.333	5
A_5	⟨0.0184,0,0⟩	0.509	⟨0.1265,0,0⟩	0.563	0.837	0.009	0.423	3

基于表 7－15 的计算结果可以看出，备选方案的排序为：

$A_2 > A_3 > A_5 > A_1 > A_4$

显然，A_2 为最优的备选方案。

进一步，为了验证本文方法的可行性与有效性，下面将对本文提出的基于组合权重的 EDAS 评价模型分别进行比较分析。如果在计算过程中不考虑评价指标的客观权重，即使用主观权重 $w = (0.370, 0.225, 0.117, 0.171, 0.063, 0.054)^T$ 对 PDA 和 NDA 进行加权，则可得方案的最终评价得分值 S_i 和备选方案排序结果，结果如表 7－16 所示。基于客观权重的方案得分和排序结果如表 7－17 所示。

表 7－16　　基于 BWM 主观权重下的方案得分与排序

	$\tilde{Q}_i^+$		$\tilde{Q}_i^-$		S_i^+	S_i^-	S_i	排名
	SVNN	$S(\tilde{Q}_i^+)$	SVNN	$S(\tilde{Q}_i^-)$				
A_1	⟨0.0122,0,0⟩	0.506	⟨0.1355,0,0⟩	0.568	0.837	0.000	0.419	4
A_2	⟨0.2089,0,0⟩	0.604	⟨0.0021,0,0⟩	0.501	1.000	0.117	0.559	1
A_3	⟨0.1307,0,0⟩	0.565	⟨0,0,0.0656⟩	0.467	0.935	0.177	0.556	2
A_4	⟨0,0.0578,0.1321⟩	0.376	⟨0.1099,0,0⟩	0.555	0.622	0.023	0.322	5
A_5	⟨0.0243,0,0⟩	0.512	⟨0.1243,0,0⟩	0.562	0.847	0.010	0.429	3

表 7－17　　基于客观熵权的计算结果

方法	S_1	S_2	S_3	S_4	S_5	排序
客观权重	0.424	0.564	0.565	0.299	0.427	$A_3 > A_2 > A_5 > A_1 > A_4$

从表 7 – 16 和表 7 – 17 的计算结果可以看出，由于指标权重方法各不相同，最终排序结果可能存在的差异。文献［34］也提出了一种基于 SVN 的 EDAS 综合评价模型，然而其指标权重直接由专家事先给出，缺乏相关的理论依据。而本文提出了基于 BWM 方法确认指标的主观权重，利用评价信息计算指标的客观熵权，进而得到了指标的主客观组合权重，从而可得到较为科学可靠的决策结果。

四、结论

针对目前能源企业创新能力指标评价体系研究不充分，尤其是在碳中和环境下，更是缺乏相关评价方法的研究。因此，本章构建了一套相对完整的能源企业创新能力评价指标体系，主要包括投入能力、R&D 能力、制造能力、产出能力、市场推广能力、组织管理能力 6 个一级指标。在此基础上，本章提出了一种融合 BWM 与 SVN 熵的权重获取方法，得到的评价指标权重更加客观合理。同时进一步将经典的 EDAS 方法拓展到单值中智环境下，通过对 SVNS 的距离与权重的研究，提出了一种基于组合权重和 EDAS 的 SVN 综合评价模型，提高了排序结果的合理性和鲁棒性，并通过对能源企业创新能力的实例比较分析，验证了该模型的可靠性与实用性。

第四节　基于熵和混合加权相似度的单值中智综合评价方法

相似性测度在模糊集理论和决策问题的研究中起着重要的作用。Peng 和 Dai[18] 提出了一个 SVN 公理相似性测度以减少原始评价信息的损失。Chatterjee 等[35] 采用四分法提出了基于 SVNSs 的距离和相似性测度。Ye[36] 在余切函数的基础上引入了加权余切 SVN 相似性测度，并将其应用于汽轮机故障诊断问题。考虑到文献［36］中方法的局限性，Jin 等[37] 根据三角函数和对数函数提出一种新的基于 SVNS 的相似测度。考虑到以上 SVN 相关系数的测度结果都介于区间［0,1］之间，并不能有效反映两个变量之间的负相关关系，基于传统统计学的 Person 相关系数视角，本章第二节和 Zeng 等[38]提出了一种单值中智类 Person 相关系数，其取值范围介于区间 [-1,1]，可有效描述 SVNS 之间的正负相关关联。

然而，上述关于单值中智集的相似性测度都是基于算术加权平均方法，无法处理解决评价过程中过大或过小的评价信息对决策结果产生的影响。Xu 和 Chen[39]提出了有序加权距离（OWD）测度，其优点在于通过设计低（高）权重减少（扩大）专家提供的过大或过小的信息所造成的影响。受 OWD 测度的启发，一些关于有序加权相似（OWS）测度的理论被拓展到模糊集中。如 Xu 和 Xia[40]提出了犹豫模糊 OWS（HFOWS）度量，并将其应用于解决 MADM 问题。Su 等[41]提出了直觉模糊 OWS（IFOWS)，并探讨了其在一致性共识达成问题中的应用。Zhou 等[42]提出了直觉模糊有序加权余弦相似（IF ordered weighted cosine similarity，IFOWCS）测度，并在金融投资分析中进行实证应用。

将在有序加权相似度研究的基础上，对单值中智集的相似性进行深入研究，进而提出两种新的 SVN 相似度，即 SVN 有序加权相似性（SVNOWS）测度和 SVN 混合加权相似测度（SVNHWS)，并研究其在供应商评价和选择中的应用。

一、预备知识

本节主要介绍直觉模糊有序加权相似度，以及 SVN 相似度的定义。

定义 7.10[41] 设 $\tilde{A}=(\alpha_1,\alpha_2,\cdots,\alpha_n)$ 和 $\tilde{B}=(\beta_1,\beta_2,\cdots,\beta_n)$ 为两个直觉模糊集，则

$$IFOWS(\tilde{A},\tilde{B})=\left(\sum_{j=1}^{n}w_j\left(s(\alpha_{\sigma(j)},\beta_{\sigma(j)})\right)^{\lambda}\right)^{1/\lambda} \tag{7-42}$$

为直觉模糊集 $\tilde{A}$ 和 $\tilde{B}$ 的有序加权相似度（IFOWS)，其中 $w=(w_1,w_2,\cdots,w_n)^T$ 为与 IFOWS 相关联的权向量，满足 $w_j\in[0,1]$，$\sum_{j=1}^{n}w_j=1$。$(\sigma(1),\sigma(2),\cdots,\sigma(n))$ 是 $(1,2,\cdots,n)$ 的一个置换，对任意的 j，满足 $s(\alpha_{\sigma(j-1)},\beta_{\sigma(j-1)})\geqslant s(\alpha_{\sigma(j)},\beta_{\sigma(j)})$，$s(\alpha_j,\beta_j)$ 为直觉模糊数 α_j 与 β_j 的相似度。

定义 7.11[36]　设 $\beta=(T_\beta,I_\beta,F_\beta)$ 和 $\gamma=(T_\gamma,I_\gamma,F_\gamma)$ 为两个 SVNNs，则 β 和 γ 之间的相似性测度定义如下：

$$\begin{aligned}&s_{SVN}(\beta,\gamma)\\&=\frac{1}{(3\sqrt{2}-1)}\left(\left(\sqrt{2}\sin\frac{(T_\beta-T_\gamma)+2}{4}\pi-1\right)+\left(\sqrt{2}\sin\frac{(I_\beta-I_\gamma)+2}{4}\pi-1\right)\right.\\&\quad\left.+\left(\sqrt{2}\sin\frac{(F_\beta-F_\gamma)+2}{4}\pi-1\right)\right).\end{aligned}\tag{7-43}$$

受直觉模糊有序加权相似度的启发，下面我们对定义 7.11 中的单值中智相似度进行拓展，进而提出单值中智集的有序加权相似度。

二、单值中智混合加权相似测度

我们首先给出单值中智加权相似度（SVNWS）的定义。

定义 7.12　设两个单值中智集 $U=\{\beta_1,\beta_2,\cdots,\beta_n\}$ 和 $V=\{\gamma_1,\gamma_2,\cdots,\gamma_n\}$，$s_{SVN}(\beta_i,\gamma_i)$ 是单值中智数 β_i 和 γ_i 的相似度。则 SVNWS 测度定义如下：

$$SVNWS(U,V)=\left(\sum_{i=1}^{n}\omega_i\left(s_{SVN}(\beta_i,\gamma_i)\right)^k\right)^{1/k}\tag{7-44}$$

其中，$k>0$，ω_i 是 $s_{SNN}(\beta_i,\gamma_i)$ 的权重，且 $\omega_i\in[0,1]$，$\sum_{i=1}^{n}\omega_i=1$。

下面通过一个简单的数值例子来说明定义 7.12 中 SVN 加权相似度的计算过程，具体如下：

【例 7-4】 设 $U=\{(0.5,0.4,0.3),(0.2,0.1,0.9),(0.8,0.1,0.2),(0.6,0.1,0.5)\}$ 和 $V=\{(0.7,0.3,0.4),(0.3,0.5,0.1),(0.8,0.2,0.4),(0.5,0.5,0.2)\}$ 为两 SVNS 的集合，相应的权重向量为 $\omega=(0.2,0.15,0.35,0.3)^T$。则根据式（7-43），计算 U 和 V 中每对元素即 β_i 和 γ_i 之间的相似性测度 $s_{SVN}(\beta_i,\gamma_i)$：

$s_{SVN}(\beta_1,\gamma_1)=0.3645,s_{SVN}(\beta_2,\gamma_2)=0.2932,$

$s_{SVN}(\beta_3,\gamma_3)=0.3136,s_{SVN}(\beta_4,\gamma_4)=0.3458$

为不失一般性，假设 $k=2$，则根据式（7-44）可得：

$$\begin{aligned}SVNWS(U,V)&=(0.25\times0.3645^2+0.15\times0.2932^2+0.35\times0.3136^2\\&\quad+0.3\times0.3485^2)^{1/2}\\&=0.3321\end{aligned}$$

显然，SVNWS 在对相似性的测度过程中仅考虑了指标的重要性，没有体现出其所在位置的重要。在某些实际情况下，在集结数据之前需要对数据的大小进行排序，对偏差较高和较低的值赋予较小或较大的权重，以降低或加强这些值对测度结果的偏差。比如，体操比赛评委打分问题，需要对各个评委给出的分值进行排序，去掉最高分和最低分，然后把剩下的数据进行加总得到选手的综合得分。为了来处理上述情况中的问题，基于有序加权距离测度（OWD）[39]的思想，下面我们提出 SVN 有序加权相似度（SVNOWS）。

定义 7.13 设两个单值中智集 $U=\{\beta_1,\beta_2,\cdots,\beta_n\}$ 和 $V=\{\gamma_1,\gamma_2,\cdots,\gamma_n\}$，$s_{SNN}(\beta_i,\gamma_i)$ 是单值中智数 β_i 和 γ_i 的相似度。则 SVNOWS 的定义如下：

$$SVNOWS(U,V) = \left(\sum_{i=1}^{n} w_i\left(s_{SVN}(\beta_{\sigma(i)},\gamma_{(i)})\right)^k\right)^{1/k} \tag{7-45}$$

其中，$k>0$，$w=(w_1,w_2,\cdots,w_n)^T$ 为与 SVNOWS 相关联的权向量，满足 $w_j\in[0,1]$，$\sum_{j=1}^{n} w_j=1$。$(\sigma(1),\sigma(2),\cdots,\sigma(n))$ 是 $(1,2,\cdots,n)$ 的一个置换，对任意的 j，满足 $s_{SVN}(\beta_{\sigma(1)},\gamma_{(1)})\geqslant\cdots\geqslant s_{SVN}(\beta_{\sigma(n)},\gamma_{(n)})$。

【例 7-5】 续例 7-4，基于例 7-4 的计算结果，对 β_i 和 γ_i 之间的相似度从大到小排列，即：

$s_{SVN}(\beta_{\sigma(1)},\gamma_{\sigma(1)})=s_{SVN}(\beta_1,\gamma_1)=0.3645$,

$s_{SVN}(\beta_{(2)},\gamma_{(2)})=s_{SVN}(\beta_4,\gamma_4)=0.3485$,

$s_{SVN}(\beta_{\sigma(3)},\gamma_{\sigma(3)})=s_{SVN}(\beta_3,\gamma_3)=0.3136$,

$s_{SVN}(\beta_{\sigma(4)},\gamma_{\sigma(4)})=s_{SVN}(\beta_2,\gamma_2)=0.2932$

设与 SVNOWS 相关联的权重向量为 $w=(0.15,0.3,0.35,0.2)$，不失一般性，假设 $k=2$，则可得：

$$\begin{aligned} SVNOWS(U,V) &= (0.15\times0.3645^2+0.3\times0.3485^2+0.35\times0.3136^2 \\ &\quad +0.2\times0.2932^2)^{1/2} \\ &=0.3286 \end{aligned}$$

在实际应用中，如果确定 SVNOWS 的相关权重是一个重要问题。从定义 7.13 可以看出，SVNOWS 和有序加权平均（OWA）以及 IFOWS 具有类似的性质，因此关于 OWA 算子和 IFOWS 权重的求解方法同样适用于 SVNOWS，如最小二乘法、正态分布法等[39]。下面我们研究 SVNOWS 的一些数理性质。

定理 7.6（交换性）　设 $((\alpha_1,\beta_1),\cdots,(\alpha_n,\beta_n))$ 是一组单值中智数对集合，且 $((\alpha_1',\beta_1'),\cdots,(\alpha_n',\beta_n'))$ 是 $((\alpha_1,\beta_1),\cdots,(\alpha_n,\beta_n))$ 的任一置换，则有

$$SVNOWS((\alpha_1,\beta_1),\cdots,(\alpha_n,\beta_n))=SVNOWS((\alpha_1',\beta_1'),\cdots,(\alpha_n',\beta_n')) \tag{7-46}$$

证明：设

$$SVNOWS((\alpha_1,\beta_1),\cdots,(\alpha_n,\beta_n))=\left(\sum_{j=1}^{n}w_j\,(s_{SVN}(\alpha_{\sigma(j)},\beta_{\sigma(j)}))^{\lambda}\right)^{1/\lambda}$$

和

$$SVNOWS((\alpha'_1,\beta'_1),\cdots,(\alpha'_n,\beta'_n))=\left(\sum_{j=1}^{n}w_j\,(s_{SVN}(\alpha'_{\sigma(j)},\beta'_{\sigma(j)}))^{\lambda}\right)^{1/\lambda}$$

因为 $((\alpha_1',\beta_1'),\cdots,(\alpha_n',\beta_n'))$ 是 $((\alpha_1,\beta_1),\cdots,(\alpha_n,\beta_n))$ 的任一置换，则有：

$$s_{SVN}(\alpha_{\sigma(j)},\beta_{\sigma(j)})=s_{SVN}(\alpha'_{\sigma(j)},\beta'_{\sigma(j)}),j=1,2,\cdots,n$$

从而

$$SVNOWS((\alpha_1,\beta_1),\cdots,(\alpha_n,\beta_n))=SVNOWS((\alpha_1',\beta_1'),\cdots,(\alpha_n',\beta_n'))$$

定理证毕。

上面的研究交换性主要从算子加权方面考虑的，从信息测度方面我们发现，SVNOWS 也具有交换性的性质，即

定理 7.7（交换性）　设 $((\alpha_1,\beta_1),\cdots,(\alpha_n,\beta_n))$ 是一组单值中智数对，则

$$SVNOWS((\alpha_1,\beta_1),\cdots,(\alpha_n,\beta_n))=SVNOWS((\beta_1,\alpha_1),\cdots,(\beta_n,\alpha_n)) \tag{7-47}$$

证明：设

$$SVNOWS((\alpha_1,\beta_1),\cdots,(\alpha_n,\beta_n))=\left(\sum_{j=1}^{n}w_j\,(s_{SVN}(\alpha_{\sigma(j)},\beta_{\sigma(j)}))^{\lambda}\right)^{1/\lambda}$$

和

$$SVNOWS((\beta_1,\alpha_1),\cdots,(\beta_n,\alpha_n))=\left(\sum_{j=1}^{n}w_j\,(s_{SVN}(\beta_{\sigma(j)},\alpha_{\sigma(j)}))^{\lambda}\right)^{1/\lambda}$$

因为

$$s_{SVN}(\alpha_j,\beta_j)=s_{SVN}(\beta_j,\alpha_j),\ j=1,2,\cdots,n$$

从而

$$s_{SVN}(\alpha_{\sigma(j)},\beta_{\sigma(j)})=s_{SVN}(\beta_{\sigma(j)},\alpha_{\sigma(j)}),\ j=1,2,\cdots,n$$

故

$$SVNOWS((\alpha_1,\beta_1),\cdots,(\alpha_n,\beta_n))=SVNOWS((\beta_1,\alpha_1),\cdots,(\beta_n,\alpha_n))$$

定理证毕。

定理 7.8（单调性） 设（$\alpha_1,\alpha_2,\cdots,\alpha_n$）、（$\beta_1,\beta_2,\cdots,\beta_n$）和（$\gamma_1,\gamma_2,\cdots,\gamma_n$）是三组单值中智数，如果对任意的 j（$j=1,2,\cdots,n$），有 $s_{SVN}(\alpha_j,\beta_j)\geqslant s_{SVN}(\alpha_j,\gamma_j)$，则

$$SVNOWS((\alpha_1,\beta_1),\cdots,(\alpha_n,\beta_n))\geqslant SVNOWS((\alpha_1,\gamma_1),\cdots,(\alpha_n,\gamma_n)) \tag{7-48}$$

证明： 设

$$SVNOWS((\alpha_1,\beta_1),\cdots,(\alpha_n,\beta_n)) = \left(\sum_{j=1}^{n} w_j\,(s_{SVN}(\alpha_{\sigma(j)},\beta_{\sigma(j)}))^{\lambda}\right)^{1/\lambda}$$

和

$$SVNOWS((\alpha_1,\gamma_1),\cdots,(\alpha_n,\gamma_n)) = \left(\sum_{j=1}^{n} w_j\,(s_{SVN}(\alpha_{\sigma(j)},\gamma_{\sigma(j)}))^{\lambda}\right)^{1/\lambda}$$

因

$$s_{SVN}(\alpha_j,\beta_j)\geqslant s_{SVN}(\alpha_j,\gamma_j),\ j=1,2,\cdots,n$$

从而

$$s_{SVN}(\alpha_{\sigma(j)},\beta_{\sigma(j)})\geqslant s_{SVN}(\alpha_{\sigma(j)},\gamma_{\sigma(j)}),\ j=1,2,\cdots,n$$

所以

$$SVNOWS((\alpha_1,\beta_1),\cdots,(\alpha_n,\beta_n))\geqslant SVNOWS((\alpha_1,\gamma_1),\cdots,(\alpha_n,\gamma_n))$$

定理证毕。

定理 7.9（有界性） 设（$\alpha_1,\alpha_2,\cdots,\alpha_n$）和（$\beta_1,\beta_2,\cdots,\beta_n$）是两组单值中智数，则

$$\min_j(s_{SVN}(\alpha_j,\beta_j))\leqslant SVNOWS((\alpha_1,\beta_1),\cdots,(\alpha_n,\beta_n))\leqslant\max_j(s_{SVN}(\alpha_j,\beta_j)) \tag{7-49}$$

证明： 设 $\max\limits_j(s_{SVN}(\alpha_j,\beta_j))=r$ 和 $\min\limits_j(s_{SVN}(\alpha_j,\beta_j))=s$，因为 $\sum\limits_{j=1}^{n}w_j=1$，所以

$$SVNOWS((\alpha_1,\beta_1),\cdots,(\alpha_n,\beta_n))$$

$$=\left(\sum_{j=1}^{n}w_j\,(s_{SVN}(\alpha_{\sigma(j)},\beta_{\sigma(j)}))^{\lambda}\right)^{1/\lambda}\leqslant\left(\sum_{j=1}^{n}w_jr^{\lambda}\right)^{1/\lambda}=\left(r^{\lambda}\sum_{j=1}^{n}w_j\right)^{1/\lambda}=r$$

且

$$SVNOWS((\alpha_1,\beta_1),\cdots,(\alpha_n,\beta_n))$$

$$=\left(\sum_{j=1}^{n}w_j\,(s_{SVN}(\alpha_{\sigma(j)},\beta_{\sigma(j)}))^{\lambda}\right)^{1/\lambda}\geqslant\left(\sum_{j=1}^{n}w_js^{\lambda}\right)^{1/\lambda}=\left(s^{\lambda}\sum_{j=1}^{n}w_j\right)^{1/\lambda}=s$$

定理证毕。

定理 7.10（幂等性）　设（$\alpha_1,\alpha_2,\cdots,\alpha_n$）和（$\beta_1,\beta_2,\cdots,\beta_n$）是两组直觉模糊数，如果对任意的 j，有 $s_{SVN}(\alpha_j,\beta_j)=d$，则

$$SVNOWS((\alpha_1,\beta_1),\cdots,(\alpha_n,\beta_n))=d \tag{7-50}$$

证明：设

$$SVNOWS((\alpha_1,\beta_1),\cdots,(\alpha_n,\beta_n))=\left(\sum_{j=1}^{n}w_j\,(s_{SVN}(\alpha_{\sigma(j)},\beta_{\sigma(j)}))^{\lambda}\right)^{1/\lambda}$$

因对任意的 j，有 $s_{SVN}(\alpha_j,\beta_j)=d$，故

$$s_{SVN}(\alpha_{\sigma(j)},\beta_{\sigma(j)})=d,\ j=1,2,\cdots,n$$

从而

$$SVNOWS((\alpha_1,\beta_1),\cdots,(\alpha_n,\beta_n))=d$$

定理证毕。

由定义 7.12 和定义 7.13 可以看出，SVNWS 与 SVNOWS 的本质区别在权重向量的作用机制，SVNWS 的权重侧重于反映评价者对指标属性重要程度的判断，而后者则强调待集成数据的序（位置）权重。然而两者均仅考虑了权重分配的某一方面，都有一定的片面性。为了克服上述缺点，下面提出单值中智混合加权相似度（SVNHWS），定义如下：

定义 7.14　设 $U=\{\beta_1,\beta_2,\cdots,\beta_n\}$ 和 $V=\{\gamma_1,\gamma_2,\cdots,\gamma_n\}$ 是两个单值中智集，β_i 和 γ_i 之间的相似度为 s_{SVN}（β_i，γ_i）。则 SVNHWS 测度定义如下：

$$SVNHWS(U,V)=\left(\sum_{i=1}^{n}w_i\,(\bar{s}_{SVN}(\beta_{\sigma(i)},\gamma_{(i)}))^{k}\right)^{1/k} \tag{7-51}$$

其中，$\bar{s}_{SVN}(\beta_{\sigma(i)},\gamma_{(i)})$ 表示 $\bar{s}_{SVN}(\beta_j,\gamma_j)$ 中的第 i 个最大值，$\bar{s}_{SVN}(\beta_j,\gamma_j)=n\omega_j\,(s_{SVN}(\beta_j,\gamma_j))^{k}$，$j=1,2,\cdots,n$，且 $w=(w_1,w_2,\cdots,w_n)^T$ 是与 SVNHWS 相关联的权向量，$\omega=(\omega_1,\omega_2,\cdots,\omega_n)^T$ 是 $s_{SVN}(\beta_i,\gamma_i)$ 的权重向量，满足 $\omega_j\in$

[0,1] 和 $\sum_{j=1}^{n}\omega_j = 1$，$n$ 为平衡系数。

【例 7－6】 根据例 7－4 和例 7－5，下面计算 $\bar{s}_{SVN}(\beta_j,\gamma_j)$：

$\bar{s}_{SVN}(\beta_1,\gamma_1) = n\omega_1(s_{SVN}(\beta_1,\gamma_1))^2 = 4\times0.2\times0.3645^2 = 0.1063$,

$\bar{s}_{SVN}(\beta_2,\gamma_2) = n\omega_2(s_{SVN}(\beta_2,\gamma_2))^2 = 4\times0.15\times0.2932^2 = 0.0516$,

$\bar{s}_{SVN}(\beta_3,\gamma_3) = n\omega_3(s_{SVN}(\beta_3,\gamma_3))^2 = 4\times0.35\times0.3136^2 = 0.1377$,

$\bar{s}_{SVN}(\beta_4,\gamma_4) = n\omega_4(s_{SVN}(\beta_4,\gamma_4))^2 = 4\times0.3\times0.3458^2 = 0.1457.$

然后，按降序对 $\bar{s}_{SVN}$（β_j，γ_j）重新排序，可得：

$\bar{s}_{SVN}(\beta_{\sigma(1)},\gamma_{\sigma(1)}) = \bar{s}_{SVN}(\beta_4,\gamma_4) = 0.1457$,

$\bar{s}_{SVN}(\beta_{(2)},\gamma_{(2)}) = \bar{s}_{SVN}(\beta_3,\gamma_3) = 0.1377$,

$\bar{s}_{SVN}(\beta_{\sigma(3)},\gamma_{\sigma(3)}) = \bar{s}_{SVN}(\beta_1,\gamma_1) = 0.1063$,

$\bar{s}_{SVN}(\beta_{\sigma(4)},\gamma_{\sigma(4)}) = \bar{s}_{SVN}(\beta_2,\gamma_2) = 0.0516.$

并基于式（7－51）可得：

$$\begin{aligned}SVNHWS(U,V) &= (0.15\times0.1457^2 + 0.3\times0.1377^2 + 0.35\times0.1063^2 \\ &\quad + 0.2\times0.0516)^{1/2} \\ &= 0.1156\end{aligned}$$

与 SVNOWS 类似，所提出的 SVNHWS 测度同样具有单调性、幂等性和交换性等性质。可以证明 SVNWS 和 SVNOWS 都是 SVNHWS 的特例。

定理 7.11 SVNOWS 是 SVNHWS 的特例。

证明： 设权重向量 $\omega = \left(\frac{1}{n},\frac{1}{n},\cdots,\frac{1}{n}\right)$，则

$$\begin{aligned}SVNHWS(U,V) &= \left(\sum_{i=1}^{n} w_i(\bar{s}_{SVN}(\beta_{\sigma(i)},\gamma_{(i)}))^k\right)^{1/k} \\ &= \left(\sum_{i=1}^{n} w_i\times\left(n\times\frac{1}{n}\times s_{SVN}(\beta_{\sigma(i)},\gamma_{(i)})\right)^k\right)^{1/k} \\ &= \left(\sum_{i=1}^{n} w_i(s_{SVN}(\beta_{(i)},\gamma_{(i)}))^k\right)^{1/k} \\ &= SVNOWS(U,V)\end{aligned}$$

定理 7.12 SVNWS 是 SVNHWS 的特例。

证明： 设 $w = \left(\frac{1}{n},\frac{1}{n},\cdots,\frac{1}{n}\right)$，则

$$
\begin{aligned}
SVNHWS(U,V) &= \left(\sum_{i=1}^{n} w_i\left(\bar{s}_{SVN}\left(\beta_{\sigma(i)},\gamma_{(i)}\right)\right)^k\right)^{1/k}\\
&= \left(\sum_{i=1}^{n}\frac{1}{n}\times\left(n\omega_i s_{SVN}\left(\beta_i,\gamma_i\right)\right)^k\right)^{1/k}\\
&= \left(\sum_{i=1}^{n}\omega_i\left(s_{SVN}\left(\beta_i,\gamma_i\right)\right)^k\right)^{1/k}\\
&= SVNWS(U,V)
\end{aligned}
$$

上述结果表明，SVNHWS 结合了 SVNWS 和 SVNOWS 测度的相关性质。由于 SVNHWS 考虑了指标权重和位置权重两方面的作用，因此它既能够反映输入变量的重要性，还能够反映有序位置的重要性。从而 SVNHWS 不仅可以在评价中考虑指标属性的权重信息，而且可以通过设计合适的权重来减少过大或过小的数据对集成结果的影响。

三、基于 SVNHWS 和熵测度的多指标综合评价方法

对于某一多指标综合评价问题，设其包含 m 个不同的方案 $C_1,C_2,\cdots,C_m$ 和 n 个指标属性 $D_1,D_2,\cdots,D_n$，且指标权重信息未知。专家受邀对每个备选方案 C_i 下每个指标 D_j 进行评估，其评估值由 SVNN $r_{ij}=(T_{ij},I_{ij},F_{ij})$ 表示，进而得到相应的 SVN 综合矩阵 $R=(r_{ij})_{m\times n}$。下面提出一种基于单值中智熵和 SVNHWS 的多指标综合评价方法，具体步骤如下：

步骤 1　对初始 SVN 综合评价矩阵 $R=(r_{ij})_{m\times n}$进行标准化，从而得到标准化后的 SVN 综合评价矩阵 $\delta=(\delta_{ij})_{m\times n}$，其中若指标为效益型，则 $\delta_{ij}=r_{ij}$；反之，对于成本型指标，则 $\delta_{ij}=(r_{ij})^c$。

步骤 2　利用 SVN 熵测度计算指标 D_j 的权重 ω_j：

$$
\omega_j=\frac{1-H_j}{n-\sum_{j=1}^{n}H_j},\quad j=1,2,\cdots,n \tag{7-52}
$$

容易证明 $\omega_j\in[0,1]$ 且 $\sum_{j=1}^{n}\omega_j=1$。其中，SVN 熵值 H_j 由 Biswas 等[19]提出，具体计算方法可见本章第二节中式（7－27）。

步骤 3　确定单值中智正理想解（SVNPIS）和负理想解（SVNNIS），

分别用 $I^+=(I_1^+,I_2^+,\cdots,I_n^+)$ 和 $I^-=(I_1^-,I_2^-,\cdots,I_n^-)$ 表示，其中 $I_j^+=(1,0,0)$、$I_j^-=(0,1,1)$。

步骤 4 利用 SVNHWS 计算备选方案 $C_i(i=1,2,\cdots,m)$ 与 SVNPIS I^+ 和 SVNNIS I^- 之间的相似度：

$$SVNHWS(C_i,I^+)=\left(\sum_{j=1}^{n}w_i\left(\bar{s}_{SVN}(\delta_{\sigma(ij)},I_{\sigma(i)}^+)\right)^k\right)^{1/k} \tag{7-53}$$

$$SVNHWS(C_i,I^-)=\left(\sum_{j=1}^{n}w_i\left(\bar{s}_{SVN}(\delta_{\sigma(ij)},I_{\sigma(i)}^-)\right)^k\right)^{1/k} \tag{7-54}$$

步骤 5 计算备选方案 $C_i(i=1,2,\cdots,m)$ 的贴近度 $\varphi(C_i)$：

$$\varphi(C_i)=\frac{SVNHWS(C_i,I^+)}{\max\limits_i\{SVNHWS(C_i,I^+)\}}-\frac{SVNHWS(C_i,I^-)}{\min\limits_i\{SVNHWS(C_i,I^-)\}} \tag{7-55}$$

显然，$\varphi(C_i)\leqslant 0$，且 $\varphi(C_i)(i=1,2,\cdots,m)$ 越大，表明方案 C_i 越好。特别是，如果某个备选方案 C^* 满足条件 $SVNHWS(C^*,I^+)=\max\limits_i\{SVNHWS(C_i,I^+)\}$ 且 $SVNHWS(C^*,I^-)=\min\limits_i\{SVNHWS(C_i,I^-)\}$，则 $\varphi(C^*)=0$，此时 $\varphi(C_i)$ 达到最大值。在这种情况下，C^* 是最优的备选方案，因为它与 PIS 存在最大相似性的同时又与 NIS 的相似性最小。

步骤 6 根据步骤 5 得到的 $\varphi(C_i)$ 值将所有的备选方案按降序排列。贴近度最大的备选方案即为最优的选择。

四、实例分析

本节主要研究基于 SVNHWS 和熵权的综合评价方法在网络广告投放媒体评价中的应用。网络广告相对于传统的广告方式有着独特的优越性，是现代市场营销策略中不可或缺的一环。作为网络营销的重要手段，网络广告在网络营销手段体系中占有重要的位置。随着网络社交媒体的兴起，互联网广告呈现出更加多样化的创新形式，其数量和质量都呈现出爆炸式的增长。然而每个网络社交媒体平台对于网络广告的投放制度与展现形式都各有不同，因此，对于网络广告投放媒体的评价显得尤为重要。本文结合社交媒体的特殊性以及网络广告的特点[43-45]，遵循目的性原则、科学性原则、客观性原则、层次性原则和可比性原则来构建网络广告投放媒体评价指标体系。以用户质量、互动率、投放成本和平台质量等方面构建网络广告媒体评价指标体系，每个指标的具体含义如下：

（1）用户质量（D_1）：媒体平台上的用户就是网络广告的受众，也就是产品未来的潜在客户，因此需要对用户从数量到质量进行打分。用户数量可以反映媒体平台的流行度知名度；客户黏性即活跃用户的占比程度；消费水平可以体现用户质量，帮助判断是否会成为产品的消费人群。

（2）互动率（D_2）：互动率是判断网络广告是否被有效投放的重要指标之一。曝光率、点击率、互动率虽然定义相近，实际上三者对于信息的接收和反馈程度逐步加深，因此需要区分开评分。

（3）投放成本（D_3）：投放成本是企业选择投放平台要考虑的重中之重，性价比高的平台更容易得到企业青睐。投放成本将分为经济成本和时间成本，不同平台的收费方法和投放步骤不同，在这两者上的差异也较大。投放成本也是所有指标中唯一的负向指标，投放成本越低，平台综合评价越高。

（4）平台质量（D_4）：社交媒体平台自身的综合素质对于网络广告效果的体现具有极大的影响，所以平台质量是不可或缺的一项指标。平台名誉是其传播的信息可靠度的体现，这影响着用户们对于广告信息的采纳程度；大数据推送的能力是指媒体后台的数据处理能力，可帮助判断定向投送能力的高低；购买渠道的多少和方便程度也会影响广告的效果，可匹配的购买渠道（如自带商城、自动跳转的链接等）越多，广告的效果会越好。

假设有5家网络广告投放媒体平台 $C=\{C_1,C_2,C_3,C_4,C_5\}$，由于评价环境的复杂性和专家自身知识、经验的有限性，该专家组采用单值中智数形式来表达他们对5家媒体平台在其各个指标属性下的评估值，相应的SVN综合评价矩阵为 $R=(r_{ij})_{m\times n}$，见表7-18。

表7-18　SVN综合评价矩阵 *R*

	D_1	D_2	D_3	D_4
C_1	(0.7,0.1,0.5)	(0.5,0.5,0.8)	(0.5,0.4,0.4)	(0.3,0.2,0.1)
C_2	(0.5,0.1,0.4)	(0.4,0.7,0.8)	(0.2,0.2,0.5)	(0.7,0.2,0.1)
C_3	(0.9,0.3,0.6)	(0.5,1.0,0.06)	(0.5,0.1,0.3)	(0.6,0.2,0.2)
C_4	(0.7,0.2,0.6)	(0.1,1.0,0.09)	(0.3,0.2,0.4)	(0.5,0.3,0.2)
C_5	(0.8,0.2,0.4)	(0.4,0.2,0.5)	(0.4,0.4,0.6)	(0.8,0.1,0.2)

根据所提出的多指标综合评价方法对可持续供应商进行排序。具体过程如下：

步骤1 鉴于 D_3 为成本型指标，因此，需对其进行标准化。设标准化后的 SVN 评价矩阵用 $\delta=(\delta_{ij})_{5\times4}$ 表示，如表 7－19 所示。

表 7－19 标准化后的 SVN 综合评价矩阵 δ

	D_1	D_2	D_3	D_4
C_1	(0.7,0.1,0.5)	(0.5,0.5,0.8)	(0.5,0.6,0.6)	(0.3,0.2,0.1)
C_2	(0.5,0.1,0.4)	(0.4,0.7,0.8)	(0.6,0.8,0.7)	(0.7,0.2,0.1)
C_3	(0.9,0.3,0.6)	(0.5,1.0,0.06)	(0.5,0.9,0.7)	(0.6,0.2,0.2)
C_4	(0.7,0.2,0.6)	(0.1,1.0,0.09)	(0.7,0.8,0.6)	(0.5,0.3,0.2)
C_5	(0.8,0.2,0.4)	(0.4,0.2,0.5)	(0.6,0.6,0.4)	(0.8,0.1,0.2)

步骤2 由于指标权重信息未知，则基于式（7－52）计算指标权重如下：

$\omega_1=0.3510$，$\omega_2=0.1643$，$\omega_3=0.2730$，$\omega_4=0.2117$

步骤3 确定正负理想解 SVNPIS 和 SVNNIS 如下：

$I^+=\{(1,0,0),(1,0,0),(1,0,0),(1,0,0)\}$

$I^-=\{(0,1,1),(0,1,1),(0,1,1),(0,1,1)\}$

步骤4 设与 SVNHWS 相关联的权重为 $w=(0.15,0.3,0.35,0.25)$，且设 $k=1$。计算备选方案 C_i（$i=1$，2，3，4，5）与正理想解 I^+ 和负理想解 I^- 的相似度：

$SVNHWS(C_1,I^+)=0.2853, SVNHWS(C_2,I^+)=0.2743,$

$SVNHWS(C_3,I^+)=0.2628, SVNHWS(C_4,I^+)=0.2680,$

$SVNHWS(C_5,I^+)=0.3287, SVNHWS(C_1,I^-)=0.2372,$

$SVNHWS(C_2,I^-)=0.2425, SVNHWS(C_3,I^-)=0.2267,$

$SVNHWS(C_4,I^-)=0.2243, SVNHWS(C_5,I^-)=0.1951.$

步骤5 根据公式（7－55）计算方案 $C_i(i=1,2,3,4,5)$ 的相对贴近度 $\varphi(C_i)$：

$\varphi(C_1)=-0.3476, \varphi(C_2)=-0.4085, \varphi(C_3)=-0.3624,$

$\varphi(C_4)=-0.4368, \varphi(C_5)=0.$

步骤 6　根据贴近度大小对 5 个备选方案进行排序：

$C_5 > C_1 > C_3 > C_2 > C_4$

显然，C_5 为最优的广告媒体平台。

为了验证本文提出方法的有效性，下面将其与 Jin 等[37]提出的一种基于 SVNWS 和熵测度的综合评价方法进行比较分析，该方法与本文提出的方法之间的主要区别在于步骤 4 和步骤 5，即备选方法与正负理想解的相似度以及相对贴近度的计算：

步骤 4′　计算备选方案 $C_i(i=1,2,\cdots,m)$ 与 PIS I^+ 和 NIS I^- 的加权相似性 SVNWS：

$$SVNWS(C_i,I^+) = \sum_{j=1}^{m} \omega_j s_{SNN}(\delta_{ij},I_j^+) \tag{7-56}$$

$$SVNWS(C_i,I^-) = \sum_{j=1}^{m} \omega_j s_{SNN}(\delta_{ij},I_j^-) \tag{7-57}$$

步骤 5′　计算每个备选方案 C_i（$i=1$，2，$\cdots$，m）的贴近度：

$$\psi(C_i) = \frac{SVNWS(C_i,I^+)}{SVNWS(C_i,I^+) + SVNWS(C_i,I^-)} \tag{7-58}$$

根据 Jin 等[37]的方法，基于步骤 4′计算可得：

$SVNWS(C_1,I^+) = 0.2922, SVNWS(C_2,I^+) = 0.2815,$

$SVNWS(C_3,I^+) = 0.2734, SVNWS(C_4,I^+) = 0.2724,$

$SVNWS(C_5,I^+) = 0.3306, SVNWS(C_1,I^-) = 0.2375,$

$SVNWS(C_2,I^-) = 0.2407, SVNWS(C_3,I^-) = 0.2343,$

$SVNWS(C_4,I^-) = 0.2430, SVNWS(C_5,I^-) = 0.1962.$

根据步骤 5′，结合式（7－58）计算每个备选方案的贴近度：

$\psi(C_1) = 0.5516, \psi(C_2) = 0.5390, \psi(C_3) = 0.5385,$

$\psi(C_4) = 0.5248, \psi(C_5) = 0.6275$

进而，可得 5 个备选方案的排序为 $C_5 > C_1 > C_2 > C_3 > C_4$，最优选择为 C_5。

此外，Peng 和 Dai[18]提出了一种基于新核函数的 SVN 综合评价问题。Ye[36]应用加权余切相似性测度来解决基于 SVN 的综合问题，而 Ji 等[46]提出了 Frank 优先 Bonferroni 平均方法来集成 SVN 信息。表 7－20 列出了基于这几种综合评价方法的计算结果。

表 7-20　　不同方法对比分析

方法	供应商排序	最优供应商
新的核函数[18]	$C_5 > C_1 > C_4 > C_3 > C_2$	C_5
加权余切相似性测度[36]	$C_5 > C_2 > C_3 > C_4 > C_1$	C_5
Frank 优先 Bonferroni 方法[46]	$C_5 > C_3 > C_4 > C_2 > C_1$	C_5

值得注意的是，本文提出的方法和表 7-20 中的方法所得到的最优方案均为 C_5，说明所提出的基于 SVNHWS 和熵测度的综合评价方法是可行的。但方案排序不尽相同，主要有以下两个原因：第一，所提出的方法利用 SVNHWS 来计算每个备选方案与 PIS 和 NIS 之间的相似性，其不仅考虑了指标的重要性，而且能够减少过大或过小的相似性元素对集成结果的影响。第二，所提出的基于 SVNHWS 的相对贴近度可以克服文献［19］中使用经典 TOPSIS 方法的缺陷。

由以上分析可知，前文所提出的基于熵和 SVNHWS 综合方法具有良好的性质，主要体现在：（1）根据熵权确定的指标客观权重有效避免了主观随意赋权的缺陷；（2）在计算相似度过程中，SVNHWS 不但考虑了集成数据的重要性，而且能体现数据所在位置的重要性，从而可以增加或减低偏差过大或者过小的数据对集成结果的影响；（3）提出的新的贴进度函数可以改进现有方法的缺陷，能够同时满足最优方案距正理想解最近和与负理想解最远；（4）专家可根据实际需要和偏好选择合适的参数 λ，从而为决策者提供了更多的选择机会，其适用范围也更广泛。

五、小结

本节从有序和混合加权视角研究了单值中智相似性测度方法及其应用。首先，定义了单值中智有序加权相似度，与传统加权平均相似度相比，该方法能有效消除过大或过小的不合理信息造成的误差，从而提高了测度方法的科学性与合理性。其次，在有序加权相似度的基础上进一步提出了单值中智混合加权相似度（SVNHWS），其不仅能体现每个数据的自身重要性程度，而且还突出了该数据所在位置的重要程度。再次，提出了一种基于熵权和 SVNHWS 的单值中智综合评价方法，其核心是利用熵原理计算评价指标的权重，并根据 SVNHWS 度量备选方案与正负理想解的距离，从而得到方案的贴近度，并根据其大小对方案进行排序与择优。最后，本节在构建网络广告投放媒体综合评价指标体系的基础上，研究了所提方法在网络广告投放媒体评价中的应用。实证结果和对比案例分析结果体现了本节所提方法具有很强的决策柔性和灵活性，决策者可以依据风险偏好和实际问题需要调节参数值 λ，这一特性使该方法的适用范围更加广泛。

值得注意的是，本节提出的 SVNHWS 可广泛应用于各种群体决策与评价问题中，还可以应用于解决专家的共识与一致性达成测度问题。如在大规模群体决策活动中，由于专家的知识背景等差异，往往使决策难以达成一致，而本章提出的 SVNHWS 能有效地消除这种差异，帮助决策者快速达到群体共识，决策者还可根据评价目的与实际问题的需要选择 SVNHWS 中适当的参数进行决策分析，从而提高决策结果的科学性与合理性。这也是我们后续将研究的重要问题之一。

第五节　本章小结

基于现有研究成果，本章对单值中智环境下的综合评价问题进行了系统和深入的探讨，形成了以下研究成果：

（1）在分析了现有单值中智集的相关性测度方法的缺陷基础上，基于传统的 Pearson 相关系数思想，提出了一种新的单值中智相关系数，其取值位于区间 $[-1,1]$，从而可全面度量 SVNS 的正负相关关系，且测度结果取值与统计学中的传统相关系数一致。在此基础上构建了一种新的基于加权 SVN 相关系数的 TOPSIS 方法，并通过实例分析与比较研究验证了该方法的科学性与有效性。

（2）提出了一种融合 BWM 与 SVN 熵的指标主客观权重求解方法，并在此基础上对传统的 EDAS 进行拓展，构建了基于组合权重的 SVN 情形下的 EDAS 综合评价模型。为改进目前能源企业创新能力指标评价体系研究不充分的缺陷，本章构建了一套相对完整的能源企业创新能力评价指标体系，并研究拓展的 EDAS 方法在能源企业创新能力评价中的应用，从而验证了该模型的可靠性与实用性，也拓展了模糊综合评价方法的应用领域。

（3）从有序加权视角对单值中智相似性进行研究，提出了单值中智有序加权相似度（SVNOWS），并在此基础上进一步提出了单值中智混合加权相似度（SVNHWS），其不仅能体现每个数据的自身重要性程度，而且还突出了该数据所在位置的重要程度。最后，提出了一种基于熵权和 SVNHWS 的单值中智综合评价方法，并研究了其在网络广告投放媒体评价中的应用。

从单值中智集的信息测度及组合评价方法等领域进行了拓展研究，提出了一些新的信息测度理论和评价方法，丰富和扩展了复杂模糊环境下的综合评价理论方法体系，具有重要的理论意义和应用价值。但本章的研究不可避免地仍存在不足，如仅讨论了基于单一类型评价信息的综合评价问题。而在实际应用中，由于评价者的文化背景、经验、能力和时间限制等方面的局限性，评价者可能会给出多种不同形式的评价信息，即异质信息的综合评价问题，这也是我们今后需要继续深入探讨的重点问题。

本章主要参考文献

[1] 彭娟娟，田超．社交网络环境下基于单值中智信息的大规模群决策方法［J］．系统科学与数学，2022，42（04）：935－952.

[2] Smarandache，F. *A unifying field in Logics：Neutrosophic Logic*［M］．American Research Press，1999.

[3] Wang H，Smarandache F，Zhang Y，et al. Single valued neutrosophic sets［J］．*Multispace and Multistrcucture*，2010，4：410－413.

[4] Ye J. Multicriteria decision－making method using the correlation coefficient under single－valued neutrosophic environment［J］．*International Journal of General Systems*，2013，42（4）：386－394.

[5] Liu P，Khan Q，Mahmood T，et al. Multiple attribute group decision making based on 2－tuple linguistic neutrosophic Dombi power Heronian mean operators［J］．*IEEE Access*，2019，7：100205－100230.

[6] Liu P，Khan Q，Mahmood T. Some single－valued neutrosophic power muirhead mean operators and their application to group decision making［J］．*Journal of Intelligent & Fuzzy Systems*，2019，37（2）：2515－2537.

[7] Liu P, Mahmood T, Khan Q. Group decision making based on power Heronian aggregation operators under linguistic neutrosophic environment [J]. *International Journal of Fuzzy Systems*, 2018, 20 (3): 970 –985.

[8] Ye J. Single valued neutrosophic cross – entropy for multicriteria decision making problems [J]. *Applied Mathematical Modelling*, 2014, 38 (3): 1170 – 1175.

[9] Hwang C L, Yoon K S. *Multiple attributes decision methods and applications* [M]. Springer, Berlin, 1981.

[10] Lin Y L, Ho L H, Yeh S L, Chen T Y. A pythagorean fuzzy TOPSIS method based on novel correlation measures and its application to multiple criteria decision analysis of inpatient stroke rehabilitation [J]. *International Journal of Computational Intelligence Systems*, 2019, 12 (1): 410 –425.

[11] Shen F, Ma X S, Li Z, Xu Z S, Cai D L. An extended intuitionistic fuzzy TOPSIS method based on a new distance measure with an application to credit risk evaluation [J]. *Information Sciences*, 2018, 428: 105 – 119.

[12] Zeng S Z, Chen J P, Li X S. A hybrid method for Pythagorean fuzzy multiple – criteria decision making [J]. *International Journal of Information Technology & Decision Making*, 2016, 15 (2): 403 –422.

[13] Zeng S Z, Xiao Y. TOPSIS method for intuitionistic fuzzy multiple – criteria decision making and its application to investment selection [J]. *Kybernetes*, 2016, 45 (2): 282 –296.

[14] Zhang X L, Xu Z S. Extension of TOPSIS to multiple criteria decision making with Pythagorean fuzzy sets [J]. *International Journal of Intelligent Systems*, 2014, 29 (12): 1061 –1078.

[15] 周清华，史雅敏．直觉模糊集 TOPSIS 法的老年代步车设计评价 [J]. 系统科学学报，2020，28 (03): 112 –115.

[16] 刘培德，秦西友．基于区间语言直觉模糊集及信息熵的 TOPSIS 方法 [J]. 经济与管理评论，2018，34 (03): 87 –94.

[17] Nancy, Garg H. A novel divergence measure and its based TOPSIS method for multi criteria decision – making under single – valued neutrosophic environment [J]. *Journal of Intelligent & Fuzzy Systems*, 2019, 36 (1): 101 –115.

[18] Peng X, Dai J. Approaches to single – valued neutrosophic MADMbased on MABAC, TOPSIS and new similarity measure with score function [J]. *Neural Computing & Applications*, 2018, 29 (10): 939 –954.

[19] Biswas P, Pramanik S, Giri B C. TOPSIS method for multi – attribute group decision – making under single – valued neutrosophic environment [J]. *Neural Computing and Applications*,

2016, 27 (3): 727 - 737.

[20] Chen T Y. Multiple criteria decision analysis under complex uncertainty: A Pearson - like correlation - based Pythagorean fuzzy compromise approach [J]. *International Journal of Intelligent Systems*, 2019, 34 (1): 114 - 151.

[21] Liao H, Xu Z S, Zeng X J. Novel correlation coefficients between hesitant fuzzy sets and their application in decision making [J]. *Knowledge - Based Systems*, 2015, 82: 115 - 127.

[22] Chen J, Zeng S Z, Zhang C H. An OWA distance - based, single - valued neutrosophic linguistic topsis approach for green supplier evaluation and selection in low - carbon supply chains [J]. *International Journal of Environmental Research and Public Health*, 2018, 15 (7): 1439.

[23] Ghorabaee K M, Zavadskas E K, Olfat L, Turskis Z. Multi - criteria inventory classification using a new method of evaluation based on distance from average solution (EDAS) [J]. *Informatica*, 2015, 26 (3): 435 - 451.

[24] Kahraman C, et al. Intuitionistic fuzzy EDAS method: an application to solid waste disposal site selection [J]. *Journal of Environmental Engineering and Landscape Management*, 2017, 25 (1): 1 - 12.

[25] 张伟业，魏翠萍．基于犹豫模糊语言信息的 EDAS 决策方法［J］．曲阜师范大学学报（自然科学版），2017，43（01）：10 - 15.

[26] 刘铮，刘虎沉．基于犹豫模糊语言 EDAS 的失效模式及影响分析模型．［J］模糊系统与数学，2021，35（04）：102 - 112.

[27] Rezaei J. Best - worst multi - criteria decision - making method: Some properties and a linear model [J]. *Omega*, 2016, 64: 126 - 130.

[28] Gupta H, Barua M K. Identifying enablers of technological innovation for Indian MSMEs using best - worst multi criteria decision making method [J]. *Technological Forecasting and Social Change*, 2016, 107: 69 - 79.

[29] 孙秉珍，张淑，杨佳楠．基于前景理论和 BWM 的深基坑支护方案综合评价［J］．安全与环境学报，2021，21（01）：70 - 77.

[30] 贾凡，王兴元．新产品属性组合决策 BWM - RST 方法［J］．软科学，2016，30（06）：109 - 113.

[31] 张振刚，林丹．一流制造企业创新能力评价体系的构建［J］．统计与决策，2021，37（4）：181 - 184.

[32] 蒋福佑，王虹．中国能源企业科技创新体系建设及其实践研究——以国家电网公司为例［J］．生态经济，2013，275（12）：110 - 113.

[33] 张明明，李霞，孟凡生．我国新能源装备企业智化发展创新能力评价 [J]. 哈尔滨工程大学学报，2019，40 (11)：1936 - 1942.

[34] Stanujkic D, Karabaševic D, Popovic G, Pamucar D, Stevic Ž, Zavadskas EK, Smarandache F. A Single - Valued neutrosophic extension of the EDAS method [J]. *Axioms*, 2021, 10, 245. https: // doi. org/10. 3390/axioms10040245.

[35] Chatterjee R, Majumdar P, Samanta S K. On some similarity measures and entropy on quadripartitioned single valued neutrosophic sets [J]. *Journal of Intelligent & Fuzzy Systems*, 2016, 30 (4): 2475 - 2485.

[36] Ye J. Single - valued neutrosophic similarity measures based on cotangent function and their application in the fault diagnosis of steam turbine [J]. *Soft Computing*, 2017, 21 (3): 817 - 825.

[37] Jin F F, Ni Z W, Chen H Y, Langaric R Z, Zhua X H, Yuan H J. Single - valued neutrosophic entropy and similarity measures to solve supplier selection problems [J]. *Journal of Intelligent & Fuzzy Systems*, 2018, 35 (6): 6513 - 6523.

[38] Zeng Z S, Luo D D, Zhang C H, Li X S. A correlation - based TOPSIS method for multiple attribute decision making with single - valued neutrosophic information [J]. *International Journal of Information Technology & Decision Making*, 2020, 19 (1): 343 - 358.

[39] Xu Z, Chen J. Ordered weighted distance measure [J]. *Journal of Systems Science and Systems Engineering*, 2008, 17 (4): 432 - 445.

[40] Xu Z S, Xia M M. Distance and similarity measures for hesitant fuzzy sets [J]. *Information Sciences*, 2011, 181 (11), 2128 - 2138.

[41] SuW H, Yang Y, Zhang C H, Zeng S Z. Intuitionistic fuzzy decision - making with similarity measures and OWA Operator [J]. *International Journal of Uncertainty, Fuzziness and Knowledge - Based System*, 2013, 21 (2), 245 - 262.

[42] Zhou L G, Tao Z F, Chen H Y. Intuitionistic fuzzy ordered weighted cosine similarity measure [J]. *Group Decision and Negotiation*, 2014, 23 (4), 879 - 900.

[43] 童晓萌．网络广告媒体选择和效果的评价 [J]. 统计教育，2009 (02)：56 - 60.

[44] 林宏伟，邵培基．基于混合多属性决策的网络广告投放媒体的评价与应用 [J]. 管理评论，2012，24 (12)：53 - 63.

[45] 王楠．网络广告效果的优化策略和评价方法研究 [D]. 南京：东南大学，2019.

[46] Ji P, Wang J, Zhang H. Frank prioritized Bonferronimean operator with single - valued neutrosophic sets and its application in selecting third - party logistics providers [J]. *Neural Computing and Applications*, 2018, 30 (3): 799 - 823.

结 束 语

数据集成和处理是统计综合评价与决策永恒的话题。在大量的研究中，数据形式通常是以精确数或点值呈现，因而现有的相关著作与专业教材，也主要是介绍基于精确数（点值）形式的综合评价方法及应用。然而，由于客观事物质度变量的不确定性、数据采集工作的非全面性、信息的模糊不完全性等多因素的客观存在，以精确数（点值）为唯一数据形式对信息进行描述和测度存在着很大的局限。且近年来，数据挖掘和大数据统计等技术和方法从理论研究的层面逐渐向实际应用领域的推进，从而促进了数据形式多样化驱动的综合评价理论与方法创新，基于复杂数据形式的综合评价理论与方法已成为统计学和管理学等领域的一个重要研究趋势。

在本书中，笔者主要研究基于不同类型复杂数据的综合评价理论与方法，进而对传统综合评价理论方法和应用进行扩展与创新。针对直觉模糊集（数）、毕达哥拉斯模糊集（数）、Fermatean 模糊集（数）、犹豫模糊集（数）、单值中智集（数）和各类区间型模糊集（数）等复杂评价数据，根据综合评价的原理和步骤，我们对这些复杂数据情境下的关联指标分析、信息测度、排序比较规则、信息集成技术、群体共识和网络信任评价方法等诸多内容进行了讨论，从而初步构建了一套基于复杂数据的综合评价理论体系。

值得注意的是，本书所讨论的复杂综合评价方法及应用，是基于评价数据结构变化而提出的扩展研究，其理论研究框架仍然是遵循原有的综合评价方法体系的。因此，我们认为本书更多的是研究思路的拓展，即在多样化的复杂数据情境下，对综合评价的全过程如指标无量化、数据集成、权数确认和评价组织形式等环节进行拓展研究。为此，我们借鉴了大量相关学科的研究方法，综合运用统计学、管理学、模糊数学和经济学等学科知识，基于运筹优化、多指标集成、统计分析、观点动力学和仿真数值实验等研究方法，对相关评价理论进行系统梳理，提出一系列基于数据结构特征的综合评价方法，既拓展了基于复杂数据的综合评价方法的适用性，也为今后该问题的深度探讨提供了一些有益的参考。

在本书付梓之际，特别要感谢苏为华教授、穆志民副教授、张娜博士、胡英杰博士和潘燕硕士等团队成员的大力支持，感谢我们的合作者慷慨应允把一些合作成果体现在本书相关章节中。此外，在本书的撰写过程中，部分文献、相关方法或观点的引用与标注可能存在遗漏，在此对可能未曾标注和引用的文献作者一并表示感谢与歉意。作为一家之言，不乏可商榷之处，甚至难免存在谬误，我们殷切期待各位读者与同行专家的批评意见与建议。

编者

2022 年 9 月